国家"十五"重点出版工程项目

教育大百科全书

教育心理学

[比]E.德·科尔特　主编
曾　琦　译审

INTERNATIONAL ENCYCLOPEDIA OF EDUCATION

西南师范大学出版社

图书在版编目(CIP)数据

教育心理学/(比)科尔特主编;曾琦等译. --重庆:西南师范大学出版社,2011.4

(教育大百科全书/(瑞典)胡森,(德)波斯尔斯韦特主编)

ISBN 978-7-5621-3834-1

Ⅰ.①教… Ⅱ.①科… ②曾… Ⅲ.①教育心理学 Ⅳ.①G44

中国版本图书馆 CIP 数据核字(2011)第059682号

教育心理学

主　　编: [比] E. 德·科尔特
译　　审: 曾琦等
责任编辑: 周安平　李远毅等
责任印制: 钟孝钢
出版发行: 西南师范大学出版社
　　　　　(重庆·北碚　邮编: 400715)
网　　址: www. xscbs. com
印　　刷: 四川外语学院印刷厂
开　　本: 787mm×1092mm　1/16
印　　张: 16.5
字　　数: 437 千字
版　　次: 2011 年 4 月第一版
印　　次: 2011 年 4 月第一次印刷
书　　号: ISBN 978-7-5621-3834-1
定　　价: 40.00 元

《教育大百科全书》学术指导委员会

《教育大百科全书》编译委员会

《教育大百科全书》编辑出版委员会

凡 例

一、中外文

1. 本书中文采用1986年10月10日经国务院批准、国家语言文字工作委员会重新公布的《简化字总表》中所规定的简化字。

2. 词条英文标题及附录中的外文的拼写、顺序、大小写、括号、标点和版式等均根据原书相应排列。

二、专题

3. 原书所有词条按英文字母顺序排列分卷，本书另以原书专题索引为参考，按专题归类。

4. 每个专题按相应内容范畴细分若干小节，每小节按原书英文顺序排列。

三、附录

5. 词条中所引用参考文献以附录形式出现于该词条中文部分之后，并以原书版式排版，相应正文中以圆括号简单标注作者、年份及页码，或只标注年份或页码。

如：(Anderson 1961 P. 125)；(Adams 1956，Bloom 1953)

四、译文

6. 词条原文中的"/"同时有"和"、"或"的意思，译文中均予以保留，不另作他译。

如：她/他　教/学　教师/家长

7. 计量单位从原书，英制、公制均照译，原则上不另行换算。

8. 所有译者注以括号形式随正文编排。

9. 所有正文词条标题按中文标题在前、外文标题在后的次序排列。

五、译名

10. 外国人名根据新华社译名室编辑的《世界人名翻译大辞典》进行翻译，著名外国人名则采取“名从主人、约定俗成”的原则，各学科中已有定译的外国人名采取“名从主科、遵从定译”的原则。

11. 作者名及译者名出现在每个词条中文部分之后，并且作者名都给出相应原文。每个专题的译审者名只出现在该专题扉页上，不另于每个词条后标注。

12. 一般外国译名只在第一次出现时给出原文，其他个别著名人物直接译成中文。

如：亚当斯（Adams）；亚当·斯密

13. 外文人名一般只译出其姓，部分宗教人物、封有爵位的人物译出尊称“圣”或爵位名称。

14. 涉及日本及中国学者的人名时，前者以《日本姓名译名手册》（科学技术文献出版社）为主，后者以核实真人姓名为主。

如：《中华人民共和国的教育制度》的作者 Teng Teng 为滕藤

15. 外国地名根据中国地名委员会审订的《世界地名录》统一；该书未收的地名，根据通用的译名表译出；非英语国家的生僻地名则保留了原文未译。

16. 学术著作、机构团体、杂志名参照专业工具书及通用译名统一。

17. 正文括号中涉及某人的生卒年，其英文原文与生卒年之间用逗号隔开，以便与附录所引用的人名年份区分。

如：葛兰西（Gramsci，1891～1937）

六、图表

18. 词条中相关的图表来源一般根据原文注明作者、年份及页码，以便于读者查阅相关资料。

序

周远清

在当前建设小康社会的征途中，教育事业具有基础性、全局性和前瞻性的地位，关系到国民素质的提高，关系到科学技术的进步，关系到数以千万计的专门人才和大批创新人才的培养。因此，我们必须下大力气把教育事业搞好，根据经济社会发展和人的全面发展提出的客观要求，进一步解放思想，实事求是，与时俱进，在确保教育质量的前提下，继续深化教育改革，大力开展教育创新，努力形成一个比较完善的既能反映先进生产力和先进文化发展要求，又能满足广大人民群众教育需求的新型现代国民教育体系。

要建立这样一个新型的现代国民教育体系，是一个长期而艰巨的任务，不可能一蹴而就。因此，我们既应该有远大的理想，也应该有脚踏实地的精神；既要有历史的责任感，也应该有实事求是的科学态度。就当前我们的工作来说，各级各类的教育行政和科研部门，都要大兴调查研究之风，到教育实践第一线去，真正搞清楚我国国民教育体系的现状，分析哪些方面是有优势的，哪些方面已经与经济社会发展和广大人民群众的要求不相一致，因而是需要花费时间、精力和财力去改革的，还有哪些方面是原有的国民教育体系中根本没有，以至于需要我们充分地发挥教育创新精神研究部署的。到教育实践第一线去，也有助于我们切实和广泛地了解广大的教育实际工作者一些富有创造性的工作，收集和整理他们结合实际情况进行教育教学改革的经验，从而为我们的教育决策和科学研究提供大量翔实可靠的第一手材料。

要建立这样一个新型的现代国民教育体系，不大力发展教育科学事业是不行的。现代教育实践与任何其他的现代社会实践一样，既要合目的性，也要合规律性，是目的性与规律性相统一的实践活动。要想达成良好的教育目的，不讲教育科学是不行的。国内外教育实践的历史已经证明，教育实践的规模与范围越大，教育科学的重要性就越突出。因此，大力发展教育科学事业，在今天比在以往任何时候都急迫，反映了不断深化和教育改革与创新的客观需要。发展教育科学事业，需要各方面的条件和努力。在当前，特别要提倡马克思主义理论联系实际的学风，认真研究新时期有中国特色的社会主义现代化建设以及国际政治、经济与文化发展的新趋势给教育工作带来的新情况、新问题和新挑战，围绕着教育改革和创新过程中出现的又是人民群众最关心的那些基本问题和重大问题，组织攻关，协同研究，推动教育理论创新，为政府决策服务，为教育实践服务，为学生的全面发展服务。

要建立这样一个新型的现代国民教育体系，光靠我们自己的摸索是不够的，还应该在邓小平同志“三个面向”精神的指导下，学习和借鉴国际上一切先进的教育经验、理论和制度，把握并反映国际上教育改革与创新的一些共同特征，并由此探索出一条有中国特色的社会主义教育改革和创新之路。在这方面，我们既有宝贵的历史经验，也有一些值得反思和吸取的教训。回顾20世纪历史上历次大的教育变革，绝大部分都与对当时国际上先进的教育经验、理论和制度的学习有关。甚至可以说，没有这种对国际上先进教育经验、理论和制度的虚心学习，就没有清末民初中国现代教育制度的建立。但是，百余年来，我们在学习国际上先进教育经验、理论和制度时，也经常犯一些简单化的或囫囵吞枣的毛病，给教育实践带来了许多消极的后果。因此，学习国际上一切先进的教育经验、理论和制度，必须坚持“洋为中用”的原则，从中国的传统和现实出发，对它们进行辩证的分析和科学的批判，从而最大限度地有利于我国的教育改革和创新事业。

《教育大百科全书》的英文版，由联合国教科文组织、国际教育研究院组织当今世界教育界各学科的专家撰写，内容涵盖与教育相关的所有领域，将其译介成中文，可以说是中国教育界的一个福音，对于教育决策者、教育研究者以及教育管理者，该书都是一部具有重要价值的参考书。

欣闻《教育大百科全书》中文版即将出版，是为序。

中文版前言

教育是人类通过正式课堂和日常生活以获得知识、人生观和生存技能的一种历程。其意义在于通过传递历史的累积经验，既能为社会培养有效率的人群，又能为个人启智育能，使之具备新的创造力。

根据世界文明史的考察，人类的正式教育始于中国、印度和古希腊，去今约有 2 300 年的历史。但把教育作为一个独立的学科来进行研究，大抵还是 19 世纪以来的事情。应该说，这门学科被公众认可的历史远远晚于其他人文社会科学。但自公共学校普及以来，教育领域的各项研究皆取得了长足的发展，且愈来愈国际化，一些重要的研究成果为人类所普遍认同。尤其 20 世纪以来，各国综合国力的竞争，本质上可以说是教育的竞争。因此，各国政府对教育的重视程度、投入水平和成果质量，也基本成了衡量其现代化和文明化程度的标准之一。

各国文化传统、政治制度和经济状况的不同，反映在教育和教育研究领域是各具特色的。近 20 年来，随着全球化进程的加速，教育作为一个普世的主题，越来越多地受到各国政府和学界的重视。国际间的教育合作也日趋增加，各国民众和教育界人士希望了解全世界教育和教育研究现状的要求也愈趋迫切。正是在这一背景下，应联合国教科文组织的倡议，欧洲著名的教育出版集团——爱思唯尔科学出版集团（Elsevier Science Limited），在 1985 年首次编辑出版了这套《教育大百科全书》，并于 20 世纪 90 年代中后期全面修订（90% 的词条重新撰写）再版了本套巨著。

这是目前世界上关于教育科学领域最权威也最具实用价值的一部具有理论性、学术性、工具性的全书。本套书几乎囊括了教育的所有课题，所有编委成员均由联合国教科文组织、国际教育研究院、国际教育评价协会和世界银行等权威机构推选，其条目由来自 90 多个国家和地区的 1 000 多位具有国际视野的教育专家用英语撰写。将这样一套涵盖了世界各种教育思想、理论、制度和方法，长达 1 000 多万字的教育百科全书译介到中国，对于我国各级各类教育管理者、教育工作者和教育理论研究者，无疑是一个福音。它有利于我们了解各国教育现状，借鉴世界先进的教育思想与体制，促进与深化我国的教育改革，从而使我国在 21 世纪步入世界教育强国之林。

正是基于此，西南师范大学出版社和海南出版社联合购进了本套书的中文版权，并被国家新闻出版总署列为国家“十五”重点出版工程。为作好本套书的编译工作，由教育部的相关领导及部分专家组成编译委员会，并邀请全国著名的教育学专家成立了本套书的学术指导委员会。由以北京师范大学教育学院专家为主的100多位本学科中坚学者组成了编译专家组，用长达四年多的时间完成了本书的翻译、审定和编校工作。为作好本书的出版工作，还由教育出版界的著名专家组成了编辑出版委员会。为了方便读者购买和阅读，我们将《教育大百科全书》的22个专题分册出版。在本书即将付梓行世之际，谨向所有关心、支持和参与本书编译出版的领导和专家学者表示诚挚的感谢。

本套书的英文版名为 *The International Encyclopedia of Educaiton*，为避免中文版读者将“国际教育”理解为狭义的“比较教育”与“各国教育概况”，在中文版的书名中去掉了“国际”一词。需要说明的是，作为教育学的经典工具书，本套书无论是作者国籍之多、资历之深，还是学科之广、理论之精、前沿学术之新，均为当世仅见，堪称一部国际性或世界性的教育百科全书。故在编译过程中，难免存在不妥之处，尚祈方家和读者垂教。

西南师范大学出版社

英文版前言

十卷本的《教育大百科全书:探索与研究》(International Encyclopedia of Education:Research and Studies)(以下简称《全书》)的第一版是于1980年规划、1985年出版的,其中的大部分词条撰写于1981年和1982年。它还吸纳了社会科学和人文学科中与教育问题相关的学术成果,为研究教育和从事教育事业的人士提供了丰富的信息。该书面世后,得到了教育学界的广泛好评,并且被美国图书馆协会授予了最佳参考书奖。另外,它还被《选择》杂志评选为1987年"杰出学术书籍"。

所有的人类知识领域中的学术信息永远都处在不断的流变之中。教育的实践,不仅因为立法改革之故而发生变化,而且亦因为要适应新的社会呼声、社会需求以及不同国家的不同经济状况而不断发生变化。理论正被不断地修正,新概念则层出不穷。林林总总的各类作品则伴随着或者紧跟着这些变化纷至沓来。实际上,教育领域及相关领域的学术作品可谓卷帙浩繁,完全可以与自然科学和技术领域相媲美。

教育的各个领域所发生的这种急剧的变化,于1989年和1990年先后催生了《全书》的两个增补卷。由于同样的原因,出版商和主编们都确信,现在是出版一个全新版本的《全书》的时候了。他们的这个想法,得到了《全书》第二版的编辑委员会的肯定。因此,编辑们就决定开始着手编纂《全书》的这一最新版。在少数情况下,本版只是对第一版及其增补卷中的词条进行了更新。然而,在绝大多数情况下,本版使用的都是全新的词条(90%的词条重新撰写)。

每一个主题领域,知识体系都被重新组织安排,并且特别注意了读者在第一版及其增补卷中找不到的主题。教育学的主要领域,比如教育社会学、教育哲学、教育人类学、女性教育以及著名历史人物对教育思想的贡献,都被赋予了更为显著的地位,而且都占据了相当的篇幅。

1. 作为探索、研究和对话领域的教育

《教育大百科全书》是向人们展示国际学术界对教育问题、理论、实践和制度的研究成果的最新全貌的第一次描述。因此,将教育定义为一个有关探索、研究和对话的领域,这是至关重要的。劳伦斯·A. 克雷明(Lawrence A Cremin)在他的著作《公共教育》中,将教育定义为"传播、激发或者习得知识、态度、价值观、技能和情感的有意识的、系统的且持续的努力,以及此种努力所带来的任何预料中的或者预料外的学识"。这是一个非常宽泛的定义,它将自学包括在内了。克雷明里程碑式的三卷本著作《美国教育》的一位评论家提出了这样一个问题:对教育的定义如此宽泛,难道不是几乎等同于人类学家所称的"同化"或者社会学家所称的"社会化"了吗?在那本有关公共教育的著作中,克雷明本人完全否认了这种说法,并坚持认为他提出的教育的概念要比这狭窄得多。然而,即使认同这个非常宽泛的对教育的定义,从具体的层面上来讲,"教育"到底指的是什么?它远非仅指学校以及类似的制度的功能,它是代际间的。儿童和青少年从比他们年长的人、父母以及其他人那里得到教育。父母、兄弟姐妹、同伴和朋友以及教堂、博物馆、图书馆、民间运动、广播和电视网络都是影响儿童和青少年的因素。就像学校一样,它们是按照自己的"课程"来行事的。

因此,"教育"指的是有意识地、有目的地影响或塑造儿童、青少年以及成人的行为的一门艺术(成人教育本身最近已经获得了独立的实践与研究领域地位)。从事教育者,比如父母、老师和其他负有教育责任的人,利用了观念、理论以及以研

究为基础的知识。教育理论研究的是抚养和教育其他人以及如何在一个政治的、社会的、历史的视角中塑造其他人的行为的问题。因此,父母以及老师的教育实践就包含了各种理论洞见和以前的经验之间的整合。这些洞见来自各种学科。

教育理论并不同于诸如物理学这样的一元性的、界定分明的领域。它具有多个学科维度。在法语中,教育理论被称为 sciences pédagogiques。这一术语就暗示着,教育理论包含着源自多个(已确立的)学科的知识。在德语以及斯堪的纳维亚诸语言中,Pädagogik 的含义比英语中的"Education"的含义的范围要狭窄一些。它更具体地指向学校教育,这一含义被如下事实进一步强化了:大学中的教育(Pädagogik)教席设立的目的,就是为了培训学校教师。然而,随着 Pädagoische Hochschulen(大学教育)逐步融入德国的大学,这个领域获得了一个新名称 Erziehungswissenschsften(亦即教育学),这一术语包含教育理论和教育方法。

因此,教育作为一个有关抚育和教育他人的研究领域,就是一个多学科的领域。自 19 世纪末以来,教育方面的学术知识,在很大程度上,是由心理学的经验研究生产出来的。在 20 世纪早期的德国,experimentelle Pädagogik(实验教育学)、experimentelle Psychologie(实验心理学)是同义的。在 20 世纪 90 年代早期,范围广阔的社会科学和人文科学学科构成了教育学的知识"基础":心理学、社会学、历史学、哲学、经济学、人类学和政治学。

严格的教育和一般意义上的行为矫正之间的界限是难以划定的。下面这个类比清楚地说明了这一点:对某个神经官能症患者进行治疗并对之进行训练,和对这个患者进行教育的行为之间,到底有何区别,是难以捉摸的。区分它们的标准之一是——尽管这个标准要应用起来是很困难的——"治疗"的目的(前者是为了让患者恢复某些能力,后者是为了让患者恢复精神健康)。

因此,最广义的教育,就是一个由与抚养和教育他人有关的所有现实问题构成的宽泛的领域。抚养和教育可以是正式的,比如学校教育就是如此;也可以是非正式的,比如大部分情况下在职学习就是如此。发生在家庭中或者同年龄群体间的教养就是非正式的。正如在所有重要的人类事业中一样,教育可从与其目的、过程或者结果有关的学术研究中获益。教育的目的、过程或者结果这些问题,可以由与它们有密切联系的理论研究来解决。然而,在实际的"工程设计"中,教育工作者必须利用其他领域中发展出来的概念、方法和主题,因为这些领域包含着更为定形的有关人类的知识。因此,作为一个研究和实践的领域的教育,就处在许多已经成熟的学科的交叉路口上。

克雷明曾论及"教育的生态环境",它指的是由社会中的教育机构和教育所赖以运作的社会文化及经济制度所构成的一个综合体系。同时,教育理论不是一元的,也不是界定清晰的,它有着多种学科维度。的确,正如上文所言,范围广阔的社会科学和人文学科构成了教育学的知识"基础":它们是心理学、社会学、历史学、哲学、经济学、人类学和政治学。

因此,《全书》中的教育,不仅包含从学前教育到成人教育与工作教育的正式的和非正式的实践,而且也包括与教育有关的学术学科中的知识。这一多样性使得规划一个试图包含这个领域中的所有研究和探索的大百科全书的工作,成为一项高度复杂的事业,根本无法在理论和实践之间或者学术探索及其应用之间,划出什么明晰的界限。

这里,"教育"领域被划分成许多"次级领域"。每一次级领域下都有相应的词条。其中的主要领域如下:

——成人教育
——教育人类学
——比较教育与国际教育
——课程
——教育经济学
——教育管理
——教育评价
——特殊需要儿童教育
——教育政策与规划

——教育研究方法

——教育技术

——女性与教育

——教育史

——人的发展

——教育心理学

——各国(地区)教育制度

——教育哲学

——学前教育

——教育社会学

——教师教育

——教学

——职业技术教育

2. 关于书名中的“国际”

将本书称为“国际”(英文版书名冠以 International,即“国际”一词,为避免中文版读者将“国际教育”理解为狭义上的“比较教育”与“各国教育概况”,在中文版的书名中去掉了“国际”二字,以彰显该书的普适性——出版者注)大百科全书意味着,其中的词条对许多国家都具有参考价值。我们竭尽全力,力图让每个词条所叙述的主题都包含着当今的最新信息,并力争(除了其他标准以外)依据相关人士在相关问题上所具有的“世界性”知识的水平来选择作者。然而,这一大百科全书所提供的参考书的广度和多样性是有一定局限性的。首先,没有哪个人能够了解整个世界在某个特定领域中所取得的全部进展。其次,这一大百科全书是以英文出版的,这样做是为了让它拥有广泛的读者群。这要求作者必须以英语写作,但这确实可能导致这样的情况发生:某些作者尽管在他们的相关领域卓著不凡,而且知悉以他们的母语发表的学术著作,但却对以其他语言发表的某些学术研究不甚了了。事实是,经验研究成果之中有超过 80% 的部分是以英文发表的,而且大体上也都是在讲英语的国家(特别是美国)完成的。《全书》体现了这一状况。

尽管如此,全书中 1 262 个词条的作者来自 95 个以上的国家和地区。荣誉编辑顾问委员会力促全书的作者结构达致一种均衡。我们联系了诸如联合国教科文组织(特别是其下的国际教育规划协会)、经济合作与发展组织、世界银行和国际教育成就评价协会等国际性组织,让它们帮着挑选具有国际视野的作者。而且,全书还特别注意将发展中国家特别关心的词条包括进来。那些关于教育政策与规划、教育经济学、职业技术教育和比较教育学的词条,清楚地体现了这一点。

3. 全书的编纂过程

1990 年做出推出全新版本的《全书》的决定之后,两位主编随即任命了 22 个栏目编辑,并要求这些编辑提交他们打算在他们负责的部分中纳入哪些词条,并同时推荐相关词条的作者。1991 年 2 月,由责任编辑、主编和出版商代表组成的联合会议,审议并修改了这些词条清单。此次会议之后,责任编辑们就开始要求作者撰写相应的词条。作者撰写的词条提交上来之后,马上就由责任编辑评审,随后再提交给两位主编审议。有时候,某些词条没有获得通过,或者未能及时提交上来,就必须寻找新的作者。当编辑们对词条中的内容及其国际性没有把握的时候,就邀请外部评议人提出意见。一旦一个词条被两位主编通过,就马上被转到格伦达 · 克肖(Glenda Kershaw)那里,她领导的、位于普格曼(Pergamon)的编辑人员,马上就进行最后的审稿工作(这包括校正参考文献和索引),之后再将之交付排版和印刷。

我们利用了最新的计算机生产技术来编纂《全书》的第二版。与以前可能使用的传统编辑和排版技术相比,这次的速度和准确性都大为提高了。索引软件的使用,使得编辑人员能够在编辑过程中的任何阶段,完全控制那些复杂的索引。插图则是利用计算机设计技术制作的,这使得它们获得了高度的标准化和准确性。最后,整部《全书》的文字和插图都被记录在一个数字文件中,这样一来,其中的任何部分都可以被修改、摘取或者转化成多种媒体格式。

4. 全书的结构

要安排这一被称作“教育学”的知识体系的结构确非易事,因为这一知识体系源于许多学科。我们面临的最基本选择是,要么以学科为单位,围绕几个主题将相关词条组织成一个综合性的专题,要么让词条变得相对短小一些,以字母顺序来排列。这两种形式没有哪种是理想的。将词条组织成综合性的专题的优点是,某个领域(例如“课程”)的所有信息构成了一个整体。其缺点是,某些具体的次级领域就无法作为适当的话题而得到其应得的篇幅。而且,由于某些话题与多个专题相关,因此,不论将相关话题划分到哪个专题之下,都显得有些武断。经过大量讨论之后,最终决定按照字母顺序组织各个独立的词条,同时在相关词条之间安排交叉索引。这样一种形式使得人们能够迅速查找到教育学中的典型主题和话题。这一安排使得这一点显得尤为重要:让按照字母顺序排列的词条的内容相对详尽一些,具体安排是让每个词条平均长约4 000个单词。同时,这还使得主题索引变得更为重要:实际上,主题索引成为全书的关键点之一。

成人教育的135个词条是由责任编辑阿尔伯特·图季曼(Albert Tuijnman)负责的,他担任责任编辑时,正任教于荷兰的图文特大学(University of Twente),并且自1992年中期以来一直在经济合作与发展组织中任职。

自《全书》第一版发表以来的十年之中,成人教育已经发生了许多变化。不仅其投入和参与度在全球范围内都提高了,而且这一领域本身也已经成熟起来。随着20世纪接近尾声,职业教育的重要性已经大幅提高了,而且带来了许多新的成人教育研究论题。这些变化必须反映在“成人教育”这一部分的组织结构中。

该部分的词条不仅涵盖了这一领域中的重要概念和定义,而且是从学科视角来体现其发展的。它们覆盖了世界上所有地区内的成人教育和职业教育的筹资和组织问题。同时还讨论了成人教育的主要提供者以及接受成人教育的主要人群,描述了地区性的、全国性的以及国际性的成人教育政策及项目。另外,还特别对终身发展、认知、成人学习及成人教育的理论和方法给予了相当的关注。而且,相关词条还涉及了成人教育的评价和研究方法问题,以及成人识字率的测算和继续教育的问题。由于原来被认为是相互独立的理论和实践的不断融合,以下两个方面已经得到了越来越多的关注:成人的通才教育和职业教育。

教育人类学这一部分则是由约翰·U.奥布(John U Ogbu)负责的,他任职于美国加利福尼亚大学伯克利分校的人类学系。该部分的词条主要集中在教育人类学的历史和性质、方法和概念以及实质性问题这三个主要方面上。关于教育人类学的历史的词条,解释了这一新兴领域在人类学中的兴起及其性质,以及其在教育学中日益扩大的存在与影响。任何一个新兴的次级领域所面临的挑战之一都是,发展出一个适当的方法及概念框架,以让这一领域的知识能够为改善教育而服务。那些有关实质性问题的词条则丰富了这方面的研究。

比较教育与国际教育部分则是由唐·亚当斯(Don Adams)负责的,他任职于美国匹兹堡大学的教育学院。这部分的词条涵盖了大量的历史和当代问题,并集中在三个主要方面上:界定了比较教育研究和国际教育研究的概念、方法及资料源;职业组织、政府组织和政府间组织开展的比较教育活动和国际教育活动;对与特定教育水平或功能相关的问题和趋势进行的比较分析。比较教育学和国际教育学可以看作是一个全球性的新兴领域,它获得了学术界及职业界的普遍关注,并且利用了教育学和社会科学中的理论及方法。

课程部分则是由阿瑞亚·莱维(Arieh Lewy)教授负责的,他任教于以色列的特拉维夫大学。正如《全书》第一版一样,这一部分的词条包括两个类别。第一个类别的词条,讨论的是与课程安排、课程理论的最新发展、课程研究的创造性方法以及对安排学校课程的方法的评价等方面有关的一般性问题。在这一类别的词条下,给课程评估安排了整整一小节,这一小节特别强调了质量评估问题和对计算机软件的评估问题。

“课程”部分的第二个类别的词条,讨论了各个科目的具体发展和研究。这些词条是按照学校讲授的传统科目组织起来的:母语、外语、人文学科、艺术、社会科学、数学和科学(包括技术)。此外,有一组词条还讨论了学校讲授的生存技能,比如安全教育、家庭教育、保健教育和人生教育等。

教育经济学部分则是由马丁·卡诺依(Martin Carnoy)和亨利·M.莱文(Henry M Levin)负责,二人都是美国斯坦福大学的"教育和经济学"教授。这部分的词条主要集中在教育经济学的三个主要方面:对教育进行投资时应当采取什么样的标准,以及此种投资的回报是什么?组织和生产教育的最有效方式有哪些?应当如何为教育筹措资金?

每个社会及每个个人或者家庭必须决定,应将自己的资源中的多少投入到教育上,以及投入到哪种类型的教育上。有关这个问题的词条探讨了发展中国家和发达国家中不同层次与不同类别的教育的经济回报和社会回报问题。有关教育生产的效率的词条,讨论了学校规模、学校和教育部门的组织及不同的激励计划对教育结果的影响等问题。有关应如何筹措教育资金的词条,则探讨了公共筹资和私人筹资的问题、教育的税收来源问题、政府间责任问题以及对诸如优惠券这样的市场策略的利用问题。

教育管理部分是由威廉·洛·博伊德(William Lowe Boyd)负责的,他任教于美国宾夕法尼亚州立大学的教育学院。这个专题下的词条是围绕着以下四个研究主题组织的:教育管理的理论和实践、学校的绩效及其改进、教育的管理和政策以及教育管理中的服务、任务和问题。

许多词条都有一个共同的主题:在这个社会变化日趋复杂、社会进展日益加速的时代,教育管理者如何应对人们对学校运作的效果和效率提出的更高要求。世界经济的不断重组,以及世界经济的相互间的依赖和竞争的不断加大,已经使得教育及国家劳动力的水平成为生死攸关的问题。与此同时,许多国家的政府体系和教育体系的效率,正经历着一场信心危机。结果是,政府体系和教育体系的重组和"再造"成为20世纪90年代的一个显著特征。由于同时期出现的要求学校消除它们在对待和服务各种社会弱势人群方面的不足之处的压力之故,这些雄心勃勃的计划变得更加复杂棘手了。所有这些情况造成的最终结果是,人们开始对教育政策和教育管理的方法重新思考。

教育评价部分是由位于美国芝加哥的伊利诺伊大学的赫伯特·J.沃尔博格(Herbert J Walberg)负责编辑的。这部分的词条关注的是教育评价的理论、方法及实践。这些词条表明,教育评价涉及从为评价学生而进行的信息收集到收集资料以对国家教育体系进行比较等方方面面的内容。教育评价关注的是教育产品、活动及结果的价值。教育评价为改进教育提供了丰富的信息和深刻的洞见,而且已经被越来越多地运用在教育政策的制定过程之中。这些词条清楚地说明,教育评价是从教育实践中发展起来的,但它更多地以心理学和社会科学的理论和方法为基础。

特殊需要儿童教育部分是由位于美国费城的坦普尔大学(Temple University)教育研究中心的玛格丽特·C.王(Margaret C Wang)负责编辑的。她得到了同属该研究中心的唐·戈登(Don Gordon)的有力协助。这部分的词条关注的是与对有特殊需要的儿童的教育相关的研究和实践。它们围绕着11个主题领域展开:总体情况;课程考虑;诊断和分类;提供服务的替代性方法;有特殊需要的婴儿以及学前儿童;有特殊需要的儿童及青年;轻度和中度残疾的儿童及青年;语言障碍和语言能力培育;当代的情况;教育及相关服务;职业教育和过渡性模型;天才儿童和青年。

在向所有儿童(包括学业成绩很差的儿童以及那些需要不同的、特别的支持和抚育的天才儿童在内)提供普遍的、有效的教育方面,已经取得了长足的进步,特别是自《全书》第一版出版以来更是如此。在世界上许多地方,那种试图确保儿童获得有效的学校教育平等机会的教育改革新浪潮,正致力于提高学校的教育能力,为越来越多样化的学生群体,特别是那些在以前的改革中被过分遗忘或被抛在边缘地位的有特殊需要的学生,提供更好的教育服务。

教育政策与规划部分则是由约瑟夫·P.法雷利(Joseph P Farrell)负责编辑的,他是位于加拿大多伦多的安大略教育研究院(Ontario Institute for Studies in Education)的国际教育和发展教育中心的主任。这部分的词条讨论了发达国家和发展中国家的教育政策的制定及其实施中的主要问题,这既包括正式教育中的问题，也包括非正式或成人教育的问题。其中的许多词条集中讨论了教育政策的制定和规划中的技术性问题。由于教育政策和规划是一个涉及面很广的领域，它利用了几乎所有的基础学科（例如社会学、政治学、人类学、经济学、心理学及测量和统计学等），而且它被以这种或那种方式应用到了所有的教育体系和问题之上，所以，让读者密切注意这个部分的词条之间的交叉索引是非常重要的。

教育研究方法部分则是由南澳大利亚富林德斯大学的约翰·P. 基夫斯（John P Keeves）负责编辑的。这个内容广泛的专题关注的是以下几个方面的内容：教育研究的性质、教育研究所使用的（不论是经验的还是人文的）方法以及（为研究目的而展开的、同时是评价教育实践结果的标准的）教育测量和心理测量所采用的程序及其遇到的问题。这是一个在继续飞速发展的领域：整个 20 世纪的大部分时间中，它就一直是这样发展着的。然而，最新的发展动力则来源于微型计算机的介入。自《全书》第一版面世以来，微型计算机已经大量地摆上了教育研究者的桌面。这个领域正发生着令人兴奋的变化，有时候还引发热火朝天的争论，并激发着对教育过程的全新理解。人们已经越来越广泛地承认以下这一点：教育关注的是人的特性的变化，而既受个人层面上的又受群体层面上的因素的影响的人的特性，是必须得到精确测量的。

教育技术部分是由特耶德·普洛波（Tjeerd Plomp）和唐纳德·P. 埃利（Donald P Ely）共同负责编辑的，前者任教于荷兰图文特大学的教育科学和技术系，后者任教于美国锡拉丘兹大学的教育学院。

这部分的词条被组织在五个大的类别之下：定义、概念背景及教育技术的传播；程序设计、工具和资源；教育技术实现方案；教育技术的应用及制度环境；新问题。

第一类词条将教育技术当作一种概念和领域进行了讨论，并讨论了教育技术在不同的方法（比如通过各种组织和刊物）下是如何在全世界传播的。

第二类词条集中讨论了诸如评估、设计、媒体制作、扩散和实施等教育技术程序。由于教育技术的设计过程高度依赖于良好的组织，因此这一类别还包含了有关教育技术的管理和教育技术专家经常利用的资源的词条。

第三类词条则讨论了实现教育技术的战略、工艺、材料和设备。有关教育技术的实例则是在教育技术的应用和制度环境这一类别的词条下提供的。最后一类词条讨论的是新出现的问题，比如教育技术和版权的社会因素。

女性与教育部分是由澳大利亚墨尔本大学教育研究院的政策、环境和评估研究系的加布里埃尔·拉可姆斯基（Gabriele Lakomski）负责编辑的。这是全书中新加进来的一部分，主要是为了从国际视角来说明、记录并解释女童和妇女在教育方面为什么会成功，又为什么会失败。

由于女童和妇女所处的极为不同的文化、宗教、经济及其他条件之间有着许多共同的问题，由于对许多问题的解决方案超出了这部分的范围，所以，这部分的词条是围绕三个主要类别组织起来的：相关国家中的女性教育历史；规定、塑造并探索了女性教育、男女不平等和女权主义研究的问题及概念；对那些传统上女性处于弱势的领域（比如某些课程、女性在管理层和教育业中所占的比例以及获得职业培训的机会等）的经验研究和讨论。

教育史是由西克斯登·马克隆德（Sixten Marklund）负责编辑的，他是瑞典斯德哥尔摩大学的国际教育研究所教授。这部分的词条主要归属于下列三个主要领域：第一，教育思想的历史；第二，教育制度体系及其立法史；第三，宏观教育史和教育史学。教育思想史及其应用的词条，主要介绍了一系列的自古典时代开始出现的伟大教育思想家和教育家，从柏拉图直到 20 世纪 90 年代的诸如齐奥格·克申施泰纳（Georg Kerschensteiner）和玛莉亚·蒙台梭利这样激进的教育家。教育制度体系及其立法史主要涉及的是教育政策和教育制度的历史，这被分作学前教育、初等教育和中等教育三个方面，另外还补充了一些有关特殊教育、职业教育和成人教育的历史的词条。宏观教育史和教育史学则包括与教育史学有关的词条，此外还包括当代教育史、教育研究史和课程研究与开发方面的词条。

人的发展部分是由弗朗茨·E. 韦纳特(Franz E Weinert)主持的,他是位于德国慕尼黑的马克斯·普朗克心理学研究所的主任。其中的词条覆盖了人的发展研究的三个大的方面:人的发展的基本现象、日常概念和理论;人在生命周期中的发展变化的科学模型;躯体、认知能力和性格的发展变化与发展进程。

为了体现人的发展研究的方法的多样性,第一部分的词条覆盖了研究人的发展最为重要的方法、某些与人的发展有关的日常概念以及关于人的发展的所有最为重要的科学理论。第二部分的词条则覆盖了人的发展的主要时期和阶段,这包括幼儿期、儿童期、青少年期、成年期和老年期。第三部分的词条则讨论了人的发展的主要方面,从人的发展的生物学基础和躯体变化,到认知发展的各种现象和机制,再到人的个性的某些方面的社会环境根源,可谓应有尽有。

教育心理学是由艾里克·德·科尔特(Erik De Corte)主持的,他任职于比利时的卢汶大学(University of Leuven)的教育心理学和教育技术中心。这部分总共有51个词条,这些词条描述了当今世界对人的学习的过程和结果的理解,以及对影响这种过程和结果的人内心的或个人的、环境的、文化的、社会的和教育的因素的理解。这些词条的范围并不仅限于学校学习,而是包括了在工业环境下的学习,比如成人学习。尽管这部分强调的是获得知识和认知技能的问题,它还是包括了一些关于情感方面的、社会方面的和运动神经方面的学习的词条。

自从20世纪70年代以来,教育心理学的一项重大发展是,有关学习和教育的研究越来越针对专门问题了。这种趋势在这部分得到了很好的反映,其中有一系列的词条回顾了与主要主题领域有关的研究,这些主题领域一起构成了普通教育的课程。

另外,还有几个词条对这个领域的历史进行了回顾。而且,我们尽力使这部分覆盖国际上的主要研究,同时确保不同的研究方法都得到适当的照顾。

各国(地区)教育制度是由德国汉堡大学的比较教育学教授、本书的主编之一,T. 内维尔·波斯尔斯韦特(T Neville Postlethwaite)主持的。几乎在任何情况下我们都与各国的教育部联系,让它们安排相关词条的撰写。我们向所有的作者发出一份详细的内容大纲,目的是让对所有国家(地区)的教育体系的全部描述都尽可能地有相同的结构。这要求作者撰写以下内容:其所属国家(地区)的基本背景和社会、政治及经济环境,以及这些因素对本国(地区)教育体系的影响;教育政策与规划;正规教育体系的结构和学生人数,以及对学前教育、特殊教育、职业教育及成人和非正式教育的特别说明;正规教育体系的资金来源;教师的培训和供应;课程开发程序;升学、考试和证书程序;教育评价和研究;20世纪80~90年代的主要教育改革;该教育体系到2000年以前将面临的主要挑战。

有少数国家的教育部没有给出回答。这些国家有的正发生内战、政治动荡或者干旱。某些国家的教育部确实推荐了作者,但是相关作者除了与我们写过少数几封信之外,就再也没有什么音讯了。尽管遇到了这样一些问题,全书中还是包含了142个国家(地区)的教育体系的词条。

教育哲学部分是由美国斯坦福大学的教育和哲学教授丹尼斯·C. 菲利普斯(Denis C Philips)主持编辑的。这部分包括一些很长的词条,这些词条从历史角度回顾了教育哲学、教育哲学中的分析传统和教育研究中的认识论问题。还有一些词条则关注的是地区现象,另外一些则对那些经常影响教育理论和实践的主要的宗教思想派别进行了综述。同样都源自欧洲大陆的解释学、批评理论以及后现代主义,被分别放在不同的词条中讨论。然而,主要词条讨论的却是整个20世纪英美的教育哲学所集中关注的一些具体问题:比如教育中的批判性思维、课程理论、政治和道德哲学及其对教育的影响、当代的认识论理论及其教育学分支、哲学中的实证主义和现实主义及其对有关教育研究方法的影响以及西方作家眼中的马克思的社会理论的遗产。

学前教育是由美国伊利诺伊大学的初级教育和儿童早期教育中心的主任莉莲·G. 卡茨(Lilian G Katz)主持的。这部分的词条涉及了与从出生后到小学之前的儿童的成长、发育和学习等方面有关的话题,以及与这些儿童的父母有关的问题。另外还有一些词条专门讨论了与婴幼儿和学龄前儿童有关的计划的性质。

对于致力于对相关计划的效果进行评估、测量和预测的研究人员来说,学前教育具有特殊的挑战性。学前教育的这三个方面的词条,还回顾了学前教育的评估和学前教育评估的当前趋势,并综述了对学前教育计划展开的纵向研究的结论。

全世界范围内的学前教育以及儿童早期教育方面的专家,都特别强调了家长参与以及旨在对家长抚育孩子的能力进行培训的极端重要性。我们安排了专门的词条,对这类研究成果进行了分析。此外,几乎所有的专家都一致认为,学前教育计划的质量在很大程度上是由学前教育人员的经验和资历决定的。因此,本部分亦将学前教育人员的培训的进展包括进来。

教育社会学是由位于澳大利亚堪培拉的澳大利亚国立大学的社会学系的劳伦斯·J. 萨哈(Lawrence J Saha)主持的。相关词条可以划分为三个主题:教育社会学的理论和主要领域;教育的结构和体系;关于教育过程的社会学。

对教育的社会学研究和解释被大量理论视角所主导着,这些视角全都提供了有关教育如何在社会中发挥作用的深刻洞见。因此,某些词条集中讨论了几种主要的教育社会学理论(包括古典理论和当代理论),并且还特别讨论了相关的生育理论和阻抗理论。除了一个有关教育社会学的词条之外,另有五个词条对有关成人教育、课程、学习、特殊教育和教学的社会学进行了综述。

第二个主题关涉的则是教育结构和体系问题,并且包括了诸如教育体系的不同层级之间的关系、公共和私人教育、能力追踪、教育体系的阶层现象以及教育与国家方面的词条。

最后,有关教育过程的丰富的社会学知识体系则体现在大量的词条之中,这些词条讨论了诸如教师工作和教师的过劳状况、性别差异、家庭结构、友谊模式以及课堂的动力机制等方面对学生的学业和其他在校成绩的影响。

教师教育这部分则是由美国南加州大学的罗林·W. 安德森(Lorin W Anderson)负责组织的。教师教育这一专题的词条是围绕四个主题展开的:教师教育的概念和模式、职前教师教育、在职教师教育以及特殊领域的教师教育。有关教师教育计划的管理、认证、课程和评价都在这些词条中得到了讨论。所谓的特殊领域则包括阅读、语言艺术和文学、数学、音乐、体育、科学以及社会研究。

教学也是由美国南加州大学的安德森教授负责组织的。这一专题的词条则是围绕八个主题展开的:教师和教学的概念、教师的个人特性和职业特性、课堂环境和限制、教师做出规划和决定的行为、讲课策略和教学方法、教师行为和教师与学生之间的互动关系、教师和教学效果以及对教师和教学的研究。具体的词条则覆盖了从有关"作为职业人士的教师"的理论讨论到有关"教师的管理行为"的经验分析的丰富内容。

职业技术教育是由英国爱丁堡大学的肯尼斯·金(Kenneth King)负责编辑的。这部分的词条覆盖了技术和职业技能培训的三个场所:正式的学校教育;独立的培训机构(往往由劳动部而不是教育部负责管理);工业界和商业界内部进行的培训,这包括发展中国家的小型企业、农场和工厂的生产小组以及德国或其他国家的著名的"二元体系"。

"理论"知识和"职业"知识之间的关系是极端复杂的,而关涉它们之间的关系的国家政策,则是与诸如是否能够获得进一步的教育、工作前培训以及(对许多国家来说)受教育者的失业情况所造成的威胁等等问题紧密联系在一起的。此外,技术和职业教育往往比理论教育更加昂贵。因此,除了讨论技术和职业教育的覆盖范围、时间安排及其制度定位之外,许多词条讨论了技术和职业教育的筹资机制问题。

5. 如何使用本大百科全书

正如上文指出的,教育不是一个被某种传统的学科视角一统天下的学术研究领域。实际上,许多学术地位已经确立的成熟学科都对探讨教育中的问题有价值。划分与这些问题相关的知识体系的结构的任何企图,都会遭到数不胜数的困难。尽管本书的词条是按照字母顺序排列的，但是读者还是可能不清楚某个相关词条是否包含着他们需要的信息。因此，出版商特地准备了一卷索引卷（西南师范大学出版社与海南出版社 2006 年 1 月出版的 10 卷精装《教育大百科全书》将索引并在第 10 卷中），该索引卷包含三个层次的主题索引：名称索引、分类词条表和词条作者表。这应当会有助于克服作为一个研究领域的复杂性所引发的困难，并可引导读者快速查找到自己所需要的信息。

我们要求各词条的作者列明他们撰写的词条的关键词和关键短语，这些关键词和关键短语都是他们希望传达的信息的根本要素。这些术语就构成了主题索引的基础。接着，大量的索引专家利用一个计算机索引程序对超过 1 200 条的术语进行了协同一致的分析，从而制作出了一个易于使用而且全面的索引，这个索引可满足不同知识层次和不同经验水平的读者的不同要求。涉及某个问题的实质性讨论的页码索引被醒目地标了出来，而交叉索引则将读者导向相关的词条。因此，主题索引就成为使用本全书者可依赖的最重要的工具了。名称索引也提供了一个颇为有用的切入点。

分类词条表则勾勒出了本大百科全书的内容的基本结构。它以"主题词条"将相关词条组织成多个以字母顺序排列的领域，并将涉及相互关联的话题的词条安排在相关的总的小标题之下。某些内容则同时被列在多个不同的专题之下。此外，某些标题则跨越了本大百科全书为安排相关词条而按专题划分的界限。这样，读者就可以找到所有与"阅读"有关的、被安排在一起的词条，即使这些词条是由两个不同的责任编辑负责组织的。

索引卷还包括了一份列明作者及其所属机构的完整列表，并指明他们撰写了哪些词条。同时还包括了一份列明主要教育研究刊物的列表，这对于本大百科全书的读者来说，定会是一个便捷的索引工具。

为了满足读者对某个特定词条内包含的具体内容的更为深入的兴趣，通常作者都在他们撰写的词条后的参考书目之后指明了与相关词条相关的进一步的资料源，而且，还交叉索引了本大百科全书中与他们撰写的词条紧密相关的其他词条。

6. 致谢

编纂一部大型的大百科全书是一项艰巨而浩繁的工程。我们要特别感谢几个人。首先，我们要感谢巴巴拉·芭蕾特（Barbara Barrett），普格曼的编辑部主任，正是她第一次提出编纂这一新版的大百科全书。其次，我们要特别感谢责任编辑，感谢他们的责任心、能力、智慧以及他们在本书工作上所花的大量时间。再次，我们要感谢所有作者，感谢他们撰写（以及重写）相关词条。我们深深地受惠于荣誉编辑顾问委员会以及相关词条复审人的卓绝才识。另外，我们亦深深受惠于汉堡大学和斯德哥尔摩大学的许多人士，他们重打了许多有时候几乎都无法辨认的词条，并且对每一个词条所处的状况都进行了随时随地的追踪。这些人士包括：欧姆特劳德·弗里茨（Irmtraud Friz）、冈达·列姆考（Gunda Lemkau）、罗斯尼·兰宾（Rosine Lambin）、朱莉·弗雷德里克斯（Julie Fredericks）、杰德·哈里斯（Jed Harris）和克里斯蒂娜·雷昂（Kristina Rayon）。我们要感谢菲利普·阿什列特（Philip Aslett）和费昂纳·巴尔（Fiona Barr），他们承担了编纂主题索引的主要任务。最后，我们还要向普格曼的优秀的编辑队伍表示我们由衷的谢意：格伦达·科尔肖、安吉拉·莫瓦（Angela Moar）、艾丽森·唐内特（Alison Dunnett）、彼得·米歇尔（Peter Mitchell）、露茜·赫伯特森（Lucie Herbertson）以及米歇尔·惠顿（Michde Wheaton）。

托尔斯顿·胡森（Torsten Husén）
T. 内维尔·波斯尔斯韦特
（T Neville Postlethwaite）

目　录

·评价与学习

学习活动评价(Assessment in the Service of Learning) …… 1

·计算机、媒体和学习

计算机编程的学习和教学(Computer Programming,Learning and Instruction of) …… 5
计算机与学习(Computers and Learning) …… 8
问题解决和学习的计算机建模(Problem-solving and Learning:Computer Modeling) …… 13

·课程和学习与教学心理学

态度和价值观的获得(Attitudes and Values,Acquiring) …… 17
数学的学习与教学(Learning and Instruction of Mathematics) …… 20
运动技能的学习与教学(Learning and Instruction of Motor Skills) …… 24
问题解决和思维学习技能的发展(Problem-solving and Thinking,Development of Learning Skills in) …… 26
科学的学习与教学(Learning and Instruction of Science) …… 32
社会科学的学习与教学(Learning and Instruction of Social Sciences) …… 36
视觉艺术和表演艺术的学习与教学(Learning and Instruction of Visual and Performing Arts) …… 39
写作的学习与教学(Learning and Instruction of Writing) …… 42

·个体差异与学习和教学

能力与性向(Abilities and Aptitudes) …… 45
认知风格与学习(Cognitive Styles and Learning) …… 50
个体差异和教学(Individual Differences and Instruction) …… 54
智力、学习和教学(Intelligence,Learning,and Instruction) …… 66

·不同领域内知识与技能的获得

专家的认识水平(Expert Level of Understanding) …… 72

·学习环境

课堂中的小组互动过程(Group Processes in the Classroom) …… 78
家庭环境和学校学习(Home Environment and School Learning) …… 82

· 学习的过程与结果

认知结构(Architecture of Cognition) …… 87
学习中的注意(Attention in Learning) …… 90
双语(Bilingualism) …… 93
认知和学习(Cognition and Learning) …… 95
概念学习(Concept Learning) …… 99
建构主义与学习(Constructivism and Learning) …… 103
创造性(Creativity) …… 107
陈述性知识和程序性知识(Declarative and Procedural Knowledge) …… 110
发展、学习和教学(Development, Learning, and Instruction) …… 113
学习的反馈(Feedback in Learning) …… 116
知识的表征和组织(Knowledge Representation and Organization) …… 118
教育中的语言和学习(Language and Learning in Education) …… 122
学习过程和学习结果(Learning Processes and Learning Outcomes) …… 125
学习策略与学会学习(Learning Strategies and Learning to Learn) …… 136
文化素养(Literacy) …… 140
元认知(Metacognition) …… 144
动机和学习(Motivation and Learning) …… 149
知觉和学习(Perception and Learning) …… 157
前科学概念和错误概念(Preconceptions and Misconceptions) …… 161
前知识和学习(Prior Knowledge and Learning) …… 165
推理(Reasoning) …… 170
学习中的自我调节(Self-regulation in Learning) …… 174

· 学习的社会、文化和情感因素

情感、情绪和学习(Affect, Emotions, and Learning) …… 178
文化与学习(Culture and Learning) …… 184
同伴关系与学习(Peer Relations and Learning) …… 190
个性、学校和社会环境对学习的影响
(Personality, School, and Social Environment as Learning Determinants) …… 194
社交技巧与沟通技能(Social and Communication Skills) …… 199
社会交互作用和学习(Social Interaction and Learning) …… 204
压力、应对与学习(Stress, Copping and Learning) …… 208

· 教育背景中的学习理论与模式

教学心理学中的范式(Instructional Psychology, Paradigms in) …… 211
学习活动(Learning Activity) …… 217
学习理论:历史回顾与展望(Learning Theories: Historical Overview and Trends) …… 221
学习模型(Models of Learning) …… 226

学习活动评价(Assessment in the Service of Learning)

教育工作者、认知心理学家和心理测量学家都反复证实了,教学的目的是要提高学生作为思考者、问题解决者和探究者的能力。该目标隐含了这样一个基本观点,即有意义的理解都是以主动的知识建构活动为基础的,并且常常通过分享学习来实现。如果能够把评价与现代教学观和学习观相结合,把获得高级的思维和推理能力与学科知识整合起来进行评价,那么评价本身就成为一种有意义的学习任务。要为评价系统建立新的概念框架就必须应用反映当今认知与学习研究中的最新进展的新的心理测量理论。

1. 传统的测验和测验理论

在美国,传统的成就测验是用来检验长期的教育成果和个体发展的,这些评价设计中所蕴涵的心理学理论最早可以追溯到 20 世纪 60 年代的行为主义理论。然而概念化的行为目标其实并不能充分说明思维、推理和问题解决的复杂过程,同时这些成就测验通常是在教学之后使用,而不是与学习相结合进行的。要建立面向教学的成就测验就需要分析那些包含着学科能力的知识以及认知过程,这样,评价才可以反映出复杂行为背后的认知结构和认知过程。

学业成就测量的技术基础是心理测量技术,而后者是从人员选拔和安置测验中发展起来的。标准化测验理论用反应项目的难度来描述成绩,主要是为了测量学生掌握的陈述性知识的多少。这种成绩观与当代强调有意义学习的认知理论是不一致的,因为有意义学习包含了推理、问题解决和积极的知识建构。评价若能与教学结合,并能展示学生的思维、推理能力及其背后的策略过程,这才能确保评价对学生理解的实质与水平做出更为有效的推断。

2. 认知心理学中评价的含义

认知心理学家在参考了关于知识和能力获得的主要观点后,提出了认知加工取向的评价方法(Snow and Lohman 1989)。对专家与新手的知识结构和认知过程进行分析,显示了他们在专业能力水平及类型上的差异,这可以为评价的设计提供有价值的信息。例如,对专家—新手的研究表明,初学者通常会形成松散的知识结构,对专业知识只是一知半解。随着学习的进行,他们对原有知识进行拓展、整合和重构,以吸收新的、完全不同的信息并形成联结,从而加深了他们对专业知识的理解(Glaser and Chi 1988)。通过评价知识结构的组织性和连贯性,可以判断学生理解专业知识的本质与深度。

为帮助学生掌握连贯的知识结构,在教学及评价中都应该强调知识的建构和合作学习的能力。在课堂上,有意义的知识通常是通过为实现共同目标而合作的方式建构起来的,例如,在讨论中会反映出不同的观点,而不同的观点又会引发自我反思。当学生需要像对自己一样向其他人解释、阐述或证明自己的观点时,学生的知识结构更容易发生改变(Brown and Palincsar 1989)。这种课堂的互动可以让学生展示其不同的理解水平,也为评价教学过程中学生的成就与发展提供了一个信息丰富的环境。

在设计和选择评价活动时应该注意,要确保评价与教学活动的一致性,使评价的结果对形成教学计划和进行调整有所帮助。那些能反映课堂学习情境的评价,可以在教学前、教学中和教学后为制定教学计划提供有价值的信息。为了给教学提供良好的基础,教师可以对学生的先前知识和理解水平进行评价,以使教学适合学生的需要和能力。通过把评价纳入到教学活动中,可以表现出学生的思维能力和知识水平,从而使评价可以为诊断学生的个别需要和监控教学活动提供有用信息。在教学结束时进行评价,可以考查学生是否获得了相应的学科能力。对学生上交作业、开放性任务、日志、计算机模拟有意义任务和作业档案袋的评价,都能为教学计划的制定和学生的自我评价提供有价值的信息。

3. 评价和测量中的注意事项

由于教与学的观点发生了改变,因而需要新的标准来确保评价的信度和效度（Glaser 1990，Frederiksen and Collins 1989，Linn et al. 1991）。新的标准应该能对课堂评价和成就评价的设计（和课堂评价相比，成就评价涉及对更长期的发展和教育结果的测量）起到指导作用。

3.1 评价——通往受教育机会的途径

就像林恩（Linn 1989）所指出的，教育评价与测量所面临的最大的挑战就是，“让测量更好地促进所有学生的学习”（P.9）。评价应当能揭示学生表征问题、解决问题的方式，从而为促进学生的学习提供信息。在解释传统测验的分数时，潜在的前提假设是学生享有平等或相似的受教育机会。然而在传统测验中取得相同分数的学生对学科内容的理解很可能是不同的，他们采用的策略加工过程也可能是不同的。将这些差异描述出来将为教学提供莫大的帮助。

例如作为一种过程取向的评价方法，动态评价可以提供学生在理解的本质与深度方面的信息。不同的动态评价方式都具有一个共同的特征，即强调对个体学习中认知过程的测量，以及对学生在教学指导过程中各种变化的观察。动态评价源自于维果茨基（Vygotsky 1978）的“最近发展区”的观点，最近发展区就是学生通过与其他学生或成人的共同学习所能达到的发展水平。通过评价学生在最近发展区中的学习，就可以知道新知识和新策略可以达到的最高发展水平。

动态评价作为一种对学习潜能的测量，能提供以下几方面的信息：学生解决问题的过程和使用的策略，这些过程和策略在多大程度上促进了学生对获得新的策略和知识的机会做出反应，以及教学程序强化学生策略的有效性（Campione and Brown 1990）。为了评价学生在提高成就水平方面的容易度，需要使用修正后的动态评价系统（Campione and Brown 1990）。修正的内容包括：变换任务模式，提供反馈，鼓励使用自我监控技术，提供专业的指导或者一般的问题解决策略方面的指导。其中最重要的就是，学生能否有效地获得和运用这些策略以及学生在掌握专业知识方面会有多大提高。有的学生虽然目前没有机会获得测验所包含的知识与策略，但如果给予学习的机会，他们就能掌握，动态评价可以把这类有潜力的学生也鉴别出来。因此，在评价具有不同教育背景及经验背景的学生时，动态评价显得尤其重要。

如果学生理解了这些评价成绩的标准，会激励他们内化这些标准，从而使他们互相帮助以达到这些标准，并且能更有效地评价自己的表现（Frederikson and Collins 1989）。评价与群体教学的结合为学生反思自己的知识与表现提供了大量的机会。这些丰富的自我评价的机会，从根本上提高了学生的专业能力。

在合作的情境中，教师和学生既可以对学生学习能力、推理能力的提高进行评价，也可以评价学生对指导和帮助的适应性。当测量学生的表现时，他们的思维和推理过程也因此很明显地表现出来，这样他们的最近发展区就变得很清楚了。学生的表现水平通常都在一个与其能力相适应的范围内，老师和同伴可以帮助他们意识到更高水平的表现是什么样的。

评价有意义的学习可能需要若干天或一段相当长的时间，而且可能要采用发生在课堂情境之外的任务。例如在科学这门课上，拓展的任务可能是让学生自己设计并进行一项研究。学生需要阐明所研究的问题，收集数据，分析数据，最后用报告来展示自己的研究结果。这样的拓展任务既需要个体的努力，也需要合作，同时提高了学生的思维水平。

3.2 评价的信度标准和效度标准

要判定一个评价对认知有何意义，首先需要分析任务在认知方面的要求和学生尝试解决任务的方式（Glaser 1990）。虽然表现性评价看起来很有效，很像有意义学习的任务，但事实上这种测量方式也并不比通过项目反应所获得的测验分数更有效（Linn et al. 1991）。除非有可靠的证据来证明这些测验要求有高水平的思维和推理过程参与其中（Magone et al. 1993）。

效度检验既包括传统的基于经验的证据，还包括对使用测验得到的真实或潜在的结果的检验以及对分数解释的检验（Messick 1989）。为了对评价的结果依据进行效度检验，必须分析原评价所产生的有意的和无意的作用。例如有时实施的评价对教学有直接的指导意义。单纯依靠问答——选择题型的测验,可能会导致只强调回忆事实和运用所记住的原则与程序的教学方式。然而,如果评价过程要求系统化的信息、发散思维和评价的参与,那么教学中就有可能包括更多的可以促进上述技能的活动。

弗雷德里克森和柯林斯(Frederiksen and Collins 1989)关于评价结果的有效性的看法与梅西克的观点一致,他们认为,如果评价能够鼓励师生学习更多有价值的知识技能,并允许开放、透彻地讨论问题,那么评价就具有了"系统有效性",并逐渐接近表现性评价的标准。因此,收集师生(包括学校领导和决策者)对评价结果的解释以及他们采取的相应行动,就是在设计具有这种效度的评价时需要具备的一个特征。为了强化所期望的技能而调整教学目标与课程目标,对各项教学活动时间做出新安排,以上这些都将为评价的效度检验提供有效的证据。

如果是对不同群体的学生使用了某一特定的评价过程或评价手段,在解释结果时进行多种效度检验是很必要的,如在进行评价时应考虑不同群体会有不同的先前知识和经验。正如梅西克(Messick 1989)所指出的,为确保不会有某些群体处于劣势,评价应充分反映出它所测量的那个领域的行为,同时又不会测量无关行为(比如在数学评价中,阅读和理解能力就是无关行为)。可以运用项目功能差异(DIF)分析以使表现性评价更加公平。项目功能差异分析可以用来检验对同一能力水平(能力水平由测验总成绩或其他标准确定)的学生,无论他们的性别、民族和种族是否相同,同一任务起作用的方式是否一样。为了应用这种方法,需要执行相当多的任务。正如林恩等人(1991)指出的,为了确保评价的公平性,让专家小组对实际的操作任务和程序进行逻辑检验,同时广泛分析来自不同群体的学生对任务做出反应的方式,这是非常关键的。

评价中的表现在多大程度上可以推广到更广阔的领域中,取决于评价所涉及的内容的广度。表现性评价可以对学生在某学科知识上的理解性质与水平做出广泛而具体的描述。然而,由于表现性评价在每个任务上都要花大量时间,因而其内容的覆盖面就会受到限制。就课堂评价而言,使用多样化的、与教学有关的评价任务及程序可以保证得到有效的判断,同时也可以提供学生在学科理解力方面的一般情况。在学校水平上的成就评价是对长期的发展和教育结果进行测量,在这方面,使用矩阵抽样法(其中每个学生完成评价中的一套子任务)可以保证有效的推断,同时也提供了学校水平和学科方面的一般情况(Lane et al. 1993)。

4. 测验理论所带来的启示

为了给教学决策提供有效信息,认知和行为理论被广泛应用到评价设计中。随后,认知模型和心理测量技术也将会整合起来。虽然自 20 世纪 70 年代以来,测量已经发生了很大的变化,但能描述学生思维和推理能力并能为老师提供有效信息的模型及测量程序却还处于发展的初级阶段(Linn 1989)。

成熟的测验理论应更好地反映教学和评价的目标,这也是促使项目反应理论(IRT)发展的基本原理(Mislevy 1989)。有证据表明,在分级记分的纸笔测验中,IRT 模型是有效地评价开放性反应的结构量表之一(Harris et al. 1988)。在这种模型中,不同的熟练程度可以表示为一组连续曲线或离散状态,学生在其中某一条曲线或某一个点上得分的概率参数,即表示该学生的能力。在这种情况下,任何一个任务的成绩都可以用于估计该测验所要测量的学生的能力。

哈里斯(Harris et al. 1988)对学生在叙述性写作任务中的成绩进行了分半信度分析。他们希望能区分出构成写作能力的两个因素——构思技巧和知识;他们还希望通过描述这些构成要素,来构建评价写作能力的基本框架。和整体记分相比,这种方法可以为个体诊断和教学决策提供更多的信息。在这个研究中,从八个维度(比如剧情发展、连贯性、故事结构等维度)对每个学生的作文进行评分。每个维度都是一个反映熟练程度的发展连续体,根据对学生熟练程度的评估,每个学生都可以在连续体上找到自己的位置。如果多个学生在连续体上处于相同位置,则他们在该维度的熟练程度也是相同的。例如,在连贯性和故事结构上都得最低分的学生,说明他的思想"几乎没有连贯性,有很大的跳跃性"(P. 338),而在这个维度上得最高分的学生则说明他的故事情节丝丝入扣(P. 338)。一个学生在全部八个量表上的得分模式可以清楚地表明该学生的长处和需要改进的地方。这种将认知理论和测量技术成功结合起来的研究在今后的研究中很重要。

5. 总结

教育的目标是希望将学生培养成积极的思考者和问题解决者,这需要对教学和评价进行重新定义。传统的说教式的教学理论和传统的成就评价方式都不再适合现代教育的需求。现代教学强调由学生建构知识,强调学习中的互动,这将提供一种新的教学情境,这种教学情境将有助于学生在获得学科知识的同时,获得并使用高水平的思维和推理能力。成就评价必须成为教学的一部分,这样才能反映学生的学习情况,并塑造和促进学生的学习。这要求教学引入更多有意义学习的任务,并使之与现代的认知、学习观点相一致。在表现性评价中可以反映出有意义的学习任务,在设计这种评价程序时,必须将认知理论和各种心理测量模型结合起来。

S. 兰恩(S. Lane) 著
R. 格拉塞尔(R. Glaser)
朱 瑾 伍新春 杜 蕾 译

附录

Brown A L, Palincsar A S1989 Guided, cooperative learning and individual knowledg e acquisition. In: Resnick L(ed.) 1989 *Knowing, Learning, and Instruction: Essays in Honor of Robert Glaser.* Erlbaum, Hillsdale, New Jersey

Campione J C, Brown A L 1990 Guided learning and transfer: Implications for appr oaches to assessment. In: Frederiksen N, Glaser R, Lesgold A, Shafto M G (eds.) 1990 *Diagnostic Monitoring of Skill and Knowledge Acquisition.* Erlbaum, H illsdale, New Jersey

Frederiksen J R, Collins A 1989 A system approach to educational testing. *Educ. Researcher* 18 (9):27—32

Glaser R 1990 Testing and assessment: O Tempora! O Mores! Horace Mann Lecture, University of Pittsburgh, LRDC, Pittsburgh, Pennsylvania

Glaser R, Chi M T H 1988 Overview. In: Chi M T H, Glaser R, Farr M J(eds.)1988 *The Nature of Expertise* Erlbaum, Hillsdale, New Jersey

Harris J, Laan S, Mossenson L 1988 Applying partial credit analysis to the constr uction of narrative writing tests. *Appl. Measurement in Educ.* 1 (4):335—346

Lane S, Stone C, Ankenmann R, Liu M 1993 Empirical evidence for the reliability a nd validity of performance assessments. *Int. J. Educ. Res.*

Linn R L 1989 Current perspectives and future directions. In: Linn R L (ed.)1989 *Educational Measurement*, 3rd edn. Macmillan Inc., New York

Linn R L, Baker E L, Dunbar S B 1991 Complex performance-based assessment: Expect ations and validation criteria. *Educ. Researcher* 20(8):15—21

Magone M, Cai J, Silver E, Wang N 1993 Validity evidence for cognitive complexity o f performance assessments: An analysis of selected QUASAR tasks. *Int. J. Educ. Res.*

Messick S 1989 Validity. In: Linn R L (ed.)1989 *Educational Measurement*, 3rd edn. Macmillan Inc., New York

Mislevy R J 1989 *Foundations of a New Test Theory*, Research Re port No. 89—52—ONR. Educational Testing Service, Princeton, New Jerse y

Snow R E, Lohman D F 1989 Implications of cognitive psychology for educational m easurement. In: Linn R L (ed.) 1989 *Educational Measurement*, 3rd edn Macmillan Inc., New York

Vygotsky L S 1978 *Mind in Society: The Development of Higher Psychological Processes.* Harvard University Press, Cambridge, Massachusetts

计算机编程的学习和教学(Computer Programming, Learning and Instruction of)

计算机程序就是为了完成目标而提供给计算机的一系列正式指令。编写计算机程序是一项问题解决活动,包含了创建、解读、修改和调试计算机程序等一系列步骤。在创建一项程序时,编程者要编写出计算机代码以解决用自然语言描述的问题。在解读一项程序时,使用者要用自然语言来描述某个计算机程序可以完成什么任务。当要完成与原有设计目标不同的任务时,人们需要改变现有的程序,这就是所谓的修改程序。而调试则包含了查询和更正程序中的错误。

在20世纪80年代,计算机开始在中小学中普及——在某些国家,学校的计算机在10年内竟增加了50%。在具体的教育实践中,计算机编程成为许多学生学习的一个主要的新领域(Becker 1991, Pelgrum and Plomp 1991)。与此同时,研究者也开始研究人们如何学习和使用计算机编程语言,并且逐渐成为心理学研究中最活跃的课题之一(Mayer 1988a, Soloway and Spohrer 1989)。尽管有超过1 000种的编程语言,但是在学校教学中最为普及的编程语言,同时也是教育研究者研究最多的还是LOGO、BASIC和Pascal。

本词条将讨论教育心理学中关于计算机编程研究的三条主线:(a)如何向初学者教授计算机编程;(b)初学者能从计算机编程教学中学到什么;(c)计算机编程专家和初学者有什么区别。

1. 教授计算机编程

如何教授计算机编程是该领域主要的研究课题之一。究竟是应该让学生们在自主学习中自由地探究如何创造性地运用计算机编程语言,还是应该由教师提供更多的有关学习和使用编程语言的指导?尽管要求学生们自主学习编程的呼声很高,但是教育研究者们发现,即使是很基本的编程问题,在没有直接指导的情况下,学生很难通过自主学习而加以解决(Linn 1985, Pea and Kurland 1984)。例如,分析表明,通过自主探究学习编程的学生"经常在没有真正理解程序是如何运作的情况下编写出程序来"(Nickerson et al. 1985 P. 277)。相反,强调结构化和调试指导的教学,其学习效果和迁移效果都要好于没有指导的非结构化教学方式(Lehrer and Littlefield 1991, van Merrienboer 1990)。结构化保证了学习者以合理的顺序接受基本的信息,而对调试的指导能使学习者在现有的信息和已有知识之间建立起联系。迈耶(Mayer 1988a P. 5)认为"压倒性的意见……就是,对大多数学生来说,自主学习可以在老师的直接指导下得到完善"。

我们可以帮助学生建立一个计算机系统的心理模型,并通过这种教导方式来提高学生使用编程语言解决问题的能力。所谓计算机系统的心理模型就是对计算机内的主要区域(例如存储空间或输出屏幕)、物体(例如数据或指示器)以及操作(例如查找或清除)的简化表征。例如,在教授能力较差的学生时,如果用描述计算机的活动(类似于"找到B空间内的数字,加上1,将结果赋值给A空间")来帮助他们理解BASIC指令(即,LET A = B + 1),他们就能够对BASIC的机制建立起更精确的心理模型,并且与受传统训练的学生相比,他们能够更好地解决新的编程问题(Bayman and Mayer 1988)。

2. 学习计算机编程

学习编程的认知后果是该领域的第二大课题。编程的学习是否会影响学生的思考方式?索洛韦和斯利曼(Soloway and Sleeman 1986 P. 1)指出"有人认为程序是我们这个时代的新拉丁文",因此"学习编程能使个体发展出在各种工作中都需要的普遍的智力技能"。但是关于编程技能向其他领域迁移的研究却经常得出令人失望的结果(Linn 1985, Mayer 1988a, Pea and Kurland 1984)。尽管如此,在某些个案中还是存在迁移,尤其是在学生们成功地学会了解决编程问题,教学又强调所学的编程技能的迁移性,而且测试迁移的问题与编程问题相类似的时候,迁移就发生了(Clements 1990, Clements and Gullo 1984, De Corte et al. 1992, Mayer and Fay 1987, Mayer et al. 1986, Salomon and

Perkins 1987)。

在林恩(Linn 1985)的"认知成就链"模式基础上,迈耶和法伊(Mayer and Fay 1987)提出了"认知变化链"的理论,并用这个理论来解释把编程的学习迁移到其他非编程领域的条件。该理论认为学习基本的编程语言是学习解决编程问题的前提条件,而学习思考编程问题又是在非编程领域内思考相似问题的前提条件。比如,考查学生在地图定位活动中给出英语指令和理解英语指令的能力,结果在学生学习了 LOGO 基本语法和语义后,后测成绩比前测有了很大的进步。而那些在学习 LOGO 的语法和语义时没有显示出进步的学生,也没有表现出迁移的迹象(Mayer and Fay 1987)。类似的是,那些能够把学习 BASIC 的经验向其他领域迁移的学生显示出了近迁移的现象,例如迁移到对英语指令的理解上,而对于关系较远的领域,则迁移也较少,例如不能迁移到归纳推理中(Mayer et al. 1986)。

3. 编程的专业技能

该领域的第三大研究课题就是探讨成为计算机编程专家所必需的知识。认知分析揭示出四种编程知识:句法、语义、图式和策略(Mayer 1985, 1992)。句法知识是关于语言单位(例如关键词和变量名)及其组合规则(例如一串数字在一串代码中的合理位置)的知识。语义知识是指人们头脑中关于计算系统如何工作的心理模型。图式知识是对程序类型(如分类和循环的不同流程)的分类表征。策略知识则包括了设计方法和调控计划(例如把编程任务分解为有意义的部分)。

在程序设计中,哪些内容是专家知道而新手不了解的?实际上,新老程序员们在计算机编程的句法、语义、图式和策略知识上都存在差异(Mayer 1988b)。句法知识方面的差异可以通过让学生判断一组程序代码是否符合语法来加以考查。新手识别错误所用的时间较长且需要花费较大的精力,相反,专家可以快速轻易地做出判断,这表明专家的认知加工已经达到自动化(Wiedenbeck 1985)。在语义知识方面的差异可以通过让学生描述计算机在执行一项指令时其内部发生的变化来衡量。从新手的方案中可以看出他们缺乏有效的心理模型,而专家的方案则表明他们有效地使用了计算机系统的心理模型(Bayman and Mayer 1988)。图式知识方面的差异则可以通过让学生回忆那些以正常或混乱顺序呈现的程序来进行评价。专家和新手在回忆混乱的程序时没有显著区别,但在回忆正常的程序方面,专家具有明显的优势(McKeithen et al. 1981)。与早期的一个实验(探讨专家—新手在回忆棋局中步骤时的差异)(De Groot 1965)类似,编程专家可以运用包含了各种典型组合的清单帮助他们将一串程序划分为几个有意义的组块。最后,专家—新手在策略知识方面的差异可以通过让学生在解决编程问题时进行出声思考来进行评估。研究发现,与新手相比,专家更倾向于把问题分成更小的部分,而且更倾向于用不同的方式去解决编程问题,并且开始动手写程序前会进行更多的计划(Soloway and Erhrlich 1984, Vessey 1985)。

R. E. 迈耶(R. E. Mayer) 著
朱 瑾 伍新春 杜 蕾 译

附录

Bayman P, Mayer R E 1988 Using conceptual models to teach BASlC computer programming. *J. Educ. Psychol.* 80(3):291—298

Becker H J 1991 How computers are used in United States schools: Basic data from the 1989 lEA computers in education survey. *J. Educ. Computing Res.* 7(4):385—406

Clements D H 1990 Metacomponential development in a Logo programming environment. *J. Educ. Psychol.* 82(1): 141—149

Clements D H, Gullo D F 1984 Effects of computer pro-gramming on young children's cognition. *J. Educ. Psychol.* 76(6):1051—1058

De Corte E, Verschaffel L, Schrooten H 1992 Transfer of cognitive skills through powerful Logo-based teaching-learning environments. In: De Corte E, Linn M, Mandl H, Verschaffel L (eds.) 1992 *Computer-based Learning Environments and Problem Solving.*

Springer-Verlag, Berlin

De Groot A D 1965 *Thought and Choice in Chess.* Mouton, The Hague

Lehrer R, Littlefield J 1991 Misconceptions and errors in Logo: The role of instruction. *J. Educ. Psychol.* 83(1):124—133

Linn M C 1985 The cognitive consequences of programming instruction in classrooms. *Educ. Researcher* 14(5):14—16, 25—29

Mayer R E 1985 Learning in complex domains: A cognitive analysis of computer programming. In: Bower G (ed.) 1985 *The Psychology of Learning and Motivation*, Vol. 19. Academic Press, San Diego, California

Mayer R E (ed.) 1988a *Teaching and Learning Computer Programming: Multiple Research Perspectives.* Erlbaum, Hillsdale, New Jersey

Mayer R E 1988b From novice to expert. In: Helander M (ed.) 1988 *Handbook of Human-computer Interaction.* North-Holland, Amsterdam

Mayer R E 1992 Psychology of learning and teaching computer programming. In: De Corte E, Linn M, Mandl H, Verschaffel L (eds.) 1992 *Computer-based Learning Environments and Problem Solving.* Springer-Verlag, Berlin

Mayer R E, Dyck J, Vilberg W 1986 Learning to program and learning to think: What's the connection? *Communications of the ACM* 29(2): 605—610

Mayer R E Fay A L 1987 A chain of cognitive changes with learning to program in Logo. *J. Educ. Psychol.* 79:269—279

McKeithen K B, Reitman J S, Rueter H H, Hurtle S C 1981 Knowledge organization and skill differences in computer programmers. *Cognitive Psychol.* 13(3): 307—325

Nickerson R S, Perkins D N, Smith E E 1985 *The Teaching of Thinking.* Erlbaum, Hillsdale, New Jersey Pea R D, Kurland D M 1984 On the cognitive effects of learning computer programming. *New Ideas in Psychology* 2:137—168

Pelgrum W J, Plomp T 1991 *The use of Computers Around the World: Results from the IEA "Computers in Educa-tion" Survey in 19 Educational Systems.* Pergamon Press, Oxford

Salomon G, Perkins D N 1987 Transfer of cognitive skills from programming: When and how? *J. Educ. Computing Res.* 3(2): 149—169

Soloway E, Erhrlich K 1984 Empirical studies of programming knowledge. *IEEE Transactions on Software Engineering* 10(5):595—609

Soloway E, Sleeman D 1986 Introduction to special issue on novice programming. *J. Educ. Computing Res.* 2(1):1—3

Soloway E, Spohrer J C (eds.) 1989 *Studying the Novice Programmer.* Erlbaum, Hillsdale, New Jersey

van Merrienboer J J G 1990 Strategies for programming instruction in high school: Program completion vs. program generation. *J. Educ. Computing Res.* 6(3):265—285

Vessey I 1985 Expertise in debugging computer programs: A process analysis. *Int. J. Man-Machine Studies* 23(5):459—494

Wiedenbeck S 1985 Novice/expert differences in programming skills. *Int. J. Man-Machine Studies* 23(4):383—390

其他参考文献

Carroll J M (ed.) 1987 *Interfacing Thought: Cognitive Aspects of Human-computer Interaction.* MIT Press, Cambridge, Massachusetts

De Corte E, Linn M, Mandl H, Verschaffel L (eds.) 1992 *Computer-based Learning Environments and Problem Solving.* Springer-Verlag, Berlin

Helander M (ed.) 1988 *Handbook of Human-computer Interaction.* Elsevier, Amsterdam

Mayer R E (ed.) 1988 *Teaching and Learning Computer Programming: Multiple Research Perspectives.* Erlbaum, Hillsdale, New Jersey

计算机与学习(Computers and Learning)

在20世纪80年代早期,人们对计算机抱有很高的期望,期待计算机能提高在校生的学习成绩,因而将其引入学校。但是在80年代末,这种由于教学计算机的多种用途而被抬高了的期望却落空了。在本词条中,我们将结合目前公认为最常见的计算机运用于教学的三种方式:计算机辅助教学、文字处理和LOGO语言来探讨对这三种方式的期望、研究成果和研究新进展。

1. 计算机与学习:期望和现实

在教学过程中,计算机程序能够发挥一系列的功能:(a)训练和练习;(b)指导;(c)教学性计算机游戏;(d)刺激;(e)电子制表;(f)文字处理;(g)数据库管理;(h)计算机编程(Makrakis 1988, Taylor 1980)。按照泰勒(Taylor 1980)著名的分类体系,发挥前四类功能的计算机是一个指导者,发挥第五至第七类功能的计算机只是一个工具,而发挥第八类功能的计算机则扮演了一个受指导者。我们可以依据以下几个维度:诱发的思维认知/心理水平、学习者与计算机的互动程度、允许学习者发挥主动性的程度将计算机的这些不同用途排列出等级的高低(Makrakis 1988, Scott et al. 1992)。下面我们就来阐述这些大约出现在20世纪80年代晚期的分类(Kaput 1992)。

在1989年,国际教育成就评价协会(IEA)在20个国家内开展了一项调查以了解计算机运用于教育的情况(Pelgrum and Plomp 1991)。尽管各国间的报告大不相同,但还是有一些明显相似的地方。美国是一个在计算机运用于教育方面曾经并且正在发挥着先锋作用的国家,依据贝克尔(Becker 1991)对美国的调查可以归纳出如下一些趋势。20世纪80年代早期,计算机在教育中的运用基本上只限于提供练习程序、玩教学性游戏(绝大部分是数学和语言方面的游戏)以及用BASIC语言写一些简单的程序。因为那时候,大部分学校的计算机数量都不多,所以学生们使用计算机的经验非常有限。而到了80年代末,系统而规范的桌面电脑已经越来越普及了。尤其是在初中和高中,对计算机的运用有了很大提高,特别是在强调运用计算机诱发认知水平以及学生与计算机互动模拟、文字处理和数据库管理等方面。尽管如此,学习编程(用BASIC语言)仍然是80年代末期唯一一门被证明是不会衰落的课程。

从一开始,各种形式的计算机教学对学生的学习、动机和社会行为的影响就引发了人们热烈的讨论,也成为研究者一直关注的研究课题(Lepper and Gurtner 1989)。但是,始终没有人明确地提出计算机对学生的学习和思维究竟有何影响。按照萨洛蒙(Salomon 1992)的观点,我们首先要分清计算机影响人类学习和智力的两种方式。一种影响方式所关注的是人们在使用某种技术时表现出来的变化,例如一个学生在利用计算机图表工具解决文字问题时的思维质量,或者在使用文字加工工具写作时的思辨水平。这些研究及其他许多研究案例中,个体使用计算机工作对个体产生了哪些影响以及会有怎样的影响成为了争论的焦点。第二种影响方式所关注的是对人们能力的相对长期的影响,即所谓的个体与计算机发生交互作用而导致的认知痕迹(如迁移效果)。这方面一个典型的例子就是,无论是学习用计算机解决文字问题,还是用计算机写文章,对于那些在不使用任何技术的情况下也可以完成的活动都有促进作用。萨洛蒙(1992)称前一种影响方式为用技术影响认知,而后一种影响方式则是技术造就了认知。

关于在教育中应用计算机所具有的各种潜在影响,我们在这里很难给出一个全面而完整的说明。因此本词条只重点关注计算机运用于教学的三个主要用途,这三种用途在教学中使用的频率明显高于其他用途,它们分别是:(a)计算机辅助学习和智力指导;(b)计算机学习工具;(c)计算机编程。

2. 计算机辅助学习和智力指导

计算机在教育领域最古老但目前仍然是最普遍的用途就是计算机辅助学习和智力指导(CAL),特别是在传统科目(如数学和语言)的概念和技能训练方面运用计算机。典型的训练程序中,计算机会提供成套的任务并且对学生答案的正确与否提供及时反馈。很多程序中还储存了对不同答案的不同评价或帮助,以及其他相关的不同观点。

在某种意义上,传统的 CAL 并没有给教学带来多大变化,只不过为原来一成不变的课堂环境增添了一点东西。然而,人们却期待这种变化能对学生的学习产生非常有意义的影响。早在 1966 年,祖佩斯(Suppes 1966 P. 206)就预言说"在今后几年内,成千上万的在校生将会像马其顿王国的菲利普一样享受到皇家特权:拥有像亚里士多德一样知识渊博、反应敏锐的家庭教师的个人服务(马其顿的国王菲利普在做王子时,亚里士多德是他的家庭教师——译者注)"。

一些研究证据支持了这个预言。J. A. 库利克和 L. C. 库利克(Kulik J A and Kulik L C 1987)对 CAL 对 200 名学生产生的影响进行元分析之后得出结论说,CAL 的积极影响在于:在课堂上有了计算机的帮助后学生们普遍学习到了更多的知识,学习功课时需要指导的时间更少了,他们比先前更喜欢自己的课业并且对计算机的态度也比原来更加积极。但当我们认真审视计算机在教育上的应用时,不得不承认,学生的读写能力相对而言被忽略了。实际上,从方法论角度考虑的话,很多宣称 CAL 具有中等或强烈影响效果的研究都会受到严厉的批判(Kulik J A and Kulik L C 1987,Lepper and Gurtner 1989)。研究者以及使用者们对于 CAL 程序在教育实践中的不断流行也提出了批评。首要的批评是强调传统的 CAL 指导缺乏个性化,这是由于计算机系统有限的"智商"造成的。第二点主要的批评认为,CAL 程序的内容和组织与学校中各种不同科目的课程及教学的新进展之间存在着不匹配的现象。这两方面的批评意见提出后,针对这些缺点的改进工作得到了进一步发展。

对传统 CAL 缺乏个性化的不满成为激发新一代程序设计的主要动因,这些新程序,开始时被称作"智能计算机辅助教学"(ICAI),或者"智能辅导系统"(ITS)。与传统的软件不同,新一代的程序不是静态的或预先被编程的,给学习者呈现的下一个问题或信息是什么,在什么时候、怎样干预学习者都是由计算机依据一套固定的要素来决定,这些要素包括:(a)有关特定领域专家所具有的认知结构和解决策略的知识(即专业模型成分);(b)依据学生对先前问题的回答和反应,与专家系统相比,学生的知识和技能模型(即学生模型成分);(c)一套关于如何控制和影响学生学习过程的原则(即辅导性成分);(d)关于如何组织与学生互动的知识(即交流成分)。

智能辅导系统在各类领域(例如学习经典力学、光学几何、经济规律、基本代数、算术赋值、语法、计算机编程等等)中的运用已经有了发展(Sleeman and Brown 1982, Wenger 1987)。与传统 CAL 相反,能够反映 ITS 成效的系统数据还不充分。而且,比起传统 CAL 研究中大量"硬性"的量化的研究结果,有关 ITS 的研究还比较薄弱(Scott et al. 1992)。

随着有关 ITS 的研究工作的深入发展,已经有人开始对 ITS 的研究方式提出了质疑。首要的问题是,在构建 ITS 所必需的模拟成分方面我们究竟能走多远。正如前面所探讨的,只有当系统真正理解学生们正在做什么而不管他们是做对或是犯错时,智能辅导才能成为可能。然而所需的模拟并非总是能够构建出来。例如,对大学代数中文字应用题的理解和解决过程就很难模拟。按照金特切(Kintsch 1991)的观点,大学代数问题中所描述的真实生活情境是无穷无尽的,因而只有当一个系统能像学生一样了解这个世界,才有可能模拟出这个问题解决的过程。如果系统不能模拟这个过程,那么智能辅导也就无法实现。

第二个问题是,无论可能与否,计算机辅导系统都应该建立一个反映学生的知识和技能的完美而精细的模型,并以此为依据对教学干预进行诊断和决策。实际上,这往往会导致在教学理论中高度强调一种学习原则,这种学习原则以高度结构化为主要特征,并且它所强调的指导性的学习情境不能为积极的、有建设性的学习者提供充分的参与和实践机会。在安德森的《几何学教学》(Anderson et al. 1985)中,有一个经常被引用的关于 ITS 的例子就是这种指导系统的代表。正如卡普特(Kaput 1992)评价的那样,为了增加指导的灵活性和教育适应性而进行的尝试并不能从根本上改变 ITS 的教育哲学，“在教学中知识和权威都存在于计算机中”（P. 545）。帕佩托（Papert 1990）对比了“指导主义”和“建构主义”，他认为《几何学教学》反映的是学习上的“指导主义”而非“建构主义”。基于这种考虑，金特切（1991）提出了非智能性辅导的想法：“指导者不是通过提供智能来引导学习，也不该对学生的进步过程进行全面的计划和监控，因为这些都是学生们为了学习而应该自己完成的活动。指导者应该做的是为学习者提供一个暂时性支持，让他们表现出超越现有能力水平的更高能力。”（P. 245）当然金特切（1991）和其他许多人（Scardamalia et al. 1989）都认为计算机现在仍是理想的认知支架，它较好地符合了建构主义关于教与学的观点。

传统的 CAL 因为其在学习目标、内容等方面的过时观念以及体现在程序中的教与学的原则而受到了严厉的批判。例如在数学领域里，可以很明显地看出，大多数软件都旨在练习计算技能，以取代从前传统 CAL 工作表的功能（Kaput 1992）。换言之，计算机主要用来重演——有时甚至是储存——那些传统的、机械的数学教育方式（这是大多数 ITS 程序里也存在的问题）。但这种机械的数学教育方式已经遭到了尖刻的批评，大多数人已经致力于将机械的传统教与学模式进行改变，在传统的模式中，个体所吸收和记忆的内容是缺乏关联的东西或者是碎片般不连贯的概念，使用的技能也是老师教授的程式化的技巧，我们期望改变这种情况，改变后的模式应该是：在真实的生活情境的基础上，建立起一个数学模型，学生在解决这些数学问题时，会使用有意义的知识和有用的问题解决技能，教师调节着学生的学习，在师生合作中进行建构（De Corte et al. 1992）。语言领域的问题与数学领域一样，大量的软件（ICAI 也在其中）着重于练习拼写规则和语法，而不是从更加基本的读、写，即写作和交流方面来进行练习。因此，一些研究者也呼吁通过改革目标、内容以及教与学的原则来改进技术。

3. 计算机作为学习的工具

在课堂教学中计算机的另一个重要用途是：通过多种方法，使计算机成为方便学生完成特定的学术目标或创造性目标的工具。文字处理器、计算器、电子数据表、数据库、图片或音乐合成程序等都是这方面的典型例子。与 CAL 程序不同，这些工具性程序起源于教育领域之外。但是，一旦被运用到教育中，人们就期望它们像认知学习、创造性表达和交流技巧等一样，能发挥促进学生在校学习的作用。这里隐含着这样一个观点：计算机工具将会极大地影响学生思维和学习过程的质量，因为这些工具可以分担学生们的一些智能负担，使他们摆脱低水平的操作、状态和过程。正如前面萨洛蒙（1992）所提到的两种影响方式，当学生使用过计算机工具后，他们的认知加工过程会发生一些质的变化，这种变化不仅在他们使用工具的时候发生，在他们不使用工具的情况下，变化仍然会发生（认知痕迹）。

下面我们就用文字处理为例来加以说明。与其他工具相比，文字处理器在学校的应用更加广泛，虽然大量的时间都花在了学习如何使用文字处理程序而不是提高写作本身上（Becker 1991）。

由于其本身的一些特质，在学校中把文字处理器当作语言学习的一个有力工具是理所当然的。实际上，构思全文是质量控制循环的一系列步骤中必不可少的一个部分，这一系列的质量控制步骤包括计划、生成、修改以及编辑文章中的用词、造句、结构。此外，文字处理与写作的观点是一致的，而不像早期的程序只强调写作结果（Fitzgerald 1987，Lepper and Gurtner 1989）。

职业作家认为，与使用纸笔进行费力的写作活动相比，文字处理器更具有潜力。和这些作家的看法一致，人们最初对文字处理器的期望就是使它成为一个开放的学习工具，可以充分地提高学生写作的效率（Cochran-Smith 1991）。但还没有证据显示学生使用和不使用文字处理器在文章的质量、长度、总量、修订质量以及整体的写作水平上有什么显著的差距（Cochran-Smith 1991）。有一个显著的例子来自探讨修改文章的研究。尽管文字处理器看上去十分符合这些子程序（这些子程序就是前面所提到的质量控制循环的一系列步骤，包括计划、生成、修改以及编辑文章中的用词、造句、结构——译者注),但它是否影响了学生们修改的数量我们仍不清楚(Cochran-Smith 1991, Fitzgerald 1987)。一些报告指出,学生在使用文字处理器时比用笔或打字机所做的修改更多,而另一些报告则给出了相反的结论。并且,修改的质量似乎并不符合我们的期望。实际上,较多的表面修改可以依赖文字处理器来完成,而更深入的修改只能由笔来进行(Fizgerald 1987)。

很显然,文字处理工具的效率很大程度上取决于具体的上下文背景所提供的支持的质量。因此,这就不再是单纯的文字处理器的效率问题,而涉及文字处理器与教学目标、使用文字处理器的目标人群、学校的社会组织结构、课程、老师以及具体的学习内容之间的相互作用(Cochran-Smith 1991)。为了使这些工具更有力地帮助学习,需要来自老师、同伴和辅助的计算机程序的充分支持。在大多数情况下,文字处理程序都附带了一些计算机化的工具或写作帮助,例如文本分析程序(拼写检查、词汇控制、文风分析)和提示程序(写作教练、文本帮助)等能够提供附加支持的程序(Piolat and Blaye 1989)。举例来说,文本计划将帮助学生在写作之前和写作过程中组织思路,而修改程序可能会激发和支持学生使用控制策略。

如果想要用基于计算机的学习环境和更具体的文字处理程序来支持学生积极的建构性的学习过程,那么就需要尽快设计出认知定向的写作工具(Salomon 1992, Scardamalia and Bereiter 1991)并且要为教师提供更多的辅助(Cochran-Smith 1991)。并且,无论是供个人使用或是在计算机网络系统中使用,都应当考虑发展一系列用于建构知识的计算机工具(Salomon 1992, Scardamalia and Bereiter 1991)。这方面的工作将力图用较为灵活的方法联结和整合几种计算机工具,以使文本和图表数据能够支持个人及群体的知识组织(Scardamalia and Bereiter 1991),并且使文字处理器运用于具体的专业领域里。

4. 计算机编程和思维的学习

计算机在教育中的第三种用途就是计算机编程。在这里计算机变成了一个被指导者。如前所述,学习用 BASIC 语言,为计算机编写程序是计算机在教育领域里最早的用途。大多数人认为它是获得计算机素养的一个关键因素。关于学习和教授编程还有另一种观点叫作“认知作用假设”,这个观点认为,编程的经验会使学生的思维和问题解决能力发生永久性的积极改变,这种改变就是与编程语言发生交互作用而产生的认知痕迹(De Corte et al. 1992, Salomon 1992)。在这个意义上来说,编程的学习就被看作是学习拉丁语和希腊语的代替品,也就是说,通过学习某种特定的语言获得一些一般性的思维技能,并且这些思维技能还可以迁移到其他内容的领域中去。

LOGO 这种计算机语言在 20 世纪 80 年代风行一时印验了上述的第二种观点。LOGO 语言起源于一种叫 AL 的计算机教育方式,它从一种正确的角度来看待计算机传统的 CAL 以及早期的 ITS。实际上,据帕佩托(1980)所言,LOGO 应该通过建构性和自我发现的途径来获得,即“没有课程的学习”。

尽管这一领域的实践者和研究者都抱有很大的热情,但是 20 世纪 80 年代早期一系列关于 LOGO 程序对儿童问题解决技能的影响的研究,并没有得出支持认知作用假设的结果(De Corte et al. 1992)。有趣的是,这些调查也不能反对这种假设,造成这种现象的主要原因就是,在研究中,设计和使用的 LOGO 学习环境质量不好,直接而系统的干预很有限,因而,学生获得编程技能变成是 LOGO 语言的独特性所导致的偶然性成果。在 80 年代中后期,第二种观点几乎被抛弃了,大多数研究者认为 LOGO 的学习环境应该包括系统地指导和调节,这些指导和调节应该针对编程中如何获得问题解决技能来进行设计,而且,要有利于学生将这些技能迁移到其他内容和情境中去。许多研究尝试着克服早期工作中的弱点,从而得到更积极的结果(De Corte et al. 1992)。

总的来说,目前的研究证据表明 LOGO 本身并不是一种真正的学习思维的工具,但是如果能设计出一种针对技能掌握和迁移的强有力的教学环境,那么它将是获得思维技能的一种有效途径。老师通过准备写作素材、布置作业、提出任务要求、提供个性化的帮助及类似的活动来提供教学支持。当然LOGO软件自己也能够提供部分的支持功能。因此,人们进行了一些尝试,试图应用一些基于计算机的工具包以及可以发展问题解决技能的教学设施来丰富LOGO软件的原始功能。可以说LOGO的发展代表了对计算机的不同用途进行整合的潮流,这些用途包括:指导者、工具和被指导者。

5. 结论

当20世纪80年代早期微机开始被引入到学校中时,就有人预言在十年内,这种新的互动性的动态的媒介将会极大地改变学校学习的质量和成果。但无论是传统的计算机辅助教学还是智能辅导系统,都没能达到人们的高预期。依据媒介研究发现的成果以及对学习过程的结构性和社会性特质的理解,一项研究对流行的计算机运用于教育的方式进行了批判性的考察,结果表明这些方式没有达到预期是不足为怪的。实际上,这些计算机在教育中的用途——虽然常被含蓄地隐匿——都是基于错误的假设和概念的,这些错误假设和概念是:计算机自己能够引发有效的学习,把学习当作一种相当被动并且高度个人化的知识吸收和积累过程。另外计算机在教育中的两种主要用途,即计算机作为一个工具(如文字处理器)和作为一个被辅导者(如LOGO),也同样带来了一些令人失望的结果。这些用途很快就显示出,在学校中只是将计算机作为"附加策略"来使用,并不能像人们最初预期的那样增进学习质量和效果。到90年代早期,人们接受了这个观念,即要想有效地在教育中使用计算机,就必须将计算机的使用融入到强大的教与学的环境中,也就是,促使学生从不同课程领域中达到有价值和必需的教育目标。所谓融入就意味着计算机并不是一种"附加品",而应当完全整合到教学环境中,使计算机在呈现、表达、传递信息方面的优势和潜能得到最大的发挥,并且激发出互动和合作的效果。在这种新的概念下,计算机的角色从一个权威的、直接的指导者变成了一个结构性和指导性较弱的支持系统,其中包含了那些为了获得知识和技能、由学生控制的工具,以及在合作学习的环境下整合各种工具与指导策略的尝试(Kaput 1992, Scardamalia et al. 1989)。

E. 迪·柯特(E. De Corte)
L. 弗斯哈费尔(L. Verschaffel) 著
J. 勒伊克(J. Lowyck)
朱 瑾 伍新春 杜 蕾 译

附录

Anderson J R, Boyle C F, Reiser B J 1985 Intelligent tutoring systems. *Science* 228:456—662

Becker H J 1991 How computers are used in the United States schools: Basic data from the1989 IEA Computers in Education survey. *Journal of Educational Computing Research* 7(4):385—406

Cochran - Smith M 1991 Word processing and writing in elementary classrooms: A critical review of related literature. *Rev. Educ. Res.* 61(1):107—155

De Corte E, Greer B, Verschaffel L in press Mathematics. In: Berliner D, Calfee R(eds.) in press *Handbook of Educational Psychology*. Macmillan Inc., New York

De Corte E, Verschaffel L, Schrooten H 1992 Cognitive effects of learning to program in Logo: A one-year study with sixth-graders. In: De Corte E, Linn M C, Mandl H, Verschaffel L (eds.) 1992*Computer-based Learning Environments and Problem Solving*. Springer-Verlag, Berlin

Fitzgerald J 1987 Research on revision in writing. *Rev. Educ. Res.* 57(4):481 -506

Kaput J J 1992 Technology and mathematics education. In: Grouws D A(ed.) 1992*Handbook of Research on Mathematics Teaching and Learning*. Macmillan Inc., New York

Kintsch W 1991 A theory of discourse comprehension: Implications for a tutor for word algebra problems. In: Carretero M, Pope M, Simons R J, Pozo J I(eds.) 1991*Learning and Instruction: European Research in an International Context*, Vol. 3. Pergamon Press, Oxford

Kulik J A, Kulik L C 1987 Review of recent research literature on computer-based instruction. *Contemp.*

Educ. Psychol. 12(3):222—230

Lepper M R, Gurtner J L 1989 Children and computers: Approaching the twenty-first century. *Am. Psychol.* 44(2):170—178

Makrakis V 1988 *Computers in School Education: The Cases of Sweden and Greece.* Institute of international Education, University of Stockholm, Stockholm

Papert S 1982 *Mindstorms: Children, Computers, and Powerful ideas.* Basic Books, New York

Papert S 1990 An introduction to the fifth anniversary collection. In: Harel I(ed.) 1990 *Constructionist Learning: A Fifth Anniversary Collection of Papers.* MIT Media Laboratory, Cambridge, Massachusetts

Pelgrum W J, Plomp T 1991 *The Use of Computers in Education Worldwide.* Pergamon Press, Oxford

Piolat A, Blaye A 1989 Effects of word Processing and writing aids on revision processes. Paper presented at the Third Conference of the European Association for Research on Learning and Instruction, Madrid

Salomon G 1992 Effects*with* and *of* computers and the study of computer-based learning environments. In: De Corte E, Linn M C, Mandl H, Verschaffel L(eds.) 1992*Computer-based Learning Environments and Problem Solving.* Springer-Verlag, Berlin

Scardamalia M, Bereiter C 1991 Higher levels of agency for children in knowledge building: A challenge for the design of new knowledge media. *The Journal of the Learning Sciences* 1:37—68

Scardamalia M, Bereiter C, McLean R S, Swallow J, Woodruff E 1989 Computer-supported intentional learning environments. *Journal of Educational Computing Research*5(1):51—68

Scott T, Cole M, Engel M 1992 Computers and education: A cultural constructivist perspective. In: Grant G (ed.) 1992 *Review of Research in Education*, Vol. 18. American Educational Research Association, Wsahington, DC Sleeman D, Brown J S (eds.) 1982 *Intelligent Tutoring Systems.* Academic Press, London

Suppes P 1966 The uses of computers in education. *Scientific American* 215(3):206—221

Taylor R 1980 *The Computer in the School: Tutor, Tool, Tutee.* Teachers College Press, New York

Wenger E 1987 *Artificial Intelligence and Tutoring Systems: Computational and Cognitive Approaches to the Communication of Knowledge.* Morgan Kaufmann, Los Altos, California

问题解决和学习的计算机建模(Problem-solving and Learning: Computer Modeling)

问题解决和学习的计算机建模是认知科学中多学科研究的一个活跃领域。问题解决和学习是紧密相连的。问题解决是指为那些没有现成解决方案的任务找出或创建一个解决方案的过程。学习可以使得任务完成得更好。问题解决和学习的计算机建模是对人类本质的心理活动进行模拟。有关问题解决和学习的认知观点包含了这样一个基本假设,即问题解决和学习都是以知识为基础的认知加工过程(Johnson-Laird 1988)。这些知识可以用符号性结构来表征,因此认知活动就是运用、改变或者产生这种符号性结构的过程(Pylyshyn 1989)。计算机模型之所以能够得到发展,是因为它使我们可以用精确清晰并且易被计算机处理的语言来表达,从而形成了一套完备的理论概念对所观察到的人类行为提供解释。对教学而言,这些模型不仅是描述性的理论,也是解释性的理论,很适合用于指导和评估教育,特别是在计算机教学的领域里。

1. 产生式系统:一种知识表征的框架

很多模拟认知过程的计算机模型都对知识进行了清晰的表征。自20世纪70年代以来研究者提出了各种不同的表征方式(Brachman and Levesque 1985),包括"命题性表征系统"(例如语义网络及脚本和框架)、"规则性表征系统"(例如产生式系统)以及"类比性表征系统"。联结主义所提出的以并行加工内隐信息为特征的表征系统(Rumelhart 1989),我们在此未加讨论。本词条所关注的主要是产生式系统。

纽厄尔和西蒙(Newell and Simon 1972)提出的产生式系统(通常更多地被称作"规则系统")为模拟人类问题解决提供了基本概念框架。他们还强调了著名的认知理论,如ATC(Anderson 1983)和SOAR(Newell 1990)等,以及由霍兰等人(Holland et al. 1986)发展的归纳推理和学习理论。

一个简单的产生式系统的基本结构包括存储和加工部分。系统中所存储的既有长期知识(对产生式的记忆),也有短期数据(工作记忆)。工作记忆包括了一系列符号数据,这些数据表征了系统中已有的陈述性知识。对产生式的记忆由被称为"产生式"的条件—行动规则构成,它代表了当特定的阈限刺激条件被满足时,系统将会发起的特定行动。其中条件是指数据会以何种形式出现在工作记忆中,行动特指对工作记忆内容的修正或者改变外部世界。

产生式系统中核心的加工成分就是所谓的"解释器"。它限定了测试—选择—行动循环系统中两种记忆之间的相互作用。在测试阶段,系统会决定使用哪些规则。通过匹配程序可以找出符合工作记忆当前状态的所有规则。下一步,就是从相互冲突的解决程序中选出一个规则并加以应用。一般来说选择的标准就是"选择条件最明确的规则"或"选择与当前目标最相关的规则"。通过重复可以强化这个循环。很明显这种描述忽略了这个结构框架中许多的细节和可能的变化(Klahr et al. 1987)。

2. 问题解决

当人们有了一个目标(意指人们期望事件所要达到的状态),而且怎么实现这个目标并不能马上看出来时,问题就出现了。用于分析这种状况的主要概念框架可以分为三个部分(Newell and Simon 1972):(a)问题的初始状态;(b)将问题转换成新状态的算子;(c)检测哪种问题状态是可以解决的算子。从初始状态到最终状态需要运用一系列算子从而形成一个完整的状态空间,即"问题空间"。这种观点基本上将问题解决看作是一个搜索的过程(Vanlehn 1989)。

主体在问题解决活动中到底使用了哪种策略呢?"手段—目的分析"是一个众所周知的一般性策略。它包括两种回溯性的缩减方式或启发式:缩减差异算子和子目标算子。差异缩减是从初始状态入手选择算子以最大限度地缩减当前状态和期望状态之间的差异。应用选定的算子,就会产生新的状态结果,这一步骤会不断重复。如果选定的算子因为没有满足其前提条件而不能使用时,就可以使用"子目标算子"。不过,一旦建立了子目标,问题的现状就会改变,这样原来选定的算子的前提条件就能得到满足,于是接着又需要用到差异缩减。

在产生式系统框架内模拟问题解决策略的计算机模型是简单易懂的:在工作记忆中问题状态以陈述性信息的形式表征,算子就是产生式规则,而解释器就是选择算子。

直到现在,问题解决所探讨的内容仍然限于知识倾向的任务领域,例如谜语(参看经典范例"河内塔")。也就是说,所有的相关信息都能从问题的指导中直接获得,不需要专门领域的背景知识。与之相应的一个著名的计算机模型就是"一般问题解决者"(Newell and Simon 1972)。

如果需要解决的问题属于物理、几何、医学诊疗或者计算机编程等知识丰富的任务领域,情况就会变得更为复杂。凡勒恩(VanLehn 1989)提出解决这类问题的思维活动包括问题图式的选择、改编图式(实例)以及执行各个程序。很多研究都致力于分析专业知识的获得(Chi et al. 1988),但是这些研究基本上只限于对新手和专家的对比。20世纪80年代起发展起来的计算机模型仅仅描绘了这种学习过程的某些方面。比如,拉尔金模拟了与物理问题相联系的策略学习,包括逆向推理(以方法为基础)、结果分析、正向推理。

3. 学习的计算机建模

3.1 学习的基本机制

在规则性表征系统中,有两个基本的变化形式:通过改变一些属性对现存规则进行修订(如改变一个参数的强度),以及产生新规则。对规则产生而言,最基本的机制就是分化、概括化和组织化(Klahr et al. 1987)。

所谓分化就是对上一级规则(母规则)的条件进行具体的限定从而形成新的规则。与之相应的是,这些新产生的子规则只适用于与母规则适用条件相匹配的某些情况。

概括化与分化正好是相反的过程,也就是说概括化机制是通过放宽母规则的某些适用条件来生成新的规则。与母规则相比,新产生的子规则能适用于更多的情况。

组织化的作用是连接已经执行过的一系列规则。可以用将多重操作转换成单一的步骤来模拟由于练习而产生的加速反应。

SOAR 系统中的“组块学习”是更加复杂的学习机制(Newell 1990)。

要想成功地应用主要的学习机制对知识结构进行创造和完善就需要灵活地解决以下这些相互关联的问题:

(a)如何对系统在实现目标过程中使用的规则进行评价?如何保证其中较好的规则优先得到使用?

(b)怎样才能辨别系统的某些知识成分是发挥了积极作用还是负面影响?这个问题也就是常说的信度分配问题(Holland et al. 1986)。

(c)如何概括那些来自经验的似是而非的有效规则,并且确定新规则适宜的应用范围?

(d)如何创造出能够使系统有效工作并且在不断变化的环境中仍旧可以保持灵活性和适应性的知识结构?

3.2 基于知识的学习系统

上面的这些问题都没有一个普遍的解决办法,但是在基于知识的学习系统中,我们可以看到由这些问题而得到的一些具体建议。这些建议也为讨论其他学习机制的有效应用提供了基本框架。同属于“机器学习”(Carbonell 1989)的不同学习系统可以按照“归纳学习—演绎学习”或“基于相似性的学习—基于分解的学习”的尺度进行区分。大多数归纳学习的模型(Langley 1987)都被应用于知识倾向的领域中。从事例中学习概念就属于这类学习的范畴,即从给定的一系列正例和反例中寻找出关于概念的一般定义。由于这种学习就是在一系列可能的例子中检查相似点以及寻找正例和反例的区别,所以通过归纳获得知识也被称作是基于相似性的学习。因为需要太多的例子并且会产生许多错误的假说,所以这种学习形式对于知识丰富的领域来说是不太有效的。

与之相反的是完全基于演绎学习的学习系统,演绎学习通常会用到特定领域丰富的背景知识。例如解释型概括(Mitchell et al. 1986)至少需要使用三种信息:(a)所学概念的描述性定义(目标概念);(b)目标概念的实例(训练实例);(c)一系列可以用来阐释训练实例就是目标概念的例证的规则和事实(概念的范畴)。所谓演绎学习就是从训练实例中概括出能够充分定义目标概念的特征。这种概括比训练实例本身更抽象,但是又比真正的目标概念的抽象性低。这个模型用概念范畴来解释训练实例。掌握技能过程中的程序化和对规则的整合(Anderson 1983)也属于演绎学习。

其他一些众所周知的学习系统,像类比学习或者案例学习,都包括了归纳和演绎的部分(Carbonell 1989)。很多这样的学习系统都是分析性的,即用特定领域的背景知识来推导新问题的解决方法或是对已经解决的指导性实例进行自我解释。演绎所产生的新的知识成分会冲击原有的知识结构。如果这些知识在实际应用中被证明是有效的,那么它们就会成为系统知识储备中的一部分。“在试验控制下获得知识”(KAGE)(Plotzner and Spada 1992)就是这样一个学习系统。它用分析性学习机制重构了获得物理变量之间函数关系的过程。凯撒德(Cascade)(VanLehn et al. 1992)模拟了在分析已经解决的物理实例时所发生的学习过程。从教育学的观点看这个模型具有独特的意义,因为它解释了为什么有的学生能够从已经解决的例子中获益良多而有的学生却根本不能从中受益。

4. 展望:教学的度

运用计算机模拟问题解决和在指导下的学习所产生的巨大影响在电子教学设备,如“智能辅导系统”中得到了反映。相比于传统的计算机教学程序,这些系统在呈现和交流信息上具有更加灵活的结构和更加细致的技术。

在这一框架下,心理学研究的主要焦点就是评价和模拟知识获得的过程。研究的目标之一就是要发展自我调节的教学系统,也就是那些能够根据学生的知识状态及其在学习过程中的变化调节教学行为的系统。

在类似于 KAGE 或者凯撒德的知识获得模型中,根据执行的学习机制有可能确定教学材料的类型和顺序是最佳的、非最佳的或是误导型的。因此,这些系统既可以被看作是关于学生学习的陈述性理论,也可以被看作是关于优质教学的解释性理论。其次,它们还可以用来评价教学材料:在给定的一系列学习机制和教学步骤中,哪些材料可以被学会而哪些不行?

总的来说,计算机模拟技术促使研究者更细致地考虑学科知识的内容,并且推动研究者提供有关知识获得过程的出色理论。

K. 奥普韦斯(K. Opawis)
H. 斯帕达(H. Spada) 著
朱 瑾 伍新春 杜 蕾 译

附录

Anderson J R 1983 *The Architecture of Cognition*. Harvard University Press, Cambridge, Massachusetts

Brachman R J, Levesque H J(eds.) 1985 *Readings in Knowledge Representation*. Morgan Kaufmann, Los Altos, California

Carbonell J G (ed.) 1989 *Machine Learning: Paradigms and Methods*. MIT Press, Cambridge, Massachusetts

Chi M T H, Glaser R, Farr M(eds.) 1988 *The Nature of Expertise*. Erlbaum, Hillsdale, New Jersey

Holland J H, Holyoak K J, Nisbett R E, Thagard P R 1986 *Induction: Processes of Inference, Learning, and Discovery*. MIT Press, Cambridge, Massachusetts

Johnson-Laird P N 1988 *The Computer and the Mind. An Introduction to Cognitive Science*. Harvard University Press, Cambridge, Massachusetts

Klahr D, Langley P, Neches R(eds.) 1987 *Production System Models of Learning and Development*. MIT Press, Cambridge, Massachusetts

Langley P 1987 A general theory of discrimination learning. In: Klahr D, Langley P, Neches R (eds.) 1987

Mitchell T M, Keller R, Kedar-Cabelli S 1986 Explanationbased generalization: A unifying view. *Machine Learning* 1:47—80

Newell A 1990 *Unified Theories of Cognition*. Harvard University Press, Cambridge, Massachusetts

Newell A, Simon H A 1972 *Human Problem Solving*. Prentice-Hall, Englewood Cliffs, New Jersey

Plötzner R, Spada H 1992 Analysis-based learning on multiple levels of mental domain representation. In: De Corte E, Linn M C, Mandl H, Verschaffel L (eds.) 1992*Computer-based Learning Environments and Problem Solving*. Springer, Berlin

Pylyshyn Z W 1989 Computing in cognitive science. In: Posner M I (ed.) 1989 *Foundations of Cognitive Science*. MIT Press, Cambridge, Massachusetts

Rumelhart D E 1989 The architecture of the mind: A connectionist approach. In: Posner M I (ed.) 1989 *Foundations of Cognitive Science*. MIT Press, Cambridge, Massachusetts

VanLehn K 1989 Problem solving and Cognitive skill acquisition. In: Posner M I(ed.) 1989 *Foundations of cognitive Science*. MIT Press, Cambridge, Massachusetts

VanLehn K, Jones R M, Chi M T H 1992 A model of the self-explanation effect. *The Journal of the Learning Sciences* 2:1—59

其他参考文献

Opwis K 1992 *Kognitive Modellierung: Zur Verwendung wissensbasierter Systeme in der psychologischen Theoriebildung*. Huber, Bern

Osherson D N, Smith E E (eds.) 1990 *An Invitation to Cognitive Science. Vol. 3: Thinking*. MIT Press, Cambridge, Massachusetts

Shavlik J W, Dietterich T G (eds.) 1990 *Readings in Machine Learning*. Morgan Kaufmann, San Mateo, California

Strube G, Wender K F (eds.) in press *The Cognitive*

Psychology of Knowledge: *The German Wissenspsychologie Project*. Elsevier, Amsterdam

Wenger E 1987 *Artificial Intelligence and Tutoring Systems*. Morgan Kaufmann, Los Attos, California

态度和价值观的获得(Attitudes and Values, Acquiring)

在埃莱尔的《道德哲学》(Heller 1990)中,有一章是关于怎样诚实生活的。在其中,她分别采用了伦理学家和道德哲学家的不同视角(当然,后来她也批评了这两种视角的局限性),伦理学家所关注的是分析特定的道德情境或话语,而道德哲学家则关注在目的论意义上应该怎样获得道德。她指出所谓“正派人”就是在价值观领域既需要不同种类的价值观又需要规范化价值观的一类人。面对道德两难的困境,正派人甚至宁可违背自己的意愿,也要为追求美好而过一种严守道德规范的生活,并以此来表现他们的价值观。正派人会建立他们自己的价值标准,在社会交往中表现他们的价值观,并且有遵从价值观的愿望。

埃莱尔所采用的两种视角反映了价值观教育的状况。不过,社会学家对于价值取向中一般变化的起源(Inglehart 1977)也有他们自己的理论,而教育心理学家则探讨了个人价值结构发生转换时,应该向什么方向变化以及需要什么样的条件。然而很多社会学研究比如运用了投票和复杂统计的社会调查揭示出价值观在一定程度上取决于我们赞同什么行为、人物、目标、标准、规则或体系。社会学研究所做的分析能够揭示出特定的价值观(包括道德价值)在多大程度上可被社会或一些亚文化群体认同,教育心理学研究则更关注价值观的获得和改变的内在机制。

1. 获得价值观的两种心理学途径

有两种理论——社会学习理论和认知发展论都强调研究价值获得和改变的课题。社会学习理论关注的核心是学习,认为是外在的影响导致了认知、情绪和行为的反应,从而决定了个人在社会、道德或美学领域中依照价值标准行事的能力和意愿(Mischel W and Mischel H N 1976)。而继承了构造主义传统的认知发展心理学所强调的不是学习而是建构。它指出,对价值及其重要性的理解在很大程度上取决于个体对现实的规范化特征进行积极建构和重构的过程,而这种建构过程通常是按照一定的社会理解水平和社会道德推理能力依次开展的。按照这种思路,理解不是实际知识的传播器,而是对人际交往经验给予积极反应的产物。如果个体要想内化某种价值观,他必须有在参加讨论价值取向(特别是关于道德)中解决价值冲突的经验以及有意识地尝试在人际交往中建立群体规范的经验(Kohlberg 1985)。

各种构造主义理论都试图描述和解释不同领域中具有价值意义的认知性理解和推理的发展性变化。柯尔伯格所提出的道德判断能力的阶段发展理论,不同于皮亚杰和鲍德温的理论。塞尔曼、达蒙、图列尔、尤尼斯等人在谈到社会性理解(例如对友情的理解),洛文杰、基根、诺姆等人在谈到自我发展,奥泽和福勒在谈到宗教判断与信仰时都会提到柯氏的道德发展理论。这就导致了不同价值类型之间的分歧,因为哲学家和常人在区分具有道德意义的价值观和不具道德意义(如美学)的价值观时是不同的,常人赞同这种或那种价值观往往只是从个人的角度而不是从社会角度出发。然而具有道德意义的价值观的主要特质之一正是其存在的普遍性和合理性。这也是道德价值与其他类型价值关键的不同之处,其他类型的价值包括美学价值、政治价值、实用的价值以及文化或宗教价值等程度更高、关系更复杂的价值。3~4岁大的孩子就能够区分社会习俗和道德价值,因为社会习俗是社会认同的主流事物,而道德价值则具有可被感知的绝对正确性(Turiel 1983)。

2. 各种因素的相互影响

尽管我们习惯于将上面提到的两种思潮对立起来,不过在此我们仍然可以不用对立的方式来讨论它们的主张(Gibbs and Schnell 1985)。受这种思路引导的社会学习理论和研究项目(如大多数亲社会行为的社会心理学研究)发源于对外显的行为刺激和反应的观察,研究的重点就是描述在具体环境下个体间的差异。注重结构的认知发展理论则以关注个人及其内在的建构意义的方式和动机为起点,主要研究个体内隐的信息加工能力(即隐藏在已知理由背后的原因)以及在普遍发展水平上个体之间的共同点。结合社会学习理论和认知发展理论来解释价值学习及变化的过程是富有成效的,这一点在那些对教学具有启示作用的理论和研究中特别明显地体现出来。当然,现有的研究数据还无法澄清这两种理论的相互影响和作用过程。

在一项干预研究中,奥泽和施莱弗利(Oser and Schlaefli 1985)试图影响初学者个人价值的结构等级。他们的干预方法就是设计一个与社会学习理论相吻合的包含价值澄清和突出其重要性的课程。他们利用角色扮演和讨论来引发道德两难困境和价值冲突。结果显示个体价值等级的变化,一般是从个人享乐主义或物质主义取向(以关注薪水以及在运动和休闲中的快乐为特征)转向关注更基本的人际之间的或者理想主义的价值,比如健康、家庭、自信和自由。这种变化在六个月后的后续测验中仍保持着相对稳定。爱情、友谊、健康、忍耐、职业的成功和家庭(按重要性递减排序)仍然是等级最高的前六个价值。然而有趣的是,在后测中自由和自信两个价值被金钱和旅游这两个更物质化的价值所替代。

回顾前面概括的两种主要理论观点,我们认为外界环境因素和价值的积极重建过程及其意义对个人价值等级的排序和重新排序有着非常重要的影响。

如果个体珍视某种价值并准备公开表达出来,这预示着个体已经体验到这种价值的重要性——有些价值是因为社会中榜样的支持和鼓励而被个体看重,有的是因为个体体验到该价值被某个参照群体所重视,或者是因为各式各样的说教。另一方面,个体充分理解特定的价值观(尤其是非物质性的价值观)以及在特定的价值冲突事件中判断各种价值重要性所需要的认知能力并不是仅靠讲授就能够学会而是通过逐步建构获得的。例如,“自由”这个词在社会道德观变得越来越宽泛的时候(并且开始包含人类在社会和群体中互相依赖的概念),在我们思考道德问题时以逻辑的和社会的互惠作为解决道德冲突的主要准则的情况下,在个体凭借对心理过程的理解已经明白弱点不仅仅出现在物质层面时,在清楚地体验到自由是一个高度复杂的政治范畴,不同的人以不同的方式对它做出解释时,自由的含义就会发生巨大的变化。

3. 态度与价值观

什么是态度? 麦圭尔(McGuire)认为态度就是个体依照一定的判断尺度对一个思考目标做出的反应。不同于早期对态度概念的理解(Allport 1935),现在通常认为态度就是:(a)结构化的系统,既包含了对不同事物的各种态度之间的关系,也包含了对同一事物的几种态度之间的关系;(b)信念系统,反映的是并不一定指向某个具体事物的几种态度之间的关系。这些系统与个人其他的亚系统(包括情感和行为)都有着特殊的关系,对态度的这种理解反映了经常被提到的态度的“三成分”:认知的、情感的和意动的。

这种从系统或结构的角度来分析态度的观点与分析价值系统的方式有相似之处,它们都可以用来进行评估和价值判断。态度和价值观具有高度的相关性(Tesser and Shaffer 1990 P. 488),不过价值观比态度更宽泛,而且有时态度是由价值观“引发”的(Rokeach 1968)。例如,日常生活中的问题通常都涉及应对两难的困境,也就是说在这类问题情境中存在相对抗的价值观(Billing et al. 1988),这些相对抗的价值观可能会牵引出更复杂的态度或信念系统(Tetlock 1986)。

将态度的三成分定义与前面提到的价值观系统相比,可以看出态度系统和价值观系统有着相同的结构而且必须用相似的方法来衡量。也就是说,如果说一个人具有特定的价值观和特定的态度,那么很容易理解他的价值观与态度具有相似之处并且受相似因素的影响。因此,可以运用前面所提到的改变个人道德态度的方法所包含的原则来改变一系列道德价值观,比如通过评价性的判断、考虑对立面、参与和角色扮演练习等方式来打破人们价值结构的平衡,以此来改变人们的道德价值观

(Klauer 1991)。而且,对于态度和价值观的改变而言,知识的迁移仅仅是必要条件,而不是充分条件。

4. 价值观和态度教育的核心问题

当我们关注价值观和态度获得的核心问题,即它们是如何习得的时候,必须强调道德学习的特定条件。在这方面有五个比较重要的课题。

首先是灌输与价值相对论的区别。灌输的方式非常强调规范,认为规范对于维护社会的稳定性是十分必要的,应当运用举例、劝说、权威等方式来传播这些规范。相对论的观点则认为并不存在普遍的判断标准而且强调了价值观的情境性。

第二个问题与人们遵从道德标准的自主性有关。这就涉及了哲学方面的自由和决心问题。在心理学中,这个问题就涉及成长中的人面对各种影响是一个消极的接收器,还是在发展中扮演一个积极建构的角色。

第三个问题与道德教育的目标有关。在价值观和道德教育里,各种培训方案中所反映的都是具体的价值观、首选的价值观、态度和首选的态度以及符合个人的、(亚)文化的、社会标准的发展要求。不同的理论观点不仅在道德教育的手段上有很大的区别,它们对道德教育目标的理解也是不同的(Hersh et al. 1980)。

第四个问题是道德学习的内在机制。必须把道德学习与更容易变化的态度学习区分开来(参见前面更深入的讨论)。

最后一个问题关注的是特定年龄、背景、环境和文化条件下的主体所强调的具体价值内容和特征。关于价值观的情境性特征有两种认识:(a)自从梅和哈茨霍恩(May and Hartshorne 1928)的经典调查以来,有很多研究都证实了人们的道德认识是从具体的行为倾向中反映出来的,道德认识和行为并不是不相关联的;(b)另一种观点认为真实生活中的道德决定总是在特定的现实条件下做出的,而且这种道德决定在内容(而非状态)和取向(是从正义出发还是从喜好出发)上都存在着性别差异。新近一些研究还揭示出道德决定中的文化差异比心理学家所预计的还要大。

当然,我们并不清楚个体在做出道德决定时他的道德认识与其结构化的能力有何相关,也不知道个体所经历的事件如何引发了不同的价值观念,也不清楚促进个体的道德认识和表现水平随年龄增长而达到最佳发展的充分条件是什么。要回答这些问题还需要进行大量的研究。

从建构的观点来看,没有一种价值观是仅靠教育诱发而生的,个体的价值观是各种矛盾的价值的统一。因此,社会学研究通过提问被试了解其当时的价值取向,这种研究方式对于价值观教育是没有意义的。人们虽然可以表达出某种价值观,但在价值冲突的情况下却往往做出与之相反的行动。例如,我们都反对偷窃,但是当面对一个男人只有用偷窃才能挽救他妻子的生命时,我们会做何反应呢(Kohlberg 1984)? 所以,对于我们主观价值判断中的许多差异只有整合不同的理论才能够解释。

所谓"公正社会"方式就是帮助个体习得价值观和态度的一种整体性策略,它整合了上述两种理论观点。按照这种方法,学生和教师要学会以一种民主的程序就学校事务进行决策,这种民主的程序将使他们建立起一个高度共享的价值体系(Power et al. 1989)。由这种方式获得的价值观比通过价值投射、价值澄清或价值唤醒等其他任何一种形式所获得的价值观都要稳定。不过,对这种整体性策略来说,主要的问题就在于如何测量教育效果。可以预见,教育研究者今后应该更加关注埃莱尔的"正派人"理论以及她所谓的"伦理学家的立场"。

F. K. 奥泽(F. K. Oser) 著
朱 瑾 伍新春 杜 蕾 译

附录

Allport G W 1935 Attitudes. In: Murchison C (ed.) 1935 *A Handbook of Social Psychology*. Clark University Press, Worcester, Massachusetts

Billing M et al. (eds.) 1988 *Ideological Dilemmas: A Social Psychology of Everyday Thinking*, 2nd edn. Sage, London

Gibbs J, Schnell S V 1985 Moral development "versus" socialization: A critique. *Am. Psychol.* 40 (10): 1071—1080

Hartshorne H, May M A 1928 *Studies in Deceit. Studies*

in the Nature of Character, Vol. 1. Macmillan, New York

Heller A 1990 *A Philosophy of Morals*. Blackwell, Oxford

Hersh R H, Miller J P, Fielding G D 1980 *Models of Moral Education: An Appraisal*. Longman, New York

Inglehart R 1977 *The Silent Revolution: Changing Values and Political Styles among Western Publics*. Princeton University Press, Princeton, New Jersey

Klauer K C 1991 *Einstellungen: Der Einfluß der affektiven Komponente auf das kognitive Urteil*. Hogrefe, Göttingen

Kohlberg L 1984 *Essays on Moral Development. Vol. 2: The Psychology of Moral Development, The Nature and Validity of Moral Stages*. Harper & Row, San Francisco, California

Kohlberg L 1985 The just community approach to moral education in theory and practice. In: Berkowitz M W, Oser F K (eds.) 1985 *Moral Education: Theory and Application*. Erlbaum, Hillsdale, New Jersey

Mischel W, Mischel H N 1976 A cognitive social-learning approach to morality and self-regulation. In: Lickona T (ed.) 1976 *Moral Development and Behavior: Theory, Research, and Social Issues*. Holt, Rinehart and Winston, New York

Oser F K, Schlaefli A 1985 But it does move: The difficulty of gradual change in moral development. In: Berkowitz M W, Oser F K (eds.) 1985 *Moral Education: Theory and Application*. Erlbaum, Hillsdale, New Jersey

Power F C, Higgins A, Kohlberg L 1989 *Lawrence Kohlberg's Approach to Moral Education*. Columbia University Press, New York

Rokeach M 1968 *Beliefs, Attitudes, and Values: A Theory of Organizational Change*. Jossey-Bass, San Francisco, California

Tesser A, Shaffer D R 1990 Attitudes and attitude change. *Annu. Rev. Psychol.* 41:479—523

Tetlock P E 1986 A value pluralism model of ideological reasoning. *J. Pers. Soc. Psychol.* 50(4):819—827

Turiel E 1983 *The Development of Social Knowledge: Morality and Convention*. Cambridge University Press, Cambridge

其他参考文献

Feather N T 1975 *Values in Education and Society*. Free Press, New York

Gergen K J 1982 *Toward Transformation in Social Knowledge*. Springer-Verlag, New York

Kohlberg L 1981 *Essays on Moral Development. Vol. 1: The philosophy of Moral Development – Moral Stages and the Idea of Justice*. Harper & Row, San Francisco, California

Modgil S, Modgil C (eds.) 1986 *Lawrence Kohlberg: Consensus and Controversy*. Falmer Press, Philadelphia, Pennsylvania

Oser F, Althof W 1992 *Moralische Selbstbestimmung: Modelle der Entwicklung und Erziehung im Wertebereich, Ein Lehrbuch*. Klett-Cotta, Stuttgart

数学的学习与教学(Learning and Instruction of Mathematics)

数学学习与教学是学习和教学研究中最具代表性的学科领域。自从20世纪70年代这一领域形成以来,在该领域内已进行了大量的研究。《数学教学与学习研究手册》(*Handbook of Research on Mathematics Teaching and Learning*)(Grouws 1992)对这些研究进行了很好的回顾和评论。对该领域的研究主要与两个重要群体有关,他们分别是:(a)心理学家,他们把数学作为考察学习、发展和教学基本问题的调研领域;(b)对数学教育感兴趣的学者,他们的主要贡献是发展了相应的理论概念和认知心理学研究工具。最初,这两个群体之间进行交流相当困难(Fischbein 1990),但后来二者之间逐渐发展出富有成效的互动关系,其他方面的观点比如人类学和跨文化研究也为丰富这种互动关系做出了贡献。在这个共同的研究体中,数学学习的概念得到了极大丰富,成为在模拟现实基础上建构意义和理解的过程。

与此同时,数学学习与教学的概念和方法途径都发生了几个重要的转变:从关注普遍性到注重具体领域的加工过程;从强调学习者的个人特征到关注社会和文化因素;从“冷门课题”变成“热点问题”;研究的主要场所从实验室转移到了课堂;从使用定量的实验方法到运用更加多样化的方法,包括定性分析和解释技术等。

本词条将从三个部分简述这些发展,这三个部分分别是:第一部分数学学习品质;第二部分在社会文化环境中建构知识的数学学习;第三部分设计有效的教学环境(De Corte et al. 1993)。

1. 数学学习品质

这一部分的核心问题是为了获得数学能力学生应该学习什么。对此,或明显或隐含地认为计算和程序性技能是最基本要求的观点在教育实践中是比较流行的(Gehrke et al. 1992)。与之尖锐对立的另一种观点则是从上文谈到的研究工作中产生的,目前这种得到广泛认同的观点认为,数学认识与思维中蕴涵了如下所述的几种主要成分(Schoenfeld 1992):

(a)结构严密且灵活易懂的专门知识领域,数学这门学科的内容由事实、符号、惯例、定义、公式、运算法则、概念以及原理构成。

(b)寻找问题解决策略的启发式方法,这种策略虽然不能保证找到问题的答案,却增加了成功的概率,这是因为在运用这种策略解决问题时引入了系统化的方法(比如:仔细分析问题;把问题分解为多个子目标;运用图表或草图使问题形象化)。

(c)元认知,一方面涉及个体对自己认知能力的认识和信念(比如:相信自己的数学能力很强),另一方面涉及与个体认知加工过程相关的自我监控和调节的技巧与策略(比如:设计一个解题过程;调控正在进行的解题过程;评价解题方案并在必要的时候进行修正;对自己学习与解决问题的活动进行反馈)。

(d)情感成分,包含了对数学的信念(比如:相信解决数学问题需要付出努力或者相信这完全凭运气)、态度(比如:喜欢或不喜欢文字题)和情绪(比如:当发现了一个难题的解决方法时个体所获得的满足感)(McLeod and Adams 1989)。

区分这四种类型的成分虽然十分必要,但是同时需要重视的一点就是要意识到专家在进行数学认知加工时乃是综合地应用这四种成分及其相互作用。比如,考察启发式方法在解决一个几何问题时是否适用,基本上是(至少也是部分地)以个人对有关几何图形的概念性知识为基础的。另外,诸如“解决一道数学题不应超过几分钟”的观念将会妨碍个体在解决难题时充分使用启发式方法和元认知策略就是一个负面的例子。由此可见,获得数学能力所需要的不仅仅只是上面所列出的四种成分。美国的《数学学科的课程与评价标准》(*Curriculum and Evaluation Standards for School Mathematics*)一书对这种观点进行了深入而详细的阐述,并提出以“数学品质”这个概念来反映个体综合运用不同成分的有效性与适用性,该书写道:

> 学习数学不仅是学习概念、原理及其应用。它还包括发展数学品质以及把数学当作是观察情境的一种有力工具。品质不单指态度,还指以积极的方式思考和行动的倾向。学生完成任务的方式——是否有信心并且愿意去探索不同的方式,充满毅力与兴趣——以及他们思考的倾向显示了他们的数学品质。

珀金斯(Perkins 1991)认为品质,除了包括能力外,还涉及爱好和敏感性。所谓爱好是指个体由于动机和习惯而具有从事某种行为的倾向;敏感性则是指个体实施某个恰当行为的直觉、机智与可能性;而能力则是为了实现那种行为,将知识与技巧(换句话说,就是上面提到的大部分特性)结合起来。品质的获得——尤其是敏感性和爱好的获得——需要个体具有在不同情况下运用各类知识和技巧的广泛体验。正因为如此,品质无法直接传授,而只能在长时期内慢慢培养(Greeno 1991)。

2. 社会文化环境中建构意义的数学学习

何种学习过程有益于学生获得他所需要的数学品质就成为我们所要面对的问题。一种消极的观点认为大部分在课堂上发生的学习似乎不能使学生获得这种品质。确实,国内外的文献资料中有大量调查研究结果显示,学校里的学生还不具备有效处理新的数学问题和学习任务所必需的知识、技能、信念和动机(De Corte 1992)。之所以如此,基本上可以用学校里普遍的学习活动来说明,因为这些学习活动主要是对教师和教科书的听、观察与模仿(Greeno 1991)。换句话说,在数学教育实践中信息传播模型依然是占主导的学习观,这个模型认为数学知识的获得与教授主要是通过上一代尽可能精确地传递给下一代(Romberg and Carpenter 1986)。

与不恰当地把学习看作是接受信息的观点有关,当今数学教育的另一个缺点就是人们在学习数学知识时,与他身边的社会和物理环境相隔绝,然而这些数学知识的含义和用途其实正是从这种环境中衍生而来的。从20世纪80年代中期开始探讨数学学习中环境和文化因素影响的大量研究非常明显地揭露了这一缺陷,这些研究都被冠以"民族数学与日常数学认识"的名称(Nunes 1992)。比如,对所谓的"市井数学"的一系列调查显示,正规的学校数学与解决日常实际生活问题的非正规数学之间常常存在差距。

以前学习者通常被描述成是去情境化数学知识的接受者和消费者,这与得到大量研究证据支持的学习是积极建构过程的观点存在尖锐的矛盾。学习者并不是被动的信息接受器,相反,他们通过与物理和社会环境相互作用,通过重组自己以前的心理结构来积极建构自己的数学知识和技能。

尽管从激进建构主义到现实建构主义,在学习概念上也存在差异,然而它们都认为学习过程是社会性的,通过这个过程学生能相互合作建构数学知识和技能,这一观点现在得到了广泛的认同。通过对意义的合作性对话、解释与辩论等社会相互作用从而产生了学习的机会。关于小组学习的研究支持这种"社会建构主义者"的观点,因为合作学习可以在认知和社会情感方面产生积极的学习效果。然而,显而易见的是,简单地把学生们放入小组中并告诉他们一起工作并不是灵丹妙药,只有在合适的条件下,小组学习才能够富有成效(Good et al. 1992)。而且,强调知识建构的社会性并不排除学生各自学习新知识和技能的可能性。另外,大部分学者都赞同所谓的"文化建构主义者"的假设(Scott et al. 1992),这种观点认为来自教师、同伴以及文化性人工制品(比如教育媒体等)的恰当引导可以促成积极的建构性学习。

3. 设计有效的教学环境

因为有观点认为数学学习就是建构意义和理解的过程,把通过掌握不同知识和技能而获得数学品质作为数学教育的目标,为此,我们不得不强调如下这项充满挑战性的任务。这项任务就是依据研究所得的原则框架精心设计有效的教学环境。所谓有效的教学环境就是可以引发学生从事有助于培养数学品质的学习活动及过程的情形和环境。

已有大量的研究项目试图依据相关的理论设计有效的数学学习环境(De Corte et al. 1993)。这些研究反映了该领域在方法论上向在真实课堂中进行教育实验、使用多种数据收集与分析技术(包含定性分析与解释性方法等)的转移。比如,兰珀特(Lampert 1986)曾经设计了一种旨在促进4年级学生理解乘法并建构意义的学习环境,具体的做法是通过把基本的概念知识(比如加法与乘法中的结合律、交换律和分配律)与这些学生的计算能力整合起来。兰珀特从儿童熟悉的问题开始,允许孩子们运用和探索他们已有的非正规知识,并实行合作性教学指导,她参与全班的合作学习与讨论。她请学生提出建议和可供选择的解决方法,然后让学生就这些解决方法进行解释和辩论。

在荷兰发展起来的"现实数学教育"(RME)就是第二个更全面的例子。RME认为数学学习的本质乃是从研究现实世界现象开始去做数学。这种认识为数学建模提供了研究课题并导致了数学知识的重建。以做数学这个基本概念为基础,设计"现实"学习环境的指导原则有五个,它们相互联系,分别是:(a)数学学习是一项建构性的活动;(b)朝着更高级的抽象水平进步;(c)鼓励学生自由地创造和反思;(d)通过社会相互作用及合作来学习;(e)把知识要素与技能联系起来(Treffers 1987)。

这些有代表性的例子表明，对数学教学与学习的研究正致力于革新教育环境，该领域的研究体现了很多理论研究和实证研究的思想，比如建构主义者对学习的观点、认为数学乃是人类的一种活动的思想、学生已有知识（正式以及非正式）的重要性、解决问题与理解能力的定位、在做数学与学数学中社会互动和合作的重要性，以及在真实有意义的环境中学习数学的必要性。迄今为止，相关研究的成果是令人满意的，它们证明了这种学习环境能从根本上改变儿童所获得的数学知识、技能和信念，并能使儿童成为自主的学习者和问题解决者。当然，这些研究项目也提出了许多有待研究的问题，如，还需要发展其他的理论与实证研究使我们能够更好地理解并细致入微地分析这种学习环境所引发的学生获得知识的过程、学生获得的知识和信念的具体特征，以及可以衡量这种环境效能的主要评价维度。

E. 迪·柯特（E. De Corte）
L. 费斯哈费尔（L. Verschaffel） 著
B. 格林（B. Green）
朱 瑾 伍新春 杜 蕾 译

附录

Commission on Standards for School Mathematics of the National Council of Teachers of Mathematics 1989 *Curriculum and Evaluation Standards for School Mathematics*. National Council of Teachers of Mathematics, Reston, Virginia

De Corte E 1992 On the learning and teaching of problem-solving skills in mathematics and LOGO programming. *Appl. Psychol.* 41:317—331

De Corte E, Greer B, Verschaffel, L 1993 Mathematics. In: Berliner D, calfee R (eds.) 1993 *Handbook of Educational Psychology*. Macmillan Inc., New York

Fischbein E 1990 Introduction. In: Nesher P, Kilpatrick J (eds.) 1990 *Mathematics and Cognition: A Research Synthesis by the International Group for the Psychology of Mathematics Education* (ICMI Study Series). Cambridge University Press, Cambridge

Gehrke N J, Knapp M S, Sirotkin K A 1992 In search of the school curriculum. In: Grant G (ed.) 1992 *Review of Research in Education*. Vol. 18. American Educational Research Association, Washington, DC

Good T L, Mulryan C, McCaslin M 1992 Grouping for instruction in mathematics: A call for programmatic research on small-group processes. In: Grouws D A (ed.) 1992

Greeno J G 1991 Number sense as situated Knowing in a conceptual domain *J. Res. Math. Educ.* 22 (3): 170—218

Grouws D A (ed.) 1992 *Handbook of Research on Mathematics Teaching and Learning*. Macmillan Inc., New York

Lampert M 1986 Knowing, doing, and teaching multiplication *Cognition and Instruction* 3:305—342

McLeod D B, Adams V M (eds.) 1989 *Affect and Mathematical Problem Solving. A New Perspective*. SpringerVerlag, New York

Nunes T 1992 Ethnomathematics and everyday cognition. In: Grouws D A (ed.) 1992

Perkins D N 1991 Creativity and its development: A dispositional approach. Address given at the *Congreso Internacional de Psicologia y Education: Intervencion Psicoeducativa*, Madrid

Romberg T A, Carpenter T P 1986 Research on teaching and learning mathematics: Two disciplines of scientific inquiry. In: Wittrock M (ed.) 1986 *Handbook of Research on Teaching*, 3rd edn. Macmillan Inc., New York

Schoenfeld A H 1992 Learnin to think mathematically: Problem solving, metacognition, and sense-making in mathematics. In: Grouws D (ed.) 1992

Scott T, Cole M, Engel M 1992 Computers and education: A cultural constructivist perspective In: Grant G (ed.) 1992 *Review of Research in Education*, Vol. 18. American Educational Research Association, Washington, DC

Treffers A 1987 *Three Dimensions: A Model of Goal and Theory Description in Mathematics Instruction-The Wiskobas Project*. Reidel, Dordrecht

运动技能的学习与教学(Learning and Instruction of Motor Skills)

“运动技能”是指个体为达到一定目标,进行准确、有效、流畅、协调的身体运动的能力。其中身体运动包括对各个肌肉与关节的运用、时间空间的协调和控制。要达到的目标是指:在行走、体育运动、跳舞等(与肢体有关的运动)活动中,身体的移动、平衡与控制;或对客体或工具进行操作,如书写、使用机械设备、演奏乐器、开车等(与客体有关的运动)。

1. 运动技能研究的范围和历史

很长一段时间人们都认为运动技能的学习就是观察专家的一些熟练动作,然后在试误过程中模仿这些熟练动作。自中世纪以来,职业培训中的学徒制就是以这种方法为基础的。当农业社会中的传统手工技能被大规模的工业生产体系所取代时,挑选和培训大量的产业工人就变得非常必要了。因此,为这种选择与培训提供知识基础的科学研究项目就成为必须。20 世纪初,泰勒(Taylor)对雇员的工作表现所做的时间—动作分析就是科学管理方法的一个典型例子。这种方法需要产业工人在要求相当严格的技术上有尽可能好的表现,按照当时流行的观点,这种方法被看作是刺激—反应的联结。因此当时的培训只重视有限的几种技能的自动化、错误的最小化和速度的最大化。

第二次世界大战对运动技能的研究有重要影响。所有兵种都急需人员补充,这给士兵的选拔与培训提出了难题,这也促使美、英两国进行新的研究。这类研究的主题从选拔和区分心理活动能力的个体差异转向了强调培训进程中运动技能的保持和迁移。运动技能的研究放弃了行为主义的教学观和学习观,转而采纳认知理论。更多的关注投向了运动项目、运动图式以及执行和控制运动活动的认知加工过程的作用。

2. 运动技能的分析和分类

个体执行熟练的动作具有如下特征:聚焦于动作的目标,准确而迅速;动作不仅有效,还能忽略无关信息;只需花费最少的能量来维持活动;能预期接下来可能会遇到的情况和问题;尽量避免动作出错,即使错了,也能很快觉察并纠正过来。流畅性是熟练运动的显著特征,这表明肢体各部分都达到恰到好处的协调。当在不同的条件下上述特点都能具备时,动作就具有了连续性和适应性。

所有的运动技能都需要肢体活动的参与,但这些活动又各不相同。为理解这些差异,许多研究者和理论家都尝试对运动技能进行分析、分类。弗莱斯曼(Fleishman 1975)提出 4 种不同的分类方法:(a)行为描述分类法;(b)行为要求分类法;(c)能力要求分类法;(d)任务特征分类法。

行为描述分类法的特点是,当个体完成某任务时,对可观察的行为进行记录和分类。

行为要求分类法需要调查成功地完成某任务所必需的认知操作。罗米斯茨韦斯基的“扩展技能环”(Romiszowski 1981)就是这种方法的典型例子。他认为执行一个技能活动包括 4 个阶段的循环:(a)感知到相关刺激;(b)回忆必需的先决条件;(c)计划必要的动作;(d)执行动作。每个阶段又需要 3 项特定的认知操作。如计划阶段所需的认知操作是分析、综合和评价。整个环节共有 12 项认知操作,要成功完成任何一个运动都会对这 12 项认知操作有不同程度的要求。研究者还进一步对创造性技能和再现性技能做了重要的区分。再现性技能的特征是在运用算法和程序时,几乎不需要有意识的计划操作。创造性技能的特征是在运用策略和原则时,需要有意识地计划操作。

能力要求分类法试图找出成功完成某种任务所必需的稳定的心理能力。弗莱斯曼(1975)进行的因素分析就是这种方法的典型代表。他区分出 11 种心理活动能力,这些能力可以解释大约 200 种不同心理活动任务(都是体力活动)的行为差异。这些能力包括控制的准确性、四肢的协调性、手的灵活性、手指的灵活性、手臂与手的稳定性和反应时。

任务特征分类法是要找出可以作为有效行为的条件特征的任务特征和任务情境特征。有关文献描述了大量任务特征,其中按照任务情境的可预测性而划分的开放性任务和闭合性任务，可能是最重要的一种区分。闭合性任务产生于可预测的环境，可以事先做计划（如写一封信）；而开放性任务则产生于不可预测的情境，不能事先做出完整的计划（如进行足球赛）。介于两者之间的是产生于半可预测情境的任务（如开车）。

3. 运动技能的学习和控制

心理活动技能在任务要求、任务特征、环境特征和所涉及的心理活动能力方面的差异是很大的。尽管存在差异，许多运动技能的学习都是从一个很重要的认知阶段开始，经过联想阶段，达到自动化阶段（Fitts and Posner 1967）。在认知阶段，学习的重点是获得知识的认知活动，要获得的知识包括：要学的技能、要达到的目标和应遵循的步骤与程序。这一阶段的表现是不稳定、不连贯的；反应是一步接一步地产生的，每一步都需要有意识地运用知识；发动和控制目标动作所需要的信息几乎都是通过视觉提供的；这个阶段的学习曲线起伏很大。在联想阶段，动作进一步得到改进，动作将变得更流畅连贯，完整而有规则；错误率降低；由非视觉通道获得的信息渐渐发挥重要作用。在自动化阶段，不再需要对动作进行有意识的认知控制；动作高效而连贯；注意无需再集中在每个动作上，可以转而注意其他事物。

菲茨和波斯纳（Fitts and Posner 1969）关于运动技能学习过程三阶段的描述得到了广泛的认可，被公认为是再现运动技能标准学习过程的真实写照。但当用它来解释学习过程中的认知过程和结构时，人们的意见就很难达成一致。许多不同的理论观点都证明了这一点。主要的分歧点是，在运动技能的学习和控制中，反馈和运动计划起了什么作用。

闭合环理论（Adams 1971）认为运动行为由反馈机制控制。在执行动作时，个体从肌肉、关节中的内部感受器或从前庭器官获得反馈，同时还可以从视、听觉通道获得外部反馈，然后把这些反馈信息与头脑中应达到的期望状态的内部表征进行比较。如果发现二者在大小或方向上存在差异，反馈机制就会相继做出纠正行为，以使动作达到或保持期望的状态。闭合环理论适合解释相对较慢的或较连贯的动作，如追踪任务（开车）。但它较难解释那些一旦发动就难以调整的快速（爆发性）运动。开放环理论假设运动是由中枢发出的运动程序命令来发动和控制的，运动程序中没有探测错误和纠正错误的机制。施密特的图式理论（Schmidt 1975）是开放环理论的一种，只不过这种理论以图式取代了程序。图式就是某一类动作概括化的运动程序。图式概念为解决运动程序概念中两类固有的问题提供了答案，这两类问题分别是：（a）存贮问题，如果每一个期望的动作都有一个运动程序的话，那么要储存这么多的程序几乎是不可能的；（b）新颖性问题，如果做出每个动作都需要运动程序，那么个体将无法做出新的动作。

然而，无论是开放环理论，还是闭合环理论都不能为所谓的“自由度”问题提供可接受的解决办法。实际上，参与动作的各运动系统要素（如肌肉、关节、运动单位）都有相当大的自由度。运动控制理论必须对管理这些要素的方式进行解释。图尔维（Turvey 1977）认为，可能并不是由中枢神经系统对参与做出动作的各要素同时进行控制，他假设存在着一个“协调结构”，即肌肉的相对自动化的机能联结，它可以调整运动系统的各要素使之与环境的刺激结构相一致。从这个角度说，知觉系统和运动系统是不可分割的。动作的协调结构应调整至与知觉到的状态相一致，并直接受知觉状态的影响，而不是受计算式的中枢脑结构的控制。因为该观点强调人与环境的交互作用，强调使用自然的研究方法，所以有时又被称为“生态学观点”。

4. 运动技能的教学与训练

在运动技能的教学中，什么时候采用发现式教学方式，什么时候采用讲解式教学方式，这一直是教师和研究者争论的问题。教学心理学对问题解决、元认知和自我调节学习的研究为上述争论带来了转机。一些元认知理论家赞同在自我调节的发现学习中使用直接的讲解式指导策略的观点。

苏联活动理论的倡导者提倡在运动技能的教学中使用讲解式。他们强调在执行动作之前，形成完整的、连贯的运动图式很重要。

在再现性技能的培训方面，罗米斯茨韦斯基(1981)提出了一种重要的讲解式教学法，由示范、在逐渐加难的任务上进行集中或分散的练习、对结果的反馈所构成。但是要培训创造性技能，除了对基本技能进行讲解示范外，还要进行有指导的发现学习，这是很重要的，因为创造性技能不仅需要程序性知识，还需要条件性知识和计划能力。

根据安德森(Anderson 1987)的观点，技能学习意味着将陈述性知识转化为程序性知识。杰尔斯玛(Jelsma 1989)认为程序化(如自动化)的速度取决于当时的迁移条件。在不同的任务情境中运用相同的任务技能，迁移速度最快(近迁移)。如果随任务环境的不同需要运用的不同技能，那么，自动化的过程就会减慢(远迁移)。

随着技术的发展以及工作组织和生产过程的改变(如管理的总体水平的提高)，迁移、问题解决和自动化学习在一些工作中变得越来越重要。因为不满于以培训者为中心的传统培训方式，现代培训向以被培训者为中心转变。例如在德国的企业中出现了一种训练法。这种训练法包括 6 个启发式教学步骤，要求被培训者进行积极的、建构性的学习活动，而不是被动地、再现性地学习，从而培养了被培训者对创造性运动技能和认知技能的自主学习和迁移。

教学心理学领域出现了很多新的理论观点，比如机能性情境训练、认知见习制、建构主义理论等，虽然这些理论主要强调认知方面，但它们对动作技能领域也有很大影响。它们为设计职业培训和非正式的训练情境提供了新的视角和工具。今后在设计培训情境时，应该充分利用被培训者和专家在真实、有效的职业活动中的互动。就像柯林斯等人(Collins et al. 1989)指出的那样，在真实的学习情境中示范、训练、提供支架、出声复述、反思和探究都是至关重要的手段。

J. M. M. 范德·萨登(J. M. M. Vander Sanden) 著

管 琳 伍新春 杜 蕾 译

附录

Adams J A 1971 A closed loop theory of motor learning. *Journal of Motor Behavior* 3(2):111—149

Anderson J R 1987 Skill acquisition: Compilation of weakmethod problem situations. *Psychol. Rev.* 94: 192—210

Collins A, Brown J S, Newman S E 1989 Cognitive apprenticeship: Teaching the crafts of reading, writing and mathematics. In: Resnick L B (ed.) 1989 *Knowing, Learning and Instruction: Essays in Honor of Robert Glaser*. Erlbaum, Hillsdale, New Jersey

Fitts P M, Posner M I 1969 *Human Performance.* Brooks/Cole, Belmont, California

Fleishman E A 1975 Toward a taxonomy of human performance. *Am. Psychol.* 30(12):1127—1149

Jelsma O 1989 *Instructional Control of Transfer.* Twente University, Enschede

Romiszowski A J 1981*Designing Instructional Systems: Decision Making in Course Planning and Curriculum Design.* Kogan Page, London

Schmidt R A 1975 A schema theory of discrete motor skill learning. *Psychol. Rev.* 82(4):225—260

Turvey M T 1977 Preliminaries to a theory of action with reference to vision. In: Shaw R, Bransford J (eds.) 1977 *Perceiving, Acting and Knowing: Toward an Ecological Psychology.* Erlbaum, Hillsdale, New Jersey

其他参考文献

Schmidt R A 1982 *Motor Control and Learning: A Behavioral Emphasis.* Human Kinetics Publishers, Champaign, Illinois

Singer R N 1980 *Motor Learning and Human Performance: An Application to Motor Skills and Movement Behaviors*, 3rd edn. Macmillan Inc., New York

问题解决和思维学习技能的发展 (Problem-solving and Thinking, Development of Learning Skills in)

问题解决和思维通常是教育改革所关注的核心课题。除了记忆知识外，学生们还必须能运用他们所学到的东西去解决新问题。教育的一个主要目标就是帮助学生成为更有效的问题解决者,也就是成为在面临前所未见的问题时能找到有用且新颖的解决方法的人。

1. 定义

任何“问题”都是由已知情况(比如对现状的描述)、目标状态(比如对期待的描述)以及一系列操作(比如从一种状态到另一种状态的程序和规则)组成。当实际情形是一种状态,而问题的解决者希望是另一种状态,并且从目前状态向另一种状态的平稳过渡会遇到障碍时,“问题”就产生了。敦克尔(Duncker 1945 P. 1)是这样定义“问题”的:当生物体有一个目标却不知道怎样才能达到这个目标时,问题就出现了。尽管敦克尔的定义是正确的,但要使之现代化,还必须包括利用机械解决问题的可能性,所以“问题解决者”这个词可以指生物也可以指机器。

“问题解决是指一个问题解决者以克服问题为目标去从事认识活动。”敦克尔(1945 P. 1)特别提到“当某人仅仅靠行动无法从当前状态到达理想状态时,那么就必须求助于思维”,“这种思维的任务是设计出某种行动并以此来协调现有状态和目标状态”。同样,波利亚(Polya 1981 P. Ⅸ)把问题解决定义为“寻找渡过难关和克服障碍的方法以达到某个无法立刻实现的目标”。在利用计算机模拟问题解决的过程中,纽厄尔和西蒙(Newell and Simon 1972)把问题解决定义为“在问题的已知状态和目标状态之间寻找一条路径”。迈耶(Mayer 1990,1992)把问题解决的定义概括为以下三个主要方面:(a)问题解决是认知性的,因为它发生在问题解决者的认识体系内部;(b)问题解决是一个过程,因为它涉及对问题解决者的知识进行操作和处理;(c)问题解决是定向的,因为问题解决者试图实现某个目标。

问题解决和其他高级认知过程,比如思维和推理等之间是什么关系呢?可以说问题解决是一种常见的、主流的思维类型,即思考者想要实现某个目标的定向思维。与之相反的就是思考者没有试图去实现某个目标的非定向思维,其中包括自闭患者与精神分裂者的异想天开和不正常的思维。总之,“问题解决”和“思维”这两个词是可以相互替换的,但非定向思维要排除在外。可以把推理看作是问题解决或思维的一种类型。在演绎推理中,问题解决者知道了已知条件,他们必须运用逻辑规则来推导出一个结论。比如一个问题解决者被告知“有四条边的多边形都是四边形,所有正方形都是有四条边的多边形”,那么他可以合乎逻辑地得出结论“所有的正方形都是四边形”。在归纳推理中,问题解决者要从已知的一系列实例、事件或例子中推导出规律。比如在学会西班牙词语“la casa、el libro、el perro、la muchacha”和“el muchacho”后,问题解决者可以得出结论:冠词“la”与以“a”结尾的单词连用,而冠词“el”与以“o”结尾的单词连用,在西班牙语中这是一条始终如一的规则。最后,以提出或评价论点为目标的批判性思维,以生成新颖的观点为目标的创造性思维都是思维的形式,通常提到思维和问题解决时都会涉及这两种思维。

2. 问题的类型

按照问题阐述的清晰度可以把问题划分成定义良好的问题与定义不良的问题。定义良好的问题有明确的已知状态和目标状态,并有一套可用而明确的算子。比如,算出代数方程 $X^2+2X+4=0$ 中 X 的值就是一个定义良好的问题,因为方程本身是已知条件,目标状态就是 X 的值,算子就限定在代数和算术规则中。相比较而言,定义不良的问题没有明确的已知条件、目标状态和算子。比如,做一次有说服力的演讲就是一个定义不良的问题,因为这个问题没有明确详细地指明目标和可用的算子。在学校中遇到的大部分问题都是定义良好的问题,然而,日常生活中大部分的重要问题都是定义不良的问题。

另一个重要的区分就是以问题解决者的知识为基础将问题划分为常规问题和非常规问题。常规问题是与问题解决者已经解决过的问题相同或相似的,因此需要再生性的思维(Wertheimen 1959)。比如,对大部分高中生来说,“5 + 5 = __”或“联合国总部在哪个城市?”这样的问题就是常规性的问题。从最严格的角度来讲,常规问题不符合问题的定义,因为在这些问题中已知条件与目标状态之间不存在障碍。与之相反,非常规问题与问题解决者以前解决过的任何问题都不同,因此需要生成性的思维(Wertheimen 1959),也就是需要创造出新颖的解决方法。比如,对大部分高中生来说,编写一个计算机程序来计算样本的平均差和标准差,或者解释为什么西班牙探险家们经过几个世纪才在加利福尼亚进行殖民统治就属于需要生成性思维的例子。在学校里,学生经常解决的是被称为"练习"的常规性问题,然而,日常生活中大部分重要的问题都是非常规的。

第三种划分可以将问题分成需要辐合思维的问题与需要发散思维的问题。辐合思维问题只有一个正确的答案,可以通过运用某一程序或回忆某一事实而得到。比如,数学计算问题和典型的多项选择。发散式思维问题(Guilford 1967)有很多可能的答案,因此问题解决者的工作就是尽可能多地创造出解决方法。典型的例子有用途问题(比如"列出一块砖所有可能的用途")和结果问题(比如"列出人类有6根而不是5根手指的所有后果")。在对发散思维问题的各种回答中,答案的新颖性和流畅性是衡量创造性的标准,并且应在批判性思维的教学项目中进行传授(Halpern 1989)。尽管发散性思维是创造性的标志,但大部分的学校问题强调的却是辐合思维。

3. 问题解决的过程

问题解决可以分为四个基本的步骤:(a)表征;(b)计划;(c)执行;(d)控制。对问题的表征就是将提出的问题转换为内在的心理表象。比如,给学生一道文字题:"莎拉有三颗弹球,戴维的弹球比莎拉的弹球多两颗,那么戴维有几颗弹球?"要表征这个题,学生必须把每个句子翻译成一个内部的心理表征,如"莎拉的弹球 = 3"、"戴维的弹球 = 莎拉的弹球 + 2",并要把信息综合起来形成一个连贯的心理表征,如"戴维的弹球 = 3 + 2"。计划一个解决方法包括决定必须进行的操作,比如在弹球问题中要决定把3和2相加起来。执行一个解决方法包括实行计划所指定的操作,如计算5是3加2的和。最后需要指出的是,控制是监督和调整其他过程的元认知过程,比如检查出某一计划不起作用或某一步骤执行得不对。尽管学校教学倾向于强调基本技能的实施,但学生学习的主要困难却在于如何对问题解决过程进行问题表征、规划设计和监控。

4. 思维的僵化

思维的僵化是妨碍有效解决问题的一个主要障碍。比如在某些问题解决的情境中,问题解决者必须以新的方式来利用某一对象物,如把砖当作门阶来使用,或者把嚼过的口香糖当作黏胶来用。如果问题解决者只能想到按普通的功能来使用某一对象物,那么这个问题就不能解决。敦克尔(1945)用"功能固着"这个词来特指这样一种情形:问题解决者无法想到运用物体的新功能,而这种新功能恰好是解决问题所必需的。僵化的另一个例子是,问题解决者按学习过的步骤去解决问题,但这些步骤对这个问题来说却是不适合的。比如,一个学生已经解决了一系列有关"增多"问题的数学题,这些题需要把数字相加,这个学生可能错误地使用相同的步骤来解决一个新的问题,而这个新问题实际上需要把一个数字从另一个中减去。卢钦斯(Luchins 1942)用"心向"(或问题解决的定势)来指代上面这种现象。问题解决的教学目标就是要帮助学生避免思维僵化。

5. 理解学习和背诵学习之间的界限

在遇到问题时,为什么一些人可以想出明智的解决方法,而另一些人却想不出?格式塔的心理学家,魏特海墨(Wertheimer 1959)试图通过区分前面提到的两种思维——生成性思维和再生性思维来回答这个问题。生成性思维指在遇到问题时,想出一个新颖的解决方法,而再生性思维指问题解决者只运用他们所知道的以前解决问题的方法步骤。

比如,魏特海墨(1959)提出学习如何计算平行四边形的面积有两种方法:依靠背诵的学习和依靠理解的学习。在背诵学习中,问题解决者被教会测量高度和底边,然后再把二者相乘。据魏特海墨说,这些问题解决者在记忆测试(比如计算相似的平行四边形的面积)中表现十分出色,但在迁移测试(比如计算一个不是常见形状的平行四边形的面积)中的表现就十分差劲。与此相反的是,通过理解来学习的问题解决者会被鼓励去发现从平行四边形一端切下一个三角形并拼接到另一端,便可以把平行四边形转换为一个矩形。这些问题解决者在记忆测试和迁移测试中都会很出色。所以说,背诵学习只会生成再生性思维,可以用记忆测试来测量,而理解学习则产生生成性思维,可以用迁移测试来测量。

6. 类比思维

遇到一个新问题时,解决的办法来自哪里? 根据类比迁移理论,问题解决者是运用解决先前问题(称为"资源领域"或"基础领域")的已有知识来指导新问题(称为"目标领域")的解决。进行类比迁移时,问题解决者必须确定一个可类比的问题,把它当作资源领域加以利用,并从与资源领域对应的目标领域中提炼相关信息,然后再制定出达到目标的解决步骤。

比如,D. 舍特纳和 D. R. 舍特纳(Gentner D and Gentner D R 1983)让学生解决一些电路问题,如判断只有一个电池组的电路是否会产生与有两个电池组的电路同样多的电流。一些学生借助水流类比来解决电路问题,他们认为电子像水,电线像管道,电池像水泵,电阻像管道中的阻力。另一些学生则运用在拥挤的队伍中移动来类比,他们认为电子像老鼠,电线像通道,电池像大声说话的人,电阻像走廊的门。使用水流类比的学生在解决有关电池组放电问题时,要比使用在拥挤队伍中移动类比的学生更准确,但涉及有电阻的电路问题时,情况就恰恰相反。

关于类比推理的研究为教学提供的启示就是需要训练学生用熟悉的体系去帮助自己理解不熟悉的科学体系。比如,在学习雷达如何工作所蕴涵的原理时(即目标领域),学生就能记起他们经历过的球从远处的墙壁弹回的感受(即基础领域)。雷达发出脉冲就像是被扔出的一只球,脉冲的反射就像球从远处的物体弹回,雷达的检测就好比计算球弹回来所需的时间,改变频率就好比要确定球从更远的物体处弹回需要更多的时间。当学生记起用弹跳的球来类比时,他们就能更好地运用关于雷达的课堂知识去解决迁移问题,比如"你如何增加雷达的监测面积?"(Mayer 1989)

7. 问题空间和搜索过程

探讨人类和机器如何解决定义良好问题的信息加工理论认为问题解决涉及构建问题空间并在空间中寻找途径(Newell and Simon 1972)。人们把定义良好的问题描述成为"问题空间",包括对初始状态和目标状态的表征,以及通过合理地运用某一算子达到目标状态的所有可能的中间状态的表征。比如,图 1 表明了解决方程 $2X-5=X$ 的问题空间。初始状态就是这个方程;目标状态是 $X=\_$;合理的算子是在方程的两边同时加、减、乘、除同样的数字(操作手段 1)或变量(操作手段 2),并在方程的某一边加、减、乘、除一个特定的数字(操作手段 3)或变量(操作手段 4)。比如,在初始状态中运用操作手段 1,从而得到新的状态 $2X-5+5=X+5$,类似地对初始状态运用操作手段 3,从而得到新的状态 $2X=X+5$,对此情况运用操作手段 2 得到 $2X-X=5$,运用操作手段 4 得到目标状态 $X=5$。

一旦问题被表征为问题空间,那么问题解决者的任务就是寻找通过初始状态和目标状态所构成的问题空间的途径。有三种可能的搜寻策略,分别是随机试误法、爬山法和手段—目的分析。在随机搜寻中,问题解决者从目前状态的几种可能途径中选择一种,直到实现目标。它的主要缺点是在复杂的问题空间中有许多路径是走不通的,因此它对复杂问题就是无效的。在爬山法中,问题解决者总选择可以使问题从当前状态更接近目标状态的操作。这种方法的一个主要缺点就是为了最终解决问题,

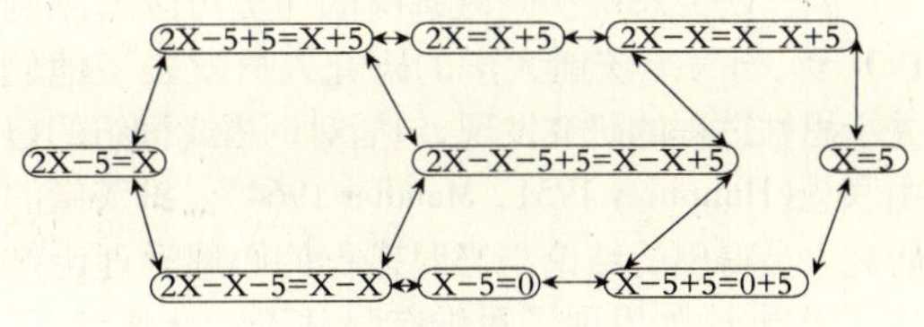

图 1　一个代数问题的问题空间示意图

其中的一些问题需要先远离目标。方法—目的分析是一次应付一个目标,如果不能直接完成该目标,则问题解决者设置一个新的目标来消除障碍,诸如此类。这种方法被用于以计算机程序模拟人类问题解决的过程,而且看起来与初学者解决问题的途径最为一致。这个方法强调问题解决中常见策略的作用。

8. 认知任务分析

定义良好的思维和推理任务可以被分解为若干的认知加工过程,也就是说,解决问题需要认知加工(Sternberg 1985)。比如,解决一个文字类比题,"苹果对于水果就像榆树对于(a)枫树、(b)树叶、(c)树木、(d)街道",就需要编码、推断、应用和反应等认知过程。编码就是对 A 项(苹果)、B 项(水果)、C 项(榆树)和每一个可供选择的 D 项(枫树、树叶、树木和街道)形成心理表征。推断是判断出 A 与 B 间的关系,就像成员对于类别。应用是指对 C 项运用相关的规则从而得到 D 项,比如注意到榆树是树木分类中的一种。反应指选择(c)作为正确答案。

认知任务分析可用来判断学生在问题解决过程中的错误,以及为学生的认知加工过程提供指导。比如,如果学生难以推论出关系,那么就可以为他们提供关于主要关系的指导,包括部分对于整体、成员对于总类、成员对于成员,以及其他关系,并且可以提供关于如何判断二者关系的已解决问题的实例。另外,学生在如何协调他们的各种认知过程方面还需要得到训练(Sternberg 1985)。与在问题空间分析中强调的一般性策略相比,这个方法强调了问题解决中具体领域知识的重要作用。

9. 历史概况

科学研究思维和问题解决的历史可以追溯到 1901 年,当时维茨堡大学的研究人员发表了他们关于思维过程的研究发现,包括对词语或词组的自由联想(Hunphrey 1951, Mandler 1964)。维茨堡的研究人员得出的结论与当时盛行的心理学理论产生了矛盾,比如发现了思维有时并不包括想像,以及人们能控制他们的思想链,这就促成奥托·塞尔兹在 20 世纪早期提出了关于思维的第一个理论(Frijda 1981)。

关于思维和问题解决的后续研究大致可以分为三类:联结派、格式塔派和认知派(Mayer 1992)。联结主义把问题解决看作是做出一系列反应直至其中一个起作用,这种方法在整个 20 世纪上半叶一直主导着心理学。比如给定的问题是如何逃离一个房间,问题解决者会尝试一种过去常用的反应措施,如转动门把手;如果这一措施失败,他将尝试下一个常见的反应措施,如砸碎窗户;如果这也失败,他将尝试较前者不常用的另一方式,如从天花板的通风道爬出去,直到问题解决者找到可以解决问题的应急措施。根据这一观点,问题解决是指以某人过去解决问题的经验为基础形成反应。对这一观点的主要批评就是如何用它来解释创造性的问题解决。

20 世纪二三十年代格式塔流派在德国发展起来,它把问题解决看作是从心理上重组问题的要素,从而使这些要素以新的方式配合在一起。这样,问题解决中的首要任务就是获得结构性的理解,也就是,看已知的要素如何与目标要求相协调。比如,敦克尔(1945 P. 1)的肿瘤问题,如下所述:"假设一个人患有不能手术的胃癌,而足够强度的射线可以破坏有机组织,那么以什么样的程序既能用射线根除他的肿瘤,又同时能避免破坏肿瘤周围健康的有机组织?"在敦克尔看来,问题解决者必须以新的方式来表征已知条件(如 X 射线)和目标(如不伤害周围组织,只破坏肿瘤)。首先,问题解决者可以把目标的要求重新表征为"通过周围组织的 X 射线强度必须较低,通过肿瘤的射线强度要高"。这种对目标的重新表征使我们可以从新的角度来看待已知条件:一些弱 X 射线能够从不同角度穿过肿瘤,就像被一个透镜聚焦在这个肿瘤上。在这个例子中,问题解决就是要从新的角度来看待已知条件和目标。这种观点所面临的主要批评就是缺乏明确的可验证的理论。

开始于 20 世纪 50 年代末期的认知观点,在 80 年代演变成为认知科学,它综合了以上两种观点的积极特征(Gardner 1985, Mayer 1992)。在认知科学看来,问题解决包含了一系列的心理运算,因此有关问题解决的理论必须使解决问题的特定心理过程和问题解决者用来选择及控制他们认知过程的方法具体化。认知科学凭借计算机技术可以清晰而精确地模拟这个过程，这是早期的格式塔研究所不具备的优势，同时，认知科学对解决真实问题的强调使创造性思维成为研究的重点，这与联结主义的研究也是不同的。认知学派对问题解决的研究重点是专门领域知识与一般领域知识在问题解决中各自的作用（Smith 1991）。

10. 真实情境中问题解决的研究

对问题解决的科学研究开始于20世纪初，研究主要关注在控制良好的实验室背景之中人们如何解决人工问题和难题（Gardner 1985，Humphery 1963，Mandler 1964）。然而，在20世纪末，以认知为基础的研究，其重心开始转向现实背景中的问题解决，包括日常的问题解决、专业难题的解决和学科领域内的问题解决（Greeno and Simon 1988，Mayer 1992，Dsharson and Smith 1990，Sternberg and Smith 1988）。

关于解决日常问题的研究揭示出人们很少用学校教的方法去解决校外遇到的问题（Lave 1988，Rogoff and Lave 1984）。比如，要决定在超市中最好买哪样东西，是用90美分买一个10盎司的花生罐头还是用45美分买一个4盎司的罐头？按照学校里的数学方法就是要计算出每个单位的价格，分别是每盎司9美分与每盎司11.25美分。然而，拉韦（Lave 1988）发现人们几乎不用学校里教的方法。相反，他们会想出更适合于具体情况的计算方法，比如比率策略，即购买者会比较第一种选择虽然花费的价钱是第二种选择的两倍，却买回了多于第二选择两倍重量的东西，因此第一种选择是最合算的购物方式。这个事例对教育的启示就是应更多地在真实的生活环境中教人们解决问题。

研究的另一重要领域是比较在诸如医疗诊断、计算机编程和物理学及下棋比赛等领域，专家和新手如何解决问题。比如，拉尔金（Larkin 1983）让物理学的专家和新手在解决物理问题时出声思考，她发现专家更可能以物理学概念来表述问题（比如力和重量），而新手主要关注问题的表面特征（如滑轮和绳索）。类似的，齐等人（Chi et al. 1981）让专家和新手对物理学问题进行分类，结果发现专家是以他们内在的物理学原理来对问题进行分类（如能量守恒），而新手则依据问题的表面特征来分类（如斜面或弹簧）。专家一新手研究的结果显示了专家在表征和解决问题上都与新手存在差异，因此教学应该侧重于帮助新手学习专家的思考方式，从而使其像专家那样思考。

第三个重要的研究领域是关于在学科领域，如阅读、写作、数学、自然科学等领域中人类解决问题的研究，即所谓的学科心理学（Mayer 1987）。学科心理学家不研究人们一般的思维过程，而是研究人们在科学上和数学上如何思维，或者在阅读和写作过程中人们如何思维。举例来说，在阅读理解时，问题解决涉及段落大意的构建；在写作时，制定计划就是问题解决的一个重要活动；在解决数学问题时，解题者必须理解题目；在解决科学问题时，问题解决者必须克服他对这个情况的原有偏见。这类研究表明学科领域的教学应侧重于帮助学生学习成功解题所需的认知过程和策略。

R.E. 迈耶（R. E. Mayer） 著

朱 瑾 伍新春 杜 蕾 译

附录

Chi M T H, Feltovich P J, Glaser R 1981 Categorization and representation of physics problems by experts and novices. *Cognit. Sci.* 5:121—152

Chi M T H, Glaser R, Farr M (eds.) 1988 *The Nature of Expertise.* Erlbaum, Hillsdale, New Jersey

De Groot A D 1965 *Thought and Choice in Chess.* Mouton, The Hague

Duncker K 1945 On problem solving. *Psychological Monographs* 58:3 (whole No. 270)

Frijda N H (ed.) 1981 *Otto Selz: His Contribution to Psychology.* Mouton, The Hague

Gardner H 1985 *The Mind's New Science: A History of the Cognitive Revolution.* Basic Books, New York

Gentner D, Gentner D R 1983 Flowing waters or teeming crowds: Mental models of electricity. In: Gentner D, Stevens A L (eds.) 1983 *Mental Models.*

Erlbaum, Hillsdale, New Jersey

Greeno J G, Simon H A 1988 Problem solving and reasoning. In: Atkinson R C, Hernstein R J, Lindzey G, Luce R D (eds.) 1988 *Stevens' Handbook of Experimental Psychology*, Vol. 2. Wiley, New York

Guilford J P 1967 *The Nature of Human Intelligence.* McGraw-Hill, New York

Halpern D F 1989 *Thought and Knowledge: An Introduction to Critical Thinking*, 2nd edn. Erlbaum, Hillsdale, New Jersey

Humphrey G 1963 *Thinking: An Introduction to its Experimental Psychology.* Wiley, New York

Larkin J H 1983 The role of problem representation in physics. In: Gentner D, Stevens A L (eds.) 1983 *Mental Models.* Erlbaum, Hillsdale, New Jersey

Lave J 1988 *Cognition in Practice: Mind, Mathematics and Culture in Everyday Life.* Cambridge University Press, Cambridge

Luchins A S 1942 Mechanization in problem solving. *Psychological Monographs* 54:6 (whole No. 248)

Mandler J M, Mandler G 1964 *Thinking: From Association to Gestalt.* Wiley, New York

Mayer R E 1987, *Educational Psychology: A Cognitive Approach.* Scott, Harper Collins, New York

Mayer R E 1989 Models for understanding. *Rev. Educ. Res.* 59(1):43—64

Mayer R E 1990 Problem solving. In: Eysenck M W et al. (eds.) 1990 *The Blackwell Dictionary of Cognitive Psychology.* Blackwell, Oxford

Mayer R E 1992 *Thinking, Problem Solving, Cognition*, 2nd. edn. Freeman, New York

Newell A, Simon H A 1972 *Human Problem Solving.* Prentice-Hall, Englewood Cliffs, New Jersey

Osherson D N, Smith E E (eds.) 1990 *Thinking.* MIT Press, Cambridge, Massachusetts

Polya G 1981 *Mathematical Discovery.* Wiley, New York

Rogoff B, Lave J (eds.) 1984 *Everyday Cognition: Its Development in Social Context.* Harvard University Press, Cambridge, Massachusetts

Smith M U (ed.) 1991 *Toward a Unified Theory of Problem Solving: Views from the Content Domains.* Erlbaum, Hillsdale, New Jersey

Sternberg R J 1985 *Beyond IO: A Triarchic Theory of Human Intelligence.* Cambridge University Press, Cambridge

Sternberg R J, Smith E E (eds.) 1988 *The Psychology of Human Thought.* Cambridge University Press, Cambridge

Wertheimer M 1959 *Productive Thinking.* Harper and Row, New York

其他参考文献

Gilhooly K J 1988 *Thinking: Directed, Undirected, and Creative* 2nd edn. Academic Press, London

Gilhooly K J (ed.) 1989 *Human and Machine Problem Solving.* Plenum Press, London

科学的学习与教学(Learning and Instruction of Science)

本词条概括了目前关于科学学习以及有效科学教学特征的共识。科学教育的观点是融合了发展心理学、差异心理学、科学教学与问题解决等领域的产物(Eylon and Linn 1988)。来自课堂教学、自然科学、课程发展、技术以及认知心理学等很多相关领域的专家参与了有关科学教育的争论。科学在每个人的生活中变得越来越重要,与此同时,教育与学习科学的复杂性也日益受到关注。而且,课堂中的科学学习得到广泛研究,这使得研究者可以更加系统地考察科学教育和科学学习的复杂性。本词条所探讨的新共识包含以下三方面:更多地强调学习的社会背景,更多地认识到问题解决受到周围环境的影响,并且越来越重视学习者为弄懂科学现象而做出的努力。

1. 科学教育的研究角度

由于研究者越来越重视学习的社会背景、学习者的知识结构以及课堂中的学习,由艾伦和林恩

(Eylon and Linn 1988)提出的关于科学教育的四个研究角度:概念学习、发展、差异和问题解决,正在逐渐融合。

1.1 关注概念学习的研究角度

学生解释科学现象的想法存在质的差异,探讨这种差异的研究就属于关注概念学习的研究角度(Driver et al. 1985, Gentner and Stevens 1983, Pfundt and Duit 1991)。起初,研究者认为学生所持有的科学概念是有缺陷的或称其为"错误概念"。后来越来越多的研究者认为学生头脑中的想法反映出他为了认识世界所做的必要努力。在那些对概念学习感兴趣的人看来,研究应当关注学生的科学知识的结构。教育工作者也开始寻求帮助学生在已有观念基础上进行建构的途径,而不再把学生的想法都视为是毫无用处的。

1.1.1 学生所持有观念的特征

学生所形成的观念具有的重要的连贯性,正是这种连贯性推动他们对自己想法的来源进行反思。一方面,每个学生的观念都是在其个人经验、文化背景和教育经历的基础上形成的,是一个个性化的发展过程。另一方面,学生对科学现象的体验又具有相似性,这就意味着他们对各个科学领域只有较少的典型认识(Driver et al. 1985, Gentner and Stevens 1983, Pfundt and Duit 1991)。比如,学生通常认为"沿曲线路径释放的物体会继续沿曲线运动","热度与温度是相同的,只是热度指比较高的温度",还有,"原子是物质的微小部分,这些微小部分具有物质的一切宏观特征"。

通常,学生们都在相似的情境中学习科学概念。大部分学生都见过运动中的物体停下来,体验过穿着羊毛衫时感到暖和的感觉,也看到过日出和日落。这些相同的经历促使学生产生相似的想法。学生们往往根据他们的观察提出构想。他们认定地球就像一张烙饼那样是圆的而不是一个球体。他们认为当球被抛出时,是手的力量使它运动。他们断定电从墙中流出,被家用电器所消耗。

有时,学生又是在独特的情境或特定的文化背景中学习科学的。不熟悉雪的学生可能难以区别"粉末"和"冰"。一些文化强调物体的功能,来自这种文化背景的学生要用诸如长度这样的抽象标准来对物体分组就会有困难(Fensham 1988, Gentner and Stevens 1983)。有些学生坚信科学现象受超自然力量的支配,因而会排斥用理性的观点来看待科学事件(Driver et al. 1985, Linn et al. 1991)。

而且,学生们满以为应用科学观念的情境与学习该观念的情境是相似的,因此他们可能会难以进行总结归纳。然而,实际上,应用概念的情境通常要比教学概念的情境复杂得多、模糊得多。学生可能会分别形成与课堂上所学科学知识相关联的科学观念,以及与家庭生活相关联的观念,却不会去寻找在各种情境下都一致的观念。结果,老师可能会认定他们的学生相信矛盾的科学观念,而学生却不承认这些观念是矛盾的。

在认识到学生头脑中的观念可能是一种成果而不是缺陷的过程中,一个发挥着决定性影响的因素是,学生的许多观念与过去许多令人尊敬的科学家(包括亚里士多德在内)所持有的观点是相似的(Gentenr and Stevens 1983, McDermott 1984)。比如,学生通常认为沿一条曲线路径释放的物体将继续沿弯曲的抛射轨道运动而不是沿它出发点的切线运动。后续的研究考察了如何基于学生的观念和学习模式进行教学,从而帮助学生形成与已创建的科学知识更加一致的观点。

1.1.2 教授科学概念

通过考察专家的推理过程可以找到努力帮助学生获取有用和权威的科学概念的方向(Larkin et al. 1980, Genter and Stevens 1983)。很明显,不能将专家的推论强加给学生。当然,在建构自己观念的过程中,学生也需要帮助。细致地设计学习环境为学生的建构提供了"支架",但是要取得成功却还需要学生的积极参与(Gentner and Stevens 1983, Resnick 1989)。提供支架就意味着要满足学生的需要,这样他们就可以探索和整合复杂的构想。学生需要得到支持来证明新的思维与行为模式是有益的并且能保证他们的努力是正当的。为了鼓励学生认识世界的努力,有效的教育方案必须建构在学生已有的观念基础之上,帮助学生对他们的经验进行整合和组织。

1.2 关注发展的研究角度

探讨科学观念发展过程的研究表明学生是逐

渐学会新概念的，并且，某些观念通常先于另一些被掌握（Gentner and Stevens 1983，Linn 1987）。许多研究者都发现科学观念是在具体的情境中形成的，因而不能适用于所有的情况。而且，研究者开始认识到问题情境对个体表现的影响比年龄更有力。许多研究表明，当处于特定的情境中，学生们在科学推理过程中会同时出现比他们年龄更加老练和更加单纯的表现（McDermott 1984，Resnick 1989）。

从关注概念学习和发展的角度进行的研究表明了学生是在情境中建构想法，并且努力使自己的想法概括化的。许多科学课程只是粗浅地覆盖了大量的科学课题，对这样的科学课程，学生会作何反应呢？事实上，他们通常弄不懂课程中呈现的信息，只能求助于记忆（Eylon and Linn 1988，Linn et al. 1991）。

1.2.1 综合理解的教学

发展学家们指出反思可以有效地帮助学生整合自己的知识并在新问题和新情境中加以应用。反思就是在不同观点中寻找相似点、组织不同信息和分析自身学习策略的过程。挑战则支撑着这一有力的过程，因而成为有效教学的一部分（Resnick 1989）。

1.3 关注差异的研究角度

从关注差异的角度进行研究的人员认为学习者是受能力的支配的，这些能力以流畅性、明确性或空间性为特征。这些研究者认为，以年龄、性别和文化背景相关的社会经验是极具影响力的学习过程。然而总体上，以这种观念为基础进行的研究都令人感到失望。由于对情境化推理越来越感兴趣，受此影响，有些研究者转向更加精确地探讨学习者和教学的具体特征。

比如，当试图根据性别来判断学生表现的尝试失败时，研究者就转而考察“学习机会”以及教师和男女生互动的具体情况等变量。来自不同国家的这类研究表明女性学习科学的机会较少（Rosier and Keeves 1991）。

而且，对课堂的观察研究表明教师对待男生和女生是有差别的。男生比女生更容易被问到难题和综合题；当女生被提问时，通常是更直接的问题。而且男生常得到表扬而女生却受到批评（Tobin et al. 1990）。在这些情况中，教师的行为与我们普遍认为科学是男性领地的观念是一致的。

1.4 关注问题解决的研究角度

那些关注问题解决的研究者也开始从不注重情境转向以情境为重的角度。最初，研究者认为，如果学生学会了基本的科学论证过程，他们就能将这些技巧运用到任何一种情境中，并且成为自主的科学学习者。然而，尽管我们在教授一般的问题解决过程上已做出了很大的努力，但几乎没有取得什么进展（LaPointe et al. 1989），研究者只好转而寻求在更加丰富的领域内教授问题解决（Gentner and Stevens 1983）。

这方面的早期研究对比了专家与初学者，发现专家有更多的信息储备，能更有效地组织信息，并能更广泛地应用信息。比如，专家围绕诸如能量守恒等中心原则构建知识，而初学者则是围绕很肤浅的特征（比如用于试验的仪器或者变量的名称）来构建知识。然而，学生通常无法理解专家的表征。相反，初学者却可以从与一系列知识表征的互动中受益，每一个新的知识表征都比过去的更加全面。

1.5 各种研究角度的融合

有观点认为科学学习是发生在一个复杂的社会化背景中，根据这种观点，以上四种研究角度正在走向融合。这种融合反映了一种科学教学的观点，即在学生学习的过程中，教学要为学生进行整合、组织和反思提供支架。但是，现实的状况却与此相反，对大多数国家学生的成就评估表明学生们在学校里几乎没有学会理解科学概念，而且通常都不能把这些科学观念应用于解决他们经常碰到的复杂且模棱两可的问题。

2. 新的发展方向

各方面的研究者正在合力考察课堂中的科学学习与教学。这项工作在方法论上进行了革新，从而为解决新的更加综合化的问题带来了曙光。从根本上讲，研究复杂环境中的问题解决可以为科学教育的目标、方法和教师如何准备等问题的解决提供启示（Salinger 1991）。

2.1 科学教育的目标

全世界的学生都需要应用科学知识来应对日益复杂的社会。概述性的科学课程必须是严密而准确的,还应当与那些不打算从事科学职业的学生的需要相关。美国的一些教育方案,如物理科学课程,就试图满足这个双重目标,然而它们所吸引的主要还是想当科学家的学生。在全球,研究物理的学生本来就不多,从事物理研究的学生还常常抱怨科学思想的应用没有得到重视。为未来的科学家提供一个坚实的基础,同时也为那些不打算以科学为职业的人成为理智的公民做好准备,为满足这个双重目标而设计的教育方案应当比目前大多数国家所提供的课程要更贴近学生并且操作性更强。

科学教育的改革者已经开发出既准确严密又具有适宜性的课程实例(De Corte et al. 1992)。这些课程避开了定量的解决方法、微观模型和正规的分析方法,而代之以定性论证、宏观模型和灵活的分析方法为特征。它们强调学生可以使用的科学原则以及为学习者逐步学会更抽象地看待科学事件提供支架。科学教育的新方法强调对于任何科学问题都有多种不同性质的解释,并且对所有的学习者和科学家来说,最抽象的解释不一定就是最合适的解释。就好像科学家要选择适合于特定问题水平的解释,教育者也应选择适合于学习者水平的解释。比如,对一些热力学中的问题,科学家运用分子运动论来解决,而用热力学的定性热流模型解决另一些问题。通过选择适用性和操作性都很强的科学教学目标,可以帮助更多的学生形成综合全面的想法,而不是孤立的构想。

2.2 科学教育的方法

在学生学习科学时为他们提供支架,这是有效教学的一个适宜的发展方向(Resnick 1989)。这种教学方式常借助技术手段来取得有效性。在这种情况下,技术手段成为促进变化的催化剂。技术手段作为一种工具,还要与合理的教育理论结合在一起才能带来真正的希望。

为了形成自己的理解,学生需要有机会深入加工他们的认识,反思自己的认识并且在一个合作的社会环境中讨论这些认识。技术手段常常能帮助教师为学生的精加工和反思提供机会,而且可以使教师从专注于辅导学生中解放出来。

已经出现为帮助学生理解提供支架的各种技术。通过类比在学生直观的想法与更抽象的观点之间架起桥梁就是一个有效的策略。另一个有效的策略是,用技术性工具来动态地展示复杂的观点,并允许学生探索这些模型的各个部分(De Corte et al. 1992)。期望通过批驳学生的想法以使其形成更综合全面的观念,这种策略是无效的。因为学生常常会调整他们的观察结果以印证他们的观点。比如,学生连续观察一个电流环路中的电表,他们就会调整记忆中的仪表读数,以求与他们正在使用的电学模型相吻合。

2.3 教师教育的过程

科学学习的新共识为培养教师提供了一些有效的策略。过去,在新的课程中引入十分全面的教育方案是通过让教师像"学生"那样去体验课程来实现的。然而,这种做法是不够充分的。正如学生一样,教师要将一种情境中的观点转到另一种情境中也会有困难。

评价表明仅有极少数的教师能遵循新的教育方案。大部分教师会把新的教育方案改造为与他们已有的教学观相吻合的课程。比如在以色列,新的物理课程强调实践工作和实验室考察。结果许多教师继续采用"粉笔与谈论"的方法,并在考试前几个月才提供一个"实验室部分"作为备考之用。在培养教师时同样需要运用在科学教学中取得成功的提供支架的教学方式。教师就像学习科学课程的学生一样也在建构知识。教师应当努力理解教学,并通过他们以前的经验来看待新的教育实践。

当科学教育的新目标与课程结合以后会提高对教师的要求。教师需要帮助所有的学生建构自己的理解。这就要求教师要有老练的教育和管理技巧,还要非常精通自己所教的科目。正如芬沙姆所概括的一样,"教师不仅'教科学知识',还要让学习者懂得学习科学知识意味着什么"(Fensham 1988 P. 24)。

3. 结论

对科学教育与科学学习的新共识是在心理学、社会学、教育、物理、生物科学以及认知科学的重要研究基础上取得的。研究者在理解科学教育与科学学习时,也是以这些研究为基础的。通过综合各种研究项目的成果、对经验进行反思以及彼此之间相互支持,研究者将继续形成关于科学教育与科学学习的真知灼见。

M. C. 林恩(M. C. Linn)
B. S. 艾伦(B. S. Eylon) 著
朱 瑾 伍新春 杜 蕾 译

附录

Bar-On E, Scherz Z, Eylon B (eds.) in press *Designing Intelligent Learning Environments.* Ablex, Norwood, New Jersey

De Corte E, Linn M C, Mandl H, Verschaffel L (eds.) 1992 *Computer-based Learning Environments and Problem Solving.* Springer, Berlin

Driver R, Guesne E, Tiberghien A (eds.) 1985 *Children's Ideas in Science.* Open University Press, Philadelphia, Pennsylvania

Eylon B, Linn M C 1988 Learning and instruction: An examination of four research perspectives in science education. *Rev. Educ. Res.* 58(3):251—301

Fensham P (ed.) 1988 *Development and Dilemmas in Science Education.* Falmer, New York

Gentner D, Stevens A L 1983 *Mental Models.* Erlbaum, Hillsdale, New Jersey

LaPointe A E, Mead N A, Phillips G W 1989 *A World of Differences: An International Assessment of Mathematics and Science.* Technical Report No. 19-CAEP-01. Educational Testing Service, Princeton, New Jersey

Larkin J, McDermott J, Simon D P, Simon H A 1980 Expert and novice performance in solving physics problems. *Science* 208(4450):1335—1342

Linn M C 1987 Establishing a research base for science education: Challenges, trends, and recommendations. *J. Res. Sci. Teach.* 24(3):191—216

Linn M C, Songer N B, Lewis E L (eds.) 1991 Students' models and epistemologies of science. *J. Res. Sci. Teach.* 28(9)(special issue)

McDermott L C 1984 Research on conceptual understanding in mechanics. *Physics Today* 37(7):24—32

Pfundt H, Duit R 1991 *Students'alternative frameworks.* Institut für die Pädagogik der Naturwissenschaften, University of Kiel, Kiel

Resnick L (ed.) 1989 *Knowing, Learning, and Instruction: Essays in Honor of Robert Glaser.* Erlbaum, Hillsdale, New Jersey

Rosier M J, Keeves J P (eds.) 1991 *The International Studies in Educational Achievement Study of Science. Vol. 1: Science Education and Curricula in Twenty-three Countries.* Pergamon Press, Oxford.

Salinger G L 1991 The materials of physics instruction. *Physics Today* 44(9):39—45

Tobin K, Kahle J B, Fraser B J (eds.) 1990 *Windows into Science Classrooms: Problems Associated with Higherlevel Cognitive Learning.* Falmer, New York

社会科学的学习与教学(Learning and Instruction of Social Sciences)

本词条总结了对社会科学的认知取向研究。包括两部分,前一部分回顾在历史、经济、政治学方面的研究,而结论部分则讨论这些研究中出现的问题。

1. 历史、经济和政治学领域

1.1 *历史*

关于历史学学习情况的研究是从历史教科书入手的。贝克等人(Beck et al. 1989)对美国小学的历史课本进行了分析。他们总结出使用美国历史课本主要存在三方面的困难:(a)课本常常假设学生已经具有某些知识,而实际上学生并没有这些知识;(b)课本没有明确的内容目标;(c)课本提供的很多解释都不完整。接下来贝克等人(1989)又证明了如果对课本进行相应修改,学生的掌握情况会随之改善。另一个研究是在西班牙的2 000名7年级学生中进行的,这些学生反映社会科学最难学,这说明课本结构的问题也许是普遍存在的(Carretero et al. 1991)。

阿尔当(Hallden 1986)提出,其实对历史的学习很少受到误解和常识的干扰,更大的问题还是在于学生对历史的看法。阿尔当认为,学生需要更好地认识对历史的解释究竟说明了什么。他报告的数据表明,学生往往关注个体的行为和动机,而忽略与事件相关的重要条件。弗里斯(Frisch 1989)研究了对历史人物的学习,研究方法是让学生列出美国历史上的名人。学生所列出的人物中,很多都不是对历史有重要影响的人物,只是具有重要的文化象征性,如第一面美国国旗的制造者——贝特西·罗斯(Betsy Ross)。弗里斯(1989)经观察后认为,学生的历史概念受太多缺乏历史意义的文化因素的影响。不过,这一结论尚需要进一步研究。

卡雷特多等人(Carretero et al. 1991)研究了青少年如何依据历史进行解释。他们的研究显示12岁或14岁的学生难以在事件间建立因果关系,而年龄稍大的学生表现更好一些。不仅如此,高年级的文科学生能比高年级的理科学生提供更充分的因果解释。这个结果说明,对因果的感知能力会因受到不同的专业训练而不同。

学生对历史证据的理解也很少。谢米尔特(Shemilt 1987)在对167名15岁学生的访谈研究中,按理解历史证据能力的高低将学生分为四级,最低的一级是"把证据等同于知识"的人,历史学家称其为"记忆者"。他们因缺乏某些知识而感到迷惑,更糟糕的是在他们看来信息和证据没有区别。第二级的学生了解证据的必要性,虽然他们往往不能区分可信和不可信的证据。第三级的学生能区分证据和信息的不同,并能意识到需要用某种系统的观点来判定证据的构成。历史学家认为这些学生是能经过推理得出结论的人,而不只是发现历史事实的人。最高一级的学生认为历史既是对过去的解释,又是对过去的重建。即使在这一水平上,学生依然倾向于在特定情境的有限背景下分析历史事实,而忽视了更广阔的情境。谢米尔特(1987)提出过多种改进教学的方案,包括要求第一级的学生思考问题的多种答案,以帮助他们超越以往过于简单的想法。同样,他也建议第四级的学生尽量探索背景信息,并选出和判断这些信息提供的相关证据。

赖利(O'Reilly 1991)把学生学习历史的困难放在一个非正式的推理情境中加以研究。这些困难包括不能把结论和前提区分开,不清楚如何组织论据,不能精确地理解和使用术语,以及不能对与民族有关的主张进行评价。此外,赖利还指出,教师不要被所使用的评价工具所约束。

瓦恩布里(Wineburg 1991)通过将高中学生的表现与专家(历史学博士或研究生)进行对比来研究学生关于历史证据的概念。这项任务是评价与来克星顿战役有关的文字和图画材料,这部分内容在历史分析中是很有意义的。瓦恩布里的比较包括确定他们使用三种启发式的程度:一种是确证,即将多份文件进行比较;第二种是探源,即在阅读文件前先查看其出处;三是情境化,即按时间和地点把文件归类。当然,历史学家对启发式的使用最熟练,而两组的主要差异与判断文件的可信度有关。瓦恩布里研究结果中很重要的一点是,专家的优势不只在于他们对历史事件了解更多,还在于他们掌握了一系列相关的启发式研究方法。还有一点启示是,既然历史学家所做的工作和学生所认为的历史间有显著差异,教学应如何帮助学生正确评价历史学家在历史上的作用呢?

有人也研究过高中历史课上教师所提供的解释的本质。莱因哈德特(Leinhardt 1993)把教师的解释分为两种:组块式解释和变化重复式解释。组块式是指独立而完整的解释;变化重复式指不断地重复引用不同历史条件下的概念,就像商人和农民的关系构成了美国历史重复的主题一样。来自76个班级的课堂教学研究数据显示了组块式解释和变化重复式解释怎样出现在不同的情境中,它们又是怎样不同地影响了学习效果。例如,变化重复式教学有助于更好地理解主题。

唐尼和列乌斯蒂克(Downey and Levstik 1991)对有关历史教学的研究进行了总结,包括皮亚杰理论和其他理论的使用情况,这些理论是指导历史教学的基础理论。他们认为把"文化素养"作为标准是非常肤浅的,这只是从表面上来理解概念,对历史教学而言,还需要有更多的研究去发现学生是如何构建历史意义的。

1.2 经济

对经济学习的研究以学生对经济概念的理解程度为中心,如对劳动、货币、生产方式的理解。阿耶洛等人(Ajello et al. 1987)假定,在不同发展阶段上经济学概念的发展包括儿童掌握"社会情景"以及经济、政治、社会构成的心理表征。在工厂、农场、商店工作就构成了这种社会情景。阿耶洛等人通过对三年级学生的课堂干预发现,对学生来说,学习的容易程度与概念的复杂程度呈负相关,比如学生普遍对区分价格和利润这种比较简单的概念感到吃力。另外,他们还认为在学习中,个体对特定环境的熟悉程度不是很重要。

沃斯等人(Voss et al. 1986)研究了成人对经济学概念的理解,研究对象包括受过大学教育和未受过大学教育的人。个体被问及三个概念,即价格变化、利润率和通货膨胀。受过大学教育的个体在使用一定数量的测量、推理和基于内容的表现方面有较好的成绩。不过,在受过和未受过大学经济学教育的个体之间并不存在明显差异。

提高教学的努力涉及发展互动的计算机环境。其中一项研究(Achtenhagen 1991)的被试是在德国商业教育系统就读的研究生,研究先让他们了解某制衣厂的成本与产品的关系,然后要求他们决定需要生产的产品数量,并学会得出结论:一系列的变量如何影响了这个决定。舒特等人(Shute et al. 1989)做过类似的实验,他们呈现给被试者一个假设的社区"史密斯镇",要学生对该社区的经济概念进行学习,然后要他们从一个数据库中寻找信息来解决问题。学生的成绩与他们在解决问题中使用的变量有关。结果发现对变量间关系理解较好的学生和能提出好问题的学生成绩较好。

舒格和沃尔斯塔德(Schug and Walstad 1991)总结了经济学的教学情况,发现总体而言在研究方法方面,已经形成了许多测量经济学知识和对经济学问题的态度的方法。但对于应该教授哪些经济学概念以及如何教的问题仍值得探讨。

1.3 政治学

虽然人们再次对政治的社会化问题产生了兴趣,但对学习政治学的研究仍然很少。目前,一种很有前景的研究方法是来源于大学政治课的一种游戏模式,即让不同小组代表不同的国家,通过计算机(计算机作为一种发展的条件)相互交流。设计者特利·波特(Torney-Purta 1989)认为在这个游戏中,被试者不仅要有知识,还要能正确地认识政治、经济在国家发展中所处的地位。

2. 对研究的讨论

关于学习历史的研究说明学生是像一个叙述者一样去理解历史概念,诸如人物和重要事件,但对历史解释的观点和历史学家工作的了解却很贫乏。我们面临的挑战是如何通过改进课本和教学来让学生更好地理解历史学概念。关于学习经济学的研究表明,儿童难以理解某些经济学概念,但现实生活的经验可以对经济学的学习有所帮助。还有一些数据表明,有些人没有学过经济学,但也掌握了不少经济学概念,这似乎说明这些领域需要重新评估教学目标,还需要增加教学的方法。

这套百科全书的另外一个词条——"非正式的推理",记录了一个研究结果,即在社会科学中的非正式推理水平取决于能力水平,这个结论得到学校研究的支持,但来自其他方面的支持性研究却几乎没有。因此希望学生在历史学习中通过因果推理来获得知识、积累经验的需求十分强烈。

兴趣和动机也值得研究,特别是在一些相关的具体领域中。我们还不太清楚,儿童对某一具体主题(比如第二次世界大战)的兴趣如何影响他对这个主题的学习,以及应该如何帮助对该主题不感兴趣的学生产生兴趣。

J. F. 沃斯(J. F. Voss) 著
管 琳 伍新春 杜 蕾 译

附录

Achtenhagen F 1991 Development of problem-solving skills in natural settings. In: Carretero M, Pope M, Simons R-J, Pozo J I (eds.) 1991 *Learning and Instruction*, Vol. 3. Pergamon Press, New York

Ajello A M, Bombi A S, Pontecorvo C, Zucchermaglio C 1987 Teaching economics in primary school: The concepts of work and profit. *International Journal of Behavioral Development* 10(1):51—70

Beck I L, McKeown M G, Gromoll E W 1989 Learning from social studies texts. *Cognition and Instruction* 6(2):99—158

Carretero M, Asensio M, Pozo J I 1991 Cognitive development, historical time representation and causal explanations in adolescence. In: Carretero M, Pope M, Simons R-J, Pozo J I (eds.) 1991 *Learning and Instruction: European Research in an International Context*, Vol. 3 Pergamon Press, Oxford

Downey M T, Levstik L S 1991 Teaching and learning history. In: Shaver J P (ed.) 1991 *Handbook of Research on Social Studies Teaching and Learning.* Macmillan Inc., New York

Frisch M 1989 American history and the structures of collective memory: A modest exercise in empirical iconography. *Journal of American History* 75(4): 1130—1155

Hallden O 1986 Learning history. *Oxford Rev. Educ.* 12(1):53—66

Leinhardt G 1993 Weaving instructional explanations in history. *Br. J. Educ. Psychol.* 63:46—74

O'Reilly K 1991 Informal reasoning in high-school history. In: Voss J F, Perkins D N, Segal J W (eds.) 1991 *Informal Reasoning and Education.* Erlbaum, Hillsdale, New Jersey

Schug M C, Walstad W B 1991 Teaching and learning economics. In: Shaver J P (ed.) 1991 *Handbook of Research on Social Studies Teaching and Learning.* Macmillan Inc., New York

Shemilt D 1987 Adolescent ideas about evidence and methodology in history. In: Portal C (ed.) 1987 *The History Curriculum for Teachers.* Falmer Press, London

Shute V J, Glaser R, Raghavan K 1989 Inference and discovery in an exploratory laboratory. In: Ackerman P L, Sternberg R J, Glaser R (eds.) 1989 *Learning and Individual Differences.* Freeman, New York

Torney-Purta J 1989 Political cognition and its restructuring in young people. *Hum. Dev.* 32(1):14—23

Voss J F, Blais J, Means M L, Greene T R, Ahwesh E 1986 Informal reasoning and subject matter knowledge in the solving of economics problems by naive and novice individuals. *Cognition and Instruction* 3(4): 269—302

Wineburg S S 1991 Historical problem solving: A study of cognitive processes used in the evaluation of documentary and pictorial evidence. *J. Educ. Psychol.* 83(1):73—87

其他参考文献

Armento B J 1986 Research on teaching social studies. In: Wittrock M C (ed.) 1986 *Handbook of Research on Teaching*, 3rd edn. Macmillan Inc., New York

Beck I L, McKeown M G 1991 Substantive and methodological considerations for productive textbook analysis. In: Shaver J P (ed.) 1991 *Handbook of Research on Social Studies Teaching and Learning.* Macmillan Inc., New York

Leiser D, Roland-Lévy C, Sevón G (eds.) 1990 *Journal of Economic Psychology* 11(4) (special issue on culture and economic socialization)

Torney-Purta J 1991 Cross-national research in social studies. In: Shaver J P (ed.) 1991 *Handbook of Research on Social Studies Teaching and Learning.* Macmillan Inc., New York

视觉艺术和表演艺术的学习与教学 (Learning and Instruction of Visual and Performing Arts)

学生在学校的学习生活中,艺术教学是一个非常重要的方面,因为它培养了儿童对美、文化以及人类生活表现的理解。本词条所涉及的是视觉艺术和表演艺术的教育心理学,其中包括对基本情况的一个简短概括,以及对艺术教学具有持久影响的三大心理学理论体系。在阐述最新的心理学体系时,也吸收了当代艺术教学的研究成果。由于对艺术教学的研究大多数都是关于视觉艺术和音乐的,本词条也将主要关注这些领域,不过,词条中提供的一些信息也同样适用于戏剧和舞蹈教育。尽管本词条将通过案例介绍的方式提到某些课程,但完整地介绍这些课程或课题并不是我们的主要目的。

1. 基本背景

审视艺术教学在过去的发展,我们将会看到心理学研究对这一领域的影响。几千年来,在艺术学习方面所采用的教学方式就是通过训练使学生成为艺术家,以及使学生从门外汉变成熟练的表演者。从19世纪中叶起,艺术教育成为公立学校的必修课,为那些成年以后不一定要成为专业艺术家的人开设。绘画和音乐是两门最早教授的公立学校课程。在19世纪,儿童在学校中通过精确地描摹成人绘制的更复杂的形象来学习绘画。早期艺术教育的目的是为了教儿童掌握从事生产工作所需的技能以及提高纪律性。在这一时期,公立学校开始运用音乐和视觉艺术进行道德教育,并且通过阐释高尚的道德和良好的行为培养儿童的优秀品质(Efland 1990)。

历史上,各国公立学校的艺术教育都有极大的相似性,之所以如此,在一定程度上是因为各国经常互相引进教学观点。例如,英国从德国引进了视觉艺术的教育而后又传入了加拿大、澳大利亚、日本和美国。

尽管许多观点在很多国家都变得趋同,但是,在艺术教学的具体做法和目的上仍然存在文化差异。比如,在美国,来自英国的教学方法被融入到本土的教材中,后来又融合了来自法国、瑞典、日本和其他国家的方法;在日本,来自各国的教学方法同日本传统的书法技巧、教材和哲学结合在一起(Ueno 1989)。

国际上,艺术教学的内容既有相似之处,也有不同之处。一些西欧国家和以英语为母语的国家都重视在公立学校中进行美术训练,很多国家的艺术教育将民间艺术和流行艺术也包括了进来。自20世纪60年代以来,瑞典和荷兰等国在艺术教育中开始关注更广泛的大众媒体(Nordstrom 1988)。

2. 影响艺术教育的心理学体系

自从19世纪末期心理学作为一个专业领域出现以来,就影响到了艺术的教学。这些影响来自心理学对艺术和学习的一些观点及理论体系。这些理论体系所关注的主要是学生发展的不同层面及其在教学中的体现。

对艺术教学具有持久影响的两大心理学体系分别是:临床心理学和发展心理学。第二次世界大战以前,艺术教育从强调生产和工作技能转向了更关注自我表现。教育家们努力将艺术变成是促进心理健康的一种途径。第二次世界大战后,当自我表现的性格成为了民主人格原型的一部分时,在一些国家的公立学校中艺术的临床或治疗作用受到了强化。

艺术能力的发展,以及艺术家的成长模式是我们努力探讨的一个问题。借助这些发展模式,我们可以描绘和预见儿童的艺术行为。在自发的艺术创作中,随着年龄的增长,儿童倾向于从心理活动向图式、再到程式化的表象发展。在小的时候,儿童被教导说不要受任何抑制,在青春期他们努力追求现实主义,然后在更大一些的时候,他们才有更强的能力去做出艺术的决定。

3. 认知心理学和当前的观点

尽管仍旧有着影响力,早期关于艺术教育的心理学观点在20世纪七八十年代晚期开始更新,这种更新是以包含更广泛的社会和认知观念的第三种心理学体系开始影响艺术教育领域为标志的。通过分析与艺术教学有关的制度和环境条件,以及调查艺术知识的符号体系可以揭示出这种发展变化。

由于"个性"不仅是反映自我表现独特性的术语,也是反映发展普遍性的术语,这种对"个性"的重新审视成为导致艺术教育的重点发生变化的原因之一。研究者在评价心理学在艺术教育中的作用时对艺术教育中某些先验性假设进行了反思。例如我们通常认为视觉艺术方面的天赋是与生俱来的,社会或教育对其不会产生太大影响,凭借这种天赋个体就能创造出高度写实的形象。而且,追踪历史上有关艺术天赋的概念就会发现,我们通常认为具有这种天赋的是有特定血统、属于特定社会经济阶层的男孩子(Freedman 1989)。不过,现实主义把艺术天赋等同于技能的陈旧定义已经被调整得更为个性化,现在我们更愿意把艺术天赋看作是对某一种特定的艺术形式表现出兴趣、迷恋和擅长。

描绘艺术家成长阶段的发展模型通常是基于这样的假设:艺术家的成长就像孩子的成熟一样是一种自然显露的过程,但是,随着研究者越来越认识到在艺术家成长过程中社会的促进作用和文化差异,这个假设逐渐得到了修正。例如,我们已经认识到儿童对艺术的学习大多数是自发地对各种大众媒体和流行艺术资源进行模仿(Wilson B and Wilson M 1977)。例如在某些自闭症的案例中,儿童有时会倒退到采用更初级的艺术行为,有时却又能画出超过他们发展水平的图案,这表明他们还不能对其所描绘的事物进行概括和抽象。正常的儿童可能会绘制上下颠倒的图案来减少抽象性而增加真实性。并且,已经有证据表明在不同的文化背景和不同的历史时代下儿童的艺术创作是有差异的。

4. 艺术创作、对艺术的感受和反应

发展研究还探讨了儿童的艺术创作和表现,对艺术的感受和反应。有研究发现艺术行为的几个方面在儿童的身上达到了一致。但是,这个研究中的儿童一般都是来自工业发达国家的中产阶级家庭。影响艺术行为的因素通常具有文化的特异性,即这些因素的影响力通常取决于文化并且不同的文化之间存在差异。这些由文化决定的因素包括:在艺术中表现出来的信仰、较受欢迎的艺术形式以及评判艺术成就的标准。研究者对艺术家成长过程中的生理特性和文化特异性已经有了更深入的了解。

适合不同研究对象的艺术学习方式已经被确立起来。例如,最好在童年早期就开始进行艺术创作和表现。为了帮助儿童发展和区分概念,应该从较小的年纪起就给孩子提供关于基本观念和技巧的正面例证及负面例证。

直到青少年时期,儿童对视觉艺术的典型反应都是先关注形状和色彩,然后才注意到作品的其他方面。进入青春期后,儿童开始更多地关注艺术的风格和表现力。儿童对艺术的学习受到偏好的影响,而且他们更喜欢自己熟悉的视觉艺术风格和音乐。年纪较小的儿童比较喜欢节拍快、节奏感强、容易辨认的悦耳曲调,而且对器乐的兴趣胜过对声乐的兴趣。与高度抽象的视觉艺术相比,他们更喜欢写实的视觉艺术。不过,到小学高年级,儿童就会学习更多风格迥异的视觉艺术和音乐,从而学会更好地欣赏抽象的艺术风格和不熟悉的艺术风格。

对视觉艺术和表现艺术的学习最好是在儿童有足够的时间练习并已获得了不同的(包括几种学习形式)艺术经验时进行。在过去,公立学校中的艺术教育非常强调艺术创作和表现。在这种学习中老师的榜样作用是相当重要的。

不过,在艺术教育中,言语经验也是非常重要的,因为语言能够帮助儿童发展、理解和记忆概念。尽管艺术界对于教授多少数量、多少种类的艺术理论和艺术史还存在争论,但是大家都越来越强调在学校中对艺术作品进行书面的或口头的分析。研究证明人类确实具有多元智能,并且其中一些与知识领域而不是艺术联系紧密的智能类型对艺术的创作、表现和欣赏是很有帮助的(Gardner 1989)。艺术的创作和表现丰富了学生学习的很多方面,例如肌肉运动和对空间感的理解,讨论儿童和成人的艺术将帮助学生以批判的眼光理解艺术不同的美。同时这还有助于我们理解专业艺术团体对于艺术知识的重要性。

K. 弗里德曼(K. Freedman) 著

朱 瑾 伍新春 杜 蕾 译

附录

Efland A 1990 *A History of Art Education: Intellectual and Social Currents in Teaching the Visual Arts.* Teachers College Press, New York

Freedman K 1989 Dilemmas of equity in art eduction: Ideologies of individualism and cultural capital. In: Secada W G (ed.) 1989 *Equity in Education.* Falmer Press, London

Gardner H 1989 Zero-based arts education: An introduction to ARTS PROPEL. *Studies in Art Education* 30:71—83

Nordstrom G Z 1988 Art research in the mid-80s. *Bildiskolan* 59:14—17

Ueno H 1989 The history of art education in Japan. *International Society for Education Through Art News* 3:7—15

Wilson B, Wilson M 1977 An iconoclastic view of the imagery sources of the drawing of young people. *Art Education* 30:5—11

其他参考文献

Dissanayake E 1990 *What is Art For*? University of Washington Press, Seattle, Washington

Eisner E 1982 *Cognition and Curriculum: A Basis for Deading what to Teach.* Longman, New York

Gardner H 1983 *Frames of Mind: The Theory of Multiple Intelligences.* Basic Books, New York

Parsons M J 1987 *How We Understand Art: A Cognitive Development Account of Arsthetic Experience.* Cambridge University Press, New York

Swanwick K 1988 *Music. Mind. and Education.* Routledge, London

写作的学习与教学(Learning and Instruction of Writing)

写作是一个复杂的过程,它植根于复杂的社会关系中。既然写作包含在社会关系中,这就必然要求我们关注更为广阔的文化问题,要求研究者关注教学问题的研究。本词条描述了在理解学习写作过程方面的进展,还概括了可以推动学生获得在写作时有效交流能力的教学方式,最后讨论了写作和思维的关系。

1. 写作过程

在理解作者具体的写作过程时会有各种各样的解释模型。这些模型通常建立在如下假设基础上:首先,写作包括了积极而复杂的问题解决活动;其次,写作包括几个步骤:表达、构思、创作、评价、修改,这些步骤是循环往复的;第三,新手和作家在讨论问题的水平和各步骤的互动程度上都存在差异;最后,为了有效地进行交流,作者会联系写作任务的目的和性质而采取相应的问题解决策略。

贝赖特和斯卡尔达马利亚(Bereiter and Scardamalia 1987)曾经提出有两种不同性质的写作模式。其中"知识讲述性"模式假定作者在进行写作时具体地陈述认识并讨论这些认识,必须讲述出他们所知道的一切。知识讲述策略为新手普遍遇到的问题——在没有日常对话用语的支持下难以生成文章,提供了有效的解决方法。而在"知识转换"模式中,作者在写作过程中要将自己的认识进行转换,也就是说,在写作过程中,作者要积极地对内容进行重新加工。此时,作者可能仍然会使用知识讲述策略,但是在一种反思的背景中使用它,而且,作者正是在这种反思的背景下提出问题并解决问题。两种模式的关键区别就是在真实的写作过程中知识转换模式有利于作者发展自己的认识。

已有大量研究可以增进我们对上述几个写作子过程的理解。例如,弗劳尔等人(Flower et al. 1992)提出了作者所使用的三个构思策略:(a)认识驱动的构思策略;(b)图式或脚本驱动的构思策略;(c)建构性的构思策略。这三种策略可以各自发展或共同发展。认识驱动的构思策略相当于贝赖特和斯卡尔达马利亚的知识讲述性模式,即写作实际上就是作者在讲述他们所知道的一切。尽管长期以来学生和教师都高度赞赏"讲述你所知道的"写作方式,认为人们就自己最熟悉的领域写出的作品是最好的,但事实上几乎没有什么研究能够证明这一观点。当然,按照满足写作目标要求的方式对基本认识进行概念化时,认识驱动的构思策略是最适合的策略,不过我们并不能保证个人的基本认识总是结构良好的,甚至对应于当前任务,个人的基本认识的结构还有可能是失调的。

当作者对写作需要包含的所有要素有充分的认识并有完整的构思时就会使用图式或脚本驱动的构思策略。运用图式来陈述故事和某些辩论式的对话是完全合适的,然而,也有一些说明性的作品很难用图式来展示。

当认识驱动和图式驱动策略都不能满足需要时,有能力的作者就会使用建构性构思。建构性构思有五个构成部分。首先,作者要对其任务构建一个独特而完整的抽象表征(老练的作者通常是依据任务的性质、面对的读者以及写作交流的目的进行积极的、反思性的问题解决)。其次,作者要生成工作目标,对于作者而言,这一目标将会扮演指导者的角色或者是以标准或限制条件的形式出现。工作目标可以是明确的,也可以是模糊的。第三,作者将对构思、目标和认识进行整合。整合过程包括生成子目标、监控进程、探索观念、确定方向以及巩固等。第四,将抽象目标物质化,即将构思转化成真实的文章。在这方面,有经验的作者会使用两种辅助技术:一是代码词汇(指示器),可以用它来整合已经形成的各种认识;二是"如何"进行精加工。最后,在建构性构思中,作者还要解决目标相互矛盾以及文章违背了限制条件等所引发的冲突。

修改可以在上述任何一个过程中进行,包括对文章本身(即对已经成型的文章进行修改)或者对正在构思中的文章进行修改(即对内在的、头脑中的文章进行修改)。而且,修改的可能是作者表征其写作任务的方式、写作的成果或修辞。

尽管不能否认动机在所有的认知表现中都扮演着举足轻重的角色,但实际上我们并不清楚它在写作中有什么作用。有一种说法是让人们自行选择题目将会有利于写作,这大概就是增强动机和兴趣所导致的结果(Englert et al. 1988)。海迪和麦克拉伦(Hidi and McLaren 1990)的研究却表明这个课题并不如此简单。在对6年级学生的试验中,他们发现必须在学生对要写的东西具有详尽的认识以后,兴趣才会发挥驱动作用。

2. 写作技巧的发展

在看待写作技巧的获得时,一定要记住,写作即使对于作家来说也是一件复杂而艰巨的任务。有经验的作者在写作时能够利用一系列的策略,包括运用认识驱动和图式驱动的草稿。一些研究者已经开始关注这些策略的发展。比如,在儿童刚入学时,他们的写作中就包含了很多叙述的特征(Applebee 1978)。到中学时,他们已经掌握了叙述的结构,能够对动机、反应等进行深入阐述。与此相反的是,有明显的证据表明学龄儿童在写作说服和议论性的文章时往往过于简略,缺乏内容并且结构不当。有人认为造成这个问题的部分原因是与学校布置的写作任务通常和学生毫不相干有关,因为有证据表明当学生有机会去写作对于他们来说比较重要的问题时,他们都能显示出一定的议论能力。

对专业作家的研究显示出各种认知策略(比如产生信息、构思和组织材料、评价和修改文章)的重要性。然而,对儿童的研究却表明元认知策略的发展是缓慢的。对专业作家的研究表明评价和修改是写作过程的重要组成部分,因为有经验的作者都注重对文章整体的把握。而没有经验的作者,容易关注"局部"问题,例如语法、句法和词的选择。同样,儿童经常只是进行简单构思,并且只是在词汇水平上对文章进行修改。

发展的另一方面就是理解写作交流的形式和本质之间的关系及其所处的背景。关于儿童在写作中依据不同读者和不同写作目的进行调整的能力我们知之甚少,而且研究者也越来越认识到,即使是比较资深的作家要确定他们所交流群体的需要和期望也面临着挑战。关于写作过程的这种认识基本上是建立在社会建构的知识观之上的,社会建构的知识观要求教育者重新审视学习写作背景下的师生关系,这对教育者是一个巨大的挑战。

关于写作过程的这种认识究竟带给我们哪些启示?

首先,我们必须重新审视课堂对话交流的本质,特别是在当前学校进行的写作并不是为了交流,而是为了评价学生的背景下。但是,只要我们承认写作是儿童成长和肯定自己的方式之一,那么很显然教师就应该为学生利用写作来表达感情、建立人际关系和探索知识提供机会,而不是用正规死板的评价来限制他们的写作。可以通过让学生举办新闻发布会、创办文字刊物来提供这种机会(Nystrand 1990)。

第二,我们已经认识到人们总是生活在一个社会性的背景中,即我们生活在一个对话的社会中,这就要求教师应该更加关注儿童在具体语境中表现出的技巧和语境本身之间的关系。希思(Heath 1983)认为在学校中学习读写不仅教会了学生如何阅读和写作,还灌输给儿童许多习惯和观念,这些习惯和观念反映了他们所处的主流语言文化的目标和偏好。

第三,既然承认对话社会的存在就必然要求我们重视文化问题。正如希思(1983)所阐述的,西方主流文化的成员容易在工作和家中都使用“校园化”的语言。实际上,希思所谓的主流人群就是依靠正规教育系统为孩子参与文化环境作准备的社会成员。另一方面,非主流人群在进入学校时往往带着与校园文化不同甚至与之矛盾的语言文化。

3. 教学的辅助

在努力帮助写作的初学者获得必要的元认知能力方面,朗格尔和阿佩尔比(Langer and Applebee 1986)建议使用所谓的“教学脚手架”。当学习者无法单独完成写作任务时,学习者与能够提供各种支持或者脚手架的有经验的作者相互作用,那么教学脚手架的作用就发生了。然后随着时间的推移,学习者逐渐将写作的惯例、步骤和策略内化最终达到无需帮助就能完成任务。朗格尔和阿佩尔比(1986)提出了有效教学脚手架应当满足的五个标准:第一,在写作中,学生具有自主权;第二,任务必须与学生的现有知识相匹配;第三,教学任务必须能够清晰地支持思考的自然顺序;第四,教师应以一名合作者而非评价者的身份出现;最后,学生应将策略和技能内化。

另外,促进学生掌握元写作技巧的努力还包括在语言艺术课程中应用计算机。例如,被贝赖特和斯卡尔达马利亚(1987)称为“程序辅助”的着眼于构思任务、产生观点和提供信息的各种软件程序或是提供线索和支持以帮助学生开展具体的写作过程。但是,科克伦 - 史密斯(Cochran-Smith)对小学课堂中词汇加工的研究却警告说,尽管对于词汇加工给学生带来的影响,我们已有相当程度的了解,但对于在课堂教学中引入软件的方式及其与教室中社会化过程的相互作用,我们却知之甚少。

4. 写作与认知——为学习而写作

写作至少具有三种教育功能:第一,它能够鼓励学生利用相关知识和经验为新的活动进行准备;第二,它是一种巩固和复习新信息和新经验的方式;第三,它是一种重建和拓宽认识的方式。在知识讲述性写作模式和知识转换性写作模式中,这些过程是有差异的,从而突显出写作与思维的紧密联系。这种分析进一步充实了如下观点,即写作本身是一种建构性的问题解决活动,通过写作学生可以完善认知策略并提高对这些策略的反思意识。

在分析专业作家的知识转换过程时,斯卡尔达马利亚和贝赖特(1991)认为在知识转换中,专家们使用了一分为二的方法来表征在两个问题空间之间发生的一切,这两个问题空间分别是:内容空间,认识和信念的问题在其中解决;修辞空间,表征问题在其中解决(P. 43)。计算机支持的有意义学习环境(CSILE),即整合了写作、演示、阅读和评价过程的网络化超级媒体环境就是支持这种一分为二法的例证。有数据表明当 CSILE 强调的是提升认识而非写作本身时,学生也开始成为更好的作者。

5. 结论

研究提供了明显的证据表明,写作是塑造特定认知模式的核心:它是获得知识的一种途径;是一个人了解自我的一种方式;是个体融入社会群体的一种途径;也是一个不断发展变化的活动。写作异常复杂并且有助于知识的建构,至于它是如何促进知识建构的还未完全为人所知。

A. 希尔加德(A. Hildgard) 著
朱 瑾 伍新春 杜 蕾 译

附录

Applebee A N 1978 *The Child's Concept of Story*:*Ages Two to Seventeen*. University of Chicago Press, Chicago, Illinois

Bereiter C, Scardamalia M 1987 *The Psychology of Written Composition*. Erlbaum, Hillsdale, New Jersey

Cochran-Smith M 1991 Word processing and writing in elementary classrooms: A critical review of related literature. *Rev. Educ. Res.* 61(1):107—155

Englert C S, Stewart S R, Hiebert E H 1988 Young writers' use of textstructure in expository text generation. *J. Educ. Psychol.* 80(2):143—151

Flower L, Schriver K A, Carly L, Haas C, Hayes J R 1992 Planning in writing: The cognition of a constructive process. In: Witle S, Nakadak N, Cherry R (eds.) 1992 *A Rhetoric of Doing.* Illinois University Press, Carbondale, Illinois

Heath S B 1983 *Ways with Words: Language, Life and Work in Communities and Classrooms.* Cambridge University Press, Cambridge

Hidi S, McLaren J 1990 The effect of topic and theme interestingness on the production of school expositions. In: Mandl H, De Corte E, Bennett N, Friedrich H F (eds.) 1990 *Learning and Instruction: European Research in an International Context. Vol 2. 2: Analysis of Complex Skills and Complex Knowledge Domains.* Pergamon Press, Oxford

Langer J A, Applebee A N 1986 Reading and writing instruction: Toward a theory of teaching and learning. *Rev. Res. Educ.* 13:171—194

Nystrand M 1990 Sharing words: The effects of readers on developing writers. *Written Communication* 7(1):3—24

Scardamalia M, Bereiter C 1991 Higher levels of agency for children in Knowledge building: A challenge for the design of new knowledge media. *The Journal of the Learning Sciences* 1(1):37—68

其他参考文献

Bryson M, Bereiter C, Scardamalia M, Joram E 1991 Going beyond the problem as given: Problem solving in expert and novice writers. In: Sternberg R J, Frensch P A (eds.) 1991 *Complex Problem Solving: Principles and Mechanisms.* Erlbaum, Hillsdale, New Jersey

Crowhurst M 1990 The development of persuasive/argumentative writing. In: Beach R, Hynds S (eds.) 1990 *Developing Discourse Practices in Adolescence and Adulthood (Advances in Discourse Processes 31).* Ablex, Norwood, New Jersey

Graves D 1983 *Writing: Teachers and Children at Work.* Heinemann Educational Books, Exeter, New Hampshire

Scardamalia M, Bereiter C, McLean R S, Swallow J, Woodruff 1989 Computer-supported intentional learning environments. *Journal of Educational Computing Research* 5(1):51—68

能力与性向(Abilities and Aptitudes)

在通常的教育实践中,能力和性向两个概念是同义的,都是指个体掌握新知识或技能的潜能。凭借有关个体潜能的信息可以为个体设定合理的成就期望,设计有效的学习环境以及诊断个体可能表现出来的学习困难。

1. 性向、学习和成绩

通常人们认为个体间特定的心理能力是有差异的。一个人可能会表现出过人的语言或口语能力,在解决空间或机械推理问题时却表现较差。而与此相反的能力结构也是常见的。这种个体间的差异吸引了那些对发展理论和性向测验感兴趣的人,也吸引了希望将常规教学成果最优化的教育实践者。遗憾的是目前还没有一种被广泛认同的性向理论。我们还不清楚究竟有多少种特殊的心理能力,也不清楚它们彼此独立的程度。尽管如此,还是有一些测验尝试测量个体在一般及特殊性向上的差异。

性向是与人们在教学情境下学习或成绩的个体差异有关的心理结构。对于一个可接受的口语或空间性向测验来说,它的测验成绩应该也会显示出个体差异,而且这种差异可以预测个体在特定教学情境中的学习能力。

尽管还有争议,性向和成就测验还是被划分开来。尽管两者都可以预测个体从一个项目或课程中获益的能力，但在内容上这两种类型的测验却大不相同。成就测验和性向测验的本质区别在于，前者试图测量个体在给定的教学情境下所获得的作为特定学习成果的能力。与之相反，性向测验则试图测量个体从更广泛的经验中所获得的东西。两者都可以预测个体在特定领域如数学、机械、外语学习中获得新知识或技能的能力。然而在数学等领域，先前的成就能较好地预测随后的学习和成绩。但往往个体先前并未接受过正规的教育，在这种情况下，只有性向测验是可行的。

2. 理论与测验

性向理论已经和心理测量领域的发展趋势紧密地联系在一起。历史上存在两种对立的观点，一种强调一般的心理能力，另一种则强调特殊能力。两种观点的结合出现在诸如卡特尔（Cattell 1971）和弗农（Vernon 1979）所主张的性向和智力的等级理论中。有趣的是所有理论依据的数据在本质上基础都是相同的。它源于一个大样本在大量的特殊心理测验上的分数。然后，计算个体在每个测验上的分数与其他所有测验分数的相关，形成一个大的相关矩阵。矩阵的数值显示了一个测验的个体差异与所有其他测验的个体差异有多大相关。因素分析及其他的多变量分析技术被尝试着用于对矩阵进行数学上的约简。这些多变量分析方式的目标是发现可以解释整个相关模型的潜在因素或性向。

在这个分析框架中，经常会区分一般性向（如语言与数量能力、归纳推理能力及空间能力）和更为特殊的能力（如知觉速度、记忆广度、书写速度和数字流畅性）。与之相同的是，既有一般性的学校性向测验，同时也有范围更广阔的不同性向测验。学校性向测验，通常指一般智力测验，包括比内与韦氏的个体智力测验及大量供集体施测的智力与性向测验。一般学校性向测验强调 G_c 和 G_f，即卡特尔（1971）理论中的晶体智力和流体智力。这类测验与传统的学绩测验相关最高。成套的不同性向测验包含了更广泛的能力。以不同性向测验（DAT）为例，它报告了八个分测验的分数，分别测量了文字推理、数字能力、抽象推理、书写速度和精确性、机械推理、空间关系、拼写以及语言使用等能力。除了成套的多种性向测验，关于音乐、外语学习等特定领域的其他性向测验也已出现。

各种性向测验的最终目标都是为教育及职业规划和指导提供有用信息。人们在某种程度上已经意识到了这一点。例如，研究发现工程师、牙医这类职业的成功与空间性向有显著相关，但建立不同性向与学业成就的相关模型的尝试目前尚未获得成功。1964 年，麦克尼马尔（McNemar）对一些广泛使用的不同性向测验的有效性进行了仔细的分析，结论是：

> 除了数字能力测验对预测学校数学分数有微弱价值以外，可以肯定地说，多重测验在预测学业成就方面的功能尚未被证实……目前说多重测验可以取代学校测验成为更有效的学业成就预测源还为时过早。（McNemar 1964 P. 875）

最近更多的研究再度肯定了麦克尼马尔的结论（Cattell 1978）。

3. 性向与教学

尽管性向与智力的测量总和教学情境联系在一起，但在这种关系背后究竟隐含着什么已经成为理论和实践中的难题。伍德罗（Woodrow 1946）最早证明了尽管学校性向与成就测验的确存在相关，但学业成绩的逐年增长与性向的相关却微乎其微。随后，研究又证明，如果将学绩测验中最容易的项目除去，这些测验得分乃是与所掌握材料的复杂性而不是与掌握的总量显著相关。

心理学家与教育研究者一直在关注测量个体差异的测验与学习变量的关系问题。在很大程度上，克龙巴赫（Cronbach）与格勒塞尔（Gleser）1957 年出版的《心理测验与人事决策》一书及其 1965 年的第二版是这项工作的先驱。这本书提出了一个选择和安置个体接受不同处理的决策理论模型。“处理”一词含义广泛，指个体在教学情境中所被施加的一切。在教育中它指学生被分配的或可以选择的特定课程或教学方法。理论的分析指出，只有当性向与处理显示出交互作用时，性向方面的信息对于修正和选择处理方式才是有用的。这类研究与测验不同性向的研究不同，它的重点在于确定测得的性向与相对固定的课程学习结果间的关系。性向—教学措施交互作用（ATI）研究的重点在于确定性向是否能预测出哪些学习方法可以帮助不同的个体获得相似的教育成果。

克龙巴赫和斯诺（Cronbach and Snow 1977）对ATI研究的许多分支进行了广泛的回顾及分析。他们的结论是，除了很小一部分值得注意以外，ATI效应尚未得到肯定的证实。发现适当交互作用的研究比率较低，并且支持存在这种交互作用的经验证据通常也不是很可信。在那些得出肯定结论的偶然事例中，由于在重复研究和转换到新主题领域的研究中缺乏一致的发现，因此也没有得出普遍的规律。

这样的结论并不是建议标准化测验不适用于ATI研究而应被抛弃，这些努力之所以失败在于缺乏足够的成就测验理论而不在于测验本身。传统的心理测量工具需要依据对相关性向、处理及要学的知识技能所进行的仔细分析。可检验的理论需要描述前测应当测量的能力、完成任务所需的能力及连接两者的处理过程（Snow 1980）。常用的性向结构不是测量个体差异的有效尺度，因为个体差异与个体不同的学习方式有交互作用。这种源自心理测量学中选拔取向的传统测验，似乎与认知及发展心理学研究的学习过程和成就没有联系。而且，许多ATI研究所考察的处理方式并不是通过系统地分析特定教学方式所需的心理过程之后提出的，有关认知过程方面的个体差异也从未被评估过。

4. 认知心理学的方法

1957年，克龙巴赫提出："起源于差异心理学的建构现在已经和实验变量联系在一起。于是人类能力等领域的整个理论图景正在发生改变……把智能心理学与学习心理学整合起来终于有了可能性。"（P. 682）格勒塞尔1972年重申了这一观点，他提出关于"新性向"的研究应该从过程建构的角度解释性向。20世纪70年代中期的研究开始关注如何根据当代人类认知和认知发展理论的结构、过程及知识建构来使性向的个体差异概念化。

在性向研究领域内，有两种常用的研究范式（Pellegrino and Glaser 1979）。认知相关范式希望确定与性向水平存在不同程度相关的信息加工能力。在这类研究中，性向或智力测验被用于分组，并对各组在被先前经验或理论研究定义的具有认知加工特征的实验任务中的表现进行比较。认知成分范式是任务分析性的，试图直接确定测量心理能力的任务中通常会使用的信息加工成分。标准化的性向测验和智力测验的成绩成为理论分析和实证分析的对象，分析的目的是建立有关任务表现的模型，并用这些模型来分析个体差异。两种范式都与流行的人类认知理论有关，并且都试图找到导致心理测验中出现个体差异的心理结构与活动。佩莱格里诺与格拉泽（Pellegrino and Glaser 1979）探讨了每种范式的优点后指出，对测验任务所涉及的知识和成分过程的分析，应围绕建立表现差异与性向测验分数间的联系展开。

5. 对言语能力的分析

对言语性向的过程分析非常强调与所采用的研究方式相关的认知能力。其中最典型的代表是洪特的研究（Hunt 1978），他就言语能力较高组和较低组之间的差异提出了一系列研究问题，并指出这种能力的高低与信息加工系统的结构、过程以及人类信息加工系统的有关参数相关。大量实验指出，相对于低分者，在言语能力测验中得高分的大学生，在需要提取长时记忆信息和需要操作短时记忆信息的任务中表现得更快。洪特及同事总结道：大体上，言语能力测验与个体的语言知识（如词义、句法规则、概念间的语义关系等）直接相关，这些测验也间接评估了更基本的信息加工能力。

洪特认为加工速度之外的一系列复杂的因素可能是导致言语能力出现个体差异的原因。他提出了个体差异的三个来源：知识、与信息无关的机械加工和一般策略。洪特将信息加工的机制分为两部分：自动加工和需要注意参与的控制加工。自动加工过程是稳定的个人特质，从脑损伤者、弱智人群到高言语能力的成人及记忆术专家皆是如此。

与之相反，控制加工过程则不稳定，因此也不适合作为认知成绩的长时预测源。一般策略包括复述策略等认知策略和计划、控制、检验等元认知活动。要更广泛地讨论关于言语能力的个体差异的相关研究，包括关注阅读能力的个体差异的研究都应该参考卡洛尔和马克斯韦尔（Carroll and Maxwell 1979）、佩尔费蒂（Perfetti 1985）的研究。

6. 对空间能力的分析

对于空间性向的过程分析主要采用认知成分范式。这项工作得益于洛曼（Lohman 1979）和麦克吉（McGee 1979）对空间性向的因素分析研究的综述。他们的综述都指出所有主要的因素分析研究都肯定了机械、空间因素不同于其他一般或特殊性向。洛曼（1979）对几个主要研究的数据进行了再次分析，得到两个不同的因素：空间关系和空间想像。空间关系因素似乎与快速准确地完成心理旋转操作的能力有关。空间关系任务可以在基本心理能力测验等测验中找到。空间想像因素来源于相对复杂的无时间限制的测验，通常这类任务要求的操作是移动一个图形刺激的内部结构或展开、折叠平面结构。空间想像任务可在不同的多种性向测验等测验中找到。

空间关系和空间想像任务之间及其内部的表现差异似乎反映了两种互补的维度。一方面是速度—力量维度，空间关系问题比空间想像问题解决得快，并且以前对空间关系的测验形式主要注重速度而后来的测验则兼顾速度和准确性。第二个维度与刺激的复杂性有关。尽管空间关系问题本身复杂性水平不一，但总体上比空间想像问题的刺激复杂性低。

对空间关系任务表现的认知成分分析受到了极大的关注（Pellegrino and Kail 1982）。研究者已检验了在简单心理旋转问题上表现出的性别差异、个体差异和发展水平差异。结果一致表明，对两个不熟悉的刺激的编码和比较速度存在本质上的差异，并且在对内部刺激表象的旋转或转换过程中也存在速度差异。成人在所有这些加工成分上都存在个体差异，这种个体差异也反映了整体的发展趋势。年龄差异分析显示，个体差异最初与编码和比较加工有关，随后旋转加工日渐成为个体差异的重要来源。

一个潜在的个体差异来源是任务执行的策略。空间性向似乎与对不熟悉的视觉刺激建立精确稳定的心理表象，以便随后以最少的信息丢失量完成转换或操作的能力有关。在空间关系和空间想像任务中，编码和比较的速度与技能显著相关。在更复杂的任务中，编码和比较的精确度也与技能显著相关。空间关系与空间想像任务的差异也许反映了在信息加工系统中重视编码过程还是转换过程的差异。这两个因素间的另一个差异可能涉及是单个的转换还是序列的转换，以及在工作记忆结构中协调和控制序列转换的能力。

7. 对归纳推理能力的分析

性向研究的认知成分范式在归纳推理任务中得到了最广泛的运用。斯皮尔曼和其他研究者都指出，归纳推理既是概念的核心，也是智力及学校性向测验的核心。格里诺（Greeno 1978）认为归纳推理任务是人类问题解决的一种主要形式。同样，科学、数学和学校学习也强调归纳思考过程的重要性。

主要的归纳推理任务包括补充系列、分类、类比和填充矩阵等问题。各种类型的内容都可以用来生成单独的字母题、数字题或集合图形题。在任意发展水平的任何一个学校性向测验中都可以找到一个或多个文字或非文字内容的归纳任务。所有的归纳任务都有相同的一般结构，即呈现给个体一系列元素，任务是归纳出元素组合的规律以完成或扩展该结构。例如，对一个字母串 LQAKRCJSEI 进行补充。归纳推理任务的加工模型和理论已经形成并被用于分析归纳推理能力的发展变化和个体差异。

小学儿童的归纳推理能力会在质和量两方面发生变化，质的变化涉及问题解决策略的使用以及对任务要求和限制的理解。量的变化通常指推论、比较、关系评估等加工过程的效率得到提高。从使用了文字、数字、形象、几何刺激的类比和分类任务的研究中可以得出结论，归纳推理能力的发展包括了上述各方面的变化。成熟的归纳推理意味着具备了进行推断的能力、协调的能力以及对构成系统的多重关系和更高级的关系结构进行比较的能力。关注成人加工速度与精确性的个体差异的研究支持以下这个概括化的结论:能力差异主要与加工效率有关。然而在大学被试中速度的差异相对较小,但是仍然显著,同时也存在精确性的差异。对高中生和小学生个体差异的研究表明,与成人一样,他们之间也的确存在速度和精确性的个体差异。不熟练的推理者在协调和比较模式中各元素的多重关系时会较困难。相反,熟练的推理者能巧妙使用元素间的二级和三级关系。差异的主要来源包括在运用问题解决策略以及对问题解决形式限制的基本认识方面的质的差异。

关于归纳推理能力的发展和个体差异的研究表明,不同年龄组的组间和组内差异的来源惊人地相似。年幼儿童感到有困难的加工过程同样也是成人的主要问题所在。处理多种关系的比较和评估过程始终是高推理能力者和低推理能力者之间差异的来源。这个问题在成人和儿童中的表现还有些不同,成人间的差异主要是效率差异。对于儿童来说,只有当比较和评估变得很难时才会出现质的差异。合理的归纳推理似乎正在被广泛的联想推理过程所取代。要更详细地讨论有关归纳推理能力的理论、模型、数据还需要借鉴戈德曼和佩里格里尼的研究(Goldman and Pellegrino 1984)。

8. 发展趋势

当我们把标准化的性向测验作为评价学校学习和工作表现的必要或辅助手段时,就需要通过研究明确应当评估哪些技能,个体有何差异,如何获得这些技能及如何通过教学来影响它们。不同于以往对性向和能力的心理测量学研究,关于性向的认知心理观点为个体在加工过程、策略、知识等方面的差异提供动态的解释,而不仅是对一个假设实体的静态解释。探讨特殊认知能力的个体差异已经成为测量和认知加工训练方面一个新颖且成果丰硕的研究思路(Brown et al. 1992, Detterman and Sternberg 1982)。

对性向的认知性解释也会导致以不同的方式使用已有的测验。这样在测验中将可以区分两种表现水平:一种是个体可以独立达到的测验水平;另一种是个体在帮助下可以达到的测验水平。这种方法对以维果茨基的发展理论为基础的诊断测验来说是非常重要的(Lidz 1988)。因此,性向测验不再只是为个体的学习能力提供一个固定的分数,独立完成任务的水平会成为个体认知资源的例证,而在帮助下完成任务的水平会为诊断个体的学习潜力提供信息,并且两者的差异会成为教学的关注点。

总之,认知与发展研究中形成的对性向和能力的认识为人们从动态过程和知识结构的角度确定心理能力个体差异的成分提供了可能。研究者正从问题解决、语言发展及理解、思维、记忆、想像、知识表征的智力成分的角度,来分析性向测验所要求的各种简单和复杂的行为以及在学生获得学术知识和工作技能过程中的辅助因素。这些努力将为理解、测评和发展心理能力提供目前还缺乏的理论依据。

J. W. 佩莱格里诺(J. W. Pellegrino) 著
朱 瑾 伍新春 杜 蕾 译

附录

Ackerman P L 1987 Individual differences in skill learning: An integration of psychometric and information processing perspectives. *Psychol. Bull.* 102(1): 3—27

Brown A L, Campione J C, Webber L S, McGilly K 1992 Interactive learning environments: A new look at assessment and instruction. In: Gifford B R, O'Connor M C (eds.) 1992 *Changing Assessments: Alternative Views of Aptitude, Achievement and Instruction.* Kluwer, Boston, Massachusetts

Carroll J B 1978 On the theory-practice interface in the measurement of intellectual abilities. In: Suppes P (ed.) 1978 *Impact of Research on Education: Some Case Studies.* National Academy of Education, Washington, DC

Carroll J B, Maxwell S E 1979 Individual differences in cognitive abilities. *Annu. Rev. Psychol.* 30: 603—640

Cattell R B 1971 *Abilites: Their Structure, Growth and Action.* Houghton Mifflin, Boston, Massachusetts

Cronbach L J 1957 The two disciplines of scientific psychology. *Am. Psychol.* 12:671—684

Cronbach L J, Gleser C C 1957 *Psychological Tests and Personnel Decisions.* University of Illinois Press, Urbana, Illinois

Cronbach L J, Snow R E 1977 *Aptitudes and Instructional Methods: A Handbbook for Research on Interactions.* Irvington, New Yrok

Detterman D K, Sternberg R J 1982 *How and How Much Can Intelligence be Increased.* Ablex, Norwood, New Jersey

Glaser R 1972 Individuals and learning: The new aptitudes. *Educ. Res.* 1:5—13

Goldman S R, Pellegrino J W 1984 Deductions about induction: Analyses of developmental and individual differences. In: Sternberg R J (ed.) 1984 *Advances in the Psychology of Human Intelligence*, Vol. 2. Erlbaum, Hillsdale, New Jersey

Greeno J G 1978 Natures of problem-solving abilities. In: Estes W K (ed.) 1978 *Handbook of Learning and Cognitive Process.* Erlbaum, Hillsdale, New Jersey

Hunt E 1978 Mechanics of verbal ability. *Psychol. Rev.* 85(2):109—130

Lidz D (ed.) 1988 *Dynamic Assessment: Foundations and Fundamentals.* Guilford Press, New York

Lohman D F 1979 Spatial ability: A review and reanalysis of the correlational literature (Technical Report No. 8). Aptitude Research Project, School of Education, Stanford University, Stanford, California

McGee M G 1979 Human spatial abilities: Psychometric studies and environmental, genetic, hormonal, and neurological influences. *Psychol. Bull.* 86(5):889—918

McNemar Q 1964 Lost: Our intelligence? Why? *Am. Psychol.* 19:871—882

Pellegrino J W 1985 Inductive reasoning ability. In: Sternberg R J (ed.) 1985 *Human Abilities: An Information Processing Approach.* W H Freeman, New York

Pellegrino J W, Glaser R 1979 Cognitive correlates and components in the analysis of individual differences. *Intelligence* 3(3):187—214

Pellegrino J W, Kail R V 1982 Process analyses of spatial aptitude. In: Sternberg R J (ed.) 1982 *Advances in the Psychology of Human Intelligence*, Vol. 1. Erlbaum, Hillsdale, New Jersey

Perfetti C A 1985 *Reading Ability.* Oxford University Press, New York

Spearman C E 1923 *The Nature of Intelligence and the Principles of Cognition.* Macmillan, London

Snow R E 1980 Aptitude and achievement. *New Directions in Testing and Measurement* 5:39—59

Vernon P E 1979 *The Structure of Human Abilities*, 2nd edn. Greenwood, Westport, Connecticut

Vygotsky L S 1978 *Mind in Society.* Harvard University Press, Cambridge, Massachusetts

Woodrow H 1946 The ability to learn. *Psychol. Rev.* 53:147—158

其他参考文献

Carroll J B 1993 *Human Cognitive Abilities.* Cambridge University Press, New York

认知风格与学习(Cognitive Styles and Learning)

认知风格通常被定义为知觉、记忆、思维与解决问题的特征模式,它反映的信息加工规则的产生方式与潜在的个性趋势相一致。从个体在组织和加工信息经验的方式方面稳定的差异中可以推测出一个人的认知风格。

把认知风格描述为符合自我同一的规则,暗示着在某种程度上认知风格具有整体性和渗透性。当然,认知风格的渗透性,不只是由于个体同一感贯穿在各个领域的活动中,例如思考和人际互动中,而且还由于这种同一感也贯穿整个广泛领域。比如,场独立的认知风格和场依存的认知风格反映了个体是个人取向还是社会取向的:场独立的人是以分析性、自我参照和非个人倾向为特征的，场依存性的人是以整体性、社会敏感性、人际关系取向为特征的（Witkin and Goodenough 1981）。

1. 历史根源

有观点认为不同的人有不同的个性特征，这种特征对个体的认知和行为表现模式会产生不同的影响，这种观点可以追溯到古代对气质和体格的分类。它与20世纪早期在欧洲兴起的类型观念有着更紧密的联系，荣格提出的外向—内向类型和理智—感情类型的观点就是一个例证。

更近期一点，有三个主要的研究传统推动了认知风格研究。第一个研究传统是差异心理学，尤其是对知觉和智力任务表现的因素分析，比如瑟斯通和卡特尔的研究，他们在因素分析中发现了与场独立性相似的维度。实际上，正是瑟斯通（Thurston 1944 P. 6）第一次对认知风格进行了简洁明白的阐述：在实验中被试自发调节知觉判断的倾向在一定程度上反映了他作为一个人的特征参数。

第二个研究传统是心理分析的自我心理学，它认为认知风格是在自我适应环境过程中对变量的组织和调整（Gardner et al. 1959）。在自我心理学的研究中，瑟斯通的“知觉倾向”最初被概括为“认知倾向”，然后又被概括为“认知控制”，以反映个体应对认知环境要求的适应调整机制。而更为概括的术语“认知风格”既强调控制机能也强调组织机能，最早使用这个术语的正是加德纳（Gardner 1953）。

第三个研究传统是认知实验心理学，它强调信息加工的规则。在认知心理学中，格式塔流派关注认知的形式，这种观点具有相当的影响力，它使认知风格的研究者比如威特金把个体在知觉和思考方式或形式上的同一性看作是重要的心理现象。

长期以来，人们用大量既有差异又有重叠的方式对认知风格进行了描述（Messick 1984）。正如我们所看到的，有的方式把认知风格看作是自我同一的认知特征模式。有的方式则把认知风格看作是个体认知体系结构特性的差异，比如差异的程度、辨别度或清晰度以及认知单元的等级综合度，这些共同构成了复杂或简单的认知风格（Messick 1976）。有的观点认为风格是个体内部稳定的能力或认知控制的对比，比如辐合思维与发散思维的对比（Hudson 1986）。有的观点把认知风格定义为对刺激世界进行概念化和组织的不同方式的持久偏好以及所偏爱或习惯的决策策略，或者是对处理不同形式信息的偏好（或熟练度）。最后还有一个观点，把认识风格看作是潜在个性结构在认知上的体现。

由于各种特征是相互重叠的而不是相互排斥的，根据实证研究和理论推导在抵制一些特征而强调另一些特征的过程中，衍生出了一个认知风格的核心定义。这个核心定义是在对比了认知风格与智力能力及认知策略以后得到的最佳描述，突出了认知风格、智力能力及认知策略对学习的不同启示。

2. 认知风格对能力与策略

智力能力反映了认知的内容和水平（“什么”与“多少”的问题），而认知风格指认知的方式和模式（“如何”的问题）。而且，能力是单极的并具有单向的价值（即能力有高低之分，高水平能力总是比低水平能力更为可取，也更有适应性），而认知风格通常是双向的，并且各具价值（即一个风格维度的每一极都有不同的适应性含义）。在涵盖范围的广度和应用的渗透性上认知风格也与能力不同。大体上说，一项能力是与一个特定领域的内容或功能相对应的，比如言语、数字或空间能力以及流畅性和记忆力。相比较而言，认知风格则贯穿于能力、个性、人际互动等领域。

认知策略反映了个体根据工作要求和环境制约从不同的途径中做出有意识的决策，相反，个体在对信息加工过程有相似要求的各种情况下，不加考虑或选择而自发应用的就是认知风格。认知风格往往稳定且相对来说遍布各种领域，与风格比起来，认知策略更容易通过指导和训练而改变。人们不仅可以学习使用各种与其认知风格一致的解决问题和学习的策略，而且经过努力，还可以学会面对特定任务从使用不适当的策略转向使用更有效的策略。

认知风格的双极性、普遍性和价值差异是其核心的理想化特性。在实证研究中正是这些特性在不同程度上的变化组合形成了不同的认知风格(Kogan 1983, Messick 1984)。一些认知风格究竟是具有单向的价值还是存在价值差异,这一问题也存在争议。尤其是,尽管具有场依存性的人可能如威特金所说的那样是人际倾向的,但是很少有证据表明这种倾向可以转化为人际能力。

更为普遍的是,人们可能认为那些显示特定认知风格具有适用于各种环境的普遍性的证据以及具有价值差异的证据是靠不住的,而且也是错综复杂的。之所以会这样认为,是因为是否匹配的关键不在于认知风格与任务之间而是在于认知风格与我们所知觉到的任务之间,而任务目标以及相应的最佳策略是因人因时在不断变化的。这提出了认知风格和学习任务相匹配的问题或者说认知风格与环境相匹配以实现学习中需要风格灵活的问题,我们将在第五部分讨论学习风格的灵活性。

3. 认知风格和信息加工过程

除了场独立—场依存和认知复杂性—简单性之外,对学习具有启示意义的其他认知风格还包括:

(a)沉思对冲动,倾向于权衡各种可能的解决方法假说还是倾向于对似乎合理的答案做出迅速反应。

(b)集中扫描对分散扫描,或者说快速聚焦式扫描对广泛聚焦式扫描,该维度反映了个体在注意力集中的广度和强度上的差异。

(c)广义分类对狭义分类,反映了在建立特定种类的可接受范围(也指“类别宽度”或“同等范围”)时,是一贯偏好宽泛的涵盖还是与之相对的严格剔除。

(d)概念化风格,个体在使用特定种类的刺激物的特性和关系作为形成概念的基础时所具有的一贯特性,比如是偏好利用刺激物中主题或职能关系(即主题—关系性概念化风格),还是偏好分析描述性特征(即分析—描述性概念化风格)或者偏好对成员等级资格的推理(即分类—推理性概念化风格)。

(e)同等化对深入化,即偏向于对记忆和知觉中刺激物的差异进行最小化还是扩大化。

(f)辐合对发散,个人相对依赖于辐合式思维(即关注符合逻辑的结论和唯一正确或通常最好的成果),还是依赖于发散式思维(即关注相关成果的种类、数量和新颖度)。

参看科根(Kogan 1983)和梅西克(Messick 1976, 1984)的研究,可以获得对认知风格更深入的描述和说明。他们对场独立与场依存、沉思与冲动的认知风格进行了最广泛的研究,并且对此还继续保持着浓厚的研究兴趣(Bertini et al. 1986, Globerson and Zelniker 1989, Wapner and Demick 1991)。

这些各式各样的认知风格可以用很多方法将它们彼此区别开来,但是最关键的区别就在于要将风格与信息加工或问题解决的投入—产出顺序的不同阶段联系起来。比如集中扫描和分散扫描与信息搜寻有关,广义和狭义分类以及概念化风格则与信息的编码有关,同等化和深入化与记忆的存储和检索有关,认知的复杂性和简单性与问题的表征有关,场独立和场依存与问题的构建和重构有关,辐合和发散思维则与提出假说有关,沉思和冲动与策略的选择和决策有关。但是这种联系绝不是一对一的,因为某些认知风格对信息加工过程有多方面的影响。比如,扫描的强度与广度既会影响对外部刺激环境的信息搜寻,也会对记忆、意义及知识等内部环境的信息搜寻产生影响。

4. 学习风格和教学倾向

尽管学习风格被认为是在学习和研究中表现出来的认知风格和个性特征,但是人们已确认许多学习风格与学习任务的联系比起与潜在个性结构的联系更为紧密(Schareck 1988)。具体而言,不同的研究项目已经描绘出了三种主要的学习风格或倾向。在恩特威斯尔的研究中(Entwistle 1981),这三种学习风格分别被称为“意义”倾向、“再现”倾向和“成就”倾向。它们分别代表着个人对理解、记忆和获得高分的追求。具有“意义”倾向的学生受到内部动机激励,具有“再现”倾向的学生受到害怕失败的外部动机激励,而那些具有“成就”倾向的学生则受到渴望成功的外部动机激励。比格斯在其研究中(Biggs 1987)也提出了与之类似的三个维度，分别是“内化”方式、“实用”方式和“成就”方式。

在帕斯卡（Pask 1976）的相关研究中，学生被要求努力学习基本原则和程序以便教导他人，在这些学生身上展现出了两种学习策略和相关的学习风格。一种策略被称为“整体加工者”，在使用这种策略的过程中，个体显示出理解学习的一贯风格。追求理解的学习者采用了一种整体任务的方法，注意广泛的范围，运用类比和例证，并往往在填充细节之前构建好全面的概念。相反的学习策略被称为“序列加工者”，相关的风格是操作学习。操作性学习者采用线性工作方法，并将注意力集中到操作的细节和序列化的程序上。能灵活运用两种策略的学生被称为“万能的”学习者。

马尔通也提出过类似的划分（Marton and Säljö 1976），他强调用一种结论倾向的深度加工方法来学习，反对描述倾向的浅表加工方法。在结论倾向的学习中，学生的目的是理解材料，因而采用深度加工的方法，以把争论和证据联系起来，把观点和个人经历联系起来。在描述倾向的学习中，学生的目的是记忆材料，因而采用浅表加工方法，关注的是不连续的事实并靠死记硬背来学习彼此孤立的知识。

按照比格斯（1987）、恩特威斯尔（1981）和帕斯卡（1976）的观点，具有“意义”或“内化”倾向的个体往往会采用深度加工的方法或“整体加工者”策略，或者二者兼有；具有“再现”或“实用”倾向的个体往往会采用浅表加工的方法或者“序列加工者”策略，或者二者兼有；具有“成就”倾向的个体会运用任何一种可以获得高分的方法，如果“再现”可以获得高分，就采取浅表加工。然而，比格斯反对第二个观点，他认为具有“成就”倾向的学生在本应加强深度加工的条件下也能进行浅表处理。

尽管学习风格很明显地反映出个体在学习方式上的一致性，不过恩特威斯尔更愿意用倾向这个词来指代这种风格偏好的一致性。这种用法正好突出了他对于学习风格同一性的信念，即学习风格的同一性在很大程度上受到学生对环境认知的影响，并且受到动机的调节。

5. 最理想的学习和匹配问题

不断积累的研究证据表明，至少有一些认知风格对“学生如何学”、“教师如何教”、“学生和教师如何互动”、“如何进行教育和职业选择”这些问题产生了不同的影响。比如，在认知风格上类似的教师和学生比没有相似之处的师生往往带有更多的相互赞赏去看待对方。他们往往也能更有效地交流，似乎他们处于同样的波长中。

因此了解学生的认知风格可能为调整教学呈现方式与教学结构的性质和程度，以适合学习者的风格特性提供了一个基础。学生的风格和教学模式应该互相匹配，从而可以发展、弥补或利用学生风格使学科学习最佳化。此外，出于教育的目的，还应该故意让学生面对与他们认知风格不一致的教学要求，从而可以刺激他们的发展和灵活性。

因此，如何维持对学习者的特征进行匹配的教学策略与失配策略的相对价值始终需要保持适当的张力。当教育目标是迅速提高学科成绩时，匹配策略是有帮助的，但当目标是促进学生的灵活性和创造性思维时，就需要失配策略。这种平衡正是匹配问题的实质，匹配问题的一方面是学生风格，而另一方面是教学方法、教学材料和学习条件。

在这种联系中，由于一种认知风格维度的每一种倾向在不同情况中具有特定的适应价值，所以应当特别关注尽可能地有效利用两极特征中的积极特征——正如帕斯卡（1976）的“万能”学习者，他们将理解学习和操作学习结合了起来，又如赫德森（Hudson 1968）的“全面者”或智能的“变化者”，他们把辐合和发散思维结合起来，以及拉米雷斯和卡斯塔涅达（Ramírez and Castaüeda 1974）所支持的场独立和场依存二者的“双向认知”发展。基于这种考虑，恩特威斯尔强调了系统地变化学习条件的优点，即可以培养互补的思维模式。这表明发展和促进思维模式的灵活性是一个重要的教育目标，这可以在某种程度上减少习惯思维或风格化思维的约束和定势。

S. 梅西克（S. Messick） 著

朱 瑾 伍新春 杜 蕾 译

附录

Bertini M, Pizzamiglio L, Wapner S 1986 *Field Dependence in Psychological Theory, Research, and Application.* Erlbaum, Hillsdale, New Jersey

Biggs J B 1987 *Student Approaches to Learning and Studying.* Australian Council for Educational Research, Hawthorn

Entwistle N 1981 *Styles of Learning and Teaching: An Integrated Outline of Educational Psychology for Students, Teachers, and Lecturers.* Wiley, New York

Gardner R W 1953 Cognitive styles in categorizing behavior. *J. Pers.* 22:214—233

Gardner R W, Holzman P S, Klein G S, Linton H B, Spence D 1959 Cognitive control: A study of individual consistencies in cognitive behavior. *Psychol. Iss.* 1(4): 1—186

Globerson T, Zelniker T (eds.) 1989 *Cognitive Style and Cognitive Development.* Ablex, Norwood, New Jersey

Hudson L 1968 *Contrary Imaginations: A Psychological Study of the English Schoolboy.* Penguin, Harmondsworth

Kogan N 1983 Stylistic variation in childhood and adolescence: Creativity, metaphor, and cognitive style. In: Mussen P H, Flavell J H, Markman E M (eds.) 1983 *Handbook of Child Psychology. Vol. 3: Cognitive Development.* Wiley, New York

Marton F, Säljö R 1976 On qualitative differences in learning: I, Outcome and Processes. *Br. J. Educ. Psychol.* 46(1):4—11

Messick S 1976 Personality consistencies in cognition and creativity. In: Messick S (ed.) 1976 *Individuality in Learning: Implications of Cognitive Styles and Creativity for Human Development.* Jossey-Bass, San Francisco, California

Messick S 1984 The nature of cognitive styles: Problems and promise in educational practice. *Educ. Psychol.* 19(2):59—74

Pask G 1976 Styles and Strategies of learning. *Br. J. Educ. Psychol.* 46(2):128—148

Ramírez M, Castaüeda A 1974 *Cultural Democracy, Bicognitive Development, and Education.* Academic Press, New York

Schmeck R R (ed.) 1988 *Learning Strategies and Learning Styles.* Plenum, New York

Thurstone L L 1944 *A Factorial Study of Perception.* University of Chicago Press, Chicago, Illinois

Wapner S, Demick J 1991 *Field Dependence-Independence: Cognitive Style Across the Life Span.* Erlbaum, Hillsdale, New Jersey

Witkin H A, Goodenough D R 1981 *Cognitive Styles: Essence and Origins – Field Dependence and Field Independence.* International Universities Press, New York

个体差异和教学(Individual Differences and Instruction)

学生的个体差异是摆在教育者面前普遍而意义重大的问题。在老师刚开始教授一个新内容时，不管是什么年龄或什么文化背景的学生，他们都会在各种智力和心理活动能力上表现出差异，在已经具有的常识和专业知识上也会存在差异，甚至在学习过程中表现出兴趣、动机和思维风格方面的差异。接着，这些差异又直接和学生在学习过程方面的差异相关联。这种关联其实反映了学生学习的倾向性，即学生已经做好了从特定的教学条件中获益的准备。教育理论家和实践者早就意识到这种关联，并希望根据个体差异调整教学，以减少该关联的影响。但在大多数地方，多数情况下教学活动基本上是固定不变的。学生必须适应这样一个系统。无论我们选择什么教学系统，都总会有些人学得多，有些人学得少，而有些人什么都学不到甚至被淘汰。

教学研究的中心问题之一就是对学习中个体差异的来源、发展、延伸及表现有更清楚的了解，从而为帮助教育朝着有利于所有学生发展的方向提供改进建议。心理学在教育中的最初应用——心理测验技术——就是由此目标激发产生的。在这方面，能力测验依然是最成功的、最有影响力的测验,尽管它受到的争议和批评也是最多的。但遗憾的是,这些争议不仅抹杀了正确使用及解释心理测验的价值和对其进行深入研究的重要性,还抹杀了心理学在测量和洞察其他重要的个体差异方面的贡献,而这些个体差异在教育中恰恰十分重要。

本词条总结了对学生个体差异的已有认识,强调在教学中要从本质上理解、管理并合理利用这些差异,并指出了该领域中需要进一步研究的问题。不过,本词条不涉及测验技术,也不涉及对测验技术和教育中其他许多个体差异的测量问题的争论。

1. 个体差异结构的分类

个体差异心理学是一个内涵广泛、门类繁多的领域,在不同的情境中使用一系列的方法来讨论不同的问题。克龙巴赫(Cronbach 1957)把它比作像神圣罗马帝国那样是一个结构松散的网络——各部分都有自己的亚文化,部分间相距甚远,少有联系。差异心理学家研究智力、各种各样的特殊能力和天赋、创造力、学习风格和策略、认知、动机、兴趣、价值系统、态度和人类所有的正常的或异常的人格特征。他们还研究生理、感知觉、身体运动技能、生物学和生物化学等变量。性别、种族、社会经济地位等造成的差异也是研究的焦点。此外,那些在不同年龄、文化、各类脑损伤、专家与新手等之间进行对比研究的心理学家,虽然他们并不称自己为"差异心理学家",但是他们仍然为个体差异心理学做出了贡献。

要想收集到所有与教学有关的可辨别的个体差异变量,需要对多种途径的资料进行积累、总结(Anastasi 1958; Carroll 1993; Cattell 1971; Cronbach and Snow 1977; Eysenck H J and Eysenck M W 1985; Flammer 1975; Guilford 1959, 1967; Jäger 1984; Meili 1981; Pervin and Lewis 1978)。据记载,个体差异结构有数百个之多。但该范畴中有的问题需要区分出来进行专门的讨论,如发展障碍、学生的特殊表演天赋和教育成就评价,本书将在其他部分讨论这些问题。而本套百科全书的其他许多词条也会涉及个体差异的内容。

本词条收入的是对教育研究和发展最重要的个体差异类别,它们是认知能力、已有知识、学习策略和风格、成就动机、意志和兴趣。在这些类别中会顺带介绍其他一些相关的差异,而且后面还有一个总的类别对其他的差异结构做简要介绍,这些结构新旧皆有,还有待进一步评价和研究。最后本词条讨论了为了推动教学的改进,应该如何正确理解这些差异。

无论是为了表明个体的预备状态对个体及将来成就的重要性,还是从理论的角度来说,我们都可以简略地把所有与教学有关的个体差异结构称为能力倾向(Snow 1992)。教育就是一个发展能力倾向的方案,它关心的基本问题是人类为将来的生活状态所做的准备。因此,最重要的教育改进应该是,从一开始就为个体不同的能力倾向提供适宜的教学,并在整个教育过程中使能力倾向得到发展和超越(Corno and Snow 1986)。

2. 认知能力和前知识

2.1 能力因素的一种分类

任何科学研究都是从分类开始的,因此20世纪的许多研究都试图依据已有的多种认知测量的相关性对人类能力进行分类。目前的研究以及用现代方法对旧数据的重新分析得出了一致的结果(Carroll 1993, Gustafsson 1984)。在这类研究中出现的可区分的能力因素按顺序分布在三个层次水平上。

一般智力(G因素)在最顶层(第三级),表明这种中心能力与所有认知测验的表现有关。在第二级中有三个很明确的因素,它们都直接从属于一般智力因素,它们分别是:流体智力(G_f,即分析推理能力)、晶体智力(G_c,即一般教育成就)和一般视知觉(G_v,反映了认知任务中利用物体—空间表象的能力)。第二级的智力因素还包括概括观念的产生(G_i)、提取和连贯,这些能力因素与创造性智力联系最紧密。另外还有三个第二级的智力因素分别是听知觉、记忆和速度,因为对这三个因素的研究较少,所以对其在教学中的作用也了解得很少,但它们不应该被忽视。每个二级因素下面是其子因素(即一级因素)的名称。如在G_c因素下面的基本因素是言语理解、词汇知识、语法意识等;在G_v因素下面可以区分出空间关系、视觉化和闭合性等因素。G_f 因素则包括归纳和演绎推理。也有证据表明 G 因素、G_f 因素和瑟斯通的基本归纳能力在层级模型中是同一个因素（Gustafsson 1984）。这里就不再对一级因素进行更深入的讨论了（Carroll 1993）。

2.2 能力与学习的关系

研究结果表明主要能力和学业成绩间存在多种联系。人们发现 G 因素和 G_c 往往和情境式教学条件下的学习成绩有很高的相关。不同的学科要求不同能力的参与，即使是同一科目，在不同的学习阶段所需的能力组合也会发生变化。如在数学学习的早期，需要视知觉分辨能力和记忆操作的参与。当教学强调解释与问题解决时，就需要推理能力、言语理解和词汇知识的参与。许多学校学习都需要 G_f 因素和 G_c 因素的参与。特别是当学习任务和教学方式是以先前教学为基础时，则晶体能力和先前知识就将跟能力倾向一样重要。但究竟是一般化的晶体知识还是特定的先前知识是主导因素，这个问题一直都在讨论中。一些研究试图改进对先前知识的评估，并要确定究竟在什么条件下一般能力倾向与特殊能力倾向，谁比谁重要（Dochy 1992，Schneider and Weinert 1990）。很明显，特定教学材料的新颖或熟悉度会受学科差异和学生个体差异的影响。新颖材料似乎更需要一般知识和推理。视觉空间能力在空间推理、选择材料、问题和教学方式所需要的与视觉表象有关的其他操作上都会发挥作用。视觉空间能力与艺术、建筑、牙科学和技术课程（木工、机械、机器设计）等有关联。这种能力是否与数学（如几何）或自然科学的问题解决有关，取决于待解决的问题和老师、学生的策略，但一般情况下都很少有高相关。值得注意的是看起来像空间图像的任务不一定需要空间能力的参与。

教学方式的差异同样可以调节认知测量与成绩的关系。确凿的证据表明，当教学结构严密紧凑、课程被划分为一系列简单的单元、教师或教学条件对所有活动都严密控制并提供频繁的反馈时，能力稍差的学生反而学得更好。在传统教学或结构性没有那么强的教学中，学生需要通过自己的独立活动来完善教学时，能力稍差的学生就不可能取得那么好的成绩，发现学习就是典型的例子。相反，能力较强的学生在这种情境中就会表现出色，而在结构十分严谨的课堂上反而没有特别大的收获（Snow 1982，Snow and Lohman 1984）。新颖的材料对能力强的学生是一种挑战，而对能力差的学生却是负担。但遗憾的是大多数研究并没有根据这个变量清楚地区分出学习与教学的不同阶段，也没有表明能力与学习的关系是如何随着学习经验的变化而变化的。能力倾向的差异需要在特定教学情境中，与教学的结构、内容的新颖性和其他学习任务变量结合起来，进行跨时间和跨熟悉度的研究。

将能力的一般测量结果作为能力倾向的指标，与教育成就有高相关，并且越是在一些特殊的教学情境中（比如新颖的、非结构性的、不完整的情境）这种相关越高。其他许多的能力结构也在不同学科和教学方法上表现出不同的有效性。究竟是什么引起了各种能力倾向与教学处理的交互作用？因为各种情境中有太多精细的变量，所以很难确定（Cronbach and Snow 1977，Snow 1977）。不过我们已经清楚地看到，要全面评价教学效果就应当考虑到学习者认知倾向的差异。

2.3 能力的发展

虽然遗传因素会影响能力发展，但我们决不能就此认为上述的各种能力就是固定不变的。能力的发展与能力水平之间的差异是学习者在受教育前和受教育中经验累积和专门化的产物（Anastasi 1970）。通过对教养性质的分析，关于一般智力发展的研究已经取得实质性进展。但关于特殊能力的发展条件和促进其发展的途径还不是很清楚。为解决这个问题，需要将差异、发展和教学三方面结合起来研究（Case and Edelstein 1993）。下面举两个研究项目作为例子。其中一个研究（Demetriou and Efklides 1987）是考察在不同的学习活动及学习兴趣（Undheim and Gustafsson 1989）、在培训的直接效果及迁移效果（Gustafsson et al. 1989）以及不同领域的教育成就（Balke-Aurell 1982，Gustafsson and Balke-Aurell 1989）等方面表现出的能力差异的纵向发展规律。结论虽然很复杂，但支持了弗格森的理论（Ferguson 1954，1956），即随着学习的专门化以及迁移,不同能力的发展会出现分化。在这里把 G 因素作为认知加工复杂性的反映,这个观点与其他理论是一致的(Snow and Lohman 1984)。另一个研究是对一组入学新生的认知、动机、社会性发展和个体差异的纵向研究(Weinert and Schneider 1991)。研究者最感兴趣的是,在特定教学情境中能力倾向、知识和策略这三者的交互作用(Schneider and Weinert 1990)。

流体能力与晶体能力的发展存在差异,言语能力和空间能力的发展也存在差异。G_c 因素随着正规的受教育经历以及对有组织的知识、技能、加工策略的转换而发展,而 G_f 因素则更多地被认为是在对不熟悉的自然环境的适应过程中发展的。另一个理论认为,人的 G_f 因素先发展起来,然后该因素参与到正规教学中,从而产生了 G_c 因素(Horn 1978)。晶体化的言语能力因教育中重视言语而发展得更好,而空间能力则因教学中包含了更多技术性的内容而得到促进(Balke-Aurell 1982)。一般来说,我们对视觉—空间能力的发展知道得比较少,有假设认为过早注重言语能力,会使视觉—空间能力的发展受到抑制。

人们试图直接通过教学来促进能力的发展,这些努力的结果有成功也有失败,但让人看到希望。许多干预都对能力发展有积极作用。有的一开始表现出促进作用,但后来就消失了;有的对 G_c 因素有积极作用,但对 G_f 因素有消极作用(Detterman and Sternberg 1982,Snow 1982);有些早期的或集中的干预取得了巨大的成功(Feuerstein 1979,McKay et al. 1978);另一些则凭借对与任务表现有关的连续思维、推理技能和策略的细致分析而取得了成功(Baron and Sternberg 1987,Campion et al. 1985,Nickerson et al. 1985,Resnick 1987,Segal et al. 1985)。有些直接针对 G_f 技能的训练也取得了成功(Budoff 1987;Campione and Brown 1987,1990;DeLeeuw et al. 1987;Feuerstein et al. 1987;Klauer 1990)。而且看起来 G_v 技能同样是可以训练的(Ben-Chaim 1988,Lajore 1986)。口语和阅读能力也一样(Calfee 1982,Frederiksen and Warren 1987,Perfetti 1985)。

2.4 内容与过程分析

认知心理学提供了分析能力差异的新方法,便于为每种任务的信息加工过程建立更具体的模型。还有利于建立一个新的能力理论,可以区分成分过程、元认知技能与策略、知识结构、与个体表现有关的各个成分的序列,从而为个体能力的差异提供新的解释。

最初研究关注的焦点是那些常用来表征能力因素的任务,其中很多因素现在已经得到研究。研究结果提供了推理和问题解决能力、数学和空间能力以及第二语言的学习能力等各种过程模型(Sternberg 1985a,1985b)。并且,基于过程的更全面的认知能力层级理论越来越得到承认。这就推动了相应研究的进展。首先,通过分析个体在能力测验中的表现为改进测验方式提供了建议。因为传统的认知测验中用于诊断目的的并不多。其次,如前所述,对序列加工过程的诊断性研究促进了对能力进行直接训练的新尝试。第三,研究可以追踪这些序列加工过程、技能和策略在学习特定科目时所起的作用。在遇到复杂的认知活动时,学生在加工策略的选择和调整上会出现差异,研究的关键就是要搞清楚这个加工过程与学科、学科知识以及教学情境的交互作用。最后,因为发展性研究能够跨年龄地追踪各种能力的成分过程的出现,所以可以对能力的发展过程进行描述(Lohman 1989,Snow and Swanson 1992,Ackerman 1989,Kyllonen and Christal 1990,Frederiksen et al. 1990,Lidz 1987,Snow and Lohman 1989)。

在分析特定学科的个体差异方面,做得最好的是数学,其次自然科学方面的研究也越来越好。迈耶(Mayer 1985)指出在数学问题解决中,个体在与问题表征、转换和图式确立有关的知识上都会表现出差异,在设计解决方法方面会表现出策略差异,在解决过程中运算的自动化程度也是不同的。雷斯尼克和奥曼森(Resnick and Omanson 1987)总结了算术认识方面的研究,发现这方面的研究强调了对定理的反思、发明与程序自动化间有交互作用。迪·柯特和费斯哈费尔(De Corte and Verschaffel 1987)确定了很多在一年级学生身上就已显现出来的技能元素和策略。格尔曼和格里诺(Gelman and

Greeno 1989)对学前儿童的数学能力进行了研究，发现儿童刚接受数学教学时已经具有了一些内隐的数学原理。因此，虽然人们认为每个人的数学能力最初都像是白板，需要训练来培养，但一些孩子在学前已经明显对数数、数字和序列有了直观的概念。这种原理性的知识将调整儿童的选择性注意，使他们从一开始就更有创造性，而不只是接受被灌输的知识。事实上这些早期的原理能帮助一些学习者拟定计划(包括新颖的计划)并监控计划的成功实施，并在这些原理的基础上形成新的意义和原理结构，从而可以在更广泛的新任务中进行迁移。有些初学者则没有这样的基础。对数学初始状态的评估要能探察出个体对这些原理的理解程度。新的教学内容应该与原有的原理存在有意义的联系，如果没有，就要想办法建立有意义的联系。这种评估和教学不仅关心学生已经知道什么，还关注学生在陌生情境中能学到什么，能创造什么。当然，找出这种情境中的知觉技能与空间思维技能也是很重要的(Leushina 1991，Yakimanskaya 1991)。

3. 学习的策略和风格

3.1 学习的策略

能力与知识的差异在学习策略和知识结构的差异中会有鲜明的体现。因此，当借助直接训练用有效策略取代了无效策略，就有望消除某些深层次的不利因素，或至少是其不良影响。目前关于学习策略，人们已经提出了好几十种构想，反映了学习或探究过程中复述、精加工、组织化、监控和动机性活动等多种活动。有一些构想强调整体规划、启发式学习或记忆术；有一些则涉及在阅读和听力中运用线索的组织化策略；还有一些看重元认知加工，强调学习过程中的理解监控、假设产生和检验。这些构想的主要区别在于，不同的个体策略是否带来了学习中的深度加工(Marton et al. 1984，Entwistke 1987，Ferguson-Hessler and Dejong 1990)。可能加工深度才是关系到能力与知识，以及许多表层策略的差异的核心构想。

3.2 策略的发展

策略可以进行直接的传授或训练，虽然有的训练有情境性或特殊性。当学生刚习得的策略与原有的自动化策略有冲突时(至少是暂时冲突)，训练反倒会导致混乱。洛曼(Lohman 1986)用一个有关技能习得的理论来解释干扰的产生，并预言如果训练忽视 G_f 因素和 G_c 因素的特殊作用，训练将会失败。

设计训练必须先比照有效的学习者对不良学习策略进行详细的分析，以便逐渐使学习者的表现更加有效(Case and Bereiter 1984)。学习者在脚手架、指导性线索和示范的帮助下，模仿表现更好的学习者的策略并将其内化(Campione and Brown 1990)。如果学得好，学习者将建立自己的多重策略和技能，并且能灵活适应各种教学环境和要求。研究表明，有的学习者可以形成多重策略并在使用中适当变换(Kyllonen et al. 1984；Ohlsson 1984a，1984b)。策略转变的灵活性是能力提高的最好证明，而缺乏弹性的策略或随机选择策略都说明能力还不够。关于代数学习策略的研究(Siegler and Campbell 1990)进一步说明，在决定策略使用的个体差异中答题的信心是关键。

3.3 风格

当策略的差异深深植根于学习者个性的差异时，可以把策略的差异看作是泛化的学习风格或认知风格(Schmeck 1988)。一些风格可以反映出个性和能力间重要的相互作用。有的则反映了不同学科领域中认知结构化的差异，如帕斯卡和斯科特(Pask and Scott 1972)将知识的组织风格分为整体风格和系列风格。虽然人们通常偏好其中的一种，不过物理和数学等领域所需要的似乎是系列风格，而在历史领域更适合整体风格。

有关风格的构想及相关的评估工具繁多且散乱(Keefe 1987，Schmeck 1988)，它假设习惯、偏好以及传统的个性和能力结构都是风格的一部分。在20世纪90年代，我们还没有足够的证据去判断这些测量方法的有效性，也不能判断这些方法是否能有效地指导教学使之适合于个体。关于这些问题还需要继续进行深入研究(Tiedeman 1989)。

4. 成就动机、意志和兴趣

风格这一变量一进入能力倾向的研究，就自然而然地把意志、情感等类别复杂的个体差异也引入进来,后者包括与学习有关的多种需要、动机、目标和兴趣。但关于这些变量与教学的关系却很少研究,认识也有限。这里我们只能对少数重要的结果进行总结。

有人尝试将不同的动机、意志和学习的认知能力结合在一起进行研究,以探寻适宜的教学方法。在这方面,列佩尔等人(Lepper et al. 1988)以及坎费尔和阿克曼(Kanfer and Ackerman 1989)的研究是很著名的。列佩尔用内部动机和外部动机来概括许多相互矛盾的学习取向,并设计了提高学习内部动机的原则。一个很有意思的发现是,专家型教师可以灵活巧妙地运用这些原则,同时还能维护学生自己的控制感。坎费尔和阿克曼提出的能力与动机交互作用模型所关注的是注意资源的容量差异问题。结果表明,在获得技能的初级阶段,动机干预会把注意力吸引到自律活动上,从而妨碍学习;在后期,同样的干预反而会促进学习。20 世纪 90 年代早期,多数研究都关心如何改进测量学习中认知与动机相互作用的测验工具。

4.1 焦虑和成就动机

考试焦虑是研究得最多的动机倾向,它和 G 因素一样,与教学处理有重要的交互作用。结构良好的教学方法适合高焦虑的学生,而结构开放的教学方法则适合低焦虑的学生。当然,其中也有能力和焦虑的交互作用(Snow 1989)。现在,人们仍在继续研究焦虑影响下的信息加工模型、焦虑的产生发展、直接干预以改善焦虑水平等问题。

但兰德等人(Rand et al. 1989)指出,考试焦虑(或失败恐惧)只是传统的成就动机理论的一部分,还应该把它和成功需要、能力测量结合在一起研究。朗斯(Lens 1983)的研究结果是,成功需要和焦虑水平都与成绩有线性相关,因此只有两种需要都处于中等水平才有利于学习,其中任何一种水平太高或太低都不利。朗斯和德克罗因尼尔(Lens and DeCruyenaere 1991)也发现成就动机、焦虑、内部动机、归因和价值期望等不同指标与老师评定的学业动机等级的相关都是相似的。但是,伯尔克茨(Boekaerts 1987)指出这种泛化的测量是不妥的,它忽视了一些重要的情境差异和任务差异。

目标取向和对未来的态度也各自存在着显著的差异,范·卡拉斯特等人(Van Calster et al. 1987)发现交互作用显示了学习动机和成就动机取决于对未来目标的态度和对实现目标的方法的感知。德韦克和莱格特(Dweck and Leggett 1988)发现对能力发展概念的不同理解会影响学习的动机取向。"掌握取向"的学生相信能力会随着学习而提高,因此他们促使自己向提高能力的方向发展;而"表现取向"的学生认为能力是固定的,于是他们促使自己赢得老师的好评。表现性目标取向会限制学生的学业成就,特别是对自我知觉能力较差的学生而言。

4.2 兴趣

能力倾向和任务特征等因素与兴趣这个因素密切相关。在学习中,有时兴趣差异的影响与能力差异的影响是相对抗的。由兴趣引发的学习(Hidi 1990,Renninger et al. 1992)和由外部动机引发的学习(Nenniger 1987)相比,二者的认知过程有着本质差别。被试对特定学科的独特兴趣影响着学习,因此力求详细分析这些兴趣的类别和水平的研究对改进教学是至关重要的。

4.3 自我效能和努力程度

有关能力的自我概念会影响学习活动、策略的选择、努力程度和短期成绩,自我效能感的这些差异对努力程度造成的影响甚至会持续半年之久(Maclver et al. 1991)。其他一些研究表明,对能力的自我概念、努力程度和成绩有长期相关(Boekaerts 1988)。应该将自我概念和自我效能的结构、努力、元认知策略结合起来研究。学习中的元认知策略反映出有意性或随意性,而随意学习又要求意志努力的参与(Salomon and Globerson 1987)。努力程度差异的最极端的表现就是病态地回避努力(Rollett 1987)。

4.4 自律和行为控制

自律也是一种行为控制,但这类行为控制包含了有目的的努力和坚持的意志结构。一些学生表现出状态取向,即只注意眼前事物或事件,不能专注于指向某个目标的连续性工作。与之相对的是行动取向,个体的注意力始终放在目标与行动的关系上。行动取向的学生运用控制策略,保护其目标—行动序列免受干扰,这些学生会坚持学习,除非遇到困难和偶尔分心(Kuhl 1990, Corno 1986, McCombs and Whisler 1989, Simons and Beukhof 1987)。

4.5 独立型成就和遵从型成就

另一种结构是将同样具有成就动机但方式不同的两种人进行对比。一种人经由独立而获取成就,他们称自己为自给自足的成熟的学习者,而另一类是遵从型的,其特点是有责任心、有组织性、在乎他人的期望。当教学结构性较强、目标和过程带有强制性时,遵从型学生成绩更好;当教学结构性较差时,独立型学生能自我驱动,成绩更好(Snow 1977)。

5. 其他的个体差异

下面将对许多其他的个体差异变量进行简要介绍。在许多特殊的教学环境中,多项个体差异会形成独特的组合。虽然教学主要与上述的各项能力倾向有关,但其他的差异也会通过高层次的交互作用发挥影响。因此在学习中,个性化的内涵相当丰富,值得用系统、协调的方法来研究。这些值得关注的个体差异变量包括:与教学环境知觉有关的学习者的自我概念,人际交往风格和社交能力,头脑中对自然、社会的认识或错误观念的性质特征,以及和这些认识或教育条件直接相关的态度、气质、情感等。

6. 教学研究、发展和评估

在对教学以及改进教学的研究中,有关个体差异的信息用途广泛。这里考虑的主要是个别差异在录取学生、调整教学系统、调整个别教师和进行一般的教学评估等方面的作用。

6.1 学生的录取和进一步安置

能力测验可预测学生将来可能的学业成绩,因此常常结合着其他信息被用于录取学生以接受更高的教育。这种做法得到了可靠证据的支持,实际上它也确实减少了失败率,使教育机构和个体均从中受益。特别是当教育资源短缺或昂贵,或者原有分数不足以进行可靠预测时,能力测验分数对录取就尤为重要。但如果只用能力分数或原有成绩决定录取,则可能忽略了学生需要通过高一级教育来发展天赋和个性的事实。因此,关于学生个体差异的研究对于后续的教育究竟应当发挥什么作用还颇有争议,目前还没有研究探讨哪些变量的差异对学校环境(包括中小学和大学)中的学习是有利的。

能力测验也用于鉴别有特殊能力的学生。例如,有人就曾利用测量鉴别出有杰出数学能力的高中生(Stanley 1978, 1983)。现有许多大学也用特殊测验来决定高级课程的设置,这有利于教学系统促进个体目标的实现。

6.2 教学系统的调整

对教学进行研究、改进和评估的最重要的目的还在于帮助所有学生实现共同目标,也就是使教学系统适应学生的个体差异。目前研究者已经对教师和教学系统如何适应个体差异做了很多研究,有的研究细致到对每分钟的分析,也有的研究以教学单元时间、月或年为单位进行。最简单的研究是先设想一个理想的系统,然后再对该系统中某些具体的教学设计和教师调整进行检验。

要让全部学生都达到共同目标,适应性教学系统必须包括两种教学方法:第一种,为需要通过针对性训练进行矫正的学生提供直接帮助,以提高其能力,为后面的常规教学作准备。另一种方法是大力发展学生目前的优势能力,控制劣势能力的恶化,这种设计也能达到和第一种一样的效果。要不断进行阶段性测验来决定是否要交替使用这两种设计。对这两种教学方式的设计和评估要以学生的特殊需要为依据(Glaser 1977)。

例如,有的学生最初的阅读理解技能很差,他们一方面可以接受直接的阅读技能训练,同时又可以大力发展数学、自然科学等无需太多阅读技能的学科能力,或者老师还可以采用替代法,即用静态的图表、图片材料来取代复杂的语言材料,以充分发展、利用其视觉—空间能力。类似的,高焦虑的学生可以接受直接的帮助以降低焦虑,同时在最小压力情境中接受结构清晰紧凑、鼓励性的教学方式。虽然不可能让所有需要帮助的个体都得到所有可能的特殊帮助,但在最重要的问题上应该做好调整。有的方法可能适用于多种类型的学生,如结构性强的教学方式适用于晶体能力差的学生,也适用于低独立性或高焦虑的学生,反之则适合采用结构性不强的教学方式。同时,要根据学生学习的进展情况决定保留还是改变教学方式。

目前有一些教学系统包含着这样一些理想的成分，比如“适应性学习环境模型”、“个别指导教育”、“掌握学习”和“与需求一致的学习方案”（Corno and Snow 1986）。这些系统有各自的教学进度、材料和活动。虽然它们都还没有达到理想水平，还没有对一些主要的能力倾向进行完善的评价，但有证据证明，它们可以作为其他适应性教学的起始形式，以增加对学习中个体差异的具体了解。将来的研究将更紧密地结合直接训练和替代教学等方式进行更具体的分析，特别是在能力、焦虑、成就动机和学科兴趣等方面。

新的适应性教学设计和能力倾向评价旨在使教学研究更深入、更具有诊断性。一些新系统使用了基于计算机的智能辅导——根据前一阶段的学习情况调整后面的教学行为。还有一种方式则是需要教师在教学的同时测量学习的差异，这种方式包含着层次线索清晰且有迁移性的任务。到目前为止，还不清楚这些评价和适应性方法对它们本身教学系统以外的能力倾向的影响（Frederiksen et al. 1990，Glaser and Bassok 1989，Snow and Swanson 1992）。

6.3 教师个体的适应

教师对课堂活动的选择、对阅读材料的选择以及对不同学生的处理手段的选择，都是为了适应个体差异而根据学生特点做出的调整。可以通过正式评估来了解学生的特点，不过优秀的教师通常凭借课堂内外的观察就可以了解学生的兴趣、优缺点、思维风格和知识基础。有的教师会使用各种课堂活动来发现学生的优势和劣势，有的教师则会求助于学生学习风格问卷等。评估能力倾向的形式很多，只是有的不够标准化和系统化。教师可以根据测量的结果选择或重新设计教学方式，帮助学生发挥优势，克服不利因素。

教学研究发现了会影响普通学生学习结果的教师决定和行为，却很少有人研究那些适合学生个体差异特征的教学风格。有的研究通过影响教师的期望程度来控制教师风格和学生特点的匹配程度（Brophy and Evertson 1981）。胡梅尔－罗西（Hummel-Rossi 1981）研究了教师在不同能力、焦虑程度的学生中成功使用的自发—随意的授课风格和指导—监控风格。对不同能力的学生，教师会使用不同的方法来调整重复和辅导时间（Fisher and Berliner 1985）。有人还对辅导中有效的适应性互动进行了研究（Snow and Swanson 1992）。科尔的研究（Cole 1985）展示了在多元文化的班级中适应性教学的例子，提出学生在校外文化中已经形成的说话风格可以引入到课堂阅读和讨论中；应该建立起照顾到文化差异的课堂参与规则；应该借助儿童母语的口语能力来学习第二语言。

6.4 教学评估

除了帮助设计适应个体差异的教学方式外，差异评估方法可以检验已经存在的教育行为是否恰当，是否有合适的代替方法。这方面最经典的例子就是能力分组。

在中学甚至小学教育中，人们通常都用测验分数、等级或老师的观察来代表学生的能力，再根据能力把学生分成能力相近的小组或给予不同的教学处理。但是，除非所有的学生有均等的机会达到共同的教学目标，否则这种方法就是不合理的。虽然这样分组是为了让教学更适应不同的能力水平，但是为了迁就低能力组而放慢速度、降低目标，这样被分配到低能力组的学生反而会因为学习的机会减少而成绩下降（Peterson et al. 1984）。

学校根据能力进行的分轨制教学比班内分组带来更多的问题。在教学过程中，教师可以根据观察到的学生差异（如兴趣、焦虑、能力）帮助学生创建小组或改变小组。但如果根据能力的划分组成同质的学校或班级，那么同质性将给整个团体造成长期的不利影响。现在的高中普遍采用基于职业选择的能力分轨制。如果教学和指导不会过早排斥那些还有待发展的能力和兴趣，那么进行基于职业兴趣的分类是没有问题的。但如果对较低能力组的学生统一要求低水平的目标，这种分类就不恰当。在这个问题上一直都存在争议。也有研究表明，在小学和中学阶段，能力分组和分轨制并没有什么影响。斯莱文的研究发现高水平组的学生并没有比异质班级高分段的学生学得更多，低水平组学生也没有比异质班级低分段的学生学得更少。这个结论与文献的记录相悖。一般在低水平组中教学质量较低,学生被分到低水平组中,其动机和自尊心的下降会影响能力,这都不利于学习。遗憾的是,绝大多数对能力分组的研究还没有考虑到不同组中教学的性质这个因素,而且对结果的评估也没有考虑学生最初的能力差异(Cronbach and Snow 1977)。

对合作学习的研究提供了一些正确利用能力分组的方法。韦布(Webb 1982)证明了借助能力信息建立系统的异质性小组,会对能力强和能力弱的学生都有帮助,特别是当他们在一起学习,能力强的学生充当指导者,而能力弱的学生又愿意提问时,这种双向促进将很明显。另外,一些小组中的同伴合作学习和跨年级的辅导形式也有效,尽管还未对其中的个体差异进行充分评估。探讨学生能力倾向与班级中教师分组行为的交互作用的研究还将继续,未来的研究将使不适应的情况变成有效适应(Snow and Swanson 1992)。

7. 总结

我们在这里尝试进行的广泛回顾,很难用只言片语进行概括。对个体差异的研究已经为教学的改进做出了重要贡献,而且还将继续做出更重要的贡献。要想将来的研究取得更大的进展,研究者需要整合各种重要的个体差异,并将适应性教育系统的设计与教师培训计划和诊断评估方案紧密地结合起来。在本词条中,我们列举了很多例子来证明这种结合带来的重要研究结论与进展。

个体差异的研究对设计和实行特定的教学过程很重要,但最重大的贡献还在于进一步丰富了人类差异性概念的内涵。因为这个概念的存在,教育者会注意评价自己的工作。某些步骤对某些学生是不适宜的,而另一些步骤对另一些学生则是适宜的,认识到这两点很重要。这段概括中隐含着一个思想,即能力差异是人与环境交互作用的产物,这种产物有暂时的,也有长期的,因此它们与特定的条件相联系。能力倾向不是隐藏在个体内部的一系列独立、固定、永恒的特质,相反,它们会结合在一起表现出来,瑕瑜互见。教育者如果掌握了这种观点,他就可以洞察人与环境交互作用中的成与败,而不是单独考虑人的因素,或单独操纵教学条件。如果能充分地表达、研究和应用这个观点,该观点本身就是一个有关个体差异的教育理论、研究和实践的好范式。

R. E. 斯诺(R. E. Snow) 著

管 琳 伍新春 杜 蕾 译

附录

Ackerman P 1989 Individual differences and skill acquisition. In: Ackerman P L, Sternberg R J, Glaser R (eds.) 1989 *Learning and Individual Differences.* Freeman, New York

Anastasi P 1958 *Differential Psychology.* Macmillan, New York

Anastasi P 1970 On the formation of psychological traits. *Am. Psychol.* 25:899—910

Balke-Aurell G 1982 *Changes in Ability as Related to Educational and Occupational Experience.* Acta Universitatis Gothoburgensis, Goteborg

Baron J, Sternberg R J 1987 *Teaching Thinking Skills.* Freeman, New York

Ben-Chaim D, Homang R T, Lappan G 1988 The effect of instruction on spatial visualization skills of middle school boys and girls. *Am. Educ. Res. J.* 25(1):51—71

Boekaerts M 1987 Situation-specific judgments of a learning task versus overall measures of motivational orientation. In: De Corte E, Lodewijks H, Parmentier R, Span P (eds.) 1987 *Learning and Instruction. European Research in an International Context*, Vol. 1. Pergamon Press, Oxford

Boekaerts M 1988 Emotion, motivation, and learning. *Int. J. Educ. Res.* 12(3):227—345

Brophy J E, Everston C M 1981 *Student Characteristics and Teaching.* Longman, New York

Budoff M 1987 The validity of learning potential assessment. In: Lidz C D (ed.) 1987

Calfee R C 1982 Cognitive models of reading: Implications for assessment and treatment of reading disability. In: Malatesha R N, Aaron P G (eds.) 1982 *Reading Disorders: Varieties and Treatments.* Academic Press, New York

Campione J C, Brown A L 1987 Linking dynamic assessment with school achievement. In: Lidz C S (ed.) 1987

Campione J C, Brown A L 1990 Guided learning and transfer: Implications for approaches to assessment. In: Frederiksen N, Glaser R, Lesgold A, Shafto M (eds.) 1990

Carroll J B 1993 *Human Cognitive Abilities*. Cambridge University Press, Cambridge

Case R, Bereiter C 1984 From behaviorism to cognitive behaviorism to cognitive development: Steps in the evolution of instructional design. *Instructional Science* 13:141—158

Case R, Edelstein W 1993 the new structuralism in cognitive development In: Case R (ed.) 1993 *Contributions to Human Development*, Vol. 23. Karger, Basel

Cattell R B 1971 *Abilities: Their Structure, Growth and Action*. Houghton Mifflin, Boston, Massachusetts

Chipman S F, Segal J W, Glaser R (eds.) 1985 *Thinking and Learning Skills*, Vol. 2. Erlbaum, Hillsdale, New Jersey

Cole M 1985 Mind as a cultural achievement: Implications for I Q testing. In: Eisner E (ed.) 1985 *Learning and Teaching the Ways of Knowing*. National Society for the Study of Education, Chicago, Illinois

Corno L 1986 The metacognitive control components of self-regulated learning. *Contemp. Educ. Psychol.* 11 (4):333—346

Corno L, Snow R E 1986 Adapting teaching to individual differences among learners. In: Wittrock M C (ed.) 1986 *Handbook of Research on Teaching*. Macmillan, New York

Cronbach L J 1957 The two disciplines of scientific psychology. *Am. Psychol.* 12:671—684

Cronbach L J, Snow R E 1977 *Aptitudes and Instructional Methods: A Handbook for Research on Interactions*. Irvington, New York

De Corte E, Verschaffel L 1987 Children's problem-solving skills and processes with respect to elementary arithmetic word problems. In: De Corte E, Lodewijks H, Parmentier R, Span P (eds.) 1987 *Learning and Instruction. European Research in an International Context*, Vol. 1. Pergamon Press, Oxford

DeLeeuw L, Van Daalen H, Beishuizen J J 1987 Problemsolving and individual differences: Adaptation to and assessment of student characteristics by computer-based instruction. In: De Corte E, Lodewijks H, Parmentier R, Span P (eds.) *European Research in an International Context*, Vol. 1. Pergamon Press, Oxford

Demetriou A, Efklides A 1987 Towards a determination of the dimensions and domains of individual differences in cognitive development. In: De Corte E, Lodewijks H, Parmentier R, Span P (eds.) 1987 *Learning and Instruction. European Research in an International context*, vol. 1. Pergamon Press, Oxford

Detterman D K, Sternberg R J (eds.) 1982 *How and How Much Can Intelligence Be Increased*. Ablex, Norwood, New Jersey

Dochy F R C 1992 *Assessment of Prior Knowledge as a Determinant for Future Learning*. Uitgeverij Lemma B V, Utrecht

Dweck C S, Leggett E L 1988 A social-cognitive approach to motivation and personality *Psychol. Rev.* 95 (2):256—273

Entwistle N 1987 Explaining individual differences in school learning. In: De Corte E, Lodewijks H, Parmentier R, Span P (eds.) 1987 *Learning and Instruction: European Research in an International Context*, Vol. 1. Pergamon Press, Oxford

Eysenck H J, Eysenck M W 1985 *Personality and Individual Differences: A Natural Science Approach*. Plenum Press, New York

Ferguson G A 1954 On learning and human ability. *Canadian Journal of Psychology* 8:95—112

Ferguson G A 1956 On transfer and the abilities of man. *Canadian Journal of Psychology* 10:121—131

Ferguson-Hessler M G M, deJong T 1990 Studying physics texts: Differences in study processes between good and poor performers. *Cognition and Instruction* 7 (1):41—54

Feuerstein R 1979 *The Dynamic Assessment of Retar-*

ded Performers: The Learning Potential Assessment Device, Theory, Instruments, and Techniques. University Park Press, Baltimore, Maryland

Feuerstein R, Rand Y, Jensen M R, Kaniel S, Tzuriel D 1987 Prerequisites for assessment of learning potential: The LPAD model. In: Lidz C S (ed.) 1987

Fisher C W, Berliner D C (eds.) 1985 *Perspectives on Instructional Time.* Longman, New York

Flammer A 1975 *Individual Unterschiede im Lernen.* Beltz Verlag, Weinheim

Frederiksen J R, Warren B M 1987 A cognitive framework for developing expertise in reading. In: Glaser R (ed.) 1987 *Advances in Instructional Psychology*, Vol. 3. Erlbaum, Hillsdale, New Jersey

Frederiksen N, Glaser R, Lesgold A, Shafto M 1990 *Diagnostic Monitoring of Skill and Knowledge Acquisition.* Erlbaum, Hillsdale, New Jersey

Gelman R, Greeno J G 1989 On the nature of competence: Principles for understanding in a domain. In: Resnick L B (ed.) 1989 *Knowing, Learning, and Instruction: Essays in Honor of Robert Glaser.* Erlbaum, Hillsdale, New Jersey

Glaser R 1977 *Adaptive Education: Individual Diversity and Learning.* Holt, Rinehart and Winston, New York

Glaser R, Bassok M 1989 Learning theory and the study of instruction. *Annu. Rev. Psychol.* 40: 631—666

Guilford J P 1959 *Personality.* McGraw-Hill, New York

Guilford J P 1967 *The Nature of Human Intelligence.* McGraw-Hill, New York

Gustafsson J E 1984 A unifying model for the structure of intellectual abilities. *Intelligence* 8: 179—203

Gustafsson J-E, Balke-Aurell G 1989 General and special abilities in the prediction of school achievement. (Unpublished manuscript, University of Goteborg)

Gustafsson J-E, Demetriou A, Efklides A 1989 Organization of cognitive abilities: Training effects. Paper presented at the European Association for Research on Learning and Instruction, Madrid

Hidi S 1990 Interest and its contribution as a mental resource for learning. *Rev. Educ. Res.* 60: 549—571

Horn J L 1978 Human ability systems. In: Baltes P B (ed.) 1978 *Lifespan Development and Behavior*, Vol. 1. Academic Press, New York

Hummel-Rossi B 1981 Aptitudes as predictors of achievement moderated by teacher effect. *Measuring Human Abilities: New Directions for Testing and Measurement.* 12: 59—86

Jäger A O 1984 Intelligenzstrukturforschung: Konkurrierende Modelle, neue Entwicklungen, Perspektiven *Psychol. Rundsch.* 35(1): 21—35

Kanfer R, Ackerman P L 1989 Motivation and cognitive abilities: An integrative/aptitude-treatment interaction approach to skill acquisition. *J. Appl. Psychol. Monogr.* 74(4): 675—690

Keefe J W 1987 *Learning Style Theory and Practice.* National Association of Secondary School Principals, Reston, Virginia

Klauer K J 1990 Paradigmatic teaching of inductive teaching. In: Mandl et al. (eds.) 1990 *Learning and Instruction: European Research in an International Context.* Pergamon Press, Oxford

Kuhl J 1990 Self-regulation: A new theory for old applications. Invited address to the International Congress of Applied Psychology, Kyoto

Kyllonen P C, Christal R E 1990 Reasoning ability is (little more than) working-memory capacity? *Intelligence* 14(4): 389—433

Kyllonen P C, Lohman D F, woltz D J 1984 Componential modeling of alternative strategies for performing spatial tasks. *J. Educ. Psychol.* 76(6): 1325—1345

Lajoie S P 1986 Individual differences in spatial ability: A computerized tutor for orthographic projection tasks. (Unpublished doctoral dissertation, Stanford University, Stanford, California)

Lens W 1983 Achievement motivation, test anxiety, and academic achievement. *Psychol. Rep.*

Lens W, DeCruyenaere M 1991 Motivation and de-motivation in secondary education: Student characteristics. *Learning and Instruction.* 1(2): 145—159

Lepper M R 1988 Motivational considerations in the

study of instruction. *Cognition and Instruction* 5:289—309

Lepper M R, Aspinwall L C, Mumme D L Chabay R W 1990 Self-perception and social perception processes in tutoring: Subtle social control strategies of expert tutors. In: Olson J, Zanna M P (eds.) 1990 *Self Inference Processes: The Ontario Symposium*, Vol. 6. Erlbaum, Hillsdale, New Jersey

Leushina A M (ed.) 1991 *Soviet Studies in Mathematics Education, Vol. 4: The Development of Elementary Mathematical Concepts in Preschool Children.* National Council of Teachers of Mathematics, Reston, Virginia

Lidz C S (ed.) 1987 *Dynamic Assessment.* Guilford Press, New York

Lohman D F 1986 Predicting mathemathanic effects in the teaching of higher-order thinking skills. *Educ. Psychol.* 21(3):191—208

Lohman D F 1989 Human intelligence: An introduction to advances in theory and research. *Rev. Educ Res* 59(4):333—373

MacIver D J, Stipek D J, Daniels D H 1991 Explaining within-semester changes in student effort in junior high school and senior high school courses. *J. Educ. Psychol.* 83(2):201—211

Marton F, Hounsell D, Entwistle N 1984 *The Experience of Learning.* Scottish Academic Press, Edinburgh

Mayer R E 1985 Mathematical ability. In: Sternberg R J (ed.) 1985b

McCombs B L, Whisler J S 1989 The role of affective variables in autonomous learning. *Educ. Psychol.* 24(3):277—306

McKay H, Sinisterra L, McKayA, Gomez H, Lloreda P 1978 Improving cognitive ability in chronically deprived children. *Science* 200(4339):270—278

Meili R 1981 *Struktur der Intelligenz: Faktorenanalytische und denkpsychologische Untersuchungen.* Huber, Bern

Nenniger P 1987 How stable is motivation by contents? In: De Corte E, Lodewijks H, Parmentier R, Span P (eds.) 1987 *Learning and Instruction: European Research in an International Context*, Vol. 1. Pergamon Press, Oxford

Nickerson R S, Perkins D N, Smith E E 1985 *The Teaching of Thinking.* Erlbaum, Hillsdale, New Jersey

Ohlsson S 1984a Attentional heuristics in human thinking. *Proc. 6th Conf. Cognitive Science Society.* Boulder, Colorado

Ohlsson S 1984b Induced strategy shifts in spatial reasoning. *Acta Psychol* 57:47—67

Pask G, Scott B C E 1972 Learning strategies and individual competence. *International Journal of Man-Machine Studies* 4(3):217—253

Perfetti C A 1985 *Reading Ability.* Oxford University Press, New York

Pervin L A, Lewis M 1978 *Perspectives in Interactional Psychology.* Plenum Press, New York

Peterson P, Wilkinson L C, Hallinan M (eds.) 1984 *The Social Context of Instruction: Group Organization and Group Processes.* Academic Press, New York

Rand P, Lens W, Decock B 1989 *Negative Motivation is Half the Story: Achievement Motivation Combines Positive and Negative Motivation.* Report No. 2. Institute for Educational Research, University of Oslo

Renninger K A, Hidi S, Krapp A (eds.) 1992 *The Role of Interest in Learning and Development.* Erlbaum, Hillsdale, New Jersey

Resnick L B 1987 *Education and Learning to Think.* National Academy Press, Washington, DC

Resnick L B, Omanson S F 1987 Learning to understand arithmetic. In: Glaser R (ed.) 1987 *Advances in Instructional Psychology.* Erlbaum, Hillsdale, New Jersey

Rollett B A 1987 Effort avoidance and learning. In: DeCorte E, Lodewijks H, Parmentier R, Span P (eds.) 1987 *Learning and Instruction: European Research in an International Context*, Vol. 1. Pergamon Press, Oxford

Salomon G, Globerson T 1987 Skill may not be enough: The role of mindfulness in learning and transfer. *Int. J. Educ. Res.* 11(6):623—637

Schmeck R R (ed.) 1988 *Learning Strategies and Learning Styles.* Plenum Press, New York

Schneider W, Weinert F E (eds.) 1990 *Interactions Among Aptitudes, Strategies, and Knowledge in Cognitive Performance.* Springer-Verlag, New York

Segal J W, Chipman S F, Glaser R (eds.) 1985 *Thinking and Learning Skills*, Vol. 1. Erlbaum, Hillsdale, New Jersey

Siegler R S, Campbell J 1990 Diagnosing individual differences in Strategy choice procedures. In: Frederiksen N, Glaser R, Lesgold A, Shafto M (eds.) 1990

Simons P R J, Beukhof G (eds.) 1987 *Regulation of Learning.* Instituut voor Onderzoek van Het Onderwijs SVO, The Hague

Snow R E 1977 Research on aptitudes: A progress report. In: Shulman L S (ed.) 1977 *Rev. of Research in Education*, Vol. 4. Peacock, Itasca, Illinois

Snow R E 1982 Education and intelligence. In: Sternberg R J (ed.) 1982 *Handbook of Human Intelligence.* Cambridge University Press, London

Snow R E 1989 Aptitude-treatment interaction as a framework for research in individual differences in learning. In: Ackerman P L, Sternberg R J, Glaser R (eds.) 1989 *Learning and Individual Differences: Advances in Theory and Research.* Freeman, New York

Snow R E 1992 Aptitude theory: Yesterday, today, and tomorrow. *Educ. Psychol.* 27(1):5—32

Snow R E, Lohman D F 1984 Toward a theory of cognitive aptitude for learning from instruction. *J. Educ. Psychol.* 76:347—376

Snow R E, Lohman D F 1989 Implications of cognitive psychology for educational measurement. In: Linn R L (ed.) 1989 *Educational Measurement*, 3rd edn. Macmillan, New York

Snow R E, Swanson J 1992 Instructional psychology: Aptitude, adaptation, and assessment *Annu. Rev. Psychol.* 43:583—626

Stanley J C, Stanley W C, Solono C H (eds.) 1978 *Educational Programs and Intellectual Prodigies.* Johns Hopkins University, Baltimore, Maryland

Stanley J C, Benbow C P 1983 *Academic Precocity, Aspects of its Development.* Johns Hopkins University, Baltimore, Maryland

Sternberg R J 1985a *Beyond IQ: A Triarchic Theory of Human Intelligence.* Cambridge University Press, Cambridge

Sternberg R J (ed.) 1985b *Human Abilities: An Information Processing Approach.* Freeman, New York

Tiedeman J 1989 Measures of cognitive styles: A critical review. *Educ. Psychol.* 24:261—275

Undheim J O, Gustafsson J-E 1989 Development of broad and narrow factors of intelligence as a function of verbal interests and activities. Paper presented at the European Association for Research on Learning and Instruction, Madrid

Van Calster K, Lens W, Nuttin J 1987 Affective attitude toward the personal future: Impact on motivation in high school boys. *American Journal of Psychology* 100(1):1—13

Webb N M 1982 Group composition, group interaction, and achievement in cooperative small groups. *J. Educ. Psychol.* 74:475—484

Weinert F E, Schneider W (eds.) 1991 *The Munich Longitudinal Study on the Genesis of Individual Competencies (LOGIC) Report No. 7: Assessment Procedures and Results of Wave Four.* Max-Planck-Institute for Psychological Research, Munich

Yakimanskaya I S 1991 *Soviet Studies in Mathematics Education, Vol. 3: The Development of Spatial Thinking in School Children.* National Council of Teachers of Mathematics, Reston, Virginia

智力、学习和教学(Intelligence, Learning, and Instruction)

自心理学诞生以来,认识人类智力的本质并且设计出评价方法就一直是一个核心问题。然而,正如起源于更广泛文化中的其他心理学术语一样,

"智力"这个词有多种含义。这就使认识智力是什么的工作变得错综复杂。与智力相关的另一个问题是,是否应当将智力看作是一种内在特征或是已经掌握的一整套能力。那些相信智力是天生的人一直在寻求如何测量认知能力,而且认为教育和训练无法对认知能力产生重大影响。由此看来,相对于其他成就测验如学校成绩来说,对心理过程或初级心理过程的测量应当保持恒定。然而,实际上,在测验中反映心理过程的标准行为却会因为经验和练习而进步。再加上对心理过程和初级心理过程的测量结果难以解释,一些人提出建立不受经验影响的智力测验是不可能的(Thorndike et al. 1926)。另一方面,认为智力是一整套已有能力的理论家更倾向于把智力看作是行为而不是认知力量,这样他们更可能通过考察由教育和经验而导致的思维成熟来研究智力的发展。

学习是智力的反映吗?还是说,在某些测验中,智力是学习的产物?如何通过实施教学来改变智力对学习的影响或学习对智力的影响?这些正是本词条将要阐述的主要问题。

1. 智力研究的发展史

尽管第一个有价值的智力测验是由法国心理学家比内(Alfred Binet)设计出来的,最早对差异心理学进行了较好论述的是德国心理学家斯特恩(Stern),但是迅速成为这一领域主导的却是英国和美国的研究者。这有很多原因,包括:当时德国心理学界的泰斗冯特(Wundt)对个体差异问题并不感兴趣,而比内从未被法国大学里的学术机构接纳过;另一方面,在美国,有好几个研究者独立地翻译并使用比内创建的智力测验,其中最著名的就是斯坦福的特曼(Terman);在英国,布尔特(Bunt)进行了类似的工作,将比内的测验标准化。

当然,如何界定智力并不只是有智力测验编制者在探讨。英国的斯皮尔曼(Spearman)提出了智力的二因素理论,他认为人在心智活动中的表现应由两个因素来解释:在所有智力活动中普遍使用的一般因素(g 因素)和该项活动特别要求的特定因素(s 因素)。斯皮尔曼演示了用他的理论来解释不同年龄样本在成绩上的个体差异。美国的桑代克(Thorndike)不同意斯皮尔曼的理论,他从更多的同质样本中得到的数据使他相信存在着许多独立的能力而不是单一的基本能力。

在以后两代心理学家中仍然延续着这种争议。在美国,桑代克的后继者是凯利(Kelley),而后是瑟斯通(Thurstone),最后到了吉尔福特(Guilford)。这些人都支持智力的多因素理论,忽视或排斥一般因素的作用。在英国,尽管布尔特和后来的弗农(Vernon)都对斯皮尔曼的理论进行了调整,使其以 g 因素为主导,同时还包含了其他呈等级排列的因素,但他们始终还是支持斯皮尔曼的理论。

1.1 晶体智力和流体智力

直到今天,上述争议仍然存在,不过已经趋于缓和。有些研究人员如让森(Jensen)强调 g 因素而其他一些研究者如奥尔恩(Horn)则否认 g 因素是一个具有心理学意义的结构。然而,当代最普遍的智力理论既吸收了英国的等级理论也吸收了美国的多因素理论。这个新理论最初是由卡特尔(Cattell)在 1941 年提出的。卡特尔是英籍心理学家,他师从斯皮尔曼,取得博士学位,又与桑代克一起获得了博士后奖学金,并与布尔特和瑟斯通一起进行研究。20 世纪 40 年代早期,在很快取得了美国的永久居留权之后,卡特尔提出了以两个一般因素为顶点的准等级理论(Cattell 1943)。在他的理论中每一个因素都用瑟斯通在其研究中确认的几个主要因素予以定义。两个一般因素被称为流体智力(G_f)和晶体智力(G_c)。流体智力代表了发现不同观点之间关系的能力。人们假设这种能力一直在增长,到青春期后就下降,在解答有时间限制的陌生问题的测试中需要这种能力。另一方面,晶体智力被界定为在特定学习环境中运用流体智力而形成的分化的习惯。因此,人们假设在一生之中晶体智力可以显示出持续但微小的进步,至少对于那些一直在练习相关能力的人来说是这样。

现代的流体智力和晶体智力理论与卡特尔早期的表述有所不同。现在有些理论家设想了一些更高级的智力而不仅限于最初由卡特尔假定的那两种智力。比如奥尔恩(1985)声称他已确认了十种这样的因素。也有一些理论家接受了卡特尔的理论,强调流体智力和晶体智力,还有一些甚至接受了能力投资理论，但是他们却不承认如下假设：流体智力反映的是比晶体智力更基础和更内在的东西。甚至有研究宣称流体智力和晶体智力有同等的遗传力，从而支持了上述主张。实际上，一些人把流体智力当作教育和经验的产物（Snow and Yalow 1982）。根据这种观点，晶体智力就是知识和技能学习组织化的直接产物，而流体智力则是解决新问题或在新背景下应用旧知识和旧技能的间接产物。

1.2 流体智力与晶体智力的测验

尽管流体智力和晶体智力理论已成为许多研究的对象，但只是在20世纪80年代它曾经成为发展智力测验的理论依据。在将这种理论转化为具体测验方面，伍德科克和约翰松（Woodcock and Johnson 1989）进行了最广泛的努力。他们的测验评价了流体智力、晶体智力和其他五组在奥尔恩的理论中得到确认的因素。斯坦福—比内测验也根据卡特尔—奥尔恩理论的思路进行了调整。虽然韦克斯勒（Wechsler）的言语能力量表还没有发展到对 G_f—G_c 理论进行反映，但它至少描述出了与该理论十分相似的体系特征。实际上，长期以来“积木”子测验都被认为是反映流体智力的恰当指标，而信息理解、算术和词汇子测验结合起来则可以评价晶体智力。在集体施测的测验中，常用瑞文（Raven）的图形推理测验来评价流体智力，而用学业成就测验来评价晶体智力。

2. 从特质理论到过程理论

现代对人类智力的研究与早期的研究有所不同，现在的研究者更加关注智力的思维过程而不是界定构成智力的特质。从特质理论到过程理论的转变是20世纪50年代后期心理学领域认知革命的结果，到了70年代早期，在美国和其他国家认知流派取代了行为主义在心理学中占据了主导。认知取向的理论家通过建立解决智力测验问题的检验策略模型，或是计算智力测验成绩与个体在测量基本认知过程任务中的成绩的相关来了解智力的结构。

2.1 对智力的过程研究

在尝试发展信息加工的智力理论的早期，斯腾伯格（Sternberg 1977）提出了被称为成分分析的方法，而后他将这种方法运用到智力测验的推理任务中。广泛的研究结果表明，可以用过程模型来恰当地解释个体在任务中的表现。通过为每一个被试的表现建立与之相配的不同模型，斯腾伯格就能够判断出不同的个体是否是以不同的方法解决相同的任务。后来，其他研究人员拓展了斯腾伯格的方法以检验每一被试是否用同样的策略来解决所有问题或是在解决同一任务的不同问题时使用不同的策略。这些分析表明年幼的被试与年长的被试以及低分被试与高分被试之间有时会出现有趣的差异，尤其是在复杂推理和解决空间问题的任务上。通常，年长的被试或更擅长的被试在问题解决中表现出更大的灵活性，关于这一方面的研究可参看斯诺和洛曼（Snow and Lohman 1989）的综述。

人们已证实要对个体差异进行分解会比较困难。比如，洪特（Hunt 1978）和他的同事通过一系列研究设法弄懂了言语能力的本质。然而，洪特并没有对被试言语能力测验的成绩进行分解，而是采用了实验心理学家使用的实验室测验。在每一项测验中都要对每个被试的一个或多个过程分数进行评估。这些分数代表被试进行初级认知加工的速度或正确度，比如提取速度、比较速度或认知单元的转换速度。洪特计算了这些过程分数与智力测验分数的相关，虽然大部分相关都是微弱的，但其中一些相关却是显著的且具有理论价值。比如，一些分析表明言语能力强的被试比言语能力差的被试更善于追踪信息进入工作记忆的顺序，同时在提取刺激的编码名称时也要稍快于言语能力差的被试。

该领域的另一类研究力图找到较少受文化影响的智力测量手段。选择反应时和检查时间是十分常用的测量手段。尽管反应时或检查时间与 g 因素的相关系数的变化范围非常大，但能重复验证的相关系数 r 通常在 -0.2 到 -0.4 之间。由于测验表明个体在不同项目上的反应时也存在类似的相关，因此要解释这些相关变得十分困难。卡洛尔（Carroll 1987）由此断定在这些研究中，注意力控制比反应速度更为重要。

2.2 三元智力理论

很多现代的智力研究的关注点相当狭窄,只局限于特定的任务而不是关注个体在不同任务中的表现模式。因此,概括化的智力理论就相对少一些。不过加德纳著名的研究(Gardner 1983)却是一个例外。他提出了七种不同的智力(语言、逻辑—数学、空间、音乐、肢体—运动感觉和两种个人智力)。尽管加德纳的理论受到相当普遍的注意,但斯腾伯格(1984)的三元智力理论可能更接近现代智力研究的主流。

斯腾伯格的智力理论由三个子理论组成:情境子理论、实验子理论和成分子理论。情境子理论试图具体地讨论不同文化中哪种行为更明智。斯腾伯格提到:在任何文化中,情境化的理智行为都涉及对现有环境有目的的适应,对理想环境的选择,以及改造现有环境使之更适合一个人的技能、兴趣和价值。不同的文化看重不同的理智技能,如打猎、航海或学术学习。在西方文化中,占主流的情境智力理论包含了问题解决能力(或流体智力)、以知识为基础的能力(或晶体智力)及社会能力和实践能力。

然而,即使是在某一特定的被认为需要聪明才智的任务中,伴随着对该类任务的不断体验,人们也会认识到情境化的适当行为并不是在所有方面都是同等明智的。根据实验子理论,在情境或任务相对新奇,或者学习者试图使自己的反应自动化时,才最能反映出个体的智力水平。

最后,成分子理论明确地说明了所有智力行为中包含的认知结构和加工过程。相应的,成分子理论指出,持续体验到的情境化的适当行为与特定类型的加工过程有一定相关。成分子理论提出了三种加工过程:元成分,它控制加工过程,使个体能对其进行评估;执行成分,它负责实施由元成分制定的计划;知识获得成分,它有选择地对新信息进行编码和组合,并有选择地将新旧信息进行比较。

对于测验来说,三元智力理论提供的启示就是测验必须允许测试者对每一位被测者在任务中表现出的流体智力和晶体智力进行建模,这样就可以对每个人的成分分数和解决策略进行评估。此外,任务还应当涉及实践智力或在真实世界中运用的智力。

3. 思维的基本理论

智力结构具有个体差异。尽管这种状态有时也令人感到麻烦,不过发明计算机以后,以过程和结构为基础的而不是以个体差异为基础的智力发展理论和测量理论才成为可能。研究者在开发人工智能系统方面的努力引发了很多关于人类智能的有趣设想。

由纽厄尔(Newell)和西蒙(Simon)设计的"基本问题解决者"程序是第一个真正意义上的关于一般推理或一般智力的加工理论。稍近期的就是安德森(Anderson 1983)对所谓的"思维的适应性控制系统"(ATC)的研究。安德森声称所有认识过程都是同一潜在系统的不同表现。在 ATC 中用两种方式来表征知识:一种方式是事实性或陈述性知识的三角形结构;另一种是技能或程序性知识的体系。

陈述性知识可以用七种不同方式来表征。主要的编码方式是仅仅保存事件的含义。g 因素通常就是智力的同义语,它在一定程度上预示出个体在创造、转换和记忆已编码信息等能力上的差异。当然,还有一些外部编码系统对记忆的表征是以感觉为基础,而不是以意义为基础的。比如,表象(保存有关外形的信息)和暂时的串(保存有关暂时顺序的信息)。空间任务通常需要生成、转换和记忆表象编码信息。类似的,特定的言语任务(如拼写、辩论)可能有赖于被编码为暂时串的知识。一些学习障碍可能是由一个或多个负责对环境信息进行编码或者对特定反应的思维产物进行解码的外部体系功能紊乱造成的。

安德森的理论描述了如何获得程序性知识,该理论可以解释为什么对同样的任务没有经验的被试需要使用一般的问题解决能力,而有经验的被试需要使用特定的问题解决能力。因此,这个理论认为比起儿童之间的个体差异,成人之间的个体差异涉及更多的能力因素。

屈勒宁和克丽斯塔尔(Kyllonen and Christal 1989)将安德森的理论整合成一个基本的理论框架

以评估个体差异。他们提出认知任务中的个体差异来自四种原因:认知加工速度、工作记忆能力、陈述性知识的范围和模式、程序性知识的范围和模式。该理论为开发成套的综合性认知评价提供了理论依据,并对有关学习和技能获得的一些研究项目具有指导作用。

4. 智力和学习

比内、桑代克和其他早期理论家认为智力反映了(至少部分反映了)学习的能力。因此,当伍德科克在一系列研究中演示了智力既不能预测学习的量,也不能预测学习的速度时,就有些令人意外。将一般智力分解为几组因素的研究也没能发现能力因素和学习预测之间有多大的联系。不过,在这些研究中的学习都是根据被试在简单的实验室任务上的表现来评价的。后来的研究却表明越是有意义、越是复杂的学习任务,智力与学习之间的关系也就愈加紧密。不过,即使这样,它们之间的相关也并不高,而且在今后的研究中也同样不可能达到高相关。

为什么会这样呢? 因为在研究人与人之间“智力”结构的差异是用他们在总体表现上的不同来定义的,通常测验中的全部项目都可正确解答,而“学习”则是用同一个人在不同条件下的不同表现来界定的。由同一任务获得的智力分数和学习分数之间可能存在某种相关,但是依据不同的任务来评估智力和学习时,这两项分数尽管也相关,但是相关并不高。换句话说,在学习量上的个体差异使人与人之间在学习上产生了多样性。在探讨智力与学习相关的研究中,其目标是对人与人之间不同的结构进行解释,然而却是用反映个体内差异的一部分变量来定义个体间的差异。这样,智力不可能与学习相关,而与学习上的个体差异却有相关。

在建立智力增长模式方面也存在类似的情况。一些人提出智力的发展是随机的,因此与智力的初始水平或最终水平都无关。克龙巴赫和斯诺(Cronbach and Snow 1977)指出仅由 IQ 分数来评估智力时,上述说法才成立,因为这种评估方法限制了分数上的多样性,使其在各个年龄都一样。如果以心理年龄(MA)作为智力发展的指标,由于心理年龄显示了随年龄增长的多样性,那么初始的 MA 和 MA 的增量之间就会存在高相关,尤其在间隔了很长时间并且依据误差对分数进行修正后。

5. 学习的维度

5.1 *相关研究*

正如研究人员对智力的维度存在争论一样,对学习的维度也存在同样的争议。已有一些研究试图考察在各种学习任务中反映出的个别差异的模式。然而,完成一个单独的学习任务就需要好几个小时,因此在这类研究中使用的学习任务通常要比考察智力因素结构的研究中使用的能力测验少得多。尽管如此,还是反映出一些主要观点来。第一,各种言语记忆任务的相关揭示出联想学习是一个强因素而代表学习活动类型的变量则是弱因素(Underood et al. 1978)。第二,当选择一系列更广泛的学习任务时,就会发现学习的其他维度。尤其是斯诺等人(1984)发现学习任务也可以按照从新异到熟悉的维度排列,流体智力与新异的学习任务(或归纳性学习任务)成绩有着更强的相关,而晶体智力与熟悉的学习任务(或背诵性学习任务)成绩有着更强的相关。而且,比起简单任务的成绩,复杂任务的成绩与其他学习任务成绩以及能力测验成绩的关系更加紧密。由此可见,智力与学习的关系受到许多因素的影响,特别是任务的复杂性、任务的新异性和迁移等因素(Ackerman 1987)。

安德森的 ATC 理论为上述规律提供了一种解释。安德森声称,在学习从事陌生任务时,被试必须运用一般的问题解决技能。这会给工作记忆造成严重的负担,因此学习者在初始阶段的表现往往是迟缓的,容易出错,并且必须一直进行有意识的监控。在这一学习阶段的表现与通常测量一般的流体智力的测验有紧密的相关。通过练习,人们可以针对具体任务创造出特定的程序,以免还要费力地应用一般的程序性知识。练习中期阶段的学习成绩与特定的任务能力之间存在高相关,并且通过深入练习,它与测量感觉速度和心理活动速度的测验也有高相关。可见,学习者在熟悉的学习任务中的表现可能涉及提取已编辑的程序和应用真实的学习机制(Kyllonen and Shute 1989)。

5.2 学习的分类

由于任务的持续时间有限,限制了对学习维度的相关研究,一些研究者从理论上对学习任务进行了分类。梅尔顿(Melton)提出的一个早期理论区分了条件反射、背诵学习、可能性学习、技能学习、概念学习和问题解决。加涅(Gagne)提出一个更普遍的理论,区分了智力技能、认知策略、言语信息、动作技能和态度。这个分类体系在教学设计中得到了广泛运用。近期,屈勒宁与舒特(Kyllonen and Shute 1989)依据信息加工心理学和机器学习研究提出了一个四维的分类体系。他们提出了知识类型、教学环境、学习领域(或科目)和学习风格四个分类维度。他们将学习风格维度纳入其中,并认为在不具体分析学习者与学习任务如何相互作用的情况下是无法定义学习任务的。自从20世纪80年代后期讨论情境性认知起,这一点就受到了极大的重视。人们主要根据学习者的控制情况来区分教学环境。学习风格这个维度与智力之间存在稳固的相关,与对先前能力有较高要求的低控制教学环境也有相关(Cronbach and Snow 1977)。学习内容的这个维度表明大多数学习都涉及具体的学习领域,并预示了在更广阔的领域空间中知识和技能之间的迁移关系,而这一领域空间则是由具体的任务、学习的课程等共同界定的。

6. 智力和教学

对学习和智力关系的实验室研究揭示出的图景比早期理论家的预期更复杂。然而,如果把智力测验当作是对学习者态度的测量而不是在测量某种无所不在的认知能力的话,那么这个现象就容易解释了。尽管智力测验常常被用来进行广泛的推理,但是必须清楚地认识到设计这些测验的最初目的是用来进行预测,后来又被证实比学业测验更有效。所以,当从教学的视角进行观察时,我们就会比以前更清楚地理解学习者态度和学习之间在实际研究和理论上的相关。

探讨实验室学习和智力关系的研究强调了任务复杂性、任务的熟悉程度、学习类型、学习内容和学习控制数量的重要作用。所有这些因素都显示出对学习的影响。在上述一个或多个维度方面不完善的教学都会使学习者承担更多的信息加工负担。在这种情况下,学习者必须自己不断去激发出一部分教学信息。因而,智力就成为弥补不完善教学的一种能力(Snow and Yalow 1982)。增加学习者负担的教学方法与成绩和智力测验的相关,往往比使学习简化或条理化的教学方法更高。所以,智力和成就测验的相关程度变动幅度很大。当用个别施测的表现性测验来评价智力,用学校等级来评价成绩,并且教学方法使学习简化并支持学习时,智力与学习成就的相关是最低的($r=0.3\sim0.5$)。当用强调词汇和言语推理的小组测验来评价智力,用标准化成就测验来评价成绩,并且教学方法为学生的学习提供的支持最少时,二者之间的相关系数是最高的($r=0.5\sim0.8$)。

流体智力和晶体智力的概念则进一步深化了这一主题。斯诺和亚洛(Snow and Yalow 1982)把晶体智力解释为一个知识和技能的集合,它们是一个可以被提取的系统,并能应用到与过去的经历相似的情形中。流体智力则是对新异情境而聚合新的表现程序和策略的能力。这样,强调学习新技能的教学环境将更依赖于流体智力,而对已有知识进行应用和拓展的教学环境则更依赖于晶体智力。当然这些影响也受其他变量如态度、任务和结果的调节(Cronbach and Snow 1977)。

最后,应当认识到流体智力和晶体智力都是教育的产物而不仅是有效预测个体在教育环境中能否成功的预测因素(Snow and Yalow 1982)。但是在消除了智力成就中与年龄相关的进步的评分体系(如IQ)中,这一点往往变得含糊不清。不过按照上述观点,教育不仅要发展不同领域的事实性知识和技能知识的组织化体系,还必须发展学习者在不熟悉环境应用这种知识的能力。

D. F. 洛曼(D. F. Loman) 著

朱 瑾 伍新春 杜 蕾 译

附录

Ackerman P L 1987 Individual differences in skill learning: An integration of psychometric and information processing perspectives. *Psych. Bull.* 102(1): 3—27

Anderson J R 1983 *The Architecture of Cognition.* Harvard University Press, Cambridge, Massachusetts

Carroll J B 1987 Jensen's mental chronometry: Some comments and questions. In: Modgil S, Modgil C (eds.) 1987 *Arthur Jensen: Consensus and Controversy.* Falmer Press, New York

Cattell R B 1943 The measurement of adult intelligence. *Psych. Bull.* 40(3): 153—193

Cronbach L J, Snow R E 1977 *Aptitudes and Instructional Methods: A Handbook for Research on Interactions.* Irvington, New York

Gardner H 1983 *Frames of Mind: The Theory of Multiple Intelligences.* Basic Books, New York

Horn J L 1985 Remodeling old models of intelligence. In: Wolman B B (ed.) 1985 *Handbook of Intelligence.* Wiley, New York

Hunt E B 1978 Mechanics of verbal ability. *Pyschol. Rev.* 85(2): 109—130

Kyllonen P C, Christal R E 1989 Cognitive modeling of learning abilities: A status report of LAMP. In: Dillon R, Pellegrino J W (eds.) 1989 *Testing: Theoretical and Applied Perspectives.* Praeger, New York

Kyllonen P C, Shute V J 1989 A taxonomy of learning skills. In: Ackerman P L, Sternberg R J, Glaser R (eds.) 1989 *Learning and Intelligence: Advances in Theory and Research.* Freeman, New York

Snow R E, Yalow E 1982 Education and intelligence. In: Sternberg R J (ed.) 1982 *Handbook of Human Intelligence.* Cambridge University Press, Cambridge, Massachusetts

Snow R E, Kyllonen P C, Marshalek B 1984 The topography of learning and ability correlations. In: Sternberg R J (ed.) 1984 *Advances in the Psychology of Human Intelligence, Vol. 2.* Erlbaum, Hillsdale, New Jersey

Snow R E, Lohman D F 1989 Implications of cognitive psychology for educational measurement. In: Linn R (ed.) 1979 *Educational Measurement*, 3rd edn. Macmillan, New York

Sternberg R J 1977 *Intelligence, Information Processing, and Analogical Reasoning: The Componential Analysis of Human Abilities.* Erlbaum, Hillsdale, New Jersey

Sternberg R J 1984 *Beyond IQ: A Triarchic Theory of Human Intelligence.* Cambridge University Press, Cambridge, Massachusetts

Thorndike E L, Bregman E O, Cobb M V, Woodyard E 1927 *The Measurement of Intelligence.* Teachers College Columbia University Bureau of Publications, New York

Underwood B J, Boruch R F, Malmi R A 1978 Composition of episodic memory. *J. Exp. Psychol. Gen.* 107(4): 393—419

Woodcock R W, Johnson M B 1989 *Woodcock-Johnson Tests of Cognitive Ability: Standard and Supplemental Batteries.* DLM/Teaching Resources, Allen, Texas

其他参考文献

Butcher H J 1968 *Human Intelligence: Its Nature and Assessment.* Methuen, London

Lohman D F 1989 Human intelligence: An introduction to advances in theory and research. *Rev. Educ. Res.* 59(4): 333—373

Sternberg R J (ed.) 1982 *Handbook of Human Intelligence.* Cambridge University Press, Cambridge, Massachusetts

Sternberg R J, Detterman D K (eds.) 1986 *What is Intelligence? Contemporary Viewpoints on its Nature and Definition.* Ablex, Norwood, New Jersey

Wolman B B (ed.) 1985 *Handbook of Intelligence.* Wiley, New York

专家的认识水平(Expert Level of Understanding)

为了认识掌握知识和经验对于人类能力的影响,科学家研究了大量与专家有关的现象。关于专家表现的特征,研究获得了越来越多的证据。这些发现对于确定那些通过有效教学可以获得的人类认知能力的特点具有重要的作用。

1. 专家知识的结构

通过考察专家的记忆能力、模式识别、对问题的表征以及他们在解决专业问题时所采用的程序,我们可以了解专家形成的知识体系。

1.1 专家的记忆能力

专家在自己专业领域方面的记忆力总是优于新手,并且超过了通常认为的人类工作记忆的容量。要超过这个通常的容量限制,信息必须和长时记忆中的结构有机地结合起来,以便在需要的时候可以提取。虽然现在还不十分清楚人类记忆能力的极限,但是要从已有的信息中提取信息却常常会失败。专家具有超常记忆力的事实已经在不同的知识领域(例如计算机编程、物理中的问题解决、临床心理学、电子探伤和教学)中被证明。往往还在孩提时代,专家就已经显现出超常的记忆力(Chi et al. 1988)

专家们超常的记忆力一直是一个很特别的领域。也就是说,他们仅对与其专业领域有关的信息显现出超常的记忆能力。比如说,尽管日本著名的算盘大师可以在工作记忆中储存 16 位的字符串,可是对于口头快速呈现的水果名称或英文字母却只表现出相当普通的记忆容量(Hatano and Osawa 1983)。导致这种矛盾现象的关键就在于专家组织知识的方式:他们的知识是分层次地密切联系在一起的。这种组织化的知识体系能很好地整合新获得的信息,从而可以很方便地再次提取这些知识。相比之下,新手却不能从相关领域中推演出结构良好的知识体系,而且,他们很容易就被大量联系不大的新信息弄昏了头。

1.2 模式识别

专家对模式的快速识别也反映出他们的知识是结构化的,正是由于具有结构化的知识体系才使专家能够准确地回忆起体系化的信息并且迅速地对复杂数据进行整合。如果研究领域的内容是一些有意义的图形,那么这就需要专家运用自己特有的模式识别能力。无论是在经典的棋局研究中还是对一个真实比赛中的棋局(De Groot 1966, Chase and Simon 1973),专家都能比新手回忆起更多的棋子的位置。然而,当呈现给专家一些不符合象棋规则或者是毫无意义的棋谱时,专家超常的记忆力就会消失。很明显,专家们的知识基础使他们可以对自己专业领域中的刺激物重新编码,也就是说,按照该领域的结构重新以组织化的形式对信息进行再编码。国际象棋大师可以把大量的棋子组成一个有意义的组块,而新手的基本记忆单位却是一个或几个棋子。当棋子被随机地排放在棋盘上时,专家的记忆能力就会被破坏,因为他们不能识别出熟悉的有意义的模式。

当专家识别出一种熟悉的信息模式时,相关的知识块和相应的动作指令就会被激活从而有助于问题解决。专家这种吸收和评价大量信息并迅速地生成正确解决方法的能力显得他们好像拥有特别的直觉或者第六感似的(Simon 1981)。

1.3 专家知识的范围

西蒙(Simon 1981)推测在一个国际象棋大师的长时记忆中,与棋局相关的熟悉的信息组块大概有 5 万个,这几乎和一个受过大学教育的阅读者所认识的单词数量一样多。大体说来,其他领域(医药学、数学、化学等)的专家大约也需要记下这么多数量的信息组块,并且至少需要投入 10 年时间才能在一个学科里积累起这么大量的信息。所有的国际象棋大师几乎都要投入 10 年甚至更多的时间来达到这种状态,要达到其他学科顶尖专家的熟练程度几乎也需要 10 年的学习和实践(Simon 1981)。

随着时间的推移,积累的知识越来越多,因此,表面上看,在一个学科中需要获得的信息数量也在以令人难以置信的速度增长,但实际上一个学科的基本信息却保持着相对稳定。正如西蒙所说的,“在科学领域里,一些至关重要的进展是发现和检验可以用某些一般性的原则来囊括大量信息的强大的新理论。对知识的精加工与把这些知识尽量压缩成精简形式之间始终是竞争关系”(P. 109)。实际上,专家在很大程度上就是凭借抽象的原则来组织他们自己巨大的知识内存,这在专家解决问题的过程中也会表现出来。

1.4 问题的表征

个体知识基础的结构化程度决定了个体对一个问题的初始表征的品质(一个问题表征基本上就是一个情境化的心理工作模型)。专家在自己专业领域的经验导致了至少具有两个水平的层次化、体系化知识基础的形成。知识基础的第一个水平能够促进文字的、详细的表征,相当于新手的表征;知识基础的第二个水平,更抽象、规则性更强,是从具体的文字细节中提炼出来的。正是由于第二个水平的存在使专家和新手之间出现了各种差距。新手的知识只能够形成表面化的问题表征,大都由情境中明确呈现出的对象和特性所构成。举例来说,新手只是对物理问题进行初步的分类。如分成斜面问题或者拖车问题。新手处理问题的能力也受制于这种表征。他们解决问题的程序是语义性的、具体化的——即他们常常试图把给定的问题陈述直接转化为能够解决问题的“方程”。与此相反,专家的知识体系使他们能够在更深的层次上表征问题。同样举个例子,在他们看来力学问题是以相关的内在的物理学概念为特征的,这些概念包括:各种作用力、力与力之间的关系以及适合于这种相互关系的原理。专家能够推导出一些并没有在问题中直接提到的特征,并用它们来分类。因为专家的问题表征是基于原理的,比如说能量守恒或者牛顿第二定律,它们具有适当的、更概括的解题步骤(Chi et al. 1981)。

尽管总体而言专家是更快速的问题解决者,但他们在对问题进行最初的编码时却慢于新手。比如说,在解决教科书上的物理问题时,他们要将陈述的问题转换为抽象的空间表征,这个表征可以用自由格式的图表清楚地表示出来(Larkin et al. 1980)。在处理一个问题的时候,专家通过建立心理模型或表征对问题的本质进行定性评价,这样,他们就可以进行推论并且增加一些限制以减小问题空间。

1.5 专家知识的程序化

专家的知识不同于新手的知识很大程度上就在于它是可以程序化的。知识分成两类:一是陈述性知识,由具体的信息组成;二是程序性知识,包含了对陈述性知识的适当使用。程序性知识以如下的形式呈现:“如果特定的条件得到满足,那么特定的行为就可以执行。”使用特定领域知识的经验让专家的陈述性知识和那些与适用条件有关的信息联系起来。相反,新手可能知道一些理论、规则或者一些特定的词汇,却不知道这些知识的适用条件以及如何使用更有效。

经过大量的练习和体验,专家们可以快速地运行程序而且不消耗注意力资源。这种在任务的特定方面表现出来的自动性,其优点在许多领域中都很明显。举个例子来说,一个有技巧的阅读者几乎不需要有意识地思考就可以对单词进行编码,从而可以腾出注意力去解释整篇文章的意思。一般来说,随着对那些需要注意的复杂工作的熟练程度的提高,一部分技能会变得自动化,如此一来,有意识的加工能力就可以用于推理和反思而且很少会干扰整体的表现。在专家的专业领域中再次出现的情况会自动触发这部分技能,同时也有助于解释为什么专家能力只有在特定领域中才表现出来。

所有的专家行为在一定程度上都是由习惯化的程序组成。而且,各种专业能力或多或少地是由这些习惯化的程序所构成。比如说,专业打字员在使用熟悉的打字设备时可以几乎完全依赖自动化的技能,然而专业的哲学家在形成一个新理论时却几乎没有什么现成的习惯化程序。并且,当专家遇到适用条件有所变化的情境时,他们一定会以适当的方式计划并运用自己的知识。每个专家所具备的能力适应性是他们面对具体任务时所必需的技能。

通过大量的体验,专家会形成一整套核心的自我调节或者元认知技能来控制自己的行为。比如说,专业的物理学家通过预测问题的难度、适当地分配时间、记录他们理解上的错误和失败,以及检验有问题的解决方法来熟练地监控他们的问题解决。新手对于新领域的任务需求缺乏理解,也不知道如何使自己的能力与任务的需求相配,这使他们不能以有计划、有组织的方式处理问题。当他们在学习中达到中级水平时,他们就会有很多元认知的表现,如在动手之前,他们会努力而明确地设计步骤,并且在执行以后对步骤进行评价(Simon D P and Simon H A 1978),到这时他们就成为了专家,而自我调控的技能将得到很好的训练从而达到自动化。

2. 结构不良领域的专家

到目前为止,对于专家的描述都是来自结构良好领域问题的研究。所谓结构良好领域是指量化的,有明确的规则、评价方法,对解决办法的好坏也有明确标准的领域。而其他领域,尤其是人文和社会科学领域,并不具备这样的规则、方法或者标准,因此被归为结构不良领域。因为没有公认的评价解决方法的程序,这些领域的专家都是靠自己来面对开放性问题的。

近期专门考察结构不良领域专家的研究取得了很多发现。一个普遍的观察结果就是,为了使结构不良领域的问题可操作化,该领域的专家给问题施加了许多限制条件,同时由于没有客观的评价方法,他们需要花费更多的努力来巩固自己的方法。此外,结构不良领域的专家擅长于通过检测关系和整合观念来建立一个高水平的表征。

2.1 对问题加以限定

对一个问题进行全面的初步分析,包括增加一些限制,这在历史或者政治科学等领域中是很重要的,因为在这些领域里,不存在正式的原理或者法则。当缺乏能够直接指引问题解决方法的问题表征时,对问题情境的精加工就引导着问题解决的过程。比如,当被问及用什么措施可以提高生产力时,某些政治学家就开始考虑政治和地理因素,于是产生了要求集体化和分配可耕种土地等问题。这样的最初分析限制了问题空间并且排除了那些不适用的解决方法,如私人竞争或者在特定的地区增加耕种(Voss and Post 1988)。因此,尽可能把定义不良的问题转换为接近于定义良好的问题,这是结构不良领域的专家所必需的一种能力。

2.2 证明解决方法

对于结构不良领域的专家来说,另一个重要方面就是要证明所提出的解决方法是正确的。在很少有公认的解决办法和系统规则的证明方法的领域里,论证技巧是专家能力不可缺少的一种成分。研究表明,社会科学领域的专家建立了记录先前解决问题的各种尝试的知识,并以此作为广泛的论据来支持他们的问题解决方案。这个领域的新手则不能形成和利用该领域结构良好的知识基础,因此对自己的主张也只能提供微弱的支持(Voss and Post 1988)。同样,文学领域的专家在分析一篇文章时会提供广泛的证据来支持自己的评论。不同于那些只提供简单的个人意见来直接支持观点的新手,文学领域的专家会进行很复杂的论证,他们表达的看法综合起来可以支持更加普遍的观点,然后以此来支持他们的立场。

2.3 高级表征

结构不良领域的专家似乎很依赖整合了抽象概念和具体情境特征的表征。施密特等人(Schmidt et al. 1989)对比了专家和新手理解绘画的策略。专家的分析既涉及形式的要素,也涉及绘画作品的主题。新手的分析则更强调可辨别的语义特征或者图画的内容而不是那些形式上的要素(比如线条、色彩、形状等)。考察专家和新手理解文艺作品的研究也发现他们的表征存在类似的差异。这个研究发现,专家对文学作品进行表征的两个水平,类似于在物理学领域中基于特征水平的表征和基于原理水平的表征。在阅读文学作品的基础上,专家和新手都会形成品质相当的基本表征,涉及作品中的人物、事件以及这些外显因素之间的关系。相反,专家和新手的高级表征却有很大的不同,高级表征涉及更高水平的语义结构或者概念化结构(Kintsch and van Dijk 1978)。比如,决定文章组织特点的主题。专家的高级表征涉及很多与作品的基本表征,其他作品的高级表征,以及更加抽象化概念化的主题、风格、流派、文艺策略、符号系统等之间的联系。相反,新手的"高级表征"却是松散且缺乏联系的。尽管专家与新手对简单陈述的记忆力是相当的,但是专家对具有深刻含义的句子却有着出众的记忆力,这个研究结果也反映出专家和新手在表征上的差异。结构不良领域的专家对综合的概念化表征(其中同样也包含了新手所关注的表面特点)的依赖,与考察结构良好领域专家的问题表征的研究结果是一致的。

3. 对教育的启示

对专家表现的认知分析为培养学习者达到专

家的认识水平提供了一些方法。下面将提到三种培养不同专业能力的方法：发展结构化的知识，通过训练发展有用的知识，革新评价方法。

3.1 知识的脚手架

给学习者提供支架，使他们可以接触到更多、更详细的新信息，由此来形成一个连贯而鲜活的结构，从而增强他们知识的结构化和程序化（Kieras and Bovair 1984）。在介绍某个领域的知识时，首先要解释专家领域知识的关键方面，以这种形式提供一个有意义的框架，比如说对物理问题的原则性描述或者归纳出一篇文章的主题。然后，对这种奠基性的解释进行深化阐述，每阐述一次就深入一次，直到把所有的细节都完全描述出来。这就和传统的教学方式形成对照，因为传统的教学形式是以分解为基础，试图从解释系统里最低水平的要素开始，然后再依次与高一级水平相结合，直到最终将整体系统或领域的结构阐述出来，以此来建立理解。基本表征和高级表征对于专家表现的重要影响提示我们，分解也许并不是教学最好的起点。实际上，一开始就向初学者呈现完整的学习材料，他们的知识反而会更具有层次化结构，比起那些按照自下而上序列学习相同材料的初学者，他们会表现得更加自动化。来自教师和教科书的大量信息都表明自下而上的方式并不能鼓励学生去建立结构化的知识，而这种结构化的知识对思维和基本行为都是有用的 。

3.2 有效练习

程序化是知识成功结构化的标志。传递程序性知识也是教育的目标之一，因为它是专家干练表现的核心要素。假如在解决问题时既强调信息的适用条件又给予学生充足的机会去练习应用新的知识，在这样的情况下，教学就会非常有效。很明显，只有通过长期的练习才可能达到专家的成就。然而，在一般的训练课程中，练习并不一定很有效。只有在充分凸显了能力的具体构成成分的训练课程中才可能以系统的方式呈现经验，从而才能使信息最大化并且鼓励适应性。

比如说，众所周知，当低水平技能开始变得自动化时，它就允许学习者把更多的认知资源投入到更高级的加工过程中。当学生练习构成自动化表现的新的成分技能时，应当在必须同时完成高水平任务的条件下，考察在执行这些技能时是否只占用了学生最少的工作记忆，这样才能对这些技能的自动化水平进行评估。这种指导练习的方式，在那些需要感知复杂的模式并且识别出模式所暗示的特殊运动或解决程序的领域中，是非常有用的。不断增加待识别模式复杂性的体系化教学序列为设计航班控制系统、几何学（Koedinger and Anderson 1990）和电子探伤（Lesgold et al. 1992）的技术训练程序提供了指导（Schneider 1985）。要想通过短短几小时的训练使上述领域的被培训者的技术达到熟练和自动化，就必须加强培训或者让他们在工作中去体验。

3.3 评估认识水平

要发展和评估专家能力的成分需要依赖一系列的活动评估，这些活动的范围远远超出了传统观点的认识。要改变仅关注最后答案的做法，教师可以设计一定的情境让学生将他们的问题表征清楚地表现出来，从而可以对他们理解的深度进行评估（Silver et al. 1990）。辨别学生是否只能在很基础的水平上表征问题，还是可以通过在表征中包含推论出的特征、原则和主题达到接近于专家的表征水平，这是很重要的。有能力识别和恰当地使用潜规则与模式，标志着程序性知识正在发展，我们可以设计相应的情境来评价这种能力。为了防止学生通过死记硬背来应用公式，应当向他们提出结构不良的问题。要仔细观察学生的最初分析和他们对问题的限定是否正确。要给学生解释答案和提出论据为观点辩护的机会。在评价更为完整的反应时，可以参照专业能力的特点，如有效地支持论点和把观察整合成完整主题的能力等。可以把评价活动设计成是对那些非常重要的过程进行交流，同时又给学生提供了练习的机会。

专家水平代表了教学的最终目标，这说明，在某种程度上，慢慢灌输专业知识就是教学的本质。当然，完整的课程不能仅仅以研究专家能力的理论为基础，因为学生并不仅仅是一个空洞的专家。学生都具有特定的初步能力，教学应当以此为基础。通常，他们头脑中有一些根深蒂固的误解，需要我们去发现和根除。正因为如此，在将来的研究中更多地了解学习者入门状况和专家水平之间的中间阶段是非常重要的。例如，一些研究表明在专业能力的发展以及儿童的发展过程中，表现水平并不仅是经验的结果。在面对困难时，一个处在发展中间阶段的学习者可能表现得比专家、甚至比缺乏经验的学习者还要差，因为他们的知识结构正处于转变的阶段。

随着对人类能力发展的了解逐渐加深，教育实践的重点就从对事实的积累和通过讲授进行强化转向培养学生对结构化和整体性知识的掌握，因为在问题解决、推理以及高水平的表现中都要用到这样的知识。当个体从初学者变成高级学习者时，教学能够对由此带来的结构变化和过程变化做出反应，这就是教育从对人类表现的研究中获得的收益。而教育的创新，例如在有意义的情境中教学，培育程序化的知识，准确地评估知识结构，将有助于推动学生向专家的认识水平发展。

C. M. 蔡茨（C. M. Zeitz）著
R. 格拉泽（R. Glaser）
朱　瑾　伍新春　杜　蕾　译

附录

Brown A L, DeLoache J S 1978 Skills, plans and self-regulation. In: Siegler, R (ed.) 1978 *Children's Thinking: What Develops?* Erlbaum, Hillsdale, New Jersey

Chase W G, Simon H A 1973 Perception in chess. *Cognit. Psychol.* 4(1):55—81

Chi M T H, Feltovich P J, Glaser R 1981 Categorization and representation of physics problems by experts and novices. *Cognit. Sci.* 5:121—152

Chi M T H, Glaser R, Farr M (eds.) 1988 *The Nature of Expertise.* Erlbaum, Hillsdale, New Jersey

De Groot A 1966 Perception and memory versus thought: Some old ideas and recent findings. In: Kleinmuntz B (ed.) 1966 *Problem Solving: Research, Method, and Theory.* Wiley, New York

Hatano G, Inagaki K 1986 Two courses of expertise. In: Stevenson H, Azuma H, Hakuta K (eds.) 1986 *Child Development and Education in Japan.* W H Freeman, New York

Hatano G, Osawa K 1983 Digit memory of grand experts in abacus-derived mental calculation. *Cognition* 15:95—110

Kieras D E, Bovair S 1984 The role of a mental model in learning to operate a device. *Cognit. Sci.* 8(3):255—273

Kintsch W, van Dijk T A 1978 Toward a model of text comprehension and production. *Psychol. Rev.* 85(5):363—394

Koedinger K R, Anderson J R 1990 Abstract planning and perceptual chunks: Elements of expertise in geometry. *Cognit. Sci.* 14:511—550

Larkin J H, McDermott J, Simon D P, Simon H A 1980 Expert and novice performance in solving physics problems. *Science* 208:1335—1342

Lesgold A M, Lajoie S P, Logan D, Eggan G 1992 SHERLOCK: A coached practice environment for an electronics troubleshooting job. In: Larkin J, Chabay R (eds.) 1992 *Computer-assisted Instruction and Intelligent Tutoring Systems: Shared Goals and Complimentary Approaches.* Erlbaum, Hillsdale, New Jersey

Schmidt J A, McLaughlin J P, Leighten P 1989 Novice strategies for understanding paintings. *Applied Cognitive Psychol.* 3(1):65—72

Schneider W 1985 Training high performance skills: Fallacies and guidelines. *Human Factors* 27(3):285—300

Silver E A, Kilpatrick J, Schlesinger B 1990 *Thinking through Mathematics: Fostering Inquiry and Communication in Mathematics Classrooms.* The College Entrance Examination Board, New York

Simon D P, Simon H A 1978 Individual differences in solving physics problems. In: Siegler R (ed.) 1978 *Children's Thinking: What Develops?* Erlbaum, Hillsdale, New Jersey

Simon H A 1981 *The Sciences of the Artificial*, 2nd edn. MIT Press, Cambridge, Massachusetts

Voss J F, Post T A 1988 On the solving of ill-structured problems. In: Chi M T H, Glaser R, Farr M (eds.) 1988 *The Nature of Expertise*. Erlbaum, Hillsdale, New Jersey

Zeitz C M in press Expert-novice differences in memory, abstraction and reasoning in the domain of literature. *Cognition and Instruction*

Zeitz C M, Spoehr K T 1989 Knowledge organization and the acquisition of procedural expertise. *Applied Cognitive Psychol*. 3(4):313—336

课堂中的小组互动过程(Group Processes in the Classroom)

我们在前面已经讨论过,对人类的生存来说,合作是至关重要的,但在所有主要的社会机构中,学校似乎是最缺乏合作性的。然而,人们对在课堂中以合作小组作为一种有效的学习方式越来越有兴趣。之所以如此是因为人们逐渐认识到学习其实就是社会性相互作用的产物(如交谈促进学习)。因此,运用小组合作来实现全班教学、个别教学和小组教学之间更好的平衡已成为一种趋势。本词条论证了小组学习的合理性,描述了小组学习的各种模式,然后又介绍了小组学习过程,包括对学习最有效的几种谈话方式及促进或阻碍小组学习的因素。

1. 小组合作的合理性

两种不同的理论观点同时激发了人们对儿童小组学习的兴趣——来自认知心理学的发展性研究、来自社会心理学的动机性研究。

20 世纪 80 年代以来,发展心理学中对学习者的看法发生了很大的变化,从把学习者看作是"孤独的科学家"转变为把学习者视为是一个"社会性个体"(Bruner and Haste 1987)。社会性的学习者通过与他人的相互作用,获得解释经验的结构框架。换句话说,智力和学习的发展都是社会性相互作用的结果。

维果茨基(Vygotsky 1962, 1978)最强调认知的社会属性,他认为学习可以唤醒学习者的各种内部发展过程,而且只有在学习者与其伙伴合作或与其他人相互影响的环境中,这种内部发展过程才能启动。他关于最近发展区的观点指出,个体不需要帮助就能独立完成的事情和必须在更有知识的人帮助下才能完成的事情之间存在差异。"今天一个孩子在合作中学会的事情,他明天就能独立完成。"(Vygotsky 1962)这种帮助就是通常所说的"脚手架"。

然而,发展性研究关注的主要是合作活动中相互作用的质量,动机性研究强调的则是奖赏或小组成员共同的目标结构。这种研究角度是从早期的合作、竞争和个人目标结构中发展而来的,它强调的是,如果合作学习提高了每个学生的成就,那是由于合作奖励机制创造了同伴间的规范和对每个人努力的支持(Slavin 1987)。

2. 合作小组的类型

发展角度和动机角度的研究区分了很多类型的合作小组模式,涉及多样化的小组目标和假设。在这里我们不可能囊括所有类型,下面只介绍三种类型,以求有一个大致的了解:

2.1 学生小组成绩分享法(STAD)

把 4~5 个学生分成一组,组员在性别、能力等方面尽量异质而在种族等方面尽量同质。当教师讲完一节课后,小组共同学习以掌握本单元的学习材料。小组成员要经常就工作表上要求掌握的事实、技巧、信息等相互提问。

然后用个别测验对学生的掌握情况进行评价。测验成绩经加权后转换为小组分数,权重系统是根据个体以前的成绩和表现确定的。如果一个小组每周都得高分,或者长期以来积累了很高的分数,就要给予奖励或重视。

2.2 小组调查 (GI)

与 STAD 模式相比,设计小组调查这种模式是为了给学生提供丰富和多样的学习经验。它分为以下几个步骤:学生在教师限定的领域中确认一个子课题;接着学生组成 3~6 人的异质小组;小组成员共同计划学习任务(通常都是复杂的问题解决任务)、共同决定目标以及如何进行研究;小组收集必要的信息,对信息进行分析和评估,然后形成最终的报告、结果或总结;最后小组向全班汇报,并接受同伴和老师的评价。

2.3 互补性教学

互补性教学是在教师或学生的主持下，进行高度结构化的小组讨论。这种对话分四步进行：(a)主持人提出一个问题，小组回答；(b)主持人总结答案，小组再做出回应；(c)对出现的问题加以澄清；(d)主持人征求下一阶段要讨论的题目。总的来说，互补性教学是一个互动的教学过程，是以维果茨基提出的教师要和学生合作进行意义建构的观点为基础的(Palincsar and Brown 1984)。

沙兰(Sharan 1980)曾详细地比较了他称为“小组学习方式”的各种小组模式，并指出不同的小组模式之间存在显著差异。沙兰是从以下几方面来鉴别差异的：学习任务的性质、人际关系和沟通、活动结果的性质及评价、课堂的组织。

3. 对合作小组的研究

不论小组合作依据的理论基础和实践基础是好是坏，变化中的课堂模式总是会带来挑战。各个国家接受和推行的合作小组模式也各式各样，部分是由于各国当时支持合作教学实践的文化和思想形态不同所致。例如，在美国和以色列通常都是进行讲授式教学，因而研究者在研究、推行实验性小组方案上花了大量精力，希望将课堂上的学习情境从单一模式改变成多元的社会系统。相反，在英国的大多数小学，学生通常是以4～6人为一组，直接在社会性情境中学习，因此在英国的研究不是要改变学习情境，而是要进一步完善，因为它们原有的小组活动通常都不是合作性的，包含了许多任务外的互动而任务中的互动不够，甚至还存在明显的性别差异(Bennett 1991)。

研究目的的差异也反映在研究设计中。如美国和以色列的研究设计倾向于对小组模式的输入和输出进行评价，目的是确定这些模式是否有效，而不是确认哪种小组更有效。这种研究设计往往极大地忽略了小组合作的过程。然而，英国的研究却侧重小组过程(后来美国的研究也是如此)。

4. 成效研究

在学业成就和社会性发展方面，小组合作的作用令人印象深刻。无论是与竞争性目标结构还是与个别化的目标结构进行比较(Johnson D W and Johnson R T 1985)以及与班级授课制比较(Sharan and Shachar 1988)，还是在不同课程范围内比较(Slavin 1987)，研究都发现小组合作与成绩的进步或提高相关。

在社会和感情发展领域的发现也同样明显。多数评论家都认为小组合作可以增加人际互动，提高学生的自尊，促进学生之间的社会关系，尤其是对不同种族的小组和占主流学生而言(Slavin 1985，Cowie and Rudduck 1990)。

在这些方面，人们对于合作学习小组的有效性几乎没有异议。人们所争论的是什么年龄的学生，在何种学习情境下，何种学习任务中用何种小组模式最好。

5. 对小组互动过程的研究

直到20世纪80年代后期，一些关键问题，诸如什么才是有效的小组互动过程等才开始受到重视。虽然一些研究已经对小组谈话进行了详细分析，而另一些研究说明了小组谈话类型与成绩之间的关系，但这些研究作为一个整体还不成体系，缺乏积累。这一点可以从为分析小组谈话而设计的框架中清楚地看出来。

5.1 分类系统

设计或使用该系统是为了对小组的互动形式分类。分类系统既反映了研究的目的，又反映出分类时所使用的外显理论或内隐理论认为相互作用的哪些方面在分类时值得关注。当然除了分类系统的设计者，很少有人会明确地表述自己使用的是什么分类系统，而且同一研究者也常常为不同的研究设计不同的分类系统。

各分类系统所依据的理论观点也有很大差异。一些研究者采用的是“寻根式”研究方法(如反复阅读数据从中推导出类别)(Barnes and Todd 1977，Bennett et al. 1984)。另一些则从现有理论进行演绎推理，他们重点关注的理论包括社会语言学理论、帮助行为、人际吸引和儿童谈话理论。

试图从这些多样化的问题中建立一个统一的体系确实很不容易。下面一部分将要陈述的是关于小组互动过程我们已经知道些什么以及这些互动过程会带来什么影响。

5.2 小组互动变量

帮助行为是最常研究的互动变量。这种研究最先始于美国,是以短期的数学学习为任务的。这里对接受帮助和提供帮助进行区分是非常必要的。当需要帮助的学生得到有针对性的容易理解的解释时(而不是直接给答案),接受帮助行为有利于学习。有人认为这种帮助的效果实际上是一个连续体——接受解释有时是有益的,接受信息则会利弊兼有,而接受答案则一定是有害的(Webb 1989)。例如,如果帮助者为求助者提供的是相关的、容易理解的解释,只有在这种情况下接受解释才是有益的;而接受信息则往往是利大于弊,因为这样做帮助者比较容易形成完善的回答,而受助者也更容易理解;仅仅接受答案则会强化受助者的无知。

帮助者能从给予帮助中得到什么好处呢?在200年前,当第一个同伴辅导系统建立时,人们就认为助人者能够从提供帮助中受益就在于"教是学最好的老师"。现代的研究证实了这种说法,提供解释与取得的成就存在正相关。帮助者为了给别人做出解释,必须阐明自己的思想,将材料组织好,有时还要组织多次。因为,如果他最初的解释令人难以理解,他就必须重新组织思路,这时还可能要用上新的专业词汇、表征、例子和类别。所有这些都会巩固和扩展帮助者的知识。

提供和接受信息、解释并不是唯一有效的小组互动形式。练习、反馈和轮流承担任务等其他变量也会影响学习效果。此外,20世纪90年代,有人还试图将认知冲突的概念转化成课堂上的具体操作。这种尝试是基于皮亚杰的观点的,因为皮亚杰认为当和自己水平相当的人提出一种截然不同的解决办法时,个体通常会产生认知冲突,继而在认知发展上就会进步。许多实验室研究都证实了这种说法(Perret-Clermont 1980, Diose and Mugny 1984),但很少有研究在学校中用常规的课堂任务作为研究对象。

最后,值得指出的是,尽管不是一个严格的互动变量,但有越来越多的证据表明在以合作小组形式进行工作时会提高学生的卷入水平。比较小组活动和班级活动花费在任务上的时间,可以看到班级活动条件下花费在任务上的时间要少得多(Hertz-Lazorowitz 1990)。同样,比较合作小组和常规的课堂小组也会发现,学生在合作小组中的卷入水平更高(Bennett and Dunne 1992)。

5.3 非互动变量

小组互动过程的性质和成效还会受一些非互动变量的影响,如小组的构成、任务结构和训练。

5.3.1 小组构成

小组构成意指小组成员在能力、已有水平、性别、种族和人格等方面的比率或构成。

有研究比较了在儿童能力及已有水平方面同质和异质的小组,得到了较为一致的结果。那就是就互动过程的质量而言,各个类型的小组都有本质的差异。将低能力的同质小组与高能力的同质小组进行比较,就会发现前者在学习内容上互动的时间更少,对学习内容提出的问题更少,回答过程中准确性更差,给出的解释更少。毫无疑问,在结果测验中这组学生对任务的理解也就更差(Bennett and Cass 1988)。

相比之下,高能力的儿童无论在哪种类型的小组中都表现很好。他们更喜欢讨论,而且讨论更多的是学习内容。在小组中他们是主要的给予帮助的人,并且大多数的解释也是他们提供的。

对非合作性小组和合作性小组的研究都报告说,女生和男生在小组中会有不同的经历。一个研究表明,在男女生都有的小组中,超过80%的相互作用发生在同性别的学生中。

小组成员的性别比率会影响互动的数量和质量。美国和英国的研究都表明,在男生多于女生的小组中,女生谈得更少,推理水平也较低,并且常常被男生所忽视。在这样的小组中,男生比女生更能成功地获得帮助(Bennett and Dunne 1992, Webb 1989)。

对教师来说,小组构成中有两方面因素特别值得重视,一个是种族,另一个是人格,但目前这两方面都未得到普遍的重视。从前也有一些涉及种族的研究成果,但不是把它作为过程变量来研究的。人格变量也常常被忽视,原因可能是因其难以测量。

5.3.2 任务结构

人们一致认为任务的特点会对任务过程产生重要影响,但其作用到底是怎样的却不太清楚。研究通常没有就使用的任务和小组要求提供充分的说明,对任务或问题类型的划分却越来越丰富,如开放/闭合式、紧凑/松散式、简单/复杂式等。这些分类的名称虽然不同,但在意义上却很相近,如果把三种分类看作三个连续体,处于闭合的、紧凑的和简单一端的任务都有以下共同点:具体而明确、有唯一正确的答案、只需要低层次的思维。还可以按照任务是否需要抽象的行动交流来区分任务类型,其实就是课堂上数学任务和言语任务的典型差别。数学任务仅凭行动就可以交流,而言语任务却要求用口头表达解决问题,要探究其意思,最后的决定与是否做出行动无关(Bennett and Dunne 1992)。不过,迄今为止,还没有研究结果能够说明任务类型和学习成果的关系。

5.3.3 训练

人们通常认为在课堂上推行小组合作并不难,只要给学生分好组,再让他们注意合作就可以了。其实这样做很可能没有效果,而且还需要避免孩子们把自己定位为“搭便车的”、“寄生虫”或“领班”等角色(Salomon and Globerson 1989)。因此,相应的训练会影响小组互动过程的质量(Cohen 1986)。有研究者试图要评估不同类型的训练对小组功能的影响,但是目前的训练还远没有形成体系。

6. 结论

探讨课堂上小组合作的初期研究的特征是:关注教学效果,不注重过程,采用输入—输出的实验设计。第二代实验研究的重点由关注最终效果转移到观察有效小组的互动过程上。人们试图在理论指导下对过程进行分类,但对这一设想和具体的实施策略尚未达成共识。

有趣的是,人们对非互动性中介变量进行了更多的研究,但该方面的成果还很少。例如,虽然小组模式的范围和类型已经很明确,但根据小组互动过程对其进行比较的系统研究仍很少。同样,虽然研究者尝试对任务及其要求进行分类,但探讨任务和互动类型关系的研究却很少,对任务类型、要求与学习效果的关系的研究也不多。今后应优先考虑这些研究方向,但该研究领域的进展将有赖于就任务要求形成更成熟的理论观点。

人格特征对小组互动过程的影响也有待进一步研究,这又依赖于相关人格变量概念的明确与测量方式的成熟。

然而,也许未来需要解决的最重要的领域是合作学习如何有效地应用于课堂,尤其是教师在中间扮演着至关重要的角色。在以往的研究中,教师的作用往往被忽视,但正是教师控制着小组的过程和结果:教师建立了课堂管理系统,包括小组的构成;他们对学习任务进行选择、准备并呈现给学生;他们选择干预的频率和方式;他们决定何时给予评价和评价的方式。可见,如果不对教师和学生进行合理的指导和训练,他们可能就意识不到小组合作作为一种有效的学习情境的潜力。

N. 贝内特(N. Bennett) 著

朱 瑾 伍新春 杜 蕾 译

附录

Barnes D, Todd F 1977 *Communications and Learning in Small Groups*. Routledge and Kegan Paul, London

Bennett N 1991 Cooperative learning in classrooms: processes and outcomes (The Emanuel Miller Memorial Lecture 1990) *J. Child Psychol. Psychiatry* 32(4): 581—594

Bennett N, Desforges C, Cockburn A, Wilkinson B 1984 *The Quality of Pupil Learning Experiences*. Erlbaum Associates, London

Bennett N, Cass A 1988 The effects of group composition on group interactive processes and pupil understanding. *Br. Educ. Res. J.* 15:19—32

Bennett N, Dunne E 1992 *Managing Classroom Groups*. Simon and Shuster, London

Bruner J, Haste H 1987 *Making Sense*. Methuen, London

Cohen E G 1986 *Designing Groupwork: Strategies for the Heterogeneous Classroom*. Teachers College Press, New York

Cowie H, Rudduck J 1990 *Cooperative Group Work in the Multi-Ethnic Classroom.* BP Educational Service, London

Doise W, Mugny G 1984 *The Social Development of the Intellect.* Pergamon Press, Oxford

Hertz-Lazorowitz R 1990 An integrative model of the classroom: The enhancement of cooperation in learning. Paper presented at the American Educational Research Association Conference, Boston, Massachusetts

Johnson D W, Johnson R T 1985 The internal dynamics of cooperative learning groups. In: Slavin R E (ed.) 1985 *Learning to Cooperate, Cooperating to Learn.* Plenum Press, New York

Palincsar A S, Brown A L 1984 Reciprocal teaching of comprehension fostering and comprehension-monitoring activities. *Cognition and Instruction* 1(2): 117—175

Perret-Clermont A N 1980 *Social Interaction and Cognitive Development in Children.* Academic Press, New York

Salomon G, Globerson T 1989 When teams do not function the way they ought to. *Int. J. Educ. Res.* 13: 89—99

Sharan S 1980 Cooperative learning in small groups: Recent methods and effects on achievement, attitudes and ethnic relations. *Rev. Educ. Res.* 50(2): 241—271

Sharan S, Shachar H 1988 *Language and Learning in the Cooperative Classroom.* Springer-Verlag, New York

Slavin R E 1985 Cooperative learning: Applying contact theory in desegregated schools. *J. Soc. Iss.* 41(3): 45—62

Slavin R E 1987 Developmental and motivational perspectives on cooperative learning: a reconciliation. *Child Dev.* 58(5): 1161—1167

Vygotsky L S (ed.) 1962 *Thought and Language.* MIT Press, Cambridge, Massachusetts

Vygotsky L S 1978 *Mind in Society: The Development of Higher Psychological Processes.* Harvard University Press, Cambridge, Massachusetts

Webb N M 1989 Peer interaction and learning in small groups. *Int. J. Educ. Res.* 13: 21—39

家庭环境和学校学习(Home Environment and School Learning)

家庭环境是对儿童学业成绩影响最大的因素。直到20世纪70年代,研究还主要是关心学校学习与一些人口统计学变量的关系,如性别、社会经济状况、家庭规模、出生顺序等。70年代后,尽管人口统计学变量仍然受到关注,但研究的主要兴趣不再是描述两者的关系,而是分析这些人口统计学变量和其他变量影响学校学习成绩的过程。现在研究的人口统计学变量通常都与当前的家庭成员有关,如母亲的工作状况,父亲是否在家,母子互动、父子互动的时间各是多少等。这种研究兴趣的转变使人们倾向于研究比过去更广泛的变量。

1. 观点

关于家庭环境对学校成绩影响的研究,曾经几乎只是社会学家的研究领域,现在则吸引了越来越多的发展心理学家的注意(Hess and Holloway 1984)。由于所受的训练和研究传统的影响,社会学家对社会结构这个变量更感兴趣;而心理学家更关注对发生在家庭环境中的行为进行精细的分析。两种方法都很重要,二者的结合为研究家庭环境对儿童学校成绩的影响提供了更广阔的空间。

当代一些社会学家,如马里奥内班克斯(Marjoribanks 1979)、亚历山大和恩特威斯尔(Alexander and Entwisle 1988)曾试图将社会学方法与心理学方法融合起来。心理学家对环境因素如何影响心理过程(如动机、个性、性格、态度、信仰)而这些过程又如何影响学习的研究对社会学家的工作做了补充。帕克(Parke 1984)主编的研究论文集全面地展示了这些研究。

这方面的研究还得益于发展心理学家的工作,发展心理学家强调儿童发展状态的重要性。儿童年龄不同,家庭环境对其学习的影响也不同。各变量影响6~7岁儿童的方式和影响入学多年的儿童的方式是不同的。另外在这段时间里,家庭环境可能会发生巨大改变。如随着孩子长大,亲子互动会减少。在童年中期,父母花在照料孩子、与孩子互动上的时间不到子女在学前时的一半(Maccoby 1984)。随着孩子年龄的变化,其他变量,如有无父母、父母的教育程度等也会产生不同影响。不同类型家庭环境对儿童学校学习的利弊影响很复杂,但结合儿童发展的其他方面进行研究,这个问题也就变得相对容易了。

探讨不同文化中家庭环境如何影响学校学习,这是一个兼具实践价值和理论意义的问题,因而现在越来越受到关注。不同文化群体中的孩子在学业成就上常常有惊人的差异,这促使研究者对儿童的生活环境进行更深入的探究。一个受到更广泛关注的研究兴趣是,这些研究结果是否可以推广到各个不同的文化群体内和群体间。例如:在重视正规教育和不重视正规教育的文化中,父母帮助孩子完成家庭作业的时间是否一样多。对不同文化背景儿童之间学业差异的解释是否也适用于解释同一文化内的个体差异。

2. 家庭环境的变化

20 世纪后期,世界上所有的家庭生活都发生了重大变化。农业经济向工业经济转变,技术和自动化的飞速发展,传统家庭结构的瓦解,都对发展中国家和发达国家的家庭生活带来深刻的影响。许多文化中稳定的家庭生活的等级式组织已经让位给了父母和孩子角色的根本改变。传统的双亲家庭被单亲家庭取代,即使是在双亲家庭中,许多母亲也有全职工作,整个白天都不在家。在许多社会中,孩子上学期间做兼职工作的比例日益上升,这使原来就已经很高的子女独立性和亲子分离时间进一步增加。结果是家庭之外的许多因素在孩子的生活中扮演着越来越重要的角色。同伴代替了父母,成为其价值观和目标的主要来源,而孩子的学习更多地依赖于他们自己的社交环境,而不再是家庭生活。

这些重大改变要求对家庭环境进行新的定义。家庭不再是角色定义清晰的固定不变的结构,影响的方向也不再只是从家长到孩子,而是所有家庭成员相互影响的动态系统。这种观点给家庭影响的研究增添了活力,但直到现在,对家庭成员之间复杂的互动是如何影响学校学习的过程和结果的,还只有模糊的认识。

3. 家庭影响的传递方式

家庭环境的影响通过许多不同的方式传递给孩子。这些方式的范围广阔,从孩子生活的客观物理环境,到父母在抚养子女的过程中营造的主观心理环境。下面我们将一一探讨这些影响。

3.1　**物理环境**

人们历来很少注意到家庭物理环境对学业成绩的影响。在发达国家,各个家庭都理所当然地具备足够的空间、电力和其他现代设备,而在发展中国家,许多家庭甚至缺少食物和淡水等生活必需品,很难想像生活在这种不良环境中的孩子能在学校里有效地学习。在许多发展中国家,在几乎没有任何现代化设施的家庭环境中生活的农村人与生活在城市中的人有着显著差异,这种差异影响了孩子们在学校里的成就。

在发展中国家,如果家庭经济状况还不至于太差,父母都会把有限资源的大部分花在孩子的学费、书费和学校制服等方面。在更富足的社会里,同样的一笔教育费用不会对家庭生活的其他方面产生太多影响,相比之下,前者向孩子们所表达的父母对教育的重视程度远远高于后者。在发达国家,在家中给孩子提供学习的空间并不难,但在发展中国家,如果一家人原本就挤在一两间屋子里生活,为孩子腾出学习空间就意味着将限制其他人的活动。

在经济状况良好的家庭中,如果孩子在家里仍得不到一块安静的地方学习,或者得不到书桌或课本之类的必需品,则说明这个家庭缺乏对教育的支持。相对于不把教育摆在儿童生活的中心位置的社会而言,在重视教育的社会里较少发生上述情况。

3.2　**教养氛围**

在关于儿童的研究中,探讨家庭心理氛围与儿童发展的关系已有很长的传统了。鲍姆林德(Baumrind 1973)提出了一个得到普遍认可的观点,他描述了家庭氛围的两个重要维度:一个是家长指导和控制的程度，另一个是家长给予孩子的情感支持和鼓励的数量。有一系列的研究证明了教养经验对青少年高中的学习成绩有微弱但稳固的影响（Dornbusch et al. 1987，Steinberg et al. 1991）。来自“权威型”家庭（高支持性、高控制性）的学生平均分数最高，他们的成绩比其他来自“专制型”家庭（低支持性、高控制性）和“放纵型”家庭（低支持性、低控制性）的学生都好。

据推测，儿童教养情况与其他变量的作用会在一定程度上调节儿童教养与学校成绩之间的关系。例如权威型教养方式可预测青少年的自信和自主感。父母少量的控制和积极的情感支持可以帮助孩子形成竞争意识和自信心，这些特质恰恰对学业成功很重要。

已经有研究试图确认权威型教养方式的作用是否会超过文化群体的作用。多恩布斯等（Dornbusch et al. 1987）对美国儿童的研究结果表明，权威型教养方式对来自白人家庭的孩子最有效，对拉美裔青少年的成绩有很低的预测性，对亚裔和非裔青少年根本无预测性。埃斯和阿祖马（Hess and Azuma 1991 P. 4）对影响家庭氛围的两种文化传播方式进行了区分。一种是渗透式，即通过哺育、相互依赖和亲密的身体接触向儿童揭示成人的价值观，并且慢慢灌输使儿童做好准备去模仿、接受和内化这些价值观。另一种是教导式，即使用直接的指导、命令、经常对话和解释。日本的父母比美国的父母更不愿意充当教导者的角色，他们倾向于更多地依赖社会化中的模仿，而美国父母则依靠奖赏性的训练策略。

儿童在学校里的成功部分取决于母子互动对文化模式的适合程度，因为与文化模式适合的互动方式是与学校教学风格相吻合的。埃斯和阿祖马就发现日本儿童对本民族所怀有的崇敬之情与其以后的学业成绩有明显相关，而对美国孩子的研究却没有发现这一规律。美国孩子早期的独立性对其学业成绩是重要的预测因素，日本却不是如此。

3.3 父母的参与

随着入学儿童家庭背景的复杂化，家长和学校各自支持的价值观和目标越来越不一致。例如，许多本土文化群体中的父母更愿意相信，安静的孩子比健谈的孩子更好，而且更容易接受示范和其他非言语形式的指导。而学校的老师更希望学生用言语来表达自己，老师的教学也以言语指导为主。为减少家庭和学校两种教学风格的差异，有人尝试让家长多参与、多了解学校的活动。

家长参与程度的差异相当大。有时老师只是想告诉家长教学过程和实践，有时家长积极地参与意味着他们想要了解孩子每天的进步和家庭作业情况。家长参与的方式包括老师与家长的面谈，以及老师和家长每天用联系本进行交流，联系本靠孩子在学校和家庭之间传递。还有的时候，家长甚至要直接参与制定教育政策。

虽然父母的参与对孩子的教育有明显的好处，但很少有研究记录了哪些参与形式最实用。史蒂文森和贝克的研究（Stevenson and Baker 1987）是这类研究的典型。他们的研究发现，在家长与教师联合会、家长与教师见面会等活动中，家长的参与程度与孩子的学习成绩存在正相关。当孩子越小或母亲受教育程度越高时，家长的参与程度越高。

3.4 认知刺激和学业帮助

家庭环境对学校学习更直接的影响是通过认知刺激和在家庭作业上给予帮助来实现的。虽然在大多数社会中这个工作由母亲担当，但情况并不总是这样。在三世同堂的家庭中，这往往成为祖父母的责任。而在另外一些社会中，这是所有家庭成员，包括兄弟姐妹和其他亲戚的共同责任。

虽然所有的家庭都会提供认知刺激，但有的家庭提供给孩子的经验不足以帮助他们获得学业的成功。已经有研究提供了一些方法来指导这些家长弥补他们在帮助孩子学习上的不足，具体的方法有：和孩子谈话、做游戏，给他们讲故事，给他们玩具。有的计划还要求母亲加入到具有指导性和相互支持的活动中来。这些以家庭为单位的干预计划会促进孩子以后的学业成就，有时还能加强他们的认知功能（McCartney and Howley 1992）。比如让学生给他们的家长朗读课文，这样做对提高朗读技巧的作用要远远大于普通课堂指导。

家长提供给孩子的户外活动经验，包括带孩子逛街、去动物园、参观博物馆和图书馆，都会刺激孩子认知的发展。这些关于日常知识的非正式学习机会可以增加孩子所获得的一般信息量,该因素被认为能预测诸如阅读、语言艺术等科目的技能。

家长给孩子的直接帮助对孩子家庭作业的影响有多大,这个问题我们目前的了解还很少。普遍认为家长的参与和兴趣是学业成功的一个重要成分,但参与的形式又各有不同。在发达国家,当孩子还在小学时,绝大多数家长能直接辅导孩子的功课,但一旦读到高年级,就很少有家长可以给予帮助了。因此,家长表达关心孩子学习和对孩子的学习感兴趣的方法就是监督孩子做功课,或是用创造性的方法引导孩子学习。在许多社会中一些母亲被称为"教育母亲",这并不是说她们直接教孩子功课,而是传递给孩子信息使其对教育产生兴趣,并支持孩子努力达到目标的行为。

用做家庭作业的方式对课堂所学内容进行练习,这种做法的价值在不同的文化群体中是不一样的。史蒂文森等(1990)通过比较白人、黑人和拉美裔家长,发现了显著的差异。当问家长增加家庭作业量对提高小学生成绩的价值时,有88%的黑人母亲、74%的拉美裔母亲肯定了这种做法,而只有46%的白人母亲做出了肯定的回答。除此之外,事实上,根据孩子老师的评估,就前一周给孩子布置的作业而言,少数人种学校的孩子完成作业所需要的时间是全白人学校的孩子所需时间的两倍。

3.5 信念和态度

更微妙的影响来自父母对于家庭环境影响学校学习的方式所持有的信念和态度(Goodnow and Collins 1990, Miller 1988)。几种观点都证明了家庭成员持有的信念影响了孩子的发展,以及这种影响又如何与孩子在学校里的成功相关。

家长对孩子学业进步的期望和满意度是目前研究的焦点之一。在对中国和美国的亲子研究中,陈和乌塔尔(Chen and Uttal 1988)发现了中国孩子学习得高分的原因。他们在研究中询问各位母亲,如果一次考试的满分是100分,平均分是70分,希望自己的孩子能得多少分,两国的母亲都做出了大致相同的积极期望,但当被问及孩子得多少分才能使自己满意时,美国母亲报告的分数比期望值低,而中国母亲报告的分数比期望值高。高标准对建立高水平的成就动机很重要,如果标准太低,孩子很快就会觉得自己达到了父母和老师对自己的要求,从而停止激励自己继续努力。

关于先天能力和后天努力对孩子成功的作用问题,家长也有明确的信念。所有文化中的家长都承认努力的重要性。不同的是,不同文化中的家长认为先天能力对孩子成就的限制程度不同。史蒂文森和李(Stevenson and Lee 1990)对学生成绩进行了跨文化研究,其中一部分是研究中国台湾地区、日本和美国的母亲对能力和努力的作用的认识。中国和日本的母亲比美国母亲更看重努力的作用,相反,美国母亲比中国、日本的母亲更看重先天能力的作用。对先天能力的过分强调会削弱孩子努力学习的动机,老师、家长和孩子都会认为高能力的孩子不需要努力就可以取得好成绩,对能力差的孩子来说,即使努力学习也没有用。

在学业成就方面,对能力、努力的信念和态度还跟性别差异有关,特别是在数学学习上。埃克尔斯(Eccles 1983)曾指出高中男女生数学成绩的差异,最根本的是由对能力的不同信念以及参加课程、活动的种类不同而造成的。许多父母认为男孩天生就在数学上更有能力,他们相信男孩付出较少的努力也可以取得比女孩更好的数学成绩,他们对男孩的数学成绩寄予的期望也较高。即使是在小学,男女生成绩大致相同时,家长也这么想。这种认为数学能力有性别差异的观念存在于各种文化中,即使在中国台湾地区、日本这些成就取向的地方也不例外(Lummis and Stevenson 1990)。

4. 结论

虽然了解家庭环境与学校成绩的关系对政策制定者来说具有重要的实际意义,但相关的研究还只是零散、不完整的。而且这些研究主要是在西方国家进行的,对其他文化环境中的政策制定没有多少价值。关于进一步拓展这些研究的需求是很强烈的。现在已经有研究开始对分类变量(如社会经济阶层)的意义进行提炼。然而,对经济地位和社会地位影响学校学习的方式还不是很清楚。家庭环境的概念也得到了扩展,囊括了诸如信念系统、家长参与等重要因素,但对这些主题的研究还需更加系统化和连贯化。

要区分家庭环境中影响学习的直接因素和间接因素将是一个漫长的过程。但是，随着纵向研究和跨文化研究的增多，对家庭特征和儿童发展的关系越来越感兴趣，出现了探讨影响家庭环境和学校学习关系的中介变量的研究趋势。对于这一重要课题，人们将获得更全面的研究成果。

A. J. 富里革尼(A. J. Fuligni)
H. W. 史蒂文森(H. W. Stevenson) 著
朱 瑾 伍新春 杜 蕾 译

附录

Alexander K L, Entwisle D R 1988 Achievement in the first two years of school: Patterns and processes. *Monogr. Soc. Res. Child Dev.* 53(2):1—157

Baumrind D 1973 The development of instrumental competence through socialization. In: Pick A D (ed.) 1973 *Minnesota Symposium on Child Psychology*, Vol. 7. University of Minnesota Press, Minneapolis, Minnesota

Chen C, Uttal D 1988 Cultural values, parents'beliefs, and children's achievement in the United States and china. *Hum. Dev.* 31(6):351—358

Dornbusch S, Ritter P, Leiderman P, Roberts D, Fraleigh M 1987 The relation of parenting style to adolescent school performance. *Child Dev.* 58(5):1244—1257

Eccles J 1983 Expectancies, values, and academic behaviors. In: Spence J T (ed.) 1983 *Achievement and Achievement Motivation*. Freeman, San Francisco, California

Goodnow J, Colins W A (eds.) 1990 *Development According to Parents: The Nature, Sources, and Consequences of Parents' Ideas*. Erlbaum, Hove

Hess R D, Azuma H 1991 Cultural support for schooling: Contrasts between Japan and the United States. *Educ. Researcher* 20(9):2—8

Hess R D, Holloway S D 1984 Family and school as educational institutions. In: Parke R D (ed.) 1984

Lummis M, Stevenson H 1990 Gender differences in beliefs and achievement: A cross-cultural study. *Dev. Psychol.* 26(2):254—263

Maccoby E 1984 Middle childhood in the context of the family In: Collins W A (ed.) 1984 *Development During Middle Childhood: The Years from 6 to 12*. National Academy Press, Washington, DC

Marjoribanks K 1979 *Families and Their Learning Environments: An Empirical Analysis*. Routledge and Kegan Paul, London

McCartney K, Howley E 1992 Parents as instruments of intervention in home-based preschool programs. In: Okagaki L, Steinberg R J (eds.) 1992 *Directors of Development: Influences on the Development of Children's Thinking*. Erlbaum, Hillsdale, New Jersey

Miller S 1988 Parents' beliefs about their children's cognitive development. *Child Dev.* 59(2):259—285

Parke R D (ed.) 1984 *Review of Child Development Research. Vol. 7: The Family*. University of Chicago Press, Chicago, Illinois

Steinberg L, Mounts N, Lamborn S, Dornbusch S 1991 Authoritative parenting and adolescent adjustment across varied ecological niches. *J. Res. Adol.* 1(1):19—36

Stevenson D, Baker D 1987 The family-school relation and the child's school performance. *Child Dev.* 58(5):1348—1357

Stevenson H W, Chen C, Uttal D 1990 Beliefs and achievement: A study of Black, White, and Hispanic children. *Child Dev.* 61(2):508—523

Stevenson H W, Lee S Y 1990 Contexts of achievement: A study of American, Chinese, and Japanese children. *Monogr. Soc. Res. Child Dev.* 55(1,2):1—116

其他参考文献

McAdoo H P, McAdoo J L (eds.) 1985 *Black Children: Social, Educational, and Parental Environments*. Sage, Beverly Hills, California

Mussen P H, Flavell J, Markman E (eds.) 1983 *Handbook of Child Psychology. Vol. 4: Socialization*,

Personality, and Social Development. Wiley, New York
Rooparnine J L, Carter D B 1992 *Parent-Child Socialization in Diverse Cultures*. Ablex, Norwood, New Jersey
Stevenson H W, Stigler J W 1992 *The Learning Gap: Why our Schools are Failing and What We Can Learn from Japanese and Chinese Education*. Summit, New York

认知结构(Architecture of Cognition)

1970年前后,来自世界各国的心理学家尽管他们所持有的理论观点和研究方法各不相同,但他们对于认知结构的基本功能以及认知结构是如何运作的问题达成了一致性的意见。该领域的先驱西蒙把这种共识称作"标准认知模型"(Simon and Kaplan 1989)。这种观点先是统一了认知心理学,然后又把心理学融为一个整体。自20世纪70年代以后,从临床心理学到教育心理学,心理学的主流都是以认知为基本立场的。坚持标准的认知结构模型是这种取向的核心。本词条将描述这个标准模型。当然,波斯纳的著作(Posner 1989)对认知结构有更详细的讨论。安德森编写的教科书(Anderson 1990)就是标准模型被发展成不同形式的翔实的认知基础的一个实例。

1. 中心功能——学习和记忆

记忆是认知的核心功能。所有受到注意的信息都会作为记忆的部件被记录下来。这个过程是自动的、无意识的、无需太多的努力。所有被注意到的各种信息被记录到记忆存储中的几率是相等的。学习的效果不取决于是否决定要学习某事物,而在于是否决定给予其注意。学习有赖于注意,其证据来自对情景记忆的研究,情景记忆显示出学习者除了抽取自己想要的信息外,还会抽取感受、心情、身体状态、房间光线等信息。这些信息不仅会被记录下来,而且还会与有意识学习的信息紧密联系起来。当学习者处在与学习时相同的心情或身体状态时,对有意学习的信息的回忆效果会更好(Bower 1978)。

2. 暂时强度和长时强度

各记忆部件在暂时强度和长时强度上有差异。一个部件的暂时强度也被称为激活水平。只有被激活的部件才可用。因为激活作用的总量是十分有限的,任何时候都只有很少一部分记忆部件能达到足够的暂时强度而被提取,其他部件都处在潜伏状态中。当不再注意该记忆部件时,该部件的激活水平迅速转入潜伏水平。

一个被激活的部件可以把激活作用传递给与它相关的其他部件。如果传递来的激活作用足够强,接收激活作用的部件长时强度足够大,那么,即使处于潜伏状态的相关部件也可以被激活。语义启动效应就可以用激活沿相关路径传递的观点来解释。在一个短暂呈现的词的前面用一个语义相关词或一个语义无关词进行提示,用语义相关词提示的情况下,对第二个词的正确辨认优于用语义无关词的提示。比如"护士"在"医生"后出现时,对"护士"的正确辨认率会比其出现在"律师"后的情况下高。这是因为"医生"、"医院"等将激活作用传递给了与其相关的部件上,将"护士"提前激活。

一个记忆部件的长时强度随着使用而增加,但随着练习进行,增加量会逐渐减小。如果长期不使用或遗忘,部件的长时强度将消失,其变化趋势为递减函数。一个部件从潜伏状态中被唤醒的难易程度和它在激活时所能传递的激活作用都是由其长时强度决定的。

3. 工作记忆和长时记忆

我们通常说正在受到注意的信息处于短时记忆或工作记忆中,这种记忆是不同于长时记忆的(Baddeley 1986)。认为记忆部件的可提取性是一个变化的连续体,这种观点是非常有价值的。正被注意的部件处于这个连续体的一端,最容易提取,另一端是潜伏状态中的部件。处在二者之间的是一些现在没有被注意的部件,但它们之前曾被注意过、现在仍与当前情景有较强的有效关联,这样的部件不用进行大量搜索就能重新提取。可以说当前处于注意焦点的信息以及与其有关的易重新提取的信息都处于工作记忆中。很难准确地测量一个人在同一时间能注意到多少信息单元(又称为组块),但这个数字肯定比米勒(Miller 1956)提出的著名的"7 +2/ -2"的范围要小。相对来说,3 +1/ -1 的范围更现实一些(Wickelgren 1976)。

4. 心理运算

思维的心理运算(如注意、排序等)就是在工作记忆中对部件的信息进行操作。心理运算需要注意的参与,并且注意资源的有限性是人的心理结构的基本特征。思维的速度和准确性取决于相关心理运算的长时强度。心理运算也跟所有的存贮信息一样,随着练习的增加,强度也增加。执行过程越自动化,所需的注意资源越少。需要监控的过程就被称作"受控过程"。要灵活地适应复杂且不断变化的环境要求就需要高度自动化的心理运算以及相关的记忆部件有较高的长时强度。

5. 记忆中信息的组织化

除了部件的强度和自动化程度外,记忆中表征的准确性和信息的组织方式这两个因素也决定着能否成功适应。很明显,如果对情境的表征方式不正确则会导致适应失败(错误概念越坚固,越不能适应)。满足了准确性后,成功适应的决定性因素就是记忆内容的组织有效性。组织的有效性就是合理利用两种基本认知趋势的程度。一种趋势是关联的趋势,即相关信息结合成束以便整体激活。在这种情况下,处于注意焦点的信息都被联系起来,这样当随后某部分被激活时,激活作用可扩散到其他潜伏部分。一部分可以诱发其他部分,整体可以诱发缺失部分。这些信息之间的新联系可能是内容上的(比如一个是另一个的上位概念),也可能很随意(比如只是单纯的临近),但所有的关联都有利于激活的扩散。很多重要的记忆现象背后都隐含着这种联结原理。当记忆中的信息得到额外材料的辅助而进行了更精细的加工时,记忆的效果就会更好。精细化的信息为提取新的记忆部件提供了更多的途径。因为扩展学习和训练提供了丰富的学习情境且可以进行更多样化的精加工,所以会产生更好的长时效果。学习环境和测验环境越相似,记忆成绩就越好,这个事实也可以用记忆功能的基本联结趋势来解释。

有效的学习包含着对将来如何使用所学材料的预期。有效学习就是合理迁移的过程。如果学习者对学习内容将来的使用情况知道得越少(如测验题目的形式),他们在学习时就会更多地进行多样化的精加工。如果学习者对将来的情境知道得越多,他们就更可能在学习时进行简单的模仿。

人类认知的第二个基本趋势是将信息纳入分层组织的结构图式中,这种趋势在知觉、表象、言语、回忆、运动技能、问题解决和其他许多方面都普遍存在(Anderson 1990)。这种分层的结构图式将属于某一事件(如看牙医)、客体(如房屋)或活动(如加法)的含有大量不同事例的一般概念有效地组织到一起。在这个树形结构图式中,最顶端的是更概括的信息,它的每个分支以及更下层的分支所包含的信息越来越具体和特殊。我们以房屋为例,它是人造物体(最上端节点),有的房屋有遮蔽物(分支),有屋顶的房屋就是一种有遮蔽物的房屋(下层分支),这种房屋还可以分成许多种类(更下层分支)……

层级结构是一种重要的基本趋势,只有将一系列的材料用这种方式排布,图式的结构才能正确而高效,才比其他可能的组织方式更具竞争优势。层级图式使推理性回忆成为可能。当回忆不是从记忆当中提取,而是依据图式演绎而来,那么这种回忆就是推理性的(如我看到的那所房子一定有屋顶,虽然当时我没有留意)。图式对将要学习的信息的结构化精加工也有很强的指导作用(如研究一所房子的轮廓)。最后,在加工新的复杂信息时,依据图式分层排序还是实现注意经济化的重要工具。形成有效图式后,个体就知道了通常情况下应该期待和寻找什么。

6. 知觉

知觉是通向现实的门户。从感觉通道进入认知系统的信息都会首先在特定感官的感觉记忆中登录,储存下大量信息。尽管这些信息的储存时间很短,但已经足够将其复杂的模式分析成一系列基本特征,再将这些特征结合成整体,以便于记忆

(如判断这是一本书)。这就是模式识别。虽然模式识别可达到高度自动化,但原则上还需要注意的参与。模式识别的学习也遵从练习律。

知觉的另一个重要功能是形成对客体之间的空间关系表征,以及对我们位置与运动的表征,并不断更新。知觉是对此时此地输入的感觉信息(自下而上的加工),知觉情境中的背景信息,头脑中的一般知识,包括期望、图示等(自上而下的加工)进行整合,这在理论上是非常有趣的过程。然而对它的研究还不很透彻。如果从生物进化会塑造人类运动和活动的角度考虑,许多知觉过程(如深度知觉)就比较容易理解。因为知觉和运动是分不开的。

7. 情绪和动机

人类的认知不是冷漠无情的。情绪和动机是认知结构中的重要功能,情绪的产生本身就是一种信息,同样会被记录,并和其他信息产生联系。人类对有些事情是时刻关注的(如生存),而且会自动地对输入的信息进行评价,看其中是否包含和自己所关心的事相关的信息。如果有,就会跟着产生对特定行为的准备(如逃跑),其中包括情绪反应(Frijda 1986)。情绪和动机对认知的影响似乎主要是通过注意分配来调节的。研究已经广泛证明学习的目的不会影响学习量。然而对低动机学习者的观察推翻了这一结论,原因很简单,即使是低动机的学生,在学习的过程中也会不断学习并记住那些进入注意焦点范围内的东西。正如前面提到过的,这并不是因为选择性的记录活动是自动化的,而是人的控制性注意在起作用。如果一个人在学习时对所学知识产生了困惑,他的注意力就会分散在教学和他自己的独特想法这两方面,二者都可能被他记住了一部分。但如果正在进行的是更复杂的心理活动,则强烈的情绪会使活动中断,因为情绪本身和与其相关的思维将占用全部资源。

8. 执行功能

虽然我们已经清楚,当认知发展成熟时,有几种执行功能(如对正在执行的操作的监控、对活动是否继续进行产生决策等)是例行的,但我们仍不清楚这些功能在认知结构中的定位。一种观点认为这些功能集中在一个子系统——执行子系统中,负责监控加工进程。这种观点存在难以解释的问题,其中一个问题是该监控系统如此智能化,必定需要一个复杂程度更高的执行机制来控制它。这就是所谓的"侏儒问题"。研究表明,为使执行功能正常运行,必须对监控活动进行训练(Brown 1975)。这又要说到第二种结构学观点,该观点认为对认知的控制功能分布在所有的记忆部件中,这些部件可以具体而详细地指导策略、计划和图式等心理活动。

J. 艾斯豪特(J. Elshout) 著

管 琳 伍新春 杜 蕾 译

附录

Anderson J R 1990 *Cognitive Psychology and its Implications* (3rd edn.) W H Freeman, New York

Baddeley A D 1986 *Working Memory*. Clarendon Press, Oxford

Bower G H, Monteiro K P, Gilligan S G 1978 Emotional mood as a context for learning and recall. *J. of Verbal Learn. Verbal Behav.* 17(5):573—585

Brown A L 1975 The development of memory: Knowing, knowing about knowing, and knowing how to know. In: Reese H W (ed.) 1975 *Advances in Child Development and Behavior*, Vol. 10. Academic Press, New York

Frijda N H 1986 *The Emotions*. Cambridge University Press, Cambridge

Miller G A 1956 The magical number seven, plus or minus two: Some limits on our capacity for processing information. *Psychol. Rev.* 163:81—97

Posner M I 1989 *Foundations of Cognitive Science*. MIT Press, Cambridge, Massachusetts

Simon H A, Kaplan C A 1989 Foundation of cognitive science. In: Posner M I (ed.) 1989 *Foundation of Cognitive Science*. MIT Press, Cambridge, Massachusetts

Wickelgren W A 1976 Memory storage dynamics. In: Estes W K (ed.) 1976 *Handbook of Learning and*

Cognitive Processes, Vol. 4. Erlbaum, Hillsdale, New Jersey

学习中的注意(Attention in Learning)

教师们每天都要用到"注意"这个词。

每个人都知道什么是注意,它是一种清晰而生动的心理过程。注意使一个对象或一种思绪从同时产生的几个对象或思想中脱离(突出)出来。它的本质是聚焦、专心与意识性。注意意味着为了更有效率地完成某些事情,而放弃其他事情(James 1890 P. 403 ~404)。

1. 背景

19 世纪的心理学家已经意识到,注意对于选择与引导知觉和学习的重要性。但在 20 世纪的大部分时期,占统治地位的学校研究对注意都不感兴趣,如格式塔学派和行为学派皆是如此。格式塔学派心理学家关心的是知觉,他们并不需要注意之类的概念,因为他们假设环境刺激和脑皮层的表征是同形的。行为主义心理学家尽管对研究学习行为有着异乎寻常的兴趣,但主要是研究简单学习任务中的刺激—反应,主要涉及记忆。他们并不重视内在心理过程,因为他们假设行为是学习者对外界刺激的被动反应。学习者唯一的主动行为就是为得到后继强化而产生的外显反应。

相反,从 20 世纪 70 年代早期开始,来源于神经生理学和认知心理学的新领域——认知科学认识到学习者内部的认知活动对学习具有至关重要的影响,并且观察到有时被试选择知觉刺激的方式并不像实验原本设计的那样(Underwood 1963)。这种刺激的选择就是"注意"。

在 20 世纪 80 年代后期,动机在注意过程中的作用受到重视。甚至"意志"这个在 30 年代就被动机心理学弃用的概念,因为与注意的集中和强度有关而被重新发掘出来(Heckhausen 1988)。

2. 理论模型

神经生理学研究指出注意过程产生于大脑的许多区域,不过有些区域会显得特别重要,如注意到的感觉信息在顶叶进行加工;海马区的大脑组织在短时注意中发挥作用;额叶在有计划的行为中扮演着中心角色。即使这样,人们对复杂的注意过程(如阅读中的注意过程)与基本的神经功能有什么联系还是不清楚(Friedman et al. 1986)。

对进入感觉系统的刺激物的选择以及对来自记忆的刺激物的选择都与注意有关。注意的理论模型假设对刺激的选择可能发生在刺激进入感觉系统时,也可能发生在对信息进行分析的中央系统。选择是必须的,因为刺激都要寻找通向信息加工结构的途径,形成瓶颈效应(即结构干扰模型的观点),或是因为刺激都在彼此争夺有限的注意资源(即资源竞争模型的观点)。认知科学的一个基本假设是把注意看作一种资源容量(Kahneman 1973, Posner 1978)。同时还假设在注意容量上会有个体差异,而且因为资源的限制会出现注意短缺的现象。所谓资源限制就是指注意容量小,或在某个特定活动上分配的容量小,或是输入信息不足(如没有充分的相关任务的信息)所导致的后果。

注意在短时记忆和工作记忆中扮演着输入及加工选择器的角色,在把注意当作控制视觉空间和声音系统的中央执行系统的模型中,这一角色的重要作用得到了充分的肯定(Baddeley 1986)。这种中央处理系统究竟是一个一元的综合处理器,还是包含了多个各具不同能力的子处理器,这个问题一直为人们所争论(Barber 1989)。这种观念暗示着不同种类和数量的任务可以同时被注意。

目前已经分出两种注意成分:不随意注意,也叫"唤醒"或"朝向反应"(Sokolov 1990),主要是对刺激的短期反应;随意的、紧张的注意,这需要个体有更强的主动性,持续的时间也更长。认知心理学和教育心理学主要关心的是随意注意,特别是持续性的随意注意,不过唤醒在激活持续注意时也起到了重要作用。

在 20 世纪 80 年代晚期,注意模型和动机、能力等概念联系起来。比如坎费尔和阿克曼(Kanfer and Ackerman 1989)就把能力的个体差异定义为注意资源的差异。他们区分出动机对于注意的三种影响,即:指引着行为和控制的方向,强度,坚持性。

越是困难的任务越需要更多的注意资源，并且掌握复杂的技能必须有持续注意的参与。动机和意志力量支持了这种长时注意资源的分配。

3. 测量

虽然在心理学领域中各种注意模型都是具体定向的，但神经科学方面的研究通过记录脑电波、脑血液流量和心率，为定义和测量注意提供了帮助。心理学对注意的测量方法包括对个体的观察和让个体进行回忆。在课堂环境中，教师或者观察者对学习者进行观察，根据分类量表给个体的注意程度划分等级，这是一种广泛使用的测量方法。通常认为目光接触是测量注意力的一个很好指标。另一种广泛应用的方法是通过能促进个体自我观察的刺激或提问，让个体回忆注意过程。这种测量方法只能粗略地反映注意，因为被试可能在报告时作假，或者因为注意强度的差异而缺乏敏感性，从而使结果不精确。

4. 对教学环境的实证研究

在实验室外对注意的实证研究，就是在教学环境中关注阅读的教与学，以及关注有学习障碍或注意力缺陷的儿童。

很多研究都关注于将持续的随意注意和短时随意注意、短时不随意注意进行比较，特别是比较正常人与有学习障碍、智力迟钝和多动的学习者在这三种注意方面的差异。研究发现这几组被试在短时反应上没有差异，但有学习障碍、智力迟钝和有多动行为的学习者，他们的持续性随意注意的时间都比较短，也就是常说的"注意缺陷"或"易分心"。这种注意的差异在学校的学习情境中会比在课堂外的非学习情境中表现得更加突出。持续注意也是任务定向的，这决定了动机和意志在学习过程中的重要性。

对于阅读的实证研究表明，工作记忆容量对于阅读技能的发展是一个非常重要的因素。有实验在正使用的线索之间出示视觉或声音的分心刺激，如单词。结果发现，对那些年幼和能力不足的阅读者来说，选择相关信息会比较困难。而那些记忆力和理解能力较强的被试似乎都有更有效的选择性注意策略。维特洛克（Wittrock 1986）报告说，如果用一些定向刺激（如在文章中提问）引导阅读者的注意，则可以提高对文章的理解水平。加在有关文字之前的问题有助于逐字逐句地学习，这说明这些问题帮助读者把注意力集中在相关细节上。在文章最后加入的问题需要读者在工作记忆中回忆和重新加工，而且往往使注意变得更加广泛。先澄清学习目标将有助于把注意集中在相关信息上，相对于能力强的阅读者来说，在这种指导下，能力较差的阅读者能够受益更多。

一个特定任务需要多少注意，对信息的加工速度可以有多快，这些都取决于个体已经具有的相关知识和技能。任务的要求以及对任务的熟悉程度是决定完成该任务速度的重要因素。随着对任务的练习，处理任务的过程中所需要的注意资源会渐渐减少，似乎注意资源也会渐渐变得"感觉迟钝"。对认知加工自动化的研究表明，经过反复练习的任务比那些新的任务需要更少的注意资源，从而使人可以同时处理多个任务（Beech 1989）。对注意努力和学业成绩来说，对注意过程的自我管理（包括自我效能）是一个很重要的影响因素（Bandura 1988，Zimmerman and Schunk 1989）。

5. 研究结果对教与学的启发

目前，已开发出能够提高持续性随意注意的各种认知教学策略。提高不随意注意（或唤醒）最常用的方法是使用能吸引学习者的教学材料。插图及版面设计往往可以引起兴趣和注意。

增加注意最常采用的方法是奖励注意行为，这是行为主义者的传统。很多行为矫正研究都提供了成功的经验。还有的策略是通过限定所提供刺激的数量以增强注意。减少与任务无关的信息和分心刺激，往往可以使学习者将注意力明确地集中在组织学习任务上。

上述策略把学习者当作被动的个体看待，而认知策略则以主动的学习者为中心，教给学生自我帮助的方法以形成选择性注意策略和持续性随意注意。目前最广泛使用的训练选择性注意策略的方法就是快速阅读。而训练持续性随意注意则主要是用自我言语指导，比如说"停、看、听"。

通常,要想在课堂环境中提高持续性随意注意,采用认知策略往往比那些把学生视为被动个体的方法强。对主动学习、动机、刺激选择的认知策略和自我控制的研究,已经为课堂教学提供了大量的有用工具。

6. 研究的发展方向

在认知科学中,关于注意过程的研究受到了足够的重视,在模型建立和基础研究上已经取得了重要的进步。虽然已经有一些相应的研究涉及了课堂,但还需要以最新的注意理论模型为基础,更多地在真实的课堂环境中研究注意的过程。另外,多数应用研究都以学习障碍者为对象。除阅读方面的研究之外,对一般学习者的研究,除了观察他们花在任务上和非任务上的注意时间外,就再也没有其他的研究了。

注意研究同样需要被整合到更广泛的教与学的理论模型(Wittrock 1991)和学校学习模型(Harnishfeger and Wiley 1977,1985)中。这样就可以针对教学的重要方面进行注意研究,也可以研究那些在能力、前知识、学习风格、动机方面异质的学习群体。认知心理学已经在更新能力概念方面有了长足的发展,并且将这方面的成果和动机、工作记忆的过程联系起来,强调了注意的核心作用。

A. 哈尼萨夫革(A. Harnischfeger) 著
朱 瑾 伍新春 杜 蕾 译

附录

Baddeley A 1986 *Working Memory*. Clarendon Press, Oxford

Bandura A 1988 Self-regulation of motivation and action through goal systems. In:Hamilton V, Bower G H, Frijda N H (eds.) 1988 *Cognitive Perspectives on Emotion and Motivation*. Kluwer, Dordrecht

Barber P J 1989 Executing two tasks at once. In:Colley A M, Beech J R (eds.) 1989 *Acquisition and Performance of Cognitive Skills*. Wiley, New York

Beech J R 1989 The componential approach to learning reading skills. In:Colley A M, Beech J R (eds.) 1989 *Acquisition and Performance of Cognitive Skills*. Wiley, New York

Friedman S L, Klivington K A, Peterson R W (eds.) 1986 *The Brain, Cognition, and Education*. Academic Press, San Diego, California

Harnischfeger A, Wiley D E 1977 Kernkonzepte des Schullernens. *Zeitschrifür Entwicklungspsychologie und Pädagogische Psychologie* 9: 207—228 (1978 Conceptual issues in models of school learning. *J. Curric, Studies* 10(3):215—231)

Harnischfeger A, Wiley D E 1985 Origins of active learning time. In: Fisher C W, Berliner D C (eds.) 1985 *Perspectives on Instructional Time*. Longman, New York

Heckhausen H 1988 *Motivation und Handeln*. Springer-Verlag, Berlin (1991 [trans. Leppmann PK] *Motivation and Action*. Springer-Verlag, Berlin)

James W 1890 *The Principles of Psychology*, Vol, 1. Dover, New York

Kahneman D 1973 *Attention and Effort*. Prentice-Hall, Englewood Cliffs, New Jersey

Kanfer R, Ackerman P L 1989 Dynamics of skill acquisition: Building a bridge between intelligence and motivation. In:Sternberg R J (ed.) 1989 *Advances in the Psychology of Human Intelligence*. Erlbaum, Hillsdale, New Jersey

Posner M I 1978 *Chronometric Explorations of Mind*. Erlbaum, Hillsdale, New Jersey

Sokolov E N 1990 The orienting response and future directions of its development. *Pavlov J. Biol. Sci.* 25 (3):142—150

Underwood B J 1963 Stimulus selection in verbal learning. In: Cofer C N, Musgrave B S (eds.) 1963 *Verbal Behavior and Learning: Problems and Processes*. McGraw-Hill, New York

Wittrock M C 1986 Education and recent research on attention and knowledge acquisition. In:Friedman S L, Klivington K A, Peterson R W (eds.) 1986 *The Brain, Cognition, and Education*. Academic Press, San Diego, California

Wittrock M C 1991 Generative teaching of comprehension. *Elem. Sch. J.* 92:169—184

Zimmerman B J, Schunk D H (eds.) 1989 *Self-regulated Learning and Academic Achievement: Theory, Research, and Practice.* Springer-Verlag, New York

双语(Bilingualism)

研究者已经从语言的获得、认知和社会心理学的角度探讨了双语问题。另外一个重要的研究角度就是考察那些可能存在两种语言的社会环境:比如少数民族学习当地主要语言(如土耳其移民在阿姆斯特丹学习荷兰语);主要群体学习少数民族语言(母语是英语的加拿大人学习法语)以及对外语的学习(比如日本学生在日本学英语)。本词条主要涉及对双语发展、双语与认知、个体差异和语言退化的理解。

1. 双语发展

关于双语儿童语言发展的早期著作基本上都是对美国移民儿童的研究,并且探讨的主要问题是双语是否是一种障碍。汤普森(Thompson)在关于儿童心理的一本书中对这些早期的理论进行了如下总结:"无疑,在双语环境中长大的儿童,他的语言发展会受到阻碍。有人提出,熟练掌握两门语言是否值得以我们今后在常用语言领域的延迟发展为代价。"(Thompson 1962 P. 367)他在这里所提到的理论是指起源于20世纪早期的心理测量运动并融合了一些经验主义者对语言学习的描述的理论,比如华生和斯金纳的理论。

更近期有关双语发展的理论主要来自对第二语言获得的研究,该领域的研究与乔姆斯基把第一语言的获得视为是人类生成性的普遍能力的体现相类似。这种观点的复杂性和抽象性往往导致人们得出如下结论:语言的某些方面不可能是后天习得的,因而只能是天生的。虽然研究者们区分了同时获得的双语(比如在父母讲不同语言的家庭环境中)与先后获得的双语(比如已经习得了某种语言之后移民到其他国家)这两种情况,但都假设两种类型的双语发展遵循相同的发展规则。这类研究的重点是探讨结构,尤其是足以证明语言习得受到先天限制的那些抽象结构。研究认为一些经验性因素,比如与特定语言环境接触的频度和强度,甚至学习者身边一些特定语言的表面特征都是与语言结构有一定关联的因素。

实验证据一般都支持强调语言的抽象性特征的观点。学者们普遍认为,早期研究的主要缺陷是把学习第二语言的方式与母语独特而具体的方面进行对比(比如母语的词序方式与要学习的目标语言是相同的还是不同的)。在学习语言特质不同于母语的第二语言时,学习者还是会犯与使用母语相同的错误,却没有发生按照前面的对比所预期的错误。当前的研究主要关注这样一个问题:第二语言的获得是否受到更抽象的语言特性,也就是通常所说的"普遍语法"的引导(White 1989)。按照这种说法可以预期母语的特性会影响获得第二语言的方式。

关于语言获得的研究探讨的另一个主要问题是,第二语言的习得过程是否受学习者年龄的限制。这个问题最初是由对语言的先天论的争论所引发的。我们可以把这个问题进一步细化为如果年龄的确有影响,那么是否可以对这种影响进行定性或定量的描述。这类研究主要关注使用母语的被试在表现性测验或根据量表做出评判时所表现的量上的差异。隆(Long 1990)总结了这些研究并得出结论说:的确存在年龄的影响,尤其是在发音上。然而对于这些研究的实施过程,除了双语者处在第二语言环境中的最初年龄和时间长短这两个因素常常混淆在一起之外,还有许多方法上的争议。定性研究主要关注的是,语言的某些特殊方面(尤其是语言的抽象属性)是否是那些年龄较大的学习者无法习得的。这个问题目前仍然没有答案。

另一个争论的焦点是,第二语言的发展与其他领域(如普遍的认知机能和社会化等)的本质关系。20世纪80年代,语言被视为是一种社交活动,这与按照乔姆斯基的观点来研究语言的获得是相对应的,但有时也会有冲突。按照这种观点,我们所研究的语言发展是由比表达更大的一些单元组成的集合体,也就是社会交往的发展。此外,随着认知心理学的发展又出现了语言获得的联结理论和其他相关解释等一般性的认知模型。所以说在某种程度上双语的发展可以被看成是一种自我简化的现象(这正是当前关于第二语言学习的研究所包含的观点),或者说必须在更广泛的社会语言框架中理解双语的发展。不过,在20世纪90年代早期,对于这个问题往往只有一些反映理论倾向的答案,还缺乏客观证据。

2. 双语和认知

双语与认知的关系问题极其类似于双语发展的本质问题,它是在20世纪早期美国探讨移民(使用双语的人)与本地人(基本上是使用单语的人)智力差异的研究中兴起的核心问题。如果排除了遗传方面的原因,移民与本地人的智力差异就反映出双语会影响认知(Hakuta 1986)。皮尔和兰伯特(Peal and Lambert 1962)从方法论上对认为双语对人类一般心理过程存在负面影响的说法进行了质疑,他们在加拿大双语被试样本中发现,双语对那些被他们称之为"认知弹性"的因素有着积极的影响。他们这一研究结果在不同国家得到了重复验证和拓展,从而得到了如下结论:充分发展的双语有积极作用而部分发展的双语有消极作用(Cummins 1976)。不过这类研究共有的弱点就在于缺少精致严密的理论。而且,对于认知的定义也存在很大的分歧,有的认为是信息加工过程,有的则采用维果茨基把认知看作是社会相互作用的观点。

比亚利斯多克(Bialystok)借助自己的效应分析模型,从认知的角度针对双语提出了最令人满意的观点。她的模型考虑了知识和认知控制两个变量。这些变量在不同实验设置中可以彼此独立地发生变化。这个分析模型既可以用来解释语言的认知侧面,也可以用来解释其交流侧面(Bialystok 1990)。如果这个模型是正确的,相应的,研究就会从在不同的领域之间寻找主效应(如语言和认知之间的差异)转变为寻找各个领域中的主效应和领域之间的交互作用。

这种思路引导下的另外一个研究领域就是探讨双语记忆的本质。其中的关键问题就在于两种语言是各自独立地进行组织,还是相互依赖地进行组织,以及言语记忆和视觉记忆有什么关系。研究一般都支持两种语言相互依赖的观点,但也不能排除相互独立的情况存在。而且要排除使用特定的实验任务与选择被试的标准所带来的影响也是很难做到的。

3. 个体差异

双语发展和双语认知中都存在个体差异的问题。在双语发展方面,主要的问题就是潜能、态度、动机、人格等因素的作用。在双语认知领域,承载经验的记忆是否有不同的组织形式乃是一个恒久的问题。

关于双语发展的个体差异,目前主要的研究结论就是潜能、态度、人格都有作用,只是它们作用的大小取决于学习环境。也就是说,从相似的实验环境中得到的研究结果具有很大的一致性。例如,加德纳(Gardner 1985)在一项研究中考察了加拿大一些讲英语的高中生学习法语的情况,结果发现,态度和动机的作用要更强一些。然而在移民学习新语言时,由于他们学习新语言的动机很强烈,所以态度因素并没有预测作用。在这些研究中,许多差异都可以用个体运用母语的能力来预测。人格和学习方式的影响多少还只是一种推测,这主要是受到实验设置和检测手段的不足的限制。

语言学家魏因勒希(Weinreich 1968)首先提出了不同类型的双语有不同的记忆组织的观点。他主要概括了复合双语和并列双语的区别,其中,在复合双语中两种语言的词汇表征反映的是相同的概念,而并列双语的词汇表征分别有各自不同的概念。有理论认为这种组织上的差异是不同生活背景的产物,比如有的人在家里就可以接触到两种语言,而有的人在家里接触一种语言,在学校接触另外一种。尽管研究者已经做了大量的努力,但是这种理论推想的实验证据还不够充分。这样一个吸引人的想法由于没有得到事例的证明,所以根据这个假设得出的推论尽管可能与这个假设一样吸引人,但是仍然可能是不成立的。

4. 语言退化

最后,在双语研究中,一个相对较新的研究领域是探讨其中一种语言的退化现象。通常这种情况就表现为所学外语的渐渐丧失(Weltens 1987)

或者是移民忘记了自己的母语(Extra and Verhoeven 1993)。在外语丧失的情况中,对外语的精通程度是主要的影响因素。而对于移民来说,语言退化的情况就更复杂了,因为在其社会语言背景中存在多种影响因素,其中包括对母语的态度。探讨移民母语退化的大多数研究不仅关注个体的语言丧失,也关注一个种族群体中一代一代的语言丧失。不同团体在保持母语的方式上有很大差异,这似乎是导致语言丧失程度出现差异的最大原因。

K. 哈库塔(K. Hakuta) 著
朱 瑾 伍新春 杜 蕾 译

附录

Bialystok E 1990 *Communication Strategies: A Psychological Analysis of Second-Language Use.* Blackwell, Oxford

Cummins J 1976 The influence of bilingualism on cognitive growth: A synthesis of research findings and explanatory hypotheses. *Working Papers on Bilingualism 9.* Onterio Institute for Studies in Education (OISE), Toronto

Extra G, Verhoeven L 1993 *Immigrant Languages in Europe.* Multilingual Matters, Clevedon

Gardner R C 1985 *Social Psychology and Second Language Learning: The Role of Attitudes and Motivation.* Edward Arnold, London

Hakuta K 1986 *Mirror of Language: The Debate on Bilingualism.* Basic Books, New York

Long M H 1990 Maturational constraints on language development. *Studies in Second Language Acquisition* 12(3):251—285

Peal E, Lambert W E 1962 The relation of bilingualism to intelligence. *Psychological Monographs* 76:1—27(Whole No. 546)

Thompson G G 1962 *Child Psychology: Growth Trends in Psychological Adjustment*, 2nd edn. Houghton Mifflin, Boston, Massachusetts

Weinreich U 1968 *Languages in Contact: Findings and Problems.* Mouton, The Hague

Weltens B 1987 The attrition of foreign-language skills: A literature review. *Applied Linguistics* 8(1): 22—38

White L 1989 *Universal Grammar and Second Language Acquisition.* Benjamins, Amsterdam

其他参考文献

Hamers J F, Blanc M H A 1989 *Bilinguality and Bilingualism.* Cambridge University Press, Cambridge

McLaughlin B 1984 *Second-Language Acquisition in Childhood: Volume 1. Preschool Children*, 2nd edn. Erlbaum, Hillsdale, New Jersey

McLaughlin B 1987 *Theories of Second-Language Learning.* Edward Arnold, London

Romaine S 1989 *Bilingualism.* Blackwell, Oxford

认知和学习(Cognition and Learning)

何谓认识?人们如何利用他们的认识?他们是怎样获得这些认识的?从广义的角度来说,探寻这些问题的答案正是认知研究的核心内容,而且将会深刻地影响我们在教什么、如何组织课堂和其他学习环境以及什么是理想的教育机构等方面的抉择。本词条将考察这三个问题在认知理论领域中的含义。本词条将从认知领域里获得研究者广泛认可的建构主义谈起,然而即使在这个获得广泛认可的领域中教什么以及如何教仍是一个尚未解决的复杂问题。接下来,本词条将介绍关于学习和认知变化的一些新近观点,特别要探讨学习能力是如何发展的以及这些能力能否教授和应该怎样教授。最后,本词条将讨论如何理解思维,它只是一种个体行为,还是人与人之间以及人与工具间的作用过程。

1. 建构主义者的两难处境

在学生看来,学习确实是建构性的。建构主义的理论体系非常丰富——从皮亚杰(Piaget 1970)到维果茨基(Vygotsky 1978),从社会性对话到图式理论,从符号加工到情境认知——然而无论是哪种理论其本质的共同点都是承认学习者是自己知识的建构者。建构主义对教育具有深刻的启示。将众多的启示意义简而言之就是教学不再仅仅是把信息放到学生手里而已,必须安排学生自己建构知识。

很多年来,特别是深受皮亚杰的认知发展观影响,建构主义就意味着不应该再有“说教式”的教育。相应的,它提出教育者应该为孩子们安排丰富的探究环境。在这种环境中,学生应该自己发现或者发明知识。当然,直到现在,我们还不清楚让学生自己建构知识是一件多么复杂的任务,它对专业能力和学习的本质提出了挑战。

1.1 建立在知识基础上的思考和学习

认知研究非常重视勾勒问题解决的实质以及支持问题解决的知识的本质。从下棋到放射医学,以及学校设置的每一门课程,研究者都对其进行了研究,发现好的思考者和问题解决者都拥有大量与具体问题有关的知识(Glaser 1984)。专家们宣称有知识(远比一般的认知能力重要)才能产生技能和有效的表现。但是显然教育者并不能让学生通过记住专家的知识来获得专业技能。因为通过这种方式学习似乎只能形成不能适用于复杂情况的“惰性”知识。相反,专家知识必须由个体自己构建。

但这里存在一个两难处境,即人们用来建构新知识的方式本身却又非常有赖于他们已有的知识。人们需要用组织化的图式来理解和保持新的信息。这些图式越丰富、越适合新知识,就能够更快并更充分地同化新知识。对好几个学科的研究表明,学生入校时已经拥有了较丰富的知识,只是他们在学校中很少用它来构建新的知识。而且,通过非正规方式获取的知识并不能促进学生的在校学习反而容易起干扰作用。对这个问题的认识起源于在研究如何利用和改造学生已有知识的基础上所产生的理论。这类研究都与特定的学科相关,而且新旧知识的互动方式随学科和具体概念的不同而有明显的变化。

1.2 专家学习者是策略知识的构建者

毫无疑问,知识对以后学习的影响比“一般性学习技能”要大。不过成功的学习者却比不甚成功的学习者更频繁更有效地运用了某些一般性策略(Chi et al. 1989)。尽管这些被研究的策略名称各异,但是都表明了自我意识在学习和思考过程中的重要性(Brown et al. 1983)。我们已经充分了解到这些策略是什么,但对如何能够更有效地教授它们却知之甚少。在研究元认知技巧和精致学习方面取得的成果并不令人满意。这些被教授的技巧一点也不“牢固”,不能够被学生独立地运用,或是由于形式上的不稳定,似乎并不能促进其他的学习活动,甚至就是将新策略本身运用于具体情境时也是这样。那些直接教给学生的策略,当条件与它们最初被使用时的条件有所不同时就很难被学生自发地运用,这一特点已经被不同研究反复证明了。

1.3 认知平衡:“富者更富”问题

那些已经具有丰富的知识和被学校所赞赏的学习策略的个体更容易在学校提供的学习机会中受益(《圣经》上曾记载,上帝对马太说,“让穷者愈穷,富者更富”,相当于我们在生活中所谓“好的越来越好,差的越来越差”。反映了良性循环和恶性循环。这种现象在心理学中被称为“马太效应”。在本词条中“富者更富”是指与强调指导、训练、记忆的传统教学相比,在建构主义非结构化的教学中,能力强的学生会学得更好,而准备不足的学生则会比以前更差——译者注)。他们通过非正规方式所获得的与学校科目有关的概念和知识为他们学习学校的正式课程提供了良好的开端。他们在语言、提问和精细加工方面的习惯使他们可以理解什么是所需要的,并且可以轻易地从事学校要求他们做的事情。如果认知研究关注的主要是这些“已经很丰富”的学生,它就不能为教育众多学校中的不同学生提供依据。

尽管心理学对认知领域的个体差异的关注已经由来已久,但目前认知研究面临的一个新挑战就是关注认知的文化差异。有确凿的证据表明一些学生的文化知识和习惯同学校所期望的有着明显的差异,而这些差异又限制了他们在学校的实际学习机会(人类认知比较实验室 1983)。直到现在,即使是那些主持了对学校学科学习最有影响力的认知研究项目的研究者都没有关注到知识与学习中的群体和文化差异,而关注到这些差异的人通常是来自人类学、语言学和社会学等并非心理学研究体系的研究者,可是他们也没有深入研究学习的内容以及相关的认知过程的细节。这就导致研究界出现了两个相对隔离的阵营。

不过现在,这两条研究线路开始走向融合,特别体现在研究者和教师共同对教学过程承担责任的教育培养项目上(Brown and Campione 1990)。这些项目研究的问题之一是如何培养那些自己不愿上学的学生形成基本的学习习惯:是通过让他们参与分析学校任务的元认知过程从而知道该在什么地方运用自己的知识呢?还是应当调整教室环境从而更好地与他们在校外的学习习惯相匹配?自我归因在学习中重要吗?它与特定的知识和学习策略是如何相互作用的?

研究的另一角度就是关注于确定那些明显准备不足的学生所具有的知识。研究发现了一些奇怪的现象。例如对不同群体学生数学知识的研究显示,那些优等生所具有的基本理解力,大多数差生也都具备。更令人惊奇的是,一些教学试验证明了,与以往认为必须具备了先决条件才能从事复杂问题解决的旧理论正好相反,现在看来准备的不足可以通过让学生从事存在智力挑战但提供了脚手架的问题解决来进行弥补(Resnick et al. 1992)。

1.4 知识的建构需要花费时间

为了有效学习,个人所必须进行的智力加工要花费大量时间,远比学习学校课程的一个主题所需要的时间要多得多。也就是说试图涵盖大量知识的努力注定不能引发有意义的学习。一些主流的思想家为了响应这种认识,提出了"少即多"的哲学观点。他们认为仔细地学习几个重要的观点和概念远比对一系列宽泛但是肤浅的课程的学习更有教育力量。由此确立具有强大生成性概念的研究被提上了议程,这类研究包括要学习"更少"的课程,并指出该如何去教,以使得这些课程真正具有生成性。研究者正在一个学科接一个学科地探寻生成性课程,这类研究通常都由认知研究者和学科专家合作进行。

2. 学习和认知变化

大约从20世纪60年代到80年代中期,认知研究主要关注知识和技能的本质,对知识和技能的获得只是有所涉及。换言之,当时的认知科学是一门研究认识多于研究学习的科学。了解认识的本质以及专家与新手的差异对于确定哪些内容需要通过人类复杂的思维方式来学习具有至关重要的价值。但这一研究并没有告诉人们如何才能成为专家,更没有说明其他人可以如何帮助他们成为专家,而这正是一个核心的教育问题。特别是,那些试图用清楚直接的方式教授困难概念以及用具有专家思维特点的元认知和问题解决策略来训练学生的尝试都没有取得什么效果。学生虽然会使用这些东西,但实际上他们看起来并没有学会在何时以及如何使用这些新的知识和技能。另一方面,在那些相对而言非结构化的"发现性"或"体验性"课程中又重演了"富者更富"现象:比起那些在更加传统的有指导的练习和记忆式教学下的学生,原本能力就很强的学生更容易成功,而那些差一点的学生就不那么容易成功,有时甚至会彻底掉队。从建构主义者的角度来说这丝毫不令人惊奇。但令人失望的是对专业技能的认知研究并没有被转化成有效的教学。

最初只有少数认知学家对学习过程感兴趣,到20世纪80年代后半期,更多的认知研究团体开始对此产生兴趣。研究的新焦点是关注引发认知变化的学习。在新的认知研究中几乎没有正统观念。各种途径和方法被争相开发出来:从对个体概念学习进行深入的发生学分析到联结主义者所推崇的研究技能和知识的变化来揭示与概念发展有关的生物学限制。在经典研究中分析性和描述性方法并存,各种类型的模拟方式——基于法则的模式或联结主义的模式——都在使用。教学干预成为研究的工具。

2.1 关于迁移的新概念

对学校学习向校外迁移,或是在学校不同科目之间的迁移,我们研究了大约一个世纪,所得到的却都是令人失望的结论。并没有证据表明在一种情境下学得的东西能够被自发或是轻松地"应用"于其他情境。一些研究(Nisbett et al. 1987)认为应当重新界定桑代克所提出的关注高水平推理原则的迁移的"共同要素"理论,再加上探讨在不同的情境中如何运用这些原则进行教学,这样才可能形成真正具有概括性的规律。另一种观点则使曾经被忽略的概念得到了复活,这个概念认为迁移是一种在特定领域中学习的过程,而不是对已有知识的直接应用(Brown 1990, Greeno et al. 1992, Resnick 1992)。按照这种观点,我们要探讨的问题并不是知识或技能如何从一种情境下被整体地传输到另一种情境中去,而是在某种情境下的学习和表现如何为人们掌握规律、习惯和知识以适应新的环境奠定基础。

2.2 有意学习和思维习惯

尽管对学习策略的直接训练在实际运用中取得了一定的成效,然而在早期研究中对学习策略的一个宽泛的定义看起来会更有前景。根据这一观点,学习技能是通过一系列的习惯来建构的,这些习惯包括:质疑、深入加工、竭尽全力去理解、与他人交流。按照这一理解,我们应当从强调具体的学习策略转向强调学习者对学习的自我管理(Bereiter and Scardamalia 1989)。这一认识的形成建立在以下几个研究基础上:人格理论认为自我观念处于危机中;社会心理学提供了精致的理论用来解释人们对成败的归因以及归因对他们后续行为的影响;儿童的发展向我们揭示了儿童如何通过社会化来习得特定的角色及行为方式。这意味着认知习惯和行为方式,也可以用与培养人格特征相类似的方式进行塑造。这种观点引发了研究探讨如何创造条件来推动学生形成与有效学习相关的良好的心智加工习惯及自我管理。

3. 分享性认知

认知研究已经从实验室转向了更加自然化的学习环境。认知学家开始研究各种环境中的学习,从工作间到运动队到博物馆再到童子军团。这些研究发扬了人种学、民族学和文化心理学等关注人性因素的研究传统,同时在研究范围和研究取向上又大大地拓展了这些领域。由此产生了认知的情境性理论,该理论的核心就是强调认知的分享特性(Brown et al. 1989, Pea 1993, Resnick 1987)。这些理论认为认知就是与其他个体、工具和人造物品进行分享的过程。这意味着思维是情境性的,发生在特定的目的、社会同伴和工具条件下。

3.1 认知活动中的伙伴——工具和人造物品

探讨复杂工作环境中认知行为的研究表明,为人分担工作的工具和人造物品既能促进又会限制人的思维。比如航海中的测量器具、图表、专业的计算工具都蕴涵着特定的知识,在决定船只航向时必须借助这些知识。因此,这些工具扩展了人类的智能,使我们可以进行感知和思考,而这一切如果没有这些工具的帮助是完全不可能进行的。与此同时,这些工具又会限制我们的思维,因为这些工具所依据的测量理论会限制我们的表现。不但物理工具如此,我们在科学试验或是科学报告中进行推理所依据的约定俗成的文化观念也是这样,它们不仅拓宽了人类的认知能力,也限制了个人跳出正常专业范围之外想像解决问题方法的可能性。

3.2 认知的社会性伙伴

认知也可以被社会性地分担,也就是说被不同的个体分享(Levine et al. 1993, Resnick et al. 1991)。认知的社会性分享在两方面对教育教学具有重要的启示意义。第一个就是通过互动来学习:也就是说学习是起源于与他人互动的内化过程。这种观点来源于维果茨基(1978)和米德(Mead 1967)。它表明,与他人的互动,比如一起解决一道数学题、操作一部复杂的机器、阅读或解释一篇文章,为个体能够独立完成这些任务奠定了基础。由此可见,教育者的核心工作就是要精心设计能够促进具体策略、推理和概念实例内化的相互作用(Rogoff 1990)。

对教育的第二个重要启示就是要学会互动。教室之外的大部分智力活动都是在与他人直接的相互作用下完成的。在工作、日常生活以及家庭中,个人认知能力的大小不仅取决于他知道什么,还取决于他在与他人互动时运用这些知识的灵活性。用人单位越来越期望学校能够增进学生的认知交往能力。来自认知科学、社会心理学、语言学、人类学和社会学等不同领域的研究者通过对话进行认知上的互动,聚合各种证据和理论,从而形成了一个新的学术群体。这个群体的研究具有这样一个特点,即在讨论和认识中关注文化的多样性,这种文化的多样性不仅是因为他们来自不同的组织和机构，而且每个人在互动中还带有他们个人及家庭的特色。

L. B. 雷斯尼克（L. B. Resnick）
A. 柯林斯（A. Collins） 著
朱 瑾 伍新春 杜 蕾 译

附录

Bereiter C, Scardamalia M 1989 Intentional learning as a goal of instruction. In: Resnick L B (ed.) 1989 *Knowing, Learning, and Instruction: Essays in Honor of Robert Glaser.* Erlbaum, Hillsdale, New Jersey

Brown A L 1990 Domain-specific principles affect learning and transfer in children. *Cognit. Sci.* 14(1): 107—133

Brown A L, Bransford J D, Ferrara R A, Campione J C 1983 Learning, remembering, and understanding. In: Flavell J H, Markman E M (eds.) 1983 *Mussen's Handbook of Child Psychology*, 4th edn., Vol. 3. Wiley, New York

Brown A L, Campione J C 1990 Communities of learning and thinking, or a context by any other name. *Contributions to Human Development* 21: 108—126

Brown J S, Collins A, Duguid P 1989 Situated cognition and the culture of learning. *Educ. Researcher* 18(1): 32—42

Chi M T H, Bassok M, Lewis M W, Reimann P, Glaser R 1989 Self-explanations: How students study and use examples in learning to solve problems. *Cognit. Sci.* 13(2): 145—182

Glaser R 1984 Education and thinking: The role of knowledge. *Am. Psychol.* 39(2): 93—104

Greeno J G, Smith D R, Moore J L 1992 Transfer of situated learning. In: Detterman D, Sternberg R J (eds.) 1992 *Transfer on Trial: Intelligence, Cognition, and Instruction.* Ablex, Norwood, New Jersey

Laboratory of Comparative Human Cognition 1983 Culture and cognitive development. In: Kessen W (eds.) 1983 *Mussen's Handbook of Child Psychology*, 4th edn., Vol. 1. Wiley, New York

Levine J M, Resnick L B, Higgins E T 1993 Social foundations of cognition. *Annu. Rev. Psychol.* 44: 585—612

Mead G H 1967 *Mind, Self, and Society from the Standpoint of a Social Behaviorist.* University of Chicago Press, Chicago, Illinois

Nisbett R E, Fong G T, Lehman D R, Cheng P W 1987 Teaching reasoning. *Science* 238: 625—631

Pea R W 1993 Practices of distributed intelligence and designs for Education. In: Salomon G (ed.) 1993 *Distributed Cognitions: Psychological and Educational Considerations.* Cambridge University Press, New York

Piaget J 1970 *L'epistemologie genetique.* Presses Universitaires de France, Paris

Resnick L B 1987 The 1987 Presidential Address: Learning in school and out. *Educ. Researcher* 16(9): 13—20

Resnick L B in press Situated rationalism: Biological and social preparation for learning. In: Hirschfeld L, Gelman S (eds.) in press *Cultural Knowledge and Domain Specificity.* Cambridge University Press, Cambridge

Resnick L B, bill V, Lesgold S 1992 Developing thinking abilities in arithmetic class. In: Demetriou A, Shayer M, Efklides A (eds.) 1992 *Neo-Piagetian Theories of Cognitive Development: Implications and Applications for Education.* Routledge, London

Resnick L B, Levine J M, Teasley S D (eds.) 1991 *Perspectives on Socially Shared Cognition.* American Psychological Association, Washington, DC

Rogoff B 1990 *Apprenticeship in Thinking: Cognitive Development in Social Context.* Oxford University Press, New York

Vygotsky L S 1978 *Mind in Society: The Development of Higher Psychological Processes.* Harvard University Press, Cambridge, Massachusetts

概念学习（Concept Learning）

概念是构成人类知识的基本元素，而概念学习包括的认知过程有：（a）掌握新接触到的概念；（b）

深入加工已有的概念;(c)发展在遇到过和未曾遇到的情况下运用概念的认知策略。概念就是对物体、符号或事件的分类,既可以按照界定清晰的标准(即恒定的标准)进行分类,也可按照难以界定的标准(即不稳定的标准)进行分类。概念获得就是对例证进行概括或者是在记忆中形成与特定情境或文化背景相关联的原型。对概念的应用是通过概括化和分化的认知策略来实现的。

本词条回顾了概念学习的本质,并且在认知系统模型中对概念学习进行了整合。这个认知系统模型为增进概念学习的教学设计奠定了基础。通过了解概念学习可以为教学提供两方面的启示:第一,学习者获得的概念与他们已有的知识存在有意义的联系;第二,可以通过教学来促进认知策略的发展,使学习者有机会为自己构建知识基础。

1. 概念学习的本质

1.1 概念的本质

概念可以是某一类中的一个(比如标准的菱形),也可以是一类特定的物体、符号或事件。在后一种情况中,概念可能代表一个有限的类别,也可能代表一个无限的类别。无论是有限还是无限,属于同一概念的成员都具有某些相同的特征或者是可以用一个特定的名称或符号来表征从而被归为一类。除了类属特性之外,概念还可以分为定义良好的概念和难下定义的概念。定义良好的概念具有如下特点:在任何情况下都保持恒定,在不同情况下其内涵没有任何改变(比如数学概念、物理学概念等)。相反,难下定义的概念会随情境的不同而变化,从一种情境向另一种情境转化时很难保持恒定(如人文学科的概念、语言概念等)。

为了理解概念学习,可以这样界定如下三类概念(物体、符号和事件):物体是指存在于一定的时空之内,能够轻易地用图画、照片、模型或者物体本身进行表征的概念。只需浏览一下学校的教科书,从中就能发现很多物体概念。符号概念由特定类型的术语、数字、标记和大量能够表征物体、事件及其相互关系(真实的或假定的关系)的其他内容组成。我们在学校学到的很多概念都是符号概念(如数学和科学中的)。事件概念反映的是有生命的物体或无机物在特定时期的相互作用(如历史和文学中的概念)。因为需要与已知的物体概念发生相互作用,所以很难抽象地学习事件概念。如前所述,这三类概念中任何一类概念都包含了定义良好和难下定义的概念。所以,我们可以按照类型和定义结构(定义良好的还是难下定义的)来划分一个给定的概念。

1.2 例证的本质

"例证"是一个概括化的术语,反映了与一个概念的类属关系。有两种例证:正例和反例。正例是指属于某个概念的例证,有时也被称为范例、肯定例证或正例。相反,反例则是指不属于某个概念而属于其他概念的例证,又称为否定例证。

在概念学习中,范例是最基本的要素。在童年早期,一个概念的所有的范例在儿童看来都相当于一个概念,即孩子们看见的每只狗都分别是一个物体概念。小孩会把每个例子当作一个独立的概念,在记忆中分开存储。随着孩子的成熟,这些分离的范例性概念被逐渐联系起来,并开始形成抽象的概念——原型。原始的由单个范例构成的概念会使儿童以为具体的范例就是一类物体、符号或事件的唯一例证。不过随着时间的推移,儿童会从遇到的事例中抽象出原型并存储在记忆中。

1.3 分类行为

当一个人能够正确地辨认特定物体、符号或事件的类属关系时,我们可以说他掌握了这一概念。这种认知过程就叫"分类行为"。

当出现如下情形时我们可以说分类行为发生了:给出具体的物体、符号或事件,学习者能够说出或指出它所属的类别名称;或者给出一个类别的名称以及属于该类型和不属于该类型的具体例证,学习者能够辨认哪些物体、符号或事件属于这个类别,哪些不属于。如果学习的任务是阐述概念的定义或陈述关系,这就不会涉及分类行为。

分类行为涉及两种认知策略:概括化和分化。概括化是指学习者对一种情境显示出特定的反应,而这种反应是他在相似情境中获得的。所有的学习者都具有在同一概念类型之中和不同概念之间进行概括的一般性认知策略。比如,在一种情境中习得的知识经常可以被举一反三地应用于其他类似的情境中。这种迁移(与分化相结合)使学习者能够适应新的环境。

分化则是指学习者在某种情境下显示出一个特定的反应,而在另一种相似的情境下显示出其他的反应。分化使学习者能够区分非常类似的情境。学习者凭借分化的认知策略来辨别不同情境的差异和变化,进行精确交流,从而应对复杂的环境。

2. 学习的认知系统模型

了解在记忆中形成概念和应用概念的方式对于理解概念学习是非常重要的一个方面。因为在记忆中,概念是构成知识的基本要素,所以这部分将会描述一个负责概念形成和应用的学习模型——认知系统模型。这样理解认知学习系统就可以发展出一个既考虑了内部认知加工过程又关注了常用教学法的教学模型来控制教学环境。

2.1 概念学习模型

以下几个步骤是认知系统模型基本的构成成分:感觉接受器、执行控制、情感因素、工作记忆和长时记忆。这个模型也揭示了概念形成的两个基本来源:外部来源和内部来源。外源性概念是通过感官进入认知系统的概念,而内源性概念则通过各系统成分之间的交换来建构。外显的分类行为就是通过执行控制成分的输出来体现的。

与信息加工模型相比,认知系统模型的不同之处在于它是一个高度动态化的互动系统,能够持续整合各个构成成分。下面我们将以一种线性的方式来讨论认知系统的构成成分,然而这并不代表认知系统就是按线性的方式来运作的。之所以采用这种线性的呈现方式是因为本词条的目的并不是要反映认知系统运作中的心理活动,而且已有其他材料对此提供了更清晰的展示(Tennysonand and Breuer 1984)。

2.2 感觉接受器

感觉接受器囊括了外部信息进入认知系统的各种方式。概念性信息通过感官传送并以非常相似或不太相似的形式被动地记录在感觉缓冲器上。这些感觉登录器有时又被称作"初级记忆"。感觉登录器中的信息会迅速地衰退,也很容易被干扰。执行控制成分中的注意和知觉驱动的加工程序从这些信息中选取部分做进一步的加工,所以感觉登录的信息量要远远多于我们获得和加工的信息。

课本材料、视觉资源、声音资源、图形、示例和图画等教学中的"传递系统"也都属于外部刺激。探讨调控环境以增进概念学习的研究对教学理论具有深刻的影响。比如,计算机技术已经影响到概念的视觉表征形式。同样,以改善更高级的认知加工过程为目的的认知分析技术也增添了感觉接受器在认知学习系统中的价值。

2.3 执行控制

认知系统的控制通常是指通过主动或自动化的方式调节系统内各个部分的各种执行过程。尽管不同的认知理论所提到的具体功能以及它们在复杂的系统中的作用各不相同,但为了方便起见,在本词条中,我们只涉及三种执行功能:知觉、注意和心理资源。

外源性或内源性的概念信息都会接受知觉的加工,而知觉的功能就是对各种信息(内部的和外部的)保持警觉并对信息的潜在价值进行评价。这表明知觉在认知系统中的功能就是确定注意和努力的方向。注意与工作记忆的加工过程保持着积极的互动。心理资源的作用是协调认知系统中的各种成分使其成为一个整体。在心理资源的协调过程中,对特定概念学习情境中付出努力的评价是十分关键的。比如,在绝大多数情况下我们进行认知加工都有充足的心理资源可以利用,只是需要决定如何分配必要的心理资源。

2.4 工作记忆

尽管对于记忆的分类和结构还有相当大的争论,不过这并不妨碍我们在教学中运用记忆理论,因为总体而言,在考虑某种理论对教学的启示时,这个理论的细节并不重要(Shuell 1990)。通常,人们都同意,记忆有两种方式:一种是对先前所学概念的储存;另一种是对正在加工的概念的储存。后一种形式,即工作记忆,它具有如下几个突出的定义性特点:

(a)容量有限。

(b)在工作记忆中,概念会受到复述、比较、匹配和重排序等认知操作。

(c)在阅读、对话或表象唤起等活动中,我们通过有意识的主动加工过程或是发展完善的自动化过程选择特定的概念进入工作记忆中。

具体到工作记忆的运行过程,不同理论的认识各异,不过下面提到的系列过程却得到了多数理论的认可。这一系列过程包括下面四个部分:

(a)编码过程,它与执行控制过程相关,把需要利用的概念存入工作记忆中。

(b)存储过程,它与长时记忆互动,创建出稳固的原型并强化已有的原型。

(c)提取过程,它使我们从长时记忆现存的知识中获得必要的原型、技能和策略等。

(d)保持过程,它将概念保存在工作记忆中使它们在未存入长时记忆以前不被丢失。

2.5 长时记忆

长时记忆是我们存贮已经获得的所有概念和其他信息的仓库。由于工作记忆的作用是处理当前的概念加工,因而它的容量有限,长时记忆与之相反,主要关注概念、技能、策略等知识表征,所以,该领域的研究者都承认长时记忆没有容量限制,而且储存其中的知识都是永久性的,尽管要提取出来可能会有困难。

长时记忆中存储着各种各样的概念性知识:陈述性知识、程序性知识、情境性知识(Tennyson and Rash 1988)。陈述性知识是一种可以意识到的知识,代表着对"是什么"的认识,比如理解文中关键词的含义将有助于记忆。程序性知识即"知道怎么样"去运用特定概念的知识。情境性知识是对"为什么以及在何时、何地"运用特定概念的认识。对原因、时间、地点的认识取决于我们知识基础中所包含的选择标准。因为在学习过程中也有情感因素的介入,所以选择标准也被融入我们的知识基础中。"情境性"就意味着与认知技能存在紧密联系,是与特定领域相关的认知策略。

我们通过概括化和分化实施分类行为时需要运用概念性知识。概括化和分化的认知策略可以分为与特定领域相关的策略和具有普适性的策略两种。认知技能是指在特定的情境中对认知策略的具体运用,而认知策略所反映的则是超越具体领域的能力。概括化和分化的认知策略中包含了三种主要的认知能力(不过技能则与具体的情境相关,属于情境性知识):区别、整合以及建构。区别能力具有两重含义,包括从记忆储存中选择性地提取特定概念来理解特定的情况以及运用与情境相宜的标准(如标准、情境适宜性、价值)。整合是指在处理以前没有见过的问题时能够建立和重构现存概念或概念网的能力。建构是指在新奇或独特的情况下发现和创造新概念的能力。

2.6 情感因素

大多数认知理论尽管在细节上有所不同,但是它们大部分的特征还是一致的,比如不同认知理论所涉及的情感因素也大体相同。不过由于情感领域的复杂性以及受词条篇幅的限制,本词条只是从被确认为会影响概念学习的众多情感因素中选取部分加以讨论。而且,鉴于情感因素与概念学习相互作用的特性和多样性,我们没有按照各种情感因素的等级顺序或价值特性进行描述。

本词条所讨论的情感因素包括动机、感受、态度、情绪、焦虑和价值观。在认知系统这些情感因素与执行控制成分最直接的互动就发生在工作记忆层面。例如,动机影响着注意和维持过程。再有,价值观和感受将会影响到与获得情境性知识有关的标准。焦虑作为一个情感变量对概念的获得和应用有影响(如考试焦虑会干扰概括化和分化)。在所有情绪因素中,焦虑是一个对概念学习有严重干扰作用的变量。

3. 结论

概念学习包括获得概念以及通过概括化和分化的分类行为对概念进行运用。由于概念是知识的核心内容再加上认知系统的复杂性,因此概念学习的教学策略应该不只局限于下定义、举例和练习等标准形式。还可以通过其他一些教学策略在有意义的情境中呈现概念从而促进对新概念的组织。这样,概念就会更容易与我们已有的知识网络和原型联系起来。其次,还可以在教学中要求学习者运用有关原因、地点、时间的知识来解决复杂问题以此推动情境性知识的获得。遗憾的是,学习者实际体验到的教学往往没有脱离经由陈述性和程序性知识来获得简单概念的窠臼。

另外，现有的认知系统模型强调认知策略在概念学习中的整合作用。可以通过在教学中使学习者面对动态而复杂的问题情境来推动这些认知策略的发展。这种教学的目的有两个：第一，学习者将会更进一步地发展区分、整合和建构等认知能力；第二，学习者将会扩展和深化其知识基础（包括陈述性、程序性和情境性知识）。

本词条呈现了一个描述学习的内部和外部过程的概念学习系统，目的就在于要建立这样一种观点：学习不仅仅是对相应强化的反应，也就是说，学习者具有参与建构自身知识基础的认知能力。学习既通过对外部环境的操纵来实现，也体现为内部认知策略和能力的发展。在本套百科全书中另有一些词条还讨论了在设计促进概念获得和运用的学习环境时需要考虑的其他因素及条件。

R. D. 藤尼森（R. D. Tennyson） 著
朱 瑾 伍新春 杜 蕾 译

附录

Shuell T J 1990 Phases of meaningful learning. *Rev. Educ. Res.* 60（4）：531—547

Tennyson R D，Breuer K 1984 Cognitive-based design guidelines for using video and computer technology in course development. In：Zuber-Skerritt O（ed.）1984 *Video in Higher Education.* Kogan Page，London

Tennyson R D，Elmore R，Snyder L 1992 Advancements in instructional design theory：Contextual module analysis and integrated instructional strategies. *Educ. Tech. Res. Dev.* 40（2）：9—22

Tennyson R D，Rasch M 1988 Linking cognitive learning theory to instructional prescriptions. *Instr. Sci.* 17（4）：369—385

其他参考文献

Bransford J D，Sherwood R，Vye N，Rieser J 1986 Teaching thinking and problem solving. *Am. Psychol.* 41：1078—1089

Clark R E 1989 Current progress and future directions for research in instructional technology. *Educ. Tech. Res. Dev.* 37（1）：57—66

Fleming M L 1987 Displays and communication. In：Gagné R（ed.）1987 *Instructional Technology：Foundations.* Erlbaum，Hillsdale，New Jersey

Merrill M D，Tennyson R D，Posey L 1992 *Teaching Concepts：An Instructional Design Guide*，2nd edn. Educational Technology，Englewood Cliffs，New Jersey

Tennyson R D，Cocchiarella M J 1986 An empirically based instructional design theory for teaching concepts. *Rev. Educ. Res.* 56（1）：40—71

Tennyson R D，Park O 1980 The teaching of concepts：A review of instructional design research literature. *Rev. Educ. Res.* 50（1）：55—70

Winn W D 1989 Towards a rationale and theoretical basis for educational technology. *Educ. Tech. Res. Dev.* 37（1）：35—46

建构主义与学习（Constructivism and Learning）

学习是一个建构过程的观点已经得到了普遍认同，即当学习者尽力去理解世界时，他们不是被动地接受信息而是积极地建构知识。很多研究揭示出，学生内部建构的认识与教师所期望的认识通常是很不相同的，从而为这种建构主义的学习观提供了佐证。

建构主义认为，由“建构”可以引申出三个基本含义：（a）应当优先考虑意义和理解力的发展，而不是行为训练；（b）研究者和教师们都认定，如果学生们能够正确地感知事物，那么他们的行动应该是理智的；（c）在了解学生的认知时，还应把学生所犯的错误和一些意外的反应考虑在内（von Glaserfeld 1989）。

尽管建构主义的基本观点和引申意义得到了普遍认同，但是它也还存在现实主义和激进主义立场的区别。这两种立场关键的不同之处就在于对认知的基本功能存在争议。按照现实主义的观点，认知就是学习者建构起与环境的外部结构相对应或者相匹配的心理结构的过程。与之相对，激进的建构主义者则认为，认知的功能是组织学习者的经验世界,而不是发现本体论的事实(也就是说,在激进的建构主义者看来,原本就不存在什么"客观"、"真实"的知识等着人们去发现,所以"知识"不是被发现而是被建构的——译者注)。

1. 现实建构主义

1.1 假设和压力

学生在与物理及符号环境相互作用中,通过对心理结构的重组学习,这种假设,在现实建构主义者提出的对认知功能的各种理论解释中是很常见的。但是,这种假设却面临着一个哲学的困境:因为学习者不能直接进入外部环境,他们只能根据自己已有的认知结构来解释它。因此,按理说,他们是无法建构出与外部环境结构相应的内部认知结构的。这种困境还可以进一步追溯到笛卡儿主义所创建的把认识主体与被认识环境分离的二元论那里。实际上,多数的现实建构主义者们通过使用下面这个工作假设来摆脱这种哲学的困境,即把真实或准确的知识视为是对客观现实的一种反映(虽然认识的客体是外在于认识的主体而独立存在,但是认识主体可以通过认知活动去发现认识的客体,知识就是对这种发现的心理表征——译者注)。因此,在现实建构主义看来,认知研究的任务就是要说明越来越复杂的认知结构,直到这些认知结构与外部环境结构相匹配。

1.2 启示

现实建构主义者们提出了大量的建构主义教学方法并对其进行了研究。总体上看,20 世纪 80 年代产生的将思维过程视为对输入信息进行系列认知加工进而引发反应的教学方法在 90 年代已经不再盛行,代之而起的建构主义教学方法更加关注发展学习者对概念的理解,并且坚信正是这种理解决定了学习者使用什么认知技能和程序。例如,按照这种思路分析,加减多位数的教学应该与发展学习者对数位意义的理解相联系。富森(Fuson 1990)提出了一种运用迪恩斯(Dienes)方块(这些方块代表着个位、十位、百位和千位)的教学策略,并据此开发了一些教学任务以使学生用操作方块来展示他们的纸笔运算过程(Fuson 1990)。富森主持的一系列研究表明,用这种方法所教的 7 ~ 8 岁学生的计算成绩明显高于那些接受美国传统的课本教学的学生。富森的研究还展示出一种具有普适性的教学策略——设计直观的使结构或联系具体化的教学表征,它可以使学习变得明了、易懂。因为在这样的学习过程中,学生所构建的心理表征能够精确地与外在的教学材料的结构对应起来。

其他的现实建构主义研究更关注教师的教育观念而不是教学任务。例如卡彭特等人(Carpenter et al. 1989)推测,那些认为学生通过探索而获得认知发展的教师将对他们学生的思维有更充分的理解。

这些理解继而将指导教师选择恰当的、能够促进发展的教学任务。卡彭特和他的同事已经在小学的加减法文字应用题领域使用这种方法,并取得了满意的成果。这项研究的一个工作假设就是学生构建的内部认知结构应当与日益复杂的算术应用题的语义结构相对应(作者意指:研究中,教师在卡彭特及其同事的帮助下建立起"学生构建的内部认知结构应当与算术应用题的语义结构相对应"的认识,然后按照这种观念来指导对加减法算术应用题的教学,取得了令人满意的教学效果——译者注)。

1.3 新挑战

现实建构主义的基本假设——生成性的心理结构可以反映本体论事实的结构,意味着正确的或者真实的知识是不依赖于社会或文化环境的。对此,维果茨基 (Vygotsky 1934)驳斥说,认识过程是与认知者自己感受到的情景相关联的,而且目前越来越多的研究都表明认知既是社会性的,也是文化性的。即使是在数学这种看来最为客观的知识领域中,上述论断也同样成立(Carraher et al. 1987)。这些发现使一些有远见卓识的研究者重新考虑,那种把既定不变的物理环境和符号环境视为知识主要来源的假设是否合理。学生彼此孤立地与环境交互作用的观点正逐渐被把学生看作是班级团体中一员的观点所取代。相应的,认知过程也就成为既是个性化,又是社会化的活动,这样,在教师引导学生适应特定社会文化的理性规则时,学生可以凭借这种认知过程调整或维护他们自己的思想。总之,现实建构主义所面对的挑战是如何协调以下两种观点，一种观点认为认知是帮助个体参与社会理性实践的一种能力；另一种观点则认为认知就是建构对环境的认知结构，并且环境是独立于人类活动、文化和历史之外而存在的。

2. 激进建构主义

2.1 *假设和压力*

尽管激进建构主义植根于多种理论流派，但是，瑞士心理学家让·皮亚杰创立并经由冯·格拉瑟菲尔德（von Glasersfeld 1989）解释和拓展的理论对其影响却最为深远。一般说来，激进建构主义者们相信学习者在解决他们发现的问题情境以努力达到个人目标的过程中，只是依据他们的个人经验来建构日益复杂的认知方式。

激进建构主义者不断挑战现实建构主义者提出的“真实知识是对客观现实的反映”的假设。然而，当激进建构主义者强调每个人都生活在他们自己个人的经验世界中时，已经不自觉地接受了笛卡儿哲学将客观现实和认知主体相分离的二元论。现实建构主义者将要学习的知识置于二元论的“客观现实”一端，而激进建构主义者则将其置于二元论的“主观经验”一端。现实主义者对此提出了质疑，认为激进主义者的立场是唯我主义的，因为它包含了这样一种论调，即每个人只是存在于他自己的世界里。而且，现实建构主义者还主张，必须放弃所谓真理和确定性等观念。通常激进建构主义者不会赞同现实主义者前面的质疑，但是却认同他们后面的主张。

实际上，当激进建构主义者在进行调查研究时，他们也只有承认个体经验世界的某些方面是确定的、稳定的，并且可以和其他人分享。例如，当他们研究大学生学习微积分的时候，激进建构主义者通常会毫不迟疑地认定，学生们可以分享他们对于代数的所有认识。如果某个学生的实际表现显示他在这方面有问题的话，对此他们使用的工作假设就是需要对被试进行调整。

2.2 *启示*

由于对个人经验的强调，最初激进建构主义者倾向于通过分析个别学生的学习从而形成具有普遍意义的教学准则。然而，自从 1987 年以来，越来越多的研究者将激进建构主义作为基本的指导原则，通过与教师合作，开发了许多体现激进建构主义原则的教学方法。此外，一些激进建构主义圈子之外的研究者也发展了若干种与这种理论立场协调一致的教学方法。

特雷弗斯（Treffers）在 1987 年提出的“现实数学教育”（RME ）方法就是这方面的一个例证。它体现了这样一种观点，认为数学是一种基于经验的人类活动。特雷弗斯和他在荷兰弗洛伊德理论研究所的同事认为，当学生形成了解决问题的有效方式时，学习就发生了，并且还会引发更复杂水平上的思维重组。RME 的特点之一，就是在学习过程的第一阶段对一系列具体的情境进行广泛探究，而这些情境主要来源于日常生活、学生所处的物理环境和想像的环境。这种观点与一些现实建构主义者所倡导的提供教学表征的教学方法正好相对立。在现实建构主义者看来，要学习的知识就蕴涵在物理材料、图表或者是按照有助于学生理解的方式所设计的计算机图形中。从 RME 的角度来看，教学最具挑战性的任务就是要设计一系列的任务，以促进学生在越来越复杂的水平上重组他们自发的、不规则的活动。在荷兰，基于这种教法的教科书已经在一定年龄水平的学生中广泛使用，并取得了巨大成功。

除了关注教学任务的设计之外，激进建构主义者还将关注点从个别学生扩展到分析社会性互动在学习中的作用。因此，自从 20 世纪 80 年代以后，强调小组合作和班级讨论，希望学生们能够在其中辩明思想的教学方法日益成为主流。这种教学方法非常重视教师和学生开诚布公地对教学任务及其实施方法的理解与协商。所以，教师的责任之一就是指导班集体形成共识。然后，这种共识又成为深入讨论的基础。休曼等人（Human et at. 1989）已经在小学数学中广泛地使用这种教学方法，并取得了令人满意的成效。在发展这种教学方法的过程中，他们对于学生是否有必要学习标准的数学计算程序提出了质疑。他们争论说，与其学那些标准的数学计算程序，还不如鼓励学生建构他们自己的数学运算法则。这种方法与富森开发的教学方法是相对立的。因为，富森的目的是帮助学生以一种有意义的方式学习标准的计算法则。二者的这种差异使休曼等人的方法面临着一个根本性的问题，那就是，在这个信息技术急遽变化的时代，学生们在学校中的建构应该在多大程度上遵从那些在更开阔的社会中已经制度化的规则。

2.3　新挑战

像现实建构主义者一样，激进建构主义者们也受到了下述研究的影响，这些研究表明认知既是社会性的，也是文化性的。一方面，这些研究发现在不同的文化共同体中，特定学科领域的理性规则是有所不同的，这与激进建构主义者们反对知识是客观现实的反映相一致。但是，另一方面，在同一群体中这些理性规则的相对一致性又与激进建构主义者们对每个人个性化经验的强调不相协调。其实，这表明，社会性互动不仅仅是促进个体认知发展的催化剂，而且，在某种意义上可以说，认知本质上就是社会性的。因此，激进建构主义者就面临着进一步完善理论倾向的挑战，就是要将关注集体活动与个体经验的两种倾向融合起来。由此看来，将认知发展与教学指导情况（Brousseau 1986）或者是班级的社会互动模式（Bauersfeld 1988）联系起来分析应当更为恰当。

3. 新的趋势和争论

现实建构主义者和激进建构主义者都将教师和学生视为班级团体中一员的发展观表明，这两种流派是有融合协调的可能的。不过，要想实现这种融合的话，无论是现实建构主义者还是激进建构主义者都必须超越笛卡儿将客观现实和主观经验截然分开的二元论。就现实建构主义者而言，他们将需要对他们那种视知识为确定的、超越时代（在现实建构主义者看来，知识是客观存在的，不会随时代的改变而改变——译者注）的工作假设加以质疑。实际上，认为所谓真实的或确定的知识都具有时代性并且在不同的文化团体中是不同的，这种观点已经得到了从文化批评到数学哲学等多个领域的广泛认同。而且，我们会越来越清楚地看到，这种认为任何一种解释或者看法都不错的观点并不会引发思维的混乱。另一方面，激进建构主义者则应该意识到他们反对真实和确定性知识的观点还需要从现实主义的立场，以及个体经验与普遍的感性经验的矛盾中吸取营养。为此，他们还必须发展新的方法来重新接纳真实性和确定性。

突破笛卡儿二元论的理论难题在教师的行动中也有相应的体现。那种认为真实知识是与预先给定环境的结构相一致的观点会引发一种风险，即成人往往会无视学生的需要和兴趣，将他们关于世界的观点强加到学生身上。相反，如果只是强调学生个人经验的观点，则可能导致对教师促使学生适应社会理性规则的责任的忽视。根据兰伯特（Lampert 1985）的说法，这种在适应学生的兴趣和推动他们与习俗化的理性规则相一致之间产生的紧张压力正是教学的独特之处。或许那些突破了笛卡儿的二元论的建构主义者将能为在帮助学生学习中受这种内在压力困扰的教师们提供更好的帮助。

P. 科布（P. Cobb）　著

刘金玲　陈　晶　译

附录

Bauersfeld H 1988 Interaction, construction, and Knowledge: Alternative perspectives for mathematics education. In: Grouws D, Jones D (eds.) 1988 *Effective Mathematics Teaching*. National Council of Teachers of Mathematics and Lawrence Erlbaum Associates, Reston, Virginia

Brousseau G 1986 Fondements et methodes de la didactique des mathematiques. *Recherches en Didactique des Mathematiques* 7(2):33—115

Carpenter T P, Fennema E, Peterson P L, Chiang C, Loef M 1989 Using knowledge of children's mathematics thinking in classroom teaching: An experimental study. *American Educational Research Journal* 26(4): 499—532

Carraher T N, Carraher D W, Schliemann A D 1987 Written and oral mathematics. *Journal for Research in Mathematics Education* 18(2):83—97

Fuson K C 1990 Conceptual structures for multiunit numbers: Implications for learning and teaching multidigit addition, subtraction, and place value. *Cognition and Instruction* 7(4):343—403

Human P G, Murray J C, Olivier A I 1989 *A Mathematics Curriculum for the Junior Primary Phase*. University of Stellenbosch, Research Unit for Mathematics Education, Stellenbosch

Lampert M L 1985 How do teachers manage to teach? Perspectives on problems in practice. *Harv. Educ. Rev.* 55(2):178—194

Treffers A 1987 *Three Dimensions: A Model of Goal and Theory Description in Mathematics Instruction – The Wiskobas Project*. Reidel, Dordrecht

von Glasersfeld E 1989 Constructivism in education. In: Husén T, Postlethwaite T N (eds.) 1989 *The International Encyclopedia of Education*, 1st edn., Supplementary Vol. 1. Pergamon Press, Oxford

Vygotsky L S 1934 Voprocy detskoi vozrastnoi psikhologii. In: El'konin D B (ed.) 1984 *L. S. Vygotskii. Sobranie Sochineni: Detskaia Psikhologiia*. Pedagogika, Moscow

其他参考文献

Davis R B, Maher C A, Noddings N (eds.) 1990 *Constructivist Views on the Teaching and Learning of Mathematics*. Journal for Research in Mathematics Education Monograph No. 4. National Council of Teachers of Mathematics, Reston, Virginia

Piaget J 1970 *Genetic Epistemology*. Columbia University Press, New York

Saxe G B 1991 *Culture and Cognitive Development: Studies in Mathematical Understanding*. Erlbaum, Hillsdale, New Jersey

Steffe L P, Wood T (eds.) 1990 *Transforming Children's Mathematics Education: International Perspectives*. Erlbaum, Hillsdale, New Jersey

von Glasersfeld E (ed.) 1991 *Radical Constructivism in Mathematics Education*. Kluwer, Dordrecht

创造性(Creativity)

创造性是一个难以界定但又很重要的概念。本词条所关注的是创造性科学研究的三个重要方面：具有创造性的人、创造性的成果和创造过程。

与人有关的各门科学，从神经学到经济学，都为我们理解人的创造性提供了帮助。无论从哪个方面来看，创造性都是一个值得关注同时又是不同理论激烈争论的热点问题。当然，融合不同的学科(例如心理学和社会学的融合)来解释创造性可能是更理想的。但是，创造性自身的特点似乎又助长了个人主义的研究方式，这对于沟通研究成果以及逐步积累证据和认识都是不利的。因此，要想规范这个缺乏整合的研究领域，确定一些创造性的原型就成为第一要务。科学上的创造是创造性最好的原型。当然，大量的文学创作也与科学创造有关。而且，当我们对比科学创造与其他类型的创造(比如，在建筑和写作中的创造)时，可以明显地看到它们有更多的共同点，而不是差异(Taylor and Barron 1963)。能够整合创造性研究的另一个规则就是创造性研究的三个焦点，也就是所谓的“3P”：具有创造性的人、创造性的成果以及创造过程。下面，我们将依次讨论这三个方面的问题。

1. 具有创造性的人

在这方面最核心的问题，就是凭借哪些特征可以将具有较高创造性的人与创造性较低的个体区分开来。所以，研究者围绕下列因素进行了广泛探讨，包括：社会背景的影响、家庭环境、教育状况、成长经历、职业、个性特征(气质)和兴趣爱好等。值得注意的是，具有创造性只是导致个体取得成功或发展优异的众多因素中的一个。个体发展优异乃是多个因素共同作用的结果，除了创造性之外，工作效率、学术水平和组织能力也是发挥影响的因素。具有创造性只代表了卓越的一个方面而不是全部，我们之所以忽略了这一事实，主要是因为我们通常只关注最突出的部分。尽管上述四个因素及其与个体的成功发展之间只有中等程度的相关，但是，从统计上看，每一个因素对个体的成功发展都有非常显著的贡献。然而，假如我们是从某个领域的科学家(如心理学家)总体中随机抽样再进行分析就会非常清晰地看到个体的成功发展是多种因素综合作用的结果。此外，还有这样一种现象，那些真正高产的科学家或学者很少被人提起，常常被人称道的往往不是进行原创性研究的科学家或学者。这四个重要因素对于与之相关的某些个性特征的预测作用各具特色。在传统的心理测验中，已有很多研究考察了科学家在智力测验中的得分与他的同事和上司对其创造性的等级评定之间的相关。研究结果非常清楚地表明，那些被评定为更具创造性的科学家都有高智商，但是与那些创造性较低的同事相比，他们的智商也并没有高多少。对自己的研究课题十分着迷是高创造性科学家的突出特点，这种兴趣通常可以追溯到他们的童年时代。他们另外的显著特点还包括思想独立、对迎接未知领域挑战的强烈向往，还有他们的坚定不移的信念。当然，他们对自己专业毫不动摇的自信，是最为突出的特点。上述研究虽然揭示出某些因素之间明确的相关，但是这些研究却遗漏了对人的创造性这个重要方面的探讨。我们很容易理解，创造性潜力可以转化为长时间（50 小时或者长于一个星期）专注于科学前沿的脑力工作，而长时间聚精会神地工作又会得到成功的回报。但是，还应当看到，只有在作为支持系统的环境为潜力转化为现实提供了机遇的条件下，这些情况才有可能发生。每一个人，无论他是否具有创造性，都会受到周围环境中非正式支持系统的影响，而个体所能达到的成绩水平则取决于个体自身与这个系统的共同作用。因此，探讨创造性的研究者在依据个体从事的科学工作来判断其创造性高低时，一定要认识到不能仅仅针对孤零零的个人进行判断而必须考虑到他是与环境相互作用的人。

要评价学生和青年科学工作者的创造性潜力，各种各样的智力测验、倾向性测验和气质类型测验都是不够用的，而以考察上述影响因素的相互作用和特定关系的生活经历调查可能更为适用。询问被试更愿意从事什么，研究、教学或者是二者的结合就是在生活经历调查中比较常见的问题（Taylor 1988）。

2. 创造性的成果

怎样的成果可以被称作是“有创造性的”？在艺术领域，如何评判成果的创造性主要是凭感觉，但是，在科学界，对于何谓有创造性的工作则存在比较统一的认识。创造性的科学成果必定是解决了很大的难题，回答了很重要的疑问，或者提出了新的重要问题。因此，可以用重要性和新颖性来定义创造性的科学成果。不过，科学上的创造性的成果最终会得到公认和遵从（也就是说，随着时间的推移，当创造性的科学成果逐渐被公认和遵从后，它就不再具有新颖性。所谓创造性的科学成果，其新颖性只是一时的——译者注）。对科学而言，创新是至关重要的。某个科学成果是否具有创造性及其创造性的高低取决于同行的评价，即取决于该领域公认的专家的评价，当然谁是专家又是由同行评价决定的。在缺乏规范的同行评定制度的科学领域，如建筑和文学领域，为完成特定的评价任务可以建立起暂时的同行评价，比如通过同伴提名形成公认的专家组，然后由这个专家组对研究成果和人的创造性评定等级（Barron 1969）。相关研究表明，科学领域的创造性与其他领域的创造性之间存在惊人的相似性。

按照前面对创造性的定义，可以用绝对的标准来评价创造性。然而，从教育教学的角度来看，有时，采用相对标准可能会更有效。所谓相对标准，就是不拿特定的成果与绝对的最佳标准相比，而是与选定的参照群体（例如，同龄的儿童）中最好的那个相比。为了保证讨论的清晰，避免混淆绝对标准和相对标准是很重要的。特别值得注意的是，我们不能把有创造性的儿童看成是有创造性的成年科学家、作家、建筑学家等的压缩版本。前途无量的儿童与有创造性的成人不只是量上的差异，而是有质的区别，因为从绝对意义上来说，创造性的成果只可能来自那些在特定领域已经积累大量知识的专家。无一例外，这些专长都要个体花费多年时间和多方面的投入才能获得（Ericsson and Smith 1991）。很显然，有创造性的科学家都经历了这个过程，而有创造性的孩子或学生还需要去体验这个过程。

3. 创造的过程

对于创造过程的认识有两种不同的观点。一

种观点认为创造就是在目标指引下形成合目的产品的过程;另一种达尔文主义的观点则强调创造包含了产生异想天开的各种想法、从中筛选出合目的的成果、保留选择出的成果三个过程。这两种观点背后所隐含的争议乃是一个哲学问题,即如何有意识地创造新事物。如果认为创新是可遇而不可求的,我们不可能在完全未知的情况下进行创造,基于这种认识的心理学理论,就会强调创造过程中利用各种已有的元素重新进行快速的任意组合,然后再通过检验来严格地评判这些新组合是否适合需要。所以,拥有大量的可利用要素(知识)的贮备,并且有不断充实这个贮备的学习能力和机会,就是产生创造性成果的先决条件。可利用的元素越多,就越可能形成新的组合,并且组合的复杂性程度会越高。依据这种观点,尽管新观念的产生是偶然的,但是这个过程本身却有必然的规律。因为观点的产生遵从联想律,所以,发明者或创造者总能在一定程度上控制创造的过程(例如,通过有选择地充实知识贮备进行准备以及选择工作记忆的内容等)。从上述思想中可以看到目前有关创造性思维的一个主流观点,即:尽管创造性的成果具有新颖性因而是未知的,但这并不意味着它是完全陌生的产品,而事实上也很少这样,否则,对于完全陌生的新观点,我们是无法对其进行评价的。这个理论的核心思想就是承认创造的过程在一定程度上或者说其基本流程是已知的,所以,创造是一个有意识的过程。这种观点实际上把创造的过程转化成了问题解决。二者都是一个探索的过程,并且这种探索受接近最终结果的可能性(或期望)和获取实现这些结果的方法的可能性所限制与引导。例如,一个人想作曲,这个目的对其探索就有很大影响,而且每一部分的结果(比如,谱写的每一行音符)都会对其后续的发展空间产生影响。我们把实现目标的大体流程加以概括就形成了所谓的 问题解决的“启发式方法”。研究者已经探讨了在问题解决中各式各样的启发式方法,随机地“提出假设并进行验证”就是其中之一。当然,随机地“提出假设并进行验证”也可以被看作是包含在其他问题解决方法中的一个环节,它并不能代表创造过程的本质特征。而且,实际上,我们每个人所产生的想法似乎也并不是随机的[例如,让你随意地写出一串数字,对这些数字的随机性进行统计检验就会发现你还是有一定偏好的(也就是说,通过统计分析会发现我们自认为是随意写出的一串数字中也包含了一定的规律,数字之间并不是毫无联系的——译者注)]。

本节开头提到的对创造过程的两种认识都是需要改进的。因为这两种观点所强调的都是短期的、发生在此时此地的创造,这是心理学在研究人类心理时非常典型的方法特点。但是,科学的发展史却表明真正的创造通常都是一个持续多年的过程,并且是在一个不断发展的科学环境中产生的。不过,无论是心理学研究的短期的创造,还是科学发展史上真实的创造,大家都公认心智上的探索是创造过程的核心要素。

4. 教育和创造性

创造性和专业特长之间的紧密联系为如何开展创造性教育提供了启示。很多旨在提高一般的问题解决能力和创造性的培训方案都已经投入应用。但是,无论是问题解决,还是创造,思维的效率总是与特定的领域相联系的,这是二者共同的特点。但是,已有的培训方案则忽略了这一点。(这段话意指,必须与具体的领域结合起来,在解决特定领域具体问题的过程中培训个体解决问题的能力和创造性才会有效。已有的培训方案脱离了具体的问题情境,只是抽象地介绍问题解决或创造的基本方法和技巧,这种做法是不会有太大效果的——译者注)要想培养创造性,就必须遵循如下两个建议。一是使所有的课程都尽可能地指向于问题解决;二是帮助更有潜力的学生在他们自己选择的领域内找到或者建构起促进智力发展的途径。(这两句话表明,培养学生的问题解决能力和创造性需要学校所有课程的共同努力,仅凭单独开设的思维训练课或创造性培训班是不可能取得良好效果的。另外,教育应当尊重学生的个性,鼓励学生发展自己的特长,不同的学生应当获得不同的发展——译者注)

J. 艾斯豪特(J. Elshout) 著
陈 晶 刘金玲 译

附录

Barron F 1969 *Creative Person and Creative Process*. Holt, Rinehart and Winston, New York

Ericsson K A, Smith J (eds.) 1991 *Toward a General Theory of Expertise: Prospects and Limits*. Cambridge University Press, Cambridge, Massachusetts

Taylor C W 1988 Various approaches to and definition of creativity. In: Sternberg R J (ed.) 1988 *The Nature of Creativity: Contemporavy Psychological Perspectives*. Cambridge University Press, Cambridge

Taylor C W, Barron F (eds.) 1963 *Scientific Creativity: Its Recognition and Development*. Wiley, New York

其他参考文献

Ochse R 1990 *Before the Gates of Excellence: The Determinants of Creative Genius*. Cambridge University Press, Cambridge

Sternberg R J (ed.) 1988 *The Nature of Creativity: Contemporary Psychological Perspectives*. Cambridge University Press, Cambridge

陈述性知识和程序性知识(Declarative and Procedural Knowledge)

将知识划分为陈述性知识和程序性知识,说明了我们已经认识到:知道是什么和知道怎么做之间、科学和技艺之间、理论和实践之间、认识和如何认识之间存在显著差异。本词条所要讨论的核心问题就是:学习者怎样将一类知识转化成另一类知识。

1. 背景

尽管亚里士多德早就区分了理论逻辑(陈述性的)和实践逻辑(程序性的),但是哲学家和逻辑学家历来还是将知识等同于陈述性知识,只有波拉尼(Polanyi 1958)和赖尔(Ryle 1949)是明显的例外。直到20世纪50年代,符号化计算机程序的发明才导致程序性知识真正地诞生,同时陈述性与程序性的区别也开始成为人工智能领域争论的焦点(Winograd 1975)。米勒等人(Miller et al. 1986)运用"表征、计划"等术语阐述了认知心理学所面临的首要任务就是解释计划,即解释程序性知识。从此以后,程序性知识在考察行为分析、认知技能、专业特长、规划、问题解决、规则学习和情境性认知各类研究中得到广泛的探讨。近年来随着对陈述性知识和程序性知识的关系的研究,二类知识的区别又逐渐趋于融合(Aebli 1980, Anderson 1983, Ohlsson and Ress 1991)。而在教育领域,尽管在早期教育思想家如约翰·杜威和玛丽亚·蒙台梭利等人的思想中已经隐含着区分陈述性知识与程序性知识的萌芽,但是直到20世纪80年代,陈述性知识和程序性知识的区别才成为教育研究的课题(Hiebert 1986)。

2. 陈述性知识和程序性知识的定义

陈述性知识所包含的是对世界准确或不准确的各种判断,而程序性知识则由实现目标的各种有效或无效的方法组成。

2.1 陈述性知识的例子和特点

陈述性知识包括对特定事件(例如,"今天在下雨")、事实("珠穆朗玛峰是世界上最高的山峰")、经验化概括("抽烟导致肺癌")以及反映现象本质的深层规律的判断。后者包括科学规律(如牛顿运动定律、自然选择进化论等)和政治、宗教信仰体系的核心原则。陈述性知识的常见形式包括叙述、科学理论的说明、新闻报道和旅行记录等。

陈述性知识是描述性,而不是祈使性或指令性的。命题是陈述性知识的认知单元。命题用陈述句表达。命题既可以是真命题,也可以是假命题,或者更确切地说,一个命题对世界的描述可能是准确的,也可能是不准确的。陈述性知识又被称为概念性知识、描述性知识或命题式知识。陈述性知识可以分为概括性知识与偶然性知识,也可以分成事实性知识、叙述性知识和理论性知识。

2.2 程序性知识的例子和特点

程序性知识包括产生式、方法、计划、惯例、规则、流程、策略、战术、技术和技巧等。怎样开车,怎样使银行账户收支平衡,怎样安排一个生日聚会都是生活中常见的程序性知识的例子。数学证明法和医疗诊断策略则是科技领域中程序性知识的代表。烹调菜谱、填写税单的说明、医疗处方，还有软件手册都是程序性知识的常见形式。

程序性知识是指令性而不是描述性的。规则是程序性知识的认知单元，其常见的表达形式如下所示：

目标、条件 → 行动

这样的规则，有时又叫作"产生式"，它表明了如果个体在特定的情境条件下追求某个目标，那么他所采用的行动才可能是有效的、恰当的或者是能够派上用场的。例如，"如果你想阅读（即目标），而房间里的光线太暗（即条件），那么就把灯打开（即行动）"。规则是以劝告、指导或其他类型的祈使句来表达的。规则没有真假之分，因为它们不是一个判断性的命题，而只是对行动提供指示。规则的价值取决于它所建议的行为的有效性。我们也可以用如下术语来代表程序性知识，如能力、专业特长、诀窍和技能。

2.3 教学中的例子

"在一个三角形中，如果两条边 a 和 b 相等，那么与这两边相对的两个角 A 和 B 也相等"是一个命题。"如果要证明角 A 和角 B 相等（即目标），而且它们属于同一个三角形（即条件），那么只需要证明两个角所对应的两条边 a 和 b 相等就可以了（即行动）"是一个"产生式"。我们不妨来比较一个上述几何命题和用于证明的"产生式"。这个命题显然是一个与三角形有关的真命题。命题本身既不涉及目标，也不存在对行动的指示作用。至于产生式，它并没有对三角形进行描述，只是在它成为学生所面临的目标和条件时，为在特定情境下该采取特定的活动提供了建议。命题为真时，它就是有价值的。产生式的价值则在于它能够有效地解决问题。产生式来源于规则，但是又不等同于规则。要掌握几何既需要几何命题（定理）方面的知识，也需要掌握用于解决几何问题的产生式。

2.4 陈述性知识与程序性知识的转化

由于陈述性知识独立于特定目标和条件之外，所以它能够在任何可用的情境下发挥作用。但是为这种普遍适用性所要付出的代价就是，在行动时必须自己从陈述性知识中推导出对行动的启示（知识的概括性越高，适用范围就越广，但同时，它的指导作用就越宽泛。所以，尽管陈述性知识具有普遍适用性，但是，面对具体的问题情境，仅从陈述性知识本身是无法获得行动指南的，必须结合具体问题从陈述性知识中推导出相应的行动建议，就好比在运用理论时，要结合具体情况灵活运用，不能简单地生搬硬套——译者注）。例如，运动中有这样一条原理："在滑行中，只要两个物体发生了接触，就会产生摩擦。"由此可以推导出这样一个规则："要想滑得快，就必须把你的冰鞋磨快（以减小摩擦）。"对于家庭安全来说，上述原理则包含了这样的规则："要想避免跌倒，就可以在脚下加一个不滑的垫子（以增加摩擦）。"要从普遍的原理中衍生出各种规则就需要借助复杂的推理。另外，规则本身虽然简单便于应用，但是每条规则仅能适用于某一个特定的情境。所以说，陈述性知识提供了普遍适用性，程序性知识则使迅速行动起来成为可能。对于任何智力活动而言，陈述性知识和程序性知识都是必不可少的。这种观点最初是在人工智能领域提出的（Winograd 1975），后来很快就被整个心理学领域所采纳了（Anderson 1983）。

2.5 总结

陈述性知识所反映的是个体的外部环境，而程序性知识则涉及个体的目标和行为。陈述性知识有真假之分，而程序性知识则只有效率高低之别。陈述性知识虽然具有普遍性，却因复杂而不易应用；程序性知识尽管方便适用，但是应用范围又局限于特定的情境。有时，我们用"认知结构"来代表个人所拥有的陈述性知识的总和，用"产生式结构"来代表个体所拥有的全部程序性知识（Dorner 1976）。尽管各有特色，但是这两类知识对智力来说都是必需的（当然，我们也不排除可能有其他形式的知识还没有被发现），并且无论是人类、高等哺乳动物实际具有的智力，还是计算机中被创造出来的智力，都是如此。

3. 相关研究

多数教学内容都同时包含着陈述性知识和程序性知识。要掌握任何教学内容都需要具备将知识从一种形式转换成另外一种形式的能力(Aebli 1980)。例如,学了一个几何定理,但是不能将这种定理转化成可以解决问题的产生式,那么这个定理在学习者的头脑中只是一种惰性的知识。

3.1 从陈述性知识向程序性知识转化

安德森(Anderson)在1983年、奥尔松(Ohlsson)和里斯(Rees)在1991年就已经提出了从陈述性知识到程序性知识的转化理论。他们的理论都隐含着这样一种认识,即转化可能会产生高认知张力并需要花费一定的时间。不过这种观点,就像研究者早期提出的另一个观点——教给学生隐含在学习技能背后的陈述性的规律对于改善学生的学习技能具有重要作用一样,在后来只得到部分研究的支持(Kieras and Bovair 1984)。而且,相关的理论和研究数据都认为在教学中不能只局限于对理论的传授。在独立解决问题的过程中,学生还是需要得到一定的帮助从而将理论(陈述性知识)转化成解决问题的程序(程序性知识)。所以,这方面的研究应该将重点放在探讨影响这种转化难易程度的因素上。

3.2 从程序性知识向陈述性知识转化

让·皮亚杰曾经提出知识来源于行为的逐渐内化(Piaget and Inhelder 1969)。布鲁纳(Bruner 1966)提出的相关的理论也宣称,知识最初是以动作表征(程序性的)的形式出现的,经过映象表征(形象化的)的发展,最后达到以符号表征(陈述性)的形式呈现。这种"从动作到知识"的原理在教学中得到了广泛的应用,比如通过具体操作进行算术教学,即用一系列的客观事物来演示数学的概念和原理,再如科学教育中所谓的"做中学"。不过,认为对概念的理解是通过行为的内化来建构的观点,还没有得到充分的实验证据支持(Sowell 1989)。详细阐释从动作到知识转化过程的理论将能够推进对于内化过程的深入研究。

4. 不同的观点

也有一些研究者把程序性知识界定为隐性知识,也就是缄默性知识或无法陈述的知识,而把陈述性知识界定为有意识的可以陈述的知识。目前,这种观点还没有得到广泛的认可,主要是因为有研究数据表明当个体受某些陈述性原理如所谓的"行动法则"支配时(Vergnaud 1988),个体却不能表述或报告出来。

另外,元认知知识既可以是陈述性知识(如"我记不住这些名字"这个判断中所包含的元认知知识),也可以是程序性知识(如"要想记住任何内容,就必须反复背诵"这个产生式所包含的元认知知识)。

学生在学习和使用陈述性知识与程序性知识的能力上应当也会存在差异,只是目前还没有相应的研究调查这种个体差异。

S. 奥尔松(S. Ohlsson) 著
陈 晶 刘金玲 译

附录

Aebli H 1980 *Denken: Das Ordnen des Tuns. Vol. 1: Kognitive Aspekte der Handlungstheorie*. Klett, Stuttgart

Anderson J R 1983 *The Architecture of Cognition*. Harvard University Press, Cambridge, Massachusetts

Bruner J S 1966 Notes on a theory of instruction. In: Bruner J S (ed.) 1966 *Toward a Theory of Instruction* Harvard University Press, Cambridge, massachusetts

Dorner D 1976 *Problemlösen als Informationsverarbeitung*. Kohlhammer, Stuttgart

Hiebert J (ed.) 1986 *Conceptual and Procedural Knowledge: The Case of Mathematics*. Erlbaum, Hillsdale, New Jersey

Kieras D E, Bovair S 1984 The role of a mental model in learning to operate a device. *Cognitive Science* 8 (3): 255—273

Miller G A, Galanter E, Pribram K H 1986 *Plans and the Structure of Behavior*. Adams, Bannister, Cox, New York

Ohlsson S, Rees E 1991 The function of conceptual understanding in the learning of arithmetic procedures. *Cognition and Instruction* 8(2): 103—179

Piaget J, Inhelder B 1969 *The Psychology of the Child*. Routledge and Kegan Paul, London

Polanyi M 1958 *Personal Knowledge: Towards a Post-critical Philosophy*. Routledge and Kegan Paul, London

Ryle G 1949 *The Concept of Mind*. Hutchinson, London

Sowell E J 1989 Effects of Manipulative materials in mathematics education. *J. Res. Math. Educ.* 20(5): 498—505

Vergnaud G 1988 Multiplicative structures. In: Hiebert J, Behr M (eds.) 1988 *Number Concepts and Operations in the Middle Grades* NCTM, Reston, Virginia

Winograd T W 1975 Frame representations and the declarative-procedural controversy. In: Bobrow D G Collins A (eds.) 1975 *Representation and Understanding: Studies in Cognitive Science.* Academic Press, New York

发展、学习和教学(Development, Learning, and Instruction)

历史上的不同理论观点为当代探讨发展、学习和教学三者的关系奠定了基础。本词条将首先讲述学习对于认知发展的重要性,然后会分析学校教育和教学对学习进而对认知发展所发挥的影响,接下来会讨论个体的能力差异在认知发展、学习和教学中的作用,最后由此得出有关教育的一些结论。

像发展、学习和教学等概念必须依据心理学理论才能精确地或者有效地界定。比如,有的理论认为,个体在一生中能力方面的某些变化并不是学习导致的,而是发展的结果,它们为学习特定的知识和技能提供了心理学或生理学的先决条件。但是,也有理论认为,在形成认识结构的过程中,成熟和经验共同发挥着作用,在认知发展的过程中,个体可以学到大量的东西,虽然这些东西并不是直接被传授的。在皮亚杰(Piaget 1952)和维果茨基(Vygotsky 1978)的理论中也能看到这个假设的影子,只是他们采用了不同的表述形式。虽然他们两人都强调在编码和加工信息时儿童自发认知活动的重要性,然而,皮亚杰的理论所重视的是认知能力的个体建构,维果茨基的理论则认为"社会性共享认知"的发展才是个体心智机能成长的基础。此外,维果茨基还认为这些"社会性共享认知"影响着"最近发展区",而"最近发展区"是指个体现有发展水平与其发展潜能之间的差异(Vygotsky 1978 P. 86),它是一个能够指导教学设计的概念(Newman et al. 1989)。当然,还有另外的理论认为,在排除了儿童早期的成熟过程之后,认知发展完全是受学习过程决定的,因而通过适宜的教学可以系统地优化个体的认知发展。这个观点同时得到了行为主义者和部分认知倾向的理论家的赞同。

1. 学习对于认知发展的重要性

自19世纪晚期,现代心理学致力于研究独立于内容之外的认知机能的结构和输出。例如,研究知觉、思维、记忆和学习。20世纪70年代末和80年代初,由于认知科学的发展,心理学理论才开始重视特定内容的知识在学习加工新信息以及认知机能中的重要性。

1.1 专业学习和专门知识对认知发展的影响

在人类信息加工的理论模型中,关于世界的一般性知识和特定领域的专业知识(例如,有关国际象棋、物理、计算机编程、医学等方面的知识)为学习、理解和解决问题提供了部分必要的有利条件。认知科学对"知识"的界定比我们日常所使用的定义更加精确。特定领域的专业知识除了数量特征之外,还体现出一些质的特性,比如知识的组织结构(是分层组织还是以索引的方式组织),信息的心理表征方式(是映象表征、符号表征,还是动作表征),运用存贮知识的便捷性,以及在基础知识之上可以执行的认知操作等。

"专家—新手"的研究范式揭示出,在学习和思考时可以利用的知识基础具有突出的重要性。如果对比具有相同智力水平但是拥有不同数量专业知识的人的表现,就会看到在任何有赖于知识的认识任务上,拥有更多专业知识的个体(即专家)总是胜过新手的表现。之所以出现这种差异是因为与新手相比,专家更可能根据相关的重要特征而不是表面现象来判断问题,他们可能拥有更多自动化的处理规则从而不必占用短时记忆的容量,而且,依据任务的要求,他们能够在分析性的特征策略和整体性的综合策略之间迅速转换,还能够同时处理广泛的大量信息(Chi et al. 1988)。当然,专家也只是在他们了解并拥有专门知识的领域才表现出优势。举例来说,象棋高手对于复杂的棋局表现出惊人的记忆能力，但是，当要求他们记忆随机分布的一部分棋子或其他与象棋无关的相同复杂程度的材料时，他们仅表现出普通的记忆能力。

"专家—新手"之间令人信服的差异不只限于对成人的研究，其实在发展研究中也存在这种差异。不过，与典型的发展研究结果不同，也有研究发现，在从事某些特定领域的任务时，由于年幼的儿童有着更好的知识基础，所以年幼的儿童比年长儿童表现得更好（Chi 1978）。这些研究和其他一些研究成果促使卡赖提出了如下假设："儿童比成人知道得少，几乎在每个领域儿童都是新手而成人都是专家。"依照这种理论观点，学习自然就成为一个关键的因素，而教育乐观主义在很大程度上也正是来源于此。于是，教学就被看作是为获取专长而提供的有计划、系统化的支持。学习阅读、写作以及对数学和科学的学习就是这方面的典型例子。

1.2 一般认知能力的获得

通过传授和获取专业知识来促进认知发展是一个缓慢且需要付出努力的过程。于是，很多人就想通过教授和学习一般性的策略和技巧来促进更为普遍的认知技能的发展。学会学习、学会思考、智力训练和非特殊迁移的最大化都是这方面的核心概念。已有大量针对这些技能的培训方案被开发出来。这些方案的范围非常广泛，从培养智力的丰富化方案或培训计划（Feuerstein et al. 1980），到训练思维策略的专门教学概念，乃至依据皮亚杰学派和信息加工观点而形成的刺激认知发展的复杂方案。评价这些方案效果的研究结果是多种多样的，但基本上可以概括为以下几方面：

（a）那些着眼于常规的、脱离具体内容的认知机能的短期培训并不能从根本上改善学习和思维，尤其是用个体在与学校要求相似的任务或日常任务中的表现作为评判标准时（Blagg 1991）。

（b）当然，对大量的学习和思维技能、策略和技巧可以进行有效的训练，特别是元认知能力，即掌握信息加工中的智力策略，对自己的学习和问题解决有更好的反省认识，有效的自我监控策略的自动化。

（c）在掌握大量领域的专业知识和学科知识的基础上，可以用这样的培训来培养思维和学习。总而言之，原则或策略越概括（即它适用的情况越普遍），在解决高度专门化的任务中它的重要性就越小（Siegler 1983）。

2. 学校的教育教学对认知发展的重要性

皮亚杰学派认为学校的教育教学对认知发展的影响很小甚至有害，与此相反，大量的实验研究表明，教学的质量对学生在学校的学习有非常重要的作用（Weinert et al. 1989），学校的学习质量又影响到学生对一系列知识、技能和能力的掌握，而掌握知识的质量对认知发展具有决定作用。

无论是比较受教育人群和未受教育人群的认知发展，还是在全国范围内分析学校的教育教学水平差异对各科成绩的影响，或者把学生的差异看作是同类学校系统中教学质量的一个函数，至少都反映出这样一个趋势——也常常作为重要的证据——学校、老师和教学方法的质量会导致差异。

当然，不论是在理论上还是实践中，都不能用简单、直接的线性方式来描绘发展、学习和教学之间的关系。比如，舒尔曼（Shulman 1982）指出研究学习和学校教学的不同结果只是一种表面上的矛盾，他写道："尽管对学习的研究告诉我们，学习者进行主动的转化非常重要，但是对教学的研究仍然显示出直接教学的重要性，而看起来直接教学法似乎认为学习者是被动的。不过，重要的是应当认识到，直接教学并不是要把知识灌输到学生头脑里，而是要创造条件使学生富有成效地利用学习时间。"（Shulman 1982 P. 97）

同样，学习和发展的关系也是复杂和难以理解的。成熟的现象（尤其是童年早期的成熟现象）、内隐学习、特殊的和非特殊的学习迁移，以及把新旧知识连为一体的自组织加工过程都表明认知发展绝不仅仅是观察到的一系列学习过程的叠加。此外，学到的东西总是多于教授的东西，这个道理在掌握对现实世界的知识以及创造性等能力的发展中都是成立的。

上面提到外显学习过程的重要性是有限的，但这并不意味着学校学习和有计划地教学对于认知能力的发展就不重要。恰恰相反,在很大程度上可以说认知发展就是掌握各种领域的专长,而这些专长对于解决所有问题任务来说都是必要的先决条件。要获得这些专长,系统地、渐进性地学习将导致更加深刻的理解和高度自动化规则的获得,自然具有无可争议的重要性。

3. 认知能力的发展变化、稳定的个体差异和学习

学习影响认知发展,反过来又受认知发展的影响。然而,这种持续变化的复杂关系是以个体在能力上的稳定差异为中介的。比内和西蒙(Binet and Simon 1905)对儿童智力的首次测验就证实了智力发展的速度取决于智力本身的理论假设,而且,一系列的实验研究也从原则上证实了这个假设。尽管一些精心设计的补偿性干预方案已经显示出对处境不利儿童认知发展的长期促进效用,但是当所有的学生都处于同样好的学习环境下,即使是在小学里,学生在能力和学业测验中稳定的个人差异仍然是很高的。在使用掌握学习和掌握教学培训方案时,仍然持续存在的个人成绩差异就是一个很好的证明。即使把成就补偿性教学策略引入到课堂教学中还是无法消除学生在成绩上的差异。当控制了学习速度后,学生的成绩差异仍然维持原状甚至变得更大。如果个体达到了同样的成就水平,那么个体的认知差异主要就反映在学习一定材料所需的时间上(Slavin 1987)。这些现象又呈现了另一种似是而非的理论问题,即:尽管在学习和理解新信息时,已有专业知识的影响大于智力的影响,但是个体在能力方面的稳定差异却决定着个体能够多快和多聪明地掌握知识。所以说,要想通过在学校的学习和教学来弥补个体在能力或认知发展中的其他相关差异是不现实的,至少在目前状态下,这个目标是无法实现的。

4. 结论

想通过教学和学习来影响学生的发展,需要满足以下三个要求:

(a)学习任务和教学要与学生的发展水平相适应,要与他们已经具有的专业学习和非专业学习的先决条件相适应(Newman et al. 1989)。

(b)用系统设计的教学方案使学习者面对通过努力和老师的帮助就可以战胜的认知挑战,从而有计划地激励学习者的认知发展——当然这样的教学方案既能改善学习者的认知能力,也能够改善其学习动机。

(c)采用补偿性的教学,为保障帮助个别学生弥补知识不足、消除错误概念和学习障碍提供了可能。

F. E. 魏尼特(F. E. Weinert) 著
陈 晶 刘金玲 译

附录

Binet A, Simon T 1905 Application de méthodes nouvelles au diagnostic du niveau intellectuel chez des enfants normaux et anormaux d'hospice et d'école primaire. *Année Psychologique* 11:245—336

Blagg N 1991 *Can We Teach Intelligence*? Erlbaum, Hillsdale, New Jersey

Carey S 1984 Cognitive development: The descriptive problem. In: Gazzaniga M S (ed.) 1984 *Handbook of Cognitive Neuroscience*. Plenum Press, New York

Chi M T H 1978 Knowledge structure and memory development. in: Siegler R S (ed.) 1978 *Children's Thinking: What Develops*? Erlbaum, Hillsdale, New Jersey

Chi M T H, Glaser R, Faro M J (eds.) 1988 *The Nature of Expertise*. Erlbaum, Hillsdale, New Jersey

Feuerstein R, Rand Y, Hoffman M, Miller R 1980 *Instrumental Enrichment: An Intervention Program for Cognitive Modiability*. University Park Press, Baltimore, Maryland

Newman D, Griffin P, Cole M 1989 *The Construction Zone: Working for Cognitive Change in Schools*. Cambridge University Press, New York

Piaget J 1952 *The Origins of Intelligence in Children*. International University Press, New York

Prawat R S 1989 Promoting access to knowledge, strategy, and disposition in students: A research synthesis. *Rev. Educ. Res.* 59(1):1—41

Shulman L S 1982 Educational psychology returns to

school. In: Kraut A G (ed.) 1982 *The G. Stanley Hall Lecture Series*, Vol. 2. American Psychological Association, Washington, DC

Siegler R S 1983 Five generalizations about cognitive development. *Am. Psychol.* 38(3):263—277

Slavin R E 1987 Mastery learning reconsidered. *Rev. Educ. Res.* 57(2):175—213

Vygotsky L S 1978 *Mind in Society: The Development of Higher Psychological Processes.* Harvard University Press, Cambridge, Massachusetts

Weinert F E, Schrader F W, Helmke A 1989 Quality of instruction and achievement outcomes. *Int. J. Educ. Res.* 13(8):895—914

其他参考文献

Resnick L B 1987 *Education and Learning to Think.* National Academy Press, Washington, DC

Resnick L B (ed.) 1989 *Knowing, Learning, and Instruction: Essays in Honor of Robert Glaser.* Erlbaum, Hillsdale, New Jersey

Rogoff B 1990 *Apprenticeship in Thinking: Cognitive Development in Social Context.* Oxford University Press, New York, Oxford

学习的反馈(Feedback in Learning)

反馈为学习者提供了关于其学习行为正确性、恰当性或准确性的信息(Mayer 1982)。这个定义包含了三个方面的要素:(a)反馈是在学习者展现出某种学习行为之后发生的;(b)反馈是能够被学习者观察到的;(c)反馈揭示了学习者行为的效果。简而言之,反馈就是有关学习者表现的信息。

1. 反馈的教育用途

在教育中,反馈是十分常见的现象。在学科学习方面,反馈提供了有关学生表现正确性的信息,比如在课堂讨论中表扬一个学生正确回答了老师的问题,给学生的测试成绩评定等级,或者在程序性的练习方案中,只要学生选择了正确答案,就在计算机屏幕上呈现一个笑脸。在行为管理方面,反馈提供了关于学生行为恰当性的信息,比如批评学生扰乱课堂的行为或者奖励其积极参与班级建设的行为。在技能学习方面,反馈提供了关于学生行为准确性的信息,比如让学生抛出一个球并看是否击中了目标。

2. 行为主义者和认知学派关于学习反馈的观点

在教育心理学中,行为主义者和认知学派对于反馈在学习中的作用有不同的解释(Mayer 1987)。行为主义者把奖励或惩罚视为反馈,并认为它能够自动加强或减弱学习者做出特定反应的倾向。依据桑代克(Thorndike)1913 年提出的经典的效果律,一个会获得满意后果的反应在同样的情形中更有可能会重现,而导致烦恼的反应在同样的情境中出现的可能性较小。斯金纳(Skinner 1968)的强化理论指出,在学习者反应后给予强化会增加将来出现相同反应的频率,而在学习者反应后给予惩罚将会减少反应的频率。这两种行为主义理论都认为,不需要学习者有意识地解释,奖励和惩罚会自动地影响学习者的特定反应,也就是说,强化反应的反馈会自动地增加或加强重复反应的倾向,而对反应进行惩罚的反馈会自动减少或减弱重复反应的倾向。不过,行为主义理论后来又转而强调,比起惩罚来,使用强化是改变行为的更有效方法。依据行为主义者的观点,反馈是学习的核心机制,没有反馈学习就不会发生,反馈的影响是自动而明确的。

相比之下,认知心理学家认为反馈是一种信息,学习者通过解释和运用反馈信息来改变他们的认识(Mayer 1987)。反馈使学习者认识到学习的结果,而这些认识又指导他们进行知识建构,这种新建构的知识在将来能够产生更加有效的行为。所以说,反馈本身不会自动改变行为,而是学习者对反馈的解释会改变他们的认识,这些认识进而又影响到他们的行为。尽管与行为主义的学习理论一样,认知学派也认为反馈是学习的核心机制,然而,与行为主义理论不同的是,认知学派强调反馈的影响取决于学习者解释反馈的方式。

总之,行为主义和认知学派在解释反馈对于学习什么(具体行为的变化对知识的变化)和怎样学习(被动的、自动的对积极的、努力的)方面具有不同的认识。

3. 关于教学反馈的行为主义和认知主义观点

一直以来,反馈在教学中的作用体现在以下三方面:在学科学习方面的程序教学;在课堂管理方面的行为合约;在技能学习方面的练习。对于反馈在这三方面的作用,行为主义和认知学派都有不同的解释。

首先,行为主义和认知学派对于如何设计用于学科学习的程序教学存在矛盾的认识。例如,行为主义者认为,应该将程序教学设计成能诱发简单且常常是正确的高频反应(Skinner 1968)。依据这种观点,教学就应该为学习者做出能得到奖励的特定反应创造更多机会。相反,认知理论则认为,学生需要在具体反馈的帮助下建构新的知识,当做出不正确或不完整的反应而受到负面反馈时,他们也能从中学习。行为主义理论认为,对学习而言出错是必不可少的。但是,概念学习的研究却表明了概念是以全或无的方式习得,并不是逐渐获得的,并且学生会积极地验证假设(Bruner et al. 1956,Trabasso and Bower 1968)。比如以认知理论为基础的针对认知加工过程的基本教学流程,就是首先要学生根据所给任务描述他们的学习和思考过程并接受反馈,反馈就是描述成功的学习者所采用的策略(Lochhead and Clement 1979,Pressley 1990)。

其次,在课堂管理方面,如何利用反馈来减少不希望出现的行为和增加期望的行为,行为主义者和认知主义者持有相矛盾的观点。例如,在使用行为合约时,教师和学生会达成一个正式的协议,即如果学生实施某种特定的行为,就会出现一个特定的结果。依据行为主义理论,合约生效后,反应的频率应该会逐渐地改变。比如,只要出现了破坏性行为,就给予惩罚,学生的破坏性行为就会逐渐降低。但是研究却发现,只是教师告诉学生会依据什么条件来实施奖惩,学生的行为就会迅速改变,这个研究结果与行为主义的预测相矛盾,与认知主义认为"学习者是信息积极的解释者"的观点则是一致的(Sulzbacher and Houser 1968)。

相似的,对于诸如口头表扬或奖品等奖励如何有助于增加某种期望的课堂行为,行为主义和认知主义同样也是各执一词。例如,列佩尔等人(Lepper et al. 1973)奖励了一些在空闲时间里画画的学前儿童,一些儿童(期待奖励的一组)被告知,如果他们画画就会受到奖励;而对其他的儿童则事先没有告知会有奖励(没有期待奖励的一组)。依据行为主义的理论,因为都得到了奖励,在接下来的日子里,两组画画的频率都应该会提高。然而与行为主义的预期相反,与控制组相比,期待奖励的小组画画的行为出现了降低的趋势,而没有期待奖励的小组却表现了增高的趋势。这种研究结果与认知理论的观点是一致的:期待奖励的儿童在心里可能认为他们画画是因为他们期望得到奖励,而没有期待奖励的儿童认为自己画画是为了从中获得愉悦享受。这个研究揭示了奖励儿童做自己本来就喜欢做的一些事情会有潜在的负面影响,这种影响被称作"奖励的潜在代价"(Lepper and Greene 1978)。

最后,在技能学习方面,行为主义和认知学派对练习中反馈的作用也提出了不同的见解。对个体的表现提供具体反馈——例如学习者的反应距离目标还有多少英尺,这比简单地提供反应是否正确的反馈更能够促进学习(Trowbridge and Cason 1932,Adams 1968)。这个研究结果与行为主义理论的观点相矛盾,与认知理论的观点则是一致的。认知理论认为学习者会解释反馈信息,因而高质量的反馈能使学习者的认识产生更有效的改变。为了在认知理论的背景下探讨反馈的作用,布朗和伯顿(Brown and Burton 1978)开发了一种测验,这种测验能够诊断出学生在进行多位数减法时可能使用的错误运算。例如,在减法运算中,一个很常见的错误就是在每一位中始终从较大的数中减去一个较小的数,比如:

$$\begin{array}{r} 463 \\ -398 \\ \hline 135 \end{array}$$

对学生运算中具体的错误提供反馈构成了个性化计算机辅导系统的基础。例如,在减法运算中犯上述错误的学生会得到反馈,这种反馈会详细说明在每一位数中需要把底数从顶数中减去,而不是把小的数从大的数中减去。

4. 结论

总之，反馈是有效教学中的关键成分，由于行为主义理论让位于认知理论，反馈在教育中的作用也正在改变。行为主义认为反馈就是自动标志在反应上的强化，这种观点主导了整个20世纪50年代的教育实践。由此带来的结果就是强调在练习中，教师提问，学生回答（通常是一个词），然后教师指出学生的回答是否正确。例如，在高中45分钟的课堂教学中，教师以每分钟2～4个问题的频率提问学生（Cuban 1984）。

相比而言，自从20世纪60年代认知理论主导心理学以来，教育实践中已经开始出现使用反馈的一些新方法。当学习者被看作是一个积极加工信息的知识建构者，而不是反应接受器时，教育者就应当对学习者形成答案的认知过程进行反馈，而不是单纯地对学习者提出的答案进行反馈。例如，在这样的课堂中，学生将描述他们解决问题的思维过程，听专家描述他们的思维过程，并将两者进行对比。总之，在教学中对反馈的使用一直在关注过程与关注结果两者之间摇摆。

R. E. 迈耶（R. E. Mayer） 著
陈 晶 刘金玲 译

附录

Adams J A 1968 Response feedback and learning. *Psych. Bull.* 70:486—504

Brown J S, Burton R R 1978 Diagnostic models for procedural bugs in basic mathematical skills. *Cognit. Sci.* 2(2):155—192

Bruner J S, Goodnow J J, Austin G A 1956 *A Study of Thinking*. Krieger, Huntington, New York

Cuban L 1984 *How Teachers Taught: Constancy and Change in American Classrooms 1890—1980*. Longman, New York

Lepper M R, Greene D 1978 *The Hidden Costs of Reward*. Erlbaum, Hillsdale, New Jersey

Lepper M R, Greene D, Nisbett R E 1973 Undermining children's intrinsic interest with external rewards: A test of the overjustification hypothesis. *J. Pers. Soc. Psychol.* 28:129—137

Lochhead J, Clement (eds.) 1979 *Cognitive Process Instruction: Research on Teaching Thinking Skills*. Franklin Institute Press, Philadelphia

Mayer R E 1982 Learning. In: Mitzel H E (ed.) 1982 *Encyclopedia of Educational Research*, 5th edn. Free Press, New York

Mayer R E 1987 *Educational Psychology: A Cognitive Approach*. Scott, Foresman and Co., New York

Pressley M 1990 *Cognitive Strategy Instruction that Really Improves Children's Academic Performance*. Brookline Books, Cambridge, Massachusetts

Skinner B F 1968 *The Technology of Teaching*. Prentice-Hall, Englewood Cliffs, New Jersey

Sulzbacher S I, Houser J E 1968 A tactic to eliminate disruptive behaviors in the classroom: Group contingent consequences. *American Journal of Mental Deficiency* 73:88—90

Thorndike E L 1913 *Educational Psychology*. Columbia University Press, New York

Trabasso T R, Bower G H 1968 *Attention in Learning: Theory and Research*. Wilev, New York

Trowbridge M H, Cason H 1932 An experimental study of Thorndike's theory of learning. *J. Gen. Psychol.* 7:245—258

知识的表征和组织（Knowledge Representation and Organization）

人们把世界分化成若干概念，这些概念又组合形成更大的概念结构。心理学研究的目标之一就是要详细阐述概念是怎样表征的，以及描述在不同认知任务中加工概念的表现过程。本词条将阐述有关概念结构和表征的一些主要观点，以及由学习和技能获得所带来的概念转变。

1. 知识的组织

1.1　概念

关于概念的本质，最早期的观点如古典主义认为应当根据一系列必要且充分的定义特征来描述概念,这些特征要能清晰地断定事例是否属于某一概念类别。例如,可以说鸟这个概念的定义特征就包括:鸟是一种动物,有翅膀和羽毛,并且能够飞翔。

由于某些概念无法用充分必要的特征来定义,因此关于概念的古典主义观点遭到了质疑。维特根斯坦(Wittgenstein 1958)提出,"游戏"这个概念具有一系列不同的特征,而这些特征又取决于所谈到的游戏种类,很少有适合所有游戏类型的特征。此外,某些古典主义中有关概念的一些重要假设和猜测(比如,不同概念类别之间应该有严格的界限,并且一类概念中所有的成员都应该具有同样的代表性)已经被证明是错误的。某个事物是否属于某一概念类别,或者说该事物在某类概念中有多大的典型性,对这些,人们总有不同的看法。

一种观点试图对古典主义观点进行修正,它也与实验发现的结果更一致,即认为概念不仅包括某些定义性的特征,还包括某些典型性的特征。这种观点认为定义性特征是概念定义的核心内容,而典型性特征决定类别中成员的代表性或典型性。其他一些研究者甚至提出要完全取消定义性特征,他们认为概念仅由某些有不同程度重要性的典型性特征组成,或者说概念是围绕一些原型或样本形成的。

然而,一些研究发现也对上述观点提出了质疑。例如,并不是所有概念都有原型或典型性特征,并且不同个体或同一个体在不同的情境下表征概念的方式总会有很大的差异。

原型理论的另一个局限性在于它依据相似性来解释概念是如何形成的——也就是说,这种观念认为,由于一些事物相互之间比其他事物更加相似,于是就形成了事物的不同类别。而且大量的实验表明(Rips 1989),在不改变类别的情况下改变相似性判断,或是在不改变相似性的情况下改变类别的判断,都是有可能的。利普斯(Rips)由此得出结论,最好把类别判定看作是建立在推理的基础上而不是分析待推断事物和原型的相似性上,这才是最好的解释。

其他研究者也得出了类似的结论。墨菲和梅丁(Murphy and Medin)于1985年提出相似性并不是类别形成的唯一机制,因为不是建立在相似性基础上的概念类别也常常可以形成——例如圣经上关于干净和不干净动物的分类。他们认为决定事物是否属于某一概念类别并不取决于事物之间的相似性,而取决于解释概念的复杂的框架或理论。有趣的是,这种理论决定类别关系的观点与常识性的观点正好相反,常识性的观点认为,人们最初是形成一些基本概念,然后再通过这些概念的联结从而创造出更复杂的知识结构。

1.2 概念的结构

早在语义网络的思想里就可以发现这样的观点,即认为结构就是概念在记忆中的组织形式。在语义网络里,概念是分层组织的,在这个层级结构中,一些概念是其他一些概念的上位概念,另外一些概念则是下位概念(例如,"动物"是"鸟"的上位概念,而"金丝雀"却是"鸟"的下位概念)。在语义网络里,每个概念都具有大量的定义性特征,它们的下位概念也承袭着这些特征。换句话说,比如"鸟"这个概念的定义性特征有"它能飞"、"它有翅膀"、"并且它有羽毛",那么它的下位概念"金丝雀"和"知更鸟"也具有这些特征。这种观点建立在概念的古典主义观点基础之上,因而对古典主义观点的所有批评也影响和制约着它。

另一种研究取向则主要关心人们对一系列复杂事件的理解方式,并提出知识是以"图式"、"脚本"和"框架"等结构形式组织的。最早使用"图式"一词的是巴特利特(Bartlett 1932),他认为人们以图式来表征对事件的记忆,而这些图式能够让人产生强烈的期待进而影响人们对信息的解释。图式几乎囊括了生活中人们能够用来解决问题、理解语言、进行谈话的一般性知识。图式中的信息是通过各种关系组织起来的,这些关系包括简单的等级划分到复杂的因果联系。此外,图式本身也是分层组织的,还可以包含其他的图式、脚本或框架等。"脚本"和"框架"是图式的特殊种类。脚本是专门化、定型化的图式,例如餐馆脚本,它包括了当人们进入餐馆吃饭时会出现的一些事情的常识。框架表述的是事物的性质和范围方面的知识。

图式性的结构影响了人们理解和记忆信息的

方式，这种观点特别是在理解故事的上下文方面得到了相当多的实验支持。同样还可以用图式来解释在复杂情境中进行推理的能力和对未来进行预测的能力。

其他的研究者也认为存在更复杂的、解释性的理论化概念结构。许多研究者用“理论”一词来指代复杂且相互联系的框架，它包含了对一些现象的解释，但并不一定就是一个完全成形的科学框架。实际上，一些发展心理学家认为，婴儿用某些基本法则和因果关系来组织他们的观察，从而为儿童形成一些朴素理论奠定了基础。在发展过程中，随着专门知识的获得，这些朴素的理论又得到分化和重建。

上面所提到的关于概念在记忆中如何组织的观点，所反映的都是陈述性知识。陈述性知识（或者“知道是什么”）与程序性知识（或者“知道怎么做”）形成了鲜明的对照。程序性知识使我们能够实施熟练的行动，如解决问题、下棋、开车或弹钢琴。所谓产生式系统就是模式化的程序性知识。

产生式系统由许多“假如……就……”的规则组成。这些规则常常涉及对陈述性知识的运用。例如，我们关于象棋的知识便涉及各个部分的信息，如卒、车、马和相等，并知道它们都有独特的移动规则。我们关于象棋的知识中也包括了程序性知识，这些程序性知识以产生式规则来表达，如：“假如某一成员受到威胁，就应该尽力去保护它。”

2. 知识的表征

2.1 *命题*

通常认为上面所讨论的概念和概念结构是以命题的方式表征的。命题表征由抽象的、类似语言的符号组成，这些符号通常依据一系列的规则组织起来，以带谓词的算法语言形式来表达。在带谓词的算法语言中，是用谓词和讨论的关系来表征事物的。例如，句子“猫在床底下”就可以表征为“底下（猫，床）”。不同于与可见形态紧密联系的图片，命题所表征的信息与特定的感知觉（例如，视觉的、听觉的、触觉的）没有直接的关系，从这个意义上来说，命题表征是抽象的。

2.2 *心理表象*

心理表象是一种图像似的表征，通常是一种具体的、立体的形象，它与命题表征截然不同。因此，“猫在床底下”这个句子用心理表象来表征就是在头脑中出现这样一幅画面：一个原型性的猫呆在床底下。

对于心理表象作为一种表征方式的必要性，还存在大量争论。关键问题在于，心理表象能否独立于更为普遍的命题表征之外，作为一种知识表征方式发挥作用？或者更概括地说，就是要说明：心理表象是怎样在头脑中被解释的，又如何与来自语言符号的信息发生联系。现在人们普遍可以接受的观点是，尽管心理表象部分地依赖于命题表征，但它本身也是一种值得研究的独具特色的表征方式。

2.3 *心理模型*

心理模型是一种模拟性的表征，它保留了所表征事物的结构（包括感知到的结构或设想的结构）（Johnson-Laird 1983）。心理模型可以是一种立体模型，包括了自然世界的方方面面。它也可以是对一系列事件的顺序结构的模拟表征。和心理表象不同，心理模型不只局限于反映真实世界中物体具体的感知特性，而是一种高水平的建构，好比观念和理论，能够表征我们实际上从未见过的事物的结构，如太阳系的心理模型或原子的心理模型。

2.4 *关系网络*

命题表征、心理表象、心理模型都建立在下面这个假设的基础之上，即人类的认知要依靠对语言或图像符号的操作。关系网络，也叫平行分布的加工模式，试图不用这些象征性实体来表征信息。关系网络这种模式由类似神经元的基本加工单元组成，这些单元通过激发或抑制来影响其他的单元。基本的加工单元以不同的方式连接起来，从而使网络成为一个整体。在这个关系网络里，概念不是用一个特定的单元来表征，而是分布在数个单元中，通过这些单元的激活模式来表征的。

关系网络理论已经吸引了许多科学家的兴趣，并从一个新的解释角度为认知心理学中许多核心问题提供了答案。同时它也引发了有待解决的新问题。其中一个重要的问题就是符号性表征和分布性表征的关系。一些研究者认为这两种表征方式是互为补充的，也就是说，心理表象和命题是作为较高层次的表征被概念化的，而较高层次的表征又来自较低层次的分布性表征。而其他的一些研究者则否认符号性表征和分布性表征间的互补性。

3. 概念转变

随着新知识的获取，概念结构被不断地修正。心理学家不仅需要知道知识是如何组织和表征的，还要知道，在获取知识的过程中已有知识结构是如何变化的。有关概念转变的理论是全面认识学习的基础，对教育有着重要的意义。

最常见的一种概念转变就是“丰富化”，意指在已有概念结构里增加或删减概念。人在一生中所获得的大量知识会丰富其已有的知识。其他类型的概念转变还包括对已有概念结构的分化、合并和增加分层等。

鲁梅哈特和诺尔曼（Rumechart and Norman 1978）在一篇以图式理论为背景探讨学习的重要论文中指出，已有的图式能够通过“积累”、“协调”和“重构”被新的经验所修正。积累类似于丰富化，指向已有图式中逐渐加入信息。协调则反映了应用图式来解释一些数据所发生的革命性的变化，它包括拓展或限定一个图式的用途，确定它的误差值或反过来增加图式的精确性。重构反映的是创建新结构以对原有信息进行重新解释或解释新信息。

心理学家区分了不同种类的重构（Vosniadou and Brewer 1987）。一种划分方式就是把重构分为浅表性重构和根本性重构。浅表性重构意指对一个概念或一系列概念内部结构的重新组织。例如，齐等人（Chi et al. 1982）认为，物理学专家与新手之间在问题解决和分类行为上的差异就可以用他们在物理知识的分层组织上的不同来解释。一些概念对新手来说是上位概念，而对专家来说，却只是一个基本的概念类别。

一般认为根本性重构涉及理论的改变，这类似于在科学发展史中可以看到的理论变化。当个体获得一种在知识结构上、在所能解释的现象上、在所包含的个别概念的实质上不同于旧的理论知识的新理论知识时，根本性重构就出现了。

以上描述的浅表性重构和根本性重构指的是专门领域内理论知识的重组，即“专门领域的重构”。还有一种重构则是“全面重构”。皮亚杰在描述发展过程中儿童知识结构的改变时，特别强调全面重构。

皮亚杰认为，儿童思维的发展是以“阶段性”的全面重构为特征的。在皮亚杰看来，重构意味着结构上的改变，这种改变的实质就是决定了儿童可以利用的表征形式。根据这种观点，婴儿只能操作一些基本的动作图式，而缺少学前儿童所具有的表征能力；学前儿童只能对一些具体的、想像的、以相似性为基础的概念结构进行操作，而缺少学龄儿童在思维上特有的可逆性和传递性。这种重构影响着儿童获取各种知识的能力，因此，它被称为“全面重构”。

在概念转变领域，大部分的研究工作都是描述性的。对概念变化的产生机制，特别是能引起对已有知识结构进行根本性重构的机制，还知之甚少。对于可促进概念转变的类似和模拟机制，我们必须给予足够的重视。通过苏格拉底式对话来认识错误和异常，也是一个值得重视的因素。

S. 沃斯尼都（S. Vosniadou） 著

陈 晶 刘金玲 译

附录

Bartlett F C 1932 *Remembering: A Study in Experimental and Social Psychology*. Cambridge University Press, Cambridge

Chi M, Feltovich P J, Glaser R 1981 Categorisation and representation of physics problems by experts and novices. *Cognit. Sci.* 5(2): 121—152

Johnson-Laird P N 1983 *Mental Models*. Cambridge University Press, Cambridge

Murphy G L, Medin D L 1985 The role of theories in conceptual coherence. *Psychol. Rev.* 92: 289—316

Rips L R 1989 Similarity, typicality, and categorization. In: Vosniadou S, Ortony A (eds.) 1989 *Similarity and Analogical Reasoning*. Cambridge University Press, New York

Rumelhart D E, Norman D A 1978 Accretion, tuning and restructuring: Three Modes of Learning. In: Cotton J W, Klatzky R (eds.) 1978 *Semantic Factors in Cognition*. Erlbaum, Hillsdale, New Jersey

Vosniadou S, Brewer W F 1987 Theories of knowledge restructuring in development. *Rev. Educ. Res.* 57(1): 51—67

Wittgenstein L 1958 *Philosophical Investigations*, 2nd edn. Blackwell, Oxford

其他参考文献

Carey S 1985 *Conceptual Change in Childhood.* MIT Press, Cambridge, Massachusetts

Kosslyn S M 1980 *Image and Mind.* Harvard University Press, Cambridge, Massachusetts

Rumelhart D E, McClelland J L (eds.) 1986 *Parallel Distributed Processing. Vol. 1: Foundations.* MIT Press, Cambridge, Massachusetts

Schank R C, Abelson R P 1977 *Scripts, Plans, Goals and Understanding: An Inquiry into Human Knowledge.* Erlbaum, Hillsdale, New Jersey

Smith E E, Medin D L 1981 *Categories and Concepts.* Harvard University Press, Cambridge, Massachusetts

Vosniadou S, Ortony A (eds.) 1989 *Similarity and Analogical Reasoning.* Cambridge University Press, Cambridge

教育中的语言和学习(Language and Learning in Education)

自从20世纪60年代以来,随着对处境不利儿童令人头疼的学校成绩的关注,对教育中语言和思维之间关系的研究兴趣日益升温。在英国和美国,所谓"处境不利儿童"是指一些家庭背景差的社会低阶层和少数民族的儿童。无论是"先天决定论者",还是"环境决定论者",研究者都从各种角度对这个问题进行了阐释,并且提出了补救的方法。本词条将综述这些不同的解释和补救方法。

1. 先天决定论者的观点

对应于早期有关语言发展的进化论模式,先天论者提出儿童具有与生俱来的言语获得装置。语言学、生物遗传学和心理语言学这三个领域都有持这种观点的理论。

乔姆斯基(Chomsky)1965年从语言学角度提出了自己的假设:儿童拥有与生俱来的言语获得装置。凭借这个装置,儿童能够分析输入的数据并生成信息。获得言语的规律是与生俱来的,因此儿童能够发现潜在的语法规则系统。心理语言学家也有类似的观点。从生物遗传学的角度来看,伦南伯格(Lennenberg 1976)提出,语言是人类特有的现象,它的发展取决于身体的成熟。

先天论者没有直接讨论处境不利儿童的语言问题,也没有提出针对这个问题的改进方法。事实上,已经有人认为,伦南伯格的观点和简森(Jensen 1969)的观点是相似的,认为学习是由先天遗传决定的(Williams 1970)。

2. 环境决定论者的观点

环境决定论者坚信语言是在社会文化背景下习得的。一些人将处境不利儿童的学习问题归因于"语言缺陷",有些人则将其归因于"语言差异",除此之外,还有人把它归因于"社会文化因素"。

2.1 语言缺陷的观点

20世纪60年代的一些心理学和教育学研究指出,处境不利儿童特别是少数民族的处境不利儿童存在语言缺陷或者说处于语言剥夺的状态(Osser 1970)。人们认为,处境不利儿童在语言发展上滞后,是因为他们不良的家庭环境不能提供足够的"语言刺激"或与成人交流的机会。因此,儿童没有发展出基本的英语语法,进而也没有发展出学习学校课程的认知基础(Bereiter and Engelmann 1966)。

因为受到大量的批评以及依照此观点形成的干预方案的无效,语言剥夺观点已得到很大程度的修正。但是,认为处境不利儿童到学校时存在谈话技能缺陷的观点仍然存在。

2.2 语言差异的观点

关于语言的相对论的观点可以回溯到博厄斯(Boas)。博厄斯(1940)认为人们在任何时候使用语言都是一种现实的选择。在博厄斯的相对论之上,沃夫(Whorf 1941)提出,与其说语言是用来表达思想的方式,毋宁说语言塑造着思想。人们小时候学到的语言直接决定着他们建构和认识世界的方式。例如,人们倾向于用他们的语言环境来编码身边的环境和他们的经验(例如,住在海边的渔民有他们自己的词汇)(Sapir 1912)。

到20世纪60年代,语言差异观点开始应用于教育中并对语言缺陷论提出了反驳。语言差异论的支持者争辩说,处境不利儿童学习并掌握了正常的、发展良好的语言和方言,只是这些语言不同于学校中标准的英语。这两种不同的英语语言在结构上是对等的,它们都是一定团体所使用的有序的语言系统,有规律的发声模式、语法结构和词汇(Williams 1970)。例如,关于美国黑人英语方言的研究指出,黑人的方言虽然不同于标准的英语语言,但是它们是对等的(Labov 1970)。

因此,从语言差异观点来看,少数民族儿童在学校中失败——尤其是在学习阅读方面失败——乃是因为学校强制他们在一个完全迥异的语言系统里学习。问题不是处境不利儿童缺少语言、语法知识或者充分的语言社会背景,而是由于不同语言之间的干扰(Labov 1970)。

语言差异论者早期提出的补救措施主要致力于消除结构性的干扰,也就是,通过以儿童的方言编写课文来消除在儿童的语法和课文、老师的标准的英语语法之间产生的失配问题(Baratz 1970)。如果问题仍然存在,还有一种方法就是针对语音干扰进行补救,但事实上这种措施也不起什么作用。由此可知,学习阅读的失败并不仅仅是因为语言差异所致(Simons 1976)。正是这一点使社会语言学观点的重要性凸显了出来。

3. 语言之外的原因:社会语言学的观点

社会语言学家超越了语言本身的差异,而在一个社会文化环境里检验语言的使用。他们强调语言的社会用途。所以说,儿童不但要学习语言的结构规则,还要学习语言的使用规则或者使用该语言的团体的言语理论,如什么时候说、什么时候保持沉默、使用哪一个语言符号、可以对谁说(Hymes 1967)。我们都知道,处境不利儿童在他们的言语团体中没有语言问题,但是在学校中,他们不得不去迎合另一个言语团体——说标准英语的团体的要求时,他们才会有语言问题。

3.1 伯恩斯坦的理论

研究语言使用差异的先驱者是伯恩斯坦(Bernstein)。受沃夫假设的影响,伯恩斯坦(1961, 1970)认为,英国的工薪阶层和中产阶层所用的言语代码各具特点,这种不同的言语形式在很大程度上影响了这两个阶层在学校的学习经历。伯恩斯坦还进一步区分了与工薪阶层家庭的结构密切相关的"有限代码"和与中产阶层家庭结构密切相关的"精确性代码"。他认为,工薪阶层的人较少使用被动时态和动词,而经常使用某些特定的词。换句话说,比较低的阶层在看待世界的方式上存在文化差异。相比较而言,中产阶级人士所使用的是精确性代码。在中产阶级家庭中,母亲更多地使用语言来帮助儿童社会化,并同儿童进行交流。这种在社会化中发挥主导作用的语言帮助中产阶级家庭的儿童发展了精确性代码,这种代码能够让学生更加适应学校生活,并参与到更高水平的当代政府经济和政治秩序中(Plumer 1970)。

伯恩斯坦的理论,与语言缺陷理论一样,都把处境不利儿童的语言问题归因于他们的家庭和他们的语言代码。相应的,补救语言和学习问题的方法着眼于家庭,而不是学校。

3.2 美国的社会语言学观点

美国的社会语言学始于20世纪60年代,也是语言差异运动的组成部分。然而,它超越了语言本质上的差异而转向研究语言使用上的差异,尤其是在假定标准和非标准英语之间,存在干扰或失配基础上进行的干预失败之后。不像伯恩斯坦,美国的研究者们并没有把语言和学习的问题归因于家庭,而是归因于学校。不过,他们对课堂互动的研究最初并没有关注语言,而是关注师生交互作用的动力,以及互动中的误解和失配是怎样影响处境不利学生的学习。这些对课堂社会互动的研究却促进了社会语言学研究方法的发展,因为他们强调对处境不利儿童"谈话策略"的细致考察,看他们的表达是否与他们的身份一致。如果学生的谈话策略也是其身份特点的表现,并妨碍了儿童的学习,那么,课堂教学应当重新改组并将学生的谈话策略整合其中。

这种推测引发了对课堂实践更加细致的研究(Philip 1972),这些研究揭示和阐明了在课堂中教师与处境不利儿童“参与结构”的差异。所谓参与结构是由一系列确定社会关系的规范、双方的权利和义务的集合,它决定了参与者对正在发生的事件的感知并影响学习过程(Simons 1976)。对参与结构中语言信息和隐性线索的误解会影响教学及学习。

在20世纪80年代,社会语言学家超出课堂转而研究学校结构和功能(Mehan 1979)。依据研究发现,他们认为,在学校对话中存在一个明显的发起、回应、评价的顺序结构。它既反映了学校任务的结构,也反映了学校评价的结构。换句话说,学校对学生的奖励更多是根据他们怎样把所学表现出来而不是根据他们实际学到了什么。随后的研究证明了这种模式的评价对学生成绩的潜在影响,为我们变革教学风格以促进学习提供了一些启示。

社会语言学研究越来越关注教师和学生怎样用妨碍或者促进学习的方式来共同建构学习环境,当然更多的研究所重视的是妨碍方面的问题。研究的一个主要发现就是处境不利儿童的学习问题主要是谈话策略和课堂的社会组织(尤其是分组)共同作用的社会性结果。当然处境不利儿童也可以运用有关课堂中言语互动的知识来促进学习。然而,令人失望的是社会语言学研究所提出的补救措施并没有产生明显的积极效果。

4. 启示

自从20世纪60年代以来,各个学派的语言学家对语言和学习之间的关系进行了积极的研究,并从研究中得出了关于语言和处境不利儿童教育的大量信息。然而,目前还没有取得能够得到公认的研究结果,能够为基本问题(比如处境不利儿童学习阅读的失败)提供结论性答案的发现也没有出现。在这方面,社会语言学的研究似乎有望做出贡献,但必须是在下面这样一个理论框架下开展研究,就是要考虑少数民族学生在社会底层生活中已经发展起来的适应机制的影响(Ogbu 1993)。

J. U. 奥布(J. U. Ogbu) 著
陈 晶 刘金玲 译

附录

Baratz J 1970 Teaching reading in an urban Negro school system. In: Williams F (ed.) 1970 *Language and Poverty: Perspectives on a Theme.* Markham, Chicago, Illinois

Bereiter C, Engelmann S 1966 *Teaching Disadvantaged Children in the Preschool.* Prentice-Hall, Englewood Cliffs, New Jersey

Bernstein B 1961 Social class and linguistic development: A theory of social learning In: Halsey A et al. (eds.) 1961 *Education, Economy, and Society: A Reader in the Sociology of Education.* Free Press, New York

Bernstein B 1970 A sociolinguistic approach to socialization: with some reference to educability. In: Williams F (ed.) 1970 *Language and Poverty: Perspectives on a Theme.* Markham, Chicago, Illinois

Boas F 1940 *Race, Language and Culture.* Macmillan, New York

Chomsky N 1965 *Aspects of the Theory of Syntax.* MIT Press, Cambridge, Massachusetts

Hymes D 1967 On linguistic theory, communicative competence, and the education of disadvantaged children. In: Wax M L, Diamond S, Gearing F O (eds.) 1967 *Anthropological Perspectives On Education.* Basic Books, New York

Jensen A R 1969 How much can we boost IQ and scholastic achievement? *Harv. Educ. Rev.* 39: 1—123

Labov W 1970 The logic of non-standard English. In: Williams F (ed.) 1970 *Language And Poverty: Perspectives on a Theme.* Markham, Chicago, Illinois

Lennenberg E H 1967 *Biological Foundations of Language.* Wiley, New York

Mehan H 1979 *Learning Lessons: Social Organization in the Classroom.* Harvard University Press, Cambridge, Massachusetts

Ogbu J U 1993 From cultural differences to differences in cultural frame of reference. In: Greenfield P, Cocking R (eds.) 1993 *The Development of the Minority Child: Culture and Cognition In and Out of Context.*

Erlbaum, Norwood, New Jersey

Osser H 1970 Biological and social factors in language development. In: Williams F (ed.) 1970 *Language And Poverty: Perspectives on a Theme*. Markham, Chicago, Illinois

Philips S 1972 Participant structure and communicative competence: Warm Springs children in community and classroom. In: Cazden C, John V, Hymes D (eds.) 1972 *Functions of Language in the Classroom*. Teachers College Press, New York

Plumer D 1970 A summary of environmentalist views and some educational implications. In: Williams F (ed.) 1970 *Language And Poverty: Perspectives on a Theme*. Markham, Chicago, Illinois

Sapir E 1912 Language and environment. *American Anthropologist* 14:226—242

Simons H D 1976 Black dialect, reading interference and classroom interaction. Unpublished manuscript. Learning Research and Development Center, University of Pittsburgh, Pittsburgh, Pennsylvania

Whorf B 1941 The relation of habitual thought and behavior to language. In: Sapier L (ed.) 1941 *Language, Culture and Personality*. Free Press, Menasha, Wisconsin

Williams F 1970 Some preliminaries and prospects. In: Williams F (ed.) 1970 *Language And Poverty: Perspectives on a Theme*. Markham, Chicago, Illinois

学习过程和学习结果(Learning Processes and Learning Outcomes)

通常我们把获取新知识和新技能的学习看成是一种建构性活动,而且,在学习中建构的形式是多种多样的。在怎样学习(学习过程)和学什么(学习结果)方面,人与人之间是有差异的。鲍尔和希尔加德(Bower and Hilgard 1975 P. 1)总结说,怎样学与学什么的关系“就好像过程之于结果,获得之于拥有,绘制之于图画”。画家们有各自的经历,使用不同的技术,因此不同的画家会绘制出不同的图画。同理,对学习者来说,学习结果的不同(例如,命题知识与程序技能就是不同的学习结果),也反映了学习过程中的不同(例如,在编码技能、注意力分配等方面的不同)。本词条将考察我们对学习过程和学习结果的基本认识,并对知识的不同形态进行概括,然后再介绍一种在此基础上形成的学习模型。

1. 历史背景

在人类是怎样学习这个问题上,哲学家和心理学家已经争论了几个世纪。这种争论反映出两种不同的观点:经验主义(即经验是学习唯一的来源)和理性主义(即理性才是学习的基础)。无论何种观点都认为学习在本质上是建构的,然而,对于如何建构的问题,不同观点却提出了不同的解释。

1.1 经验主义

经验主义提出学习起源于对外界的感觉经验。复杂的概念是由来自相近经验的简单概念联合而成。联结简单概念的“纽带”就是对简单概念间暂时联系或因果关系的反映。而且,联结可以被其他的经验加强或者削弱。联结的强度取决于经验的强度和意义,也受联结出现的频率、持续时间和接近性的影响。

经验主义者还提出,除了建立联想之外,反映是另一种基本的学习过程。反映意味着同时搜集和对比几种观念。正是凭借“反映”,我们才可以从相关的概念中抽象出普遍的信息,从而能够对事件及观念进行推论和演绎。由霍布斯、洛克、休姆和米尔所倡导的经验主义哲学激发了对联想学习的心理学研究,也推动了行为主义的发展。

冯特于1879年在德国的莱比锡大学建立了实验室,并在此实验室中第一次对联想学习的过程进行了客观测量。德国的心理学家艾宾浩斯也调查研究了联想学习现象,并且在1885年出版了第一本《记忆》专著(德语名称为 *Uber das Gedachtnis*)而开创了研究言语学习的传统,从而声名鹊起(Ebbinghaus 1913)。此外,艾宾浩斯还证明,可以用统计分析来说明不同学习变量的作用大小。19世纪末20世纪初,桑代克对于联结主义的里程碑式的研究进一步推进了对联想学习的研究,并且为行为主义者奠定了基础。

在20世纪上半叶,主导美国的心理学研究的就是华生创立的"行为主义"。行为主义者认为,心理学研究应该关注特定的刺激和可观察的反应。这种趋势深受第一次世界大战前俄罗斯人巴甫洛夫研究的影响,继而又受到美国人斯金纳的影响。斯金纳的研究始于20世纪30年代,在巴甫洛夫和桑代克的理论基础之上,他进一步研究了更为复杂的行为方式。一般说来,行为主义认为,学习结果(即可观察到的行为)就是形成联结和反映。因此,在行为主义者看来,完全没有必要提到干预和认知操作。

1.2 理性主义

理性主义不同意经验主义把一切知识都简化为元素输入和联结的基本假设。理性哲学家(例如,笛卡儿、莱布尼兹、康德)认为,这些输入的感觉信息只是为"解释机制"提供了加工的原材料,并且假定这种"解释机制"是我们与生俱来的天赋之一,其作用是赋予学习一定的结构或者某种限制。

理性主义列举了大量的不能用经验主义解释的心理现象。例如,经验主义就不能解释信息的组织。再有,对新问题的解决(例如"顿悟"问题)仅仅将其解释为把已有的知识应用到新情境中去也是不够的。还有其他一些现象,如言语的获得、婴儿对深度的知觉、探寻事件原因的归因倾向等等,似乎都预示了我们具有某些先天的自发性特质,这些特质绝不仅仅是经验主义中的还原。理性主义触发了格式塔心理学的诞生。

在20世纪早期,正当行为主义在美国蓬勃发展之际,三位德国心理学家:魏特海默、考夫卡和苛勒开创了格式塔心理学。他们不同意行为主义者认为心理学应该只研究可观察的行为这一观点。相反,他们认为学习具有某种"自发性"特征,并且整体的特性绝不是其构成元素的特性的简单叠加。通过严密的实验室实验(例如,解决没有先前经验可以借鉴的问题),他们展示了学习绝不只是重复某种习得的反应,而是需要对整体情境的分析。一般说来,格式塔心理学认为学习是天赋知觉和问题解决过程的派生物。在学习中,来自外界的输入信息被知觉、问题解决等过程过滤后才能被同化到我们的认知结构中。

1.3 经验主义和理性主义

来源于经验主义和理性主义传统的心理学理论很快得到了整合。首先,英国的弗雷德里克(Friedricks 1932)提出,我们头脑中所存储的是"图式"(即对经验的解释),而不是项目或者事件表征。随后,瑞士心理学家皮亚杰(Piaget 1954)研究了从婴儿到青少年的根本性发展变化中所隐含的各种图式。到20世纪50年代,认知心理学兴起,开始把新思想和新技术结合起来形成研究心理加工和学习的各种方法。而当时计算机的出现为认知心理学的发展提供了很大的帮助。计算机使精确测量严格控制的学习环境成为可能,同时把人的心灵比拟成信息加工装置也因为计算机而成为可能。在20世纪70年代和80年代,认知研究的焦点是对专家特征的分析,特别是记忆、问题解决和言语等领域。

1.4 教学心理学

自从20世纪80年代建立以来,教学心理学开始成为主流认知心理学的一个重要而独立的分支。这种新的研究流派重视新手向专家的转化,随着智能计算机辅助教学的出现,这个课题已经得到了更多的重视(Mandl and Lesgold 1988)。而这一领域的关键问题就是:为了科学地教学,需要对学习者的哪些个性特点进行评价?

依据该领域的一些重要研究(Glaser and Bassok 1989, Snow 1990),教学理论中应当包含三个要素:(a)分析初始阶段的知识和技能水平;(b)描述理想的或结束阶段的知识和技能水平(即描述学习结果);(c)解释学习者在教学条件下从初始状态达到理想水平的学习过程。

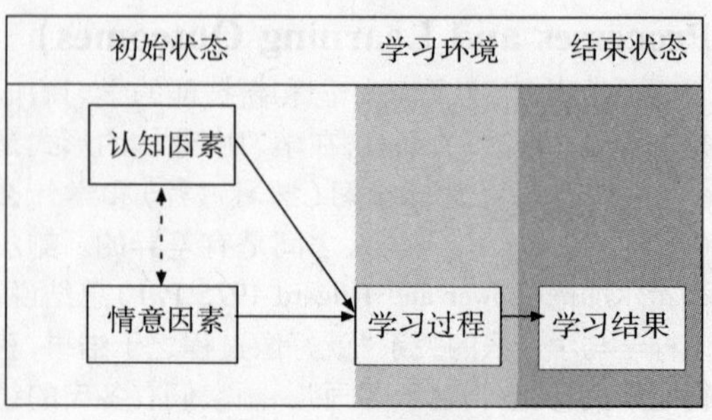

图1 学习的简单模型

2. 学习的理论框架

图1向我们展示的是主导了学习过程和学习结果研究领域的一个简化的理论框架。学习者的初始状态影响其在特定学习内容或者环境中的学习过程,而学习的过程又影响学习结果。学习内容对学习结果既有直接影响,也可能通过与学习者的个性特点交互作用来影响学习结果。下面我们将讨论学习的基本要素。

2.1 初始状态

认知能力和情意能力是决定学习与表现的两大主要因素。认知能力反映了与知识和能力获得相联系的心理加工和心理结构,如工作记忆能力和一般知识(Anderson 1983)。情意能力则反映了针对特定事件的心理状态或者行为(Kanfer 1989)。这两个因素的主要区别之一就是:一般情况下,情意能力比认知能力更有可塑性(Baron 1985)。图2是对学习者初始状态的一个概括化展示,图中的箭头暗示了影响的可能方向。

2.1.1 认知因素

学习基于个体已有的知识和认知技能。这些心理特征包括了影响知识和技能获得的所有认知

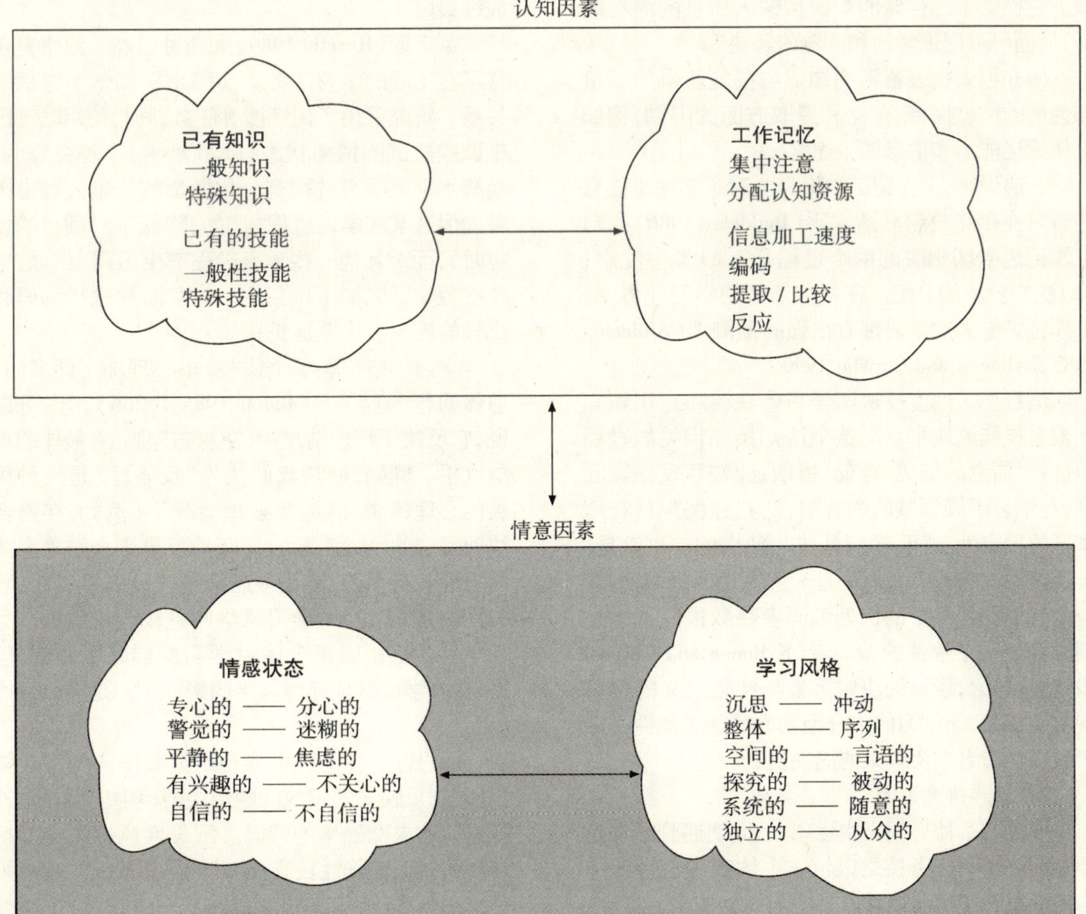

图2 学习者的初始状态

因素。屈勒宁和克丽斯塔尔(Kyllonen and Christal 1989)把这些认知因素分为两大类别:学习的“决定因素”和“中介因素”。

个体已经掌握的知识及其能够迁移到新情境中去的知识(例如,学习者知识的深度、广度,知识的可用性及其组织结构)都是学习的决定因素。有一些研究者甚至坚称个体的知识结构是新学习的主要决定因素(Chi et al. 1982,Dochy 1992)。

个体知识结构的组织化程度影响着新知识和技能的获得与提取的速度和准确性。格拉泽和巴索克(Gloser and Bassok 1989 P. 26)认为“结构化的知识具有概括力,有助于对新信息的精加工和提取。它提供了已存储的知识和输入信息的潜在联系,从而可以促进学习和问题的解决”。

中介因素代表着影响知识与技能获得的质量和速度的信息保持、存储和提取方面的限制,例如工作记忆能力和信息加工速度。

一般说来,工作记忆被定义为对正在加工信息的暂时性存储或者激活水平(Baddeley 1986)。与工作记忆密切相关的两个过程是:(a)集中注意;(b)认知资源的分配。在各种类型的学习任务中,工作记忆能力对学习都有很强的预测力(Anderson 1987,Kyllonen and Christal 1990)。

信息加工速度反映了学习者获得和运用新知识或者技能的快慢。与这个认知指标相关的过程包括:对信息的编码、存储、提取、比较和反应。而且,在学习不同领域的内容时,这些过程都具有跨领域的稳定性,表明它们是彼此独立的。也就是,一个快速的编码者有可能是一个低速的提取者,而一个在语词任务中的快速编码者在数量任务中也同样会是一个快速的编码者(Kyllonen and Christal 1989)。总之,学习的决定因素与经验主义的学习观密切相关,而学习的中介因素则反映了理性主义者眼中学习者与生俱来的内在机制。

2.1.2 情意因素

要学习个体必须集中注意力,即使遇到困难也要对新的学习任务持之以恒。个体在这些行为中的差异反映了情绪情感以及学习风格的个别差异。“情意因素”就是对情绪情感以及学习风格的统称,它与学习者的其他品质相关但是又相对独立。

一般说来,情感状态描述的是个体的情感、态度和情绪。情感状态既受外部条件的影响(例如,一场即将来临的考试引发了焦虑情绪),也受内部条件的影响(例如,通过剥夺睡眠影响唤醒水平)。学习者的情感状态对其学习和成绩有根本的影响。例如,耶克斯和多德森(Yerkes and Dodson 1908)就发现了唤醒水平、焦虑水平和学习成绩的关系。他们让被试从事由易到难的视觉辨别任务,并对其足部施以电击。在任务简单时,提高电击水平(以引发焦虑水平)能够提高被试在这个任务中的成绩。但是当任务变得比较困难时,电击水平和被试的成绩就出现了负相关。在适中的电击水平时,被试的成绩最好。

雷韦耶(Revelle 1989)则通过另外一组研究考察了在不同的学习任务中唤醒水平和学习过程的关系。研究采用了记忆搜寻任务,同时使用咖啡因来调控被试的情绪状态(唤醒水平)。研究表明,唤醒水平对学习过程有分化性影响。摄入咖啡因可能促进某些学习过程(例如,降低了对项目的反应时),而对其他一些学习过程产生阻碍(例如,导致在短时记忆加工项目——对刺激物进行编码和比较的反应潜伏期延长)。

学习风格反映了个体“从事心理加工任务时,总体的行为特点”(Baron 1985 P. 366)。也可以说,它反映了特定情境中,在意志控制下,最佳的思维水平。例如,通常我们认为“反省性”是一种积极的心理特质,但是在某些情况下(例如,在需要快速反应的警觉任务中),坚持反思则会妨碍个体的表现。当然,情绪状态通常是可以被控制的、暂时性的,相比之下,学习风格则是较为稳定的。尽管学习风格代表了个体对学习的偏好性倾向,但是,在教学或其他环境因素的影响下也是可以调控的。

沉思性—冲动性可能是研究最多的学习风格指标,它反映了学习或问题解决情境中宁可牺牲速度也要追求准确率的倾向。沉思性风格的加工特点是迟缓但准确性较高;冲动性风格的加工特点则是快速但准确性较差。梅瑟(Messer 1976)发现冲动性和智商有负相关,在智商一致时,个体的冲动性与其学校成绩呈负相关。在学习过程中,冲动型个体可能不会分配足够的时间加工信息，从而对学习效果产生消极影响。由此看来，学习风格可能与不同的学习过程相关，而学习过程的不同又导致了不同的学习结果。

2.2 学习过程

"学习就是建构关系的过程"，这是本词条对学习的操作性定义。随着经验的不断丰富，学习中建构的关系也会日渐复杂。因此，学习过程可以界定为直接指向于建构关系（或学习结果）的一系列智力活动。这种宽泛的定义中包含了广泛的智力活动，它们之间存在本质的区别，在应用范围上也有所不同。我们可以用一个包含了四种学习类型的框架来组织在已有研究文献中所提及的各式各样的学习过程，在这个框架中每种学习类型都与一定的学习过程相对应。这四种学习类型分别是联想学习、规则学习、归纳推理、元认知，其中，前三种学习类型构成了从简单到复杂的梯级，联想学习（建立简单联系）是最基本的，其次是规则学习（建构简单联系之间的联系），归纳推理（将各种联系整合起来）是最为复杂的。而第四种学习类型——元认知则影响和控制着前三种类型的学习。这四种学习类型及其相互关系就如图3所示。

2.2.1 联想学习

在对学习研究历程的回顾中可以看出，认为联想学习过程对知识和技能的获得很重要的观念由来已久。而且，在当代研究中也不断可以发现支持这种观点的例证（Kyllonen and Tirre 1988）。有人认为联想学习中所包含的学习过程代表了个体基本的学习能力，这些能力影响着在新旧知识之间形成联想或者联结的速度和质量。与联想学习相关联的学习过程包括：对来自外界的信息进行编码和存贮，从记忆中提取信息。个体已有的知识基础对新联结的建构有很大的影响。比较广博的知识基础使新联结更易建立，特别有助于形成独具特色、印象深刻的联结。请看下面一组事例：(a)氮的原子数是7；(b)功 = 质量 × 加速度；(c)角度之和等于90°的两角互为"余角"。学习这些内容需要在

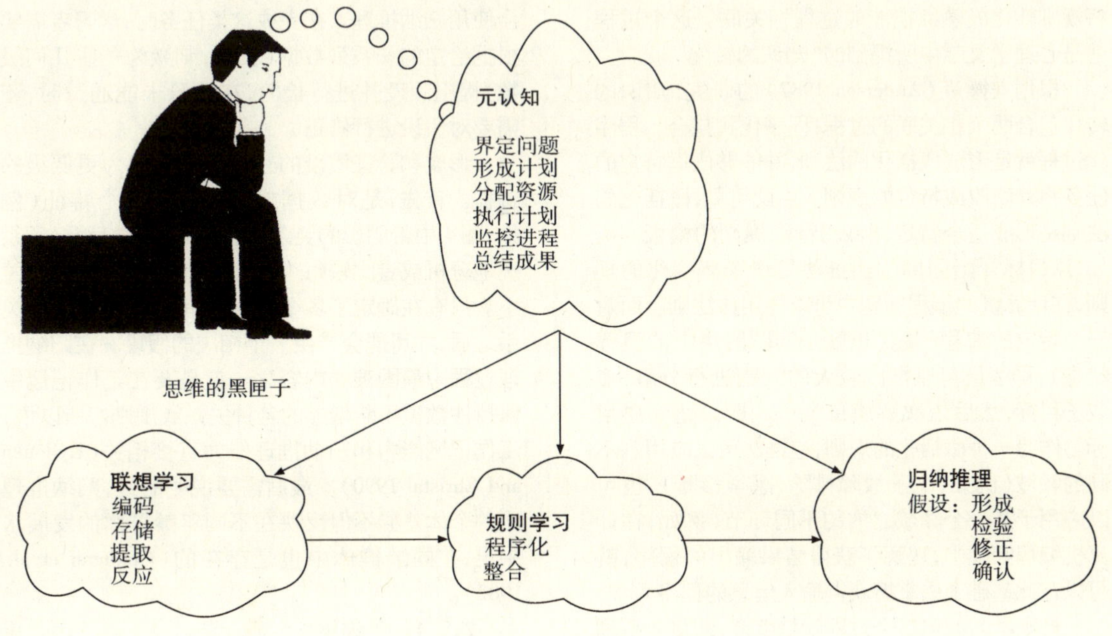

图3 学习过程

理解基础上的记忆，如果没有相关的知识背景而去孤立地学习这些知识将是困难的。然而，如果已经具有一些相关的知识，新的知识就比较容易与之联系起来。例如，知道其他的几何规则将有助于对余角等新知识的掌握。

最基本的联想学习有利于形成新旧知识之间的联系，从而为建构知识的组块提供了黏合剂。相关知识的质量和数量既影响着联想学习的结果，也影响着储存和提取新联系的速度。简而言之，个体编码、存贮和提取信息的能力反映了联想学习的效能，并且直接受前面我们所讨论的认知和情意因素的影响。例如，编码一个新的知识单元的速度和准确性取决于个体的信息加工速度和工作记忆能力。

2.2.2 规则学习

联想学习是在事实和概念之间建立简单的联系，而规则学习则进一步建立联系之间的联系，或者说是建立“规则”。我们可以用“如果—那么”的规则（即所谓的产生式）来表征任何一个知识单元。规则可以是普适性的（例如，从目标开始回溯的逆推法），也可以是特定性的（例如，怎么测量一个圆的周长）。此外，规则学习的一大特点就是与将规则转化成熟练技能的过程相关联。这个过程就是心理学文献中所提到的“知识的转化”。

根据安德森（Anderson 1987）的研究，知识的转化包含两个相关联的过程：程序化和整合。程序化过程就是形成概括化的法则，并能够依据特定的任务将其修改成特定的规则。由此可见，概括化的法则是形成适合特定领域的特殊规则的模板。例如，从目标开始回溯的逆推法是一个概括化的规则，在计算机的编程问题中可以应用该法则。面对一个特定的编程问题（也就是问题解决中的目标状态），程序员可以把比较大的问题进行分解，形成子目标，然后依次解决每个子问题以达到总目标。作为一种概括化的规则，逆推法可以应用到不同的领域（例如，电子故障排除、医学诊断），也可以应用于某一个领域之内的不同环节（例如，在计算机编程问题中，理解了获得结果输出的程序，就可以在此基础上去掌握获得输入信息的程序）。

规则学习的第二个过程就是整合，即将一系列低级规则融合成更大、更复杂的规则。我们在反复地使用一系列相关联的规则之后，最终就会将它们整合成一个更大的规则。在刚开始使用规则时，我们是一步一步地执行，一旦规则掌握后再使用时，就是将其作为一个整体一气呵成。就好比一个人学习演奏乐器，开始是学习音调及其升降、正确的手位和音阶等相关知识。然后，随着用乐器演奏的经验的积累，演奏者看着乐谱就能够马上演奏。也就是说，长期、准确地运用规则就可以使规则得到强化。

2.2.3 归纳推理

无论是联想学习还是规则学习都涉及对具体信息的掌握（例如，从具体信息中概括出简单的命题或者规则），但是归纳推理则超越了既定的信息，与发明规则、原理相关联。尽管归纳推理是一个复杂的学习过程，但是，有研究者（Thurstone 1938）认为它所反映的仍然是一种基本的心智能力。

通常，在面对一系列问题或事例时，如果从这些问题或事例中能够抽取出特定的规则并且能够应用该规则解决后续的问题时，我们就会使用归纳推理。例如，在解决图 4 所示问题的过程中我们就会使用归纳推理。在完成这类任务时，学习者需要根据给定的一系列数据（例如，刺激为一些几何级数）提出假设并进行检验，在检验未能通过时，还需要对假设进行修正。

形成和验证假设的过程可以分解为更低级的过程。首先，是对数据或者刺激的各个特征（例如，图 4 中带阴影的竖条）进行编码。之后，必须系统地分析或者比较每个刺激与其他刺激的相互关系。只有在确定了各个特性之间可能存在某种关系之后，才可能会产生一个相应的假设。在归纳推理过程中最困难的内容之一就是要在工作记忆中保持住数量不断增加的各种关系或规则。所以说，工作记忆能力和归纳推理能力直接相关（Kyllonen and Christal 1990）。最后需要说明的是，归纳推理中的个体差异不但反映在不同年龄群体的发展水平上，在同龄群体中也是存在的（Goldman et al. 1982）。

2.2.4 元认知

元认知是一种“执行状态下的学习过程”，也缺失的图形是什么？

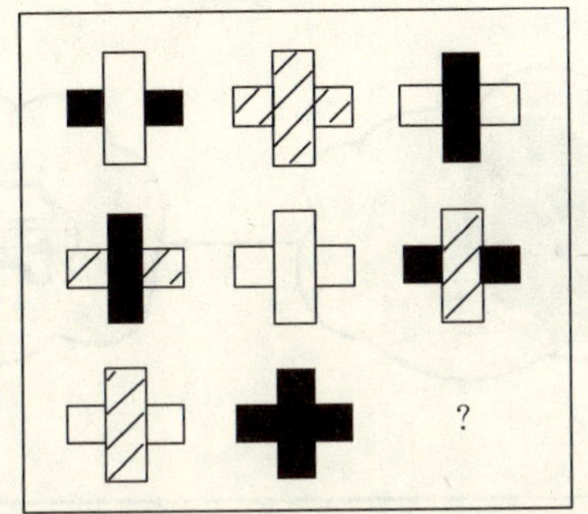

从下列选择中选取答案

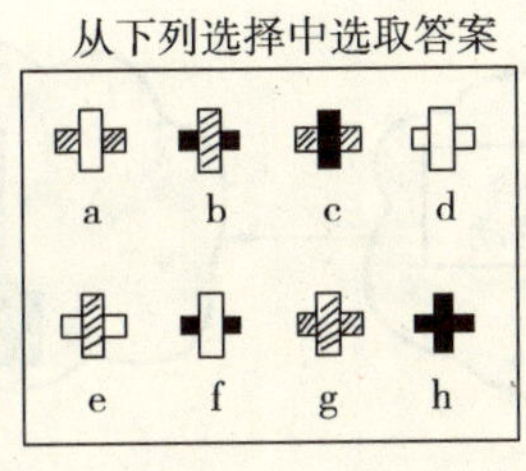

图4 归纳推理中检测项目示意图

可以说，元认知就是每个人关于自己学习的能力和不足的个体认识以及获得和应用这种认识与技能的能力。元认知包含了如下过程：(a)用自己的话来界定问题或目标；(b)形成一个实现目标的计划；(c)为实施计划分配资源(如确定完成某个任务的时间)；(d)实施计划；(e)监控进展(或者确定问题领域并对计划进行修正)；(f)总结成果(新知识和技能)并将其整合到已有的知识结构中。由于绝大多数的学习任务都需要被分解成为更小的、便于操作的问题，所以上述这一系列行为会一遍又一遍地重复(在解决每个问题时都需要元认知的监控，所以，在完成一个由若干小问题所组成的学习任务时，上述元认知过程会不断发挥作用——译者注)。

元认知是一种自发的过程，大约在儿童6到10岁之间开始出现(Kuhl and Kraska 1989)。当然，并不是所有的过程都在同一时间发生(如文中所述，元认知包含了六大过程，各个过程的萌芽时间是不同的，儿童并不是在同一时间内具备了元认知的所有过程成分——译者注)。例如，界定某个问题的认知难度就比设计一个解决问题的有效计划要低得多。弗拉维尔等人(Flavell et al. 1970)曾经进行了一项研究，要求儿童(从幼儿园到4年级)识记研究中呈现的一系列项目。结果发现，年龄较大的孩子知道他们到什么时候能够成功地记住这些内容，而且他们的回忆成绩也证明了他们的感觉。相比而言，当年龄较小的孩子认为他们已经记住了这些内容时，他们实际的回忆成绩却是糟糕的。年幼的孩子虽然能够明确任务的目标，但是在应用其他的元认知过程的时候却往往是不成功的，因此他们最终的表现也是不成功的。

总而言之，联想学习、规则学习、归纳推理和元认知四类学习及其相应的学习过程会影响学习的结果。个体在这些学习过程中的个体差异是影响学习结果的主要因素。下面，我们将会对此进行讨论。

2.3 学习结果

学习结果反映了由一定学习情景引发的个体知识结构的变化。学习结果是多种多样的，其差异既表现在复杂程度上(例如，学习一个简单的事实与学习一个复杂的技能)，也表现在内容领域上(例如，情感技能和社交技能、运动技能、程序性知识)。

图5展示了对学习结果的一种宽泛的分类。如图5所示，学习结果首先可以分为陈述性知识和程序性知识，当然在这两类知识之中还可以进一步细分，即可以依照复杂性程度再排定各种陈述性知识和程序性知识的等级。

2.3.1 作为学习结果的陈述性知识

陈述性知识所包含的基本信息单元就是命题，它通常是一个简单、独立的假定(例如，“汽油是一种易挥发的、液态的、碳氢化合物的混合物”就是一个命题)。相关的一系列命题组合在一起就形成一个概念——即从外界经验中建构起来的一个普遍的、抽象的观念(例如，汽油：驱动汽车的一种

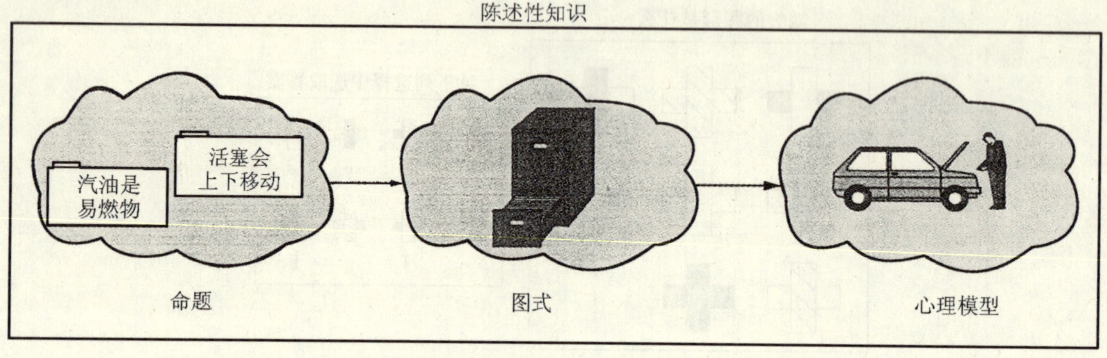

程序性知识

禁止
入内
限速
55
新手
规则
技能
自动化技能

图5　学习结果

燃料,来源于天然石油;通常以液态的形式存在;有一种特别的气味;非常容易燃烧等等)。最初,婴儿凭借从感觉中获得的信息来学习概念(如形成联想和简单的反映)。之后,越来越多的抽象概念,像客体永久性和数字的恒常性等开始形成。概念及其本质属性被储存在记忆中。随着与外界相互作用经验的丰富,概念及其本质属性会得到不断修正和拓展。

第二级水平的陈述性知识就是图式,它由表征外部环境的一整套相互联系的命题和假定构成。图式既是比较和解释输入信息的基础,也影响着个体的预期,从而也决定了哪些环境信息会被个体察觉到。当然,以先前知识和信念为基础的图式,如果其依据不充分或者是包含了错误的概念,就可能导致错误的推理。比如,若约翰以前只有在"全方位服务加油站"的经历,那么当他第一次把车开到一个自助式加油站时,受先前经验的影响,他头脑中的"加油站"图式就会误导他坐在车内等待服务员的出现。当看到其他的司机自己往油箱里加油时,可能会启发他也学着去做。在这种情况下,约翰就学到了一些非常重要的新信息,从而修正了他原有的加油站图式。

结构性最强的陈述性知识就是心理模型,它由一组高度结构化的命题、概念以及联系彼此的规则构成。总之,心理模型是对一个完整体系的表征(例如,电路、人类的呼吸系统都是一种心理模型)。一个心理模型由若干层次的成分组成,因而可以从不同水平来分析其结构。无论从何种水平去分析心理模型,人们都可以知道:有关该心理模型的组成成分的信息,这些成分之间的关系,以及这些成分所构成的系统具有什么功能。我们以下面一个有关机械能如何驱动汽车的心理模型为例来加以说明。燃料管道将汽油输送到电火花塞所在的区域内。电子点火装置推动电火花塞产生火花。火花点燃了燃料,使其在一种可以控制的情形下产生爆炸。爆炸使活塞掉下,下落的活塞使另外一个活塞上升,由此形成真空从而吸入更多的燃料。不断上下的活塞使汽车的曲轴装置开始旋转,驱动汽车的正是曲轴旋转所产生的机械能。当然,我们还可以从更详细的水平来分析这个例子。而且这种心理模型还可以扩展到用来理解其他具有类似组成成分的机械装置(如摩托车的引擎、割草机、舷外马达等)。

总之,由学习获得的陈述性知识,按照由简单到复杂的顺序来排列依次是命题、图式、心理模型。新获得的陈述性知识贮存在长期记忆中,以备在后续的陈述性知识或程序性技能学习中使用,如此循环往复。我们主要通过联想学习获得陈述性知识,不过要形成复杂的图式和心理模型还需要借助一些归纳推理。

2.3.2 作为学习结果的程序性知识

陈述性知识是关于"事情"的知识,而程序性知识则是回答"怎样做事情"的知识。程序性知识所包含的基本结构就是规则。通常,规则就是行为及其条件的组合。若是用"如果……就……"的句式来表达一个规则,那么条件就是其中的"如果"部分,而行为则是"就……"这一部分,代表了一系列的相关程序。例如,如果你想要烤一个马铃薯,就要把马铃薯放在微波烤箱里面并且将时间设定为6分钟。

第二级水平的程序性知识就是技能,它是一系列相关规则的集合。技能包括认知技能(如计算一个数字的平方根)、运动技能(如打字)、社交技能(如在宴会上正确地使用刀叉)以及创造性技能(如写一首诗)。假设你想计算两个两位数的和,比如49+33,首先需要将其个位数相加(9+3=12),如果二者之和超过了10,那就在个位下面记下2,并向十位进1,然后,再把十位的数字相加(1+4+3=8),最后得到的和就是82。

由于在各种各样的情境运用某种技能,经过大量的练习,最后,这种技能就会自动化。这种自动化的技能基本上不需要意识的参与。例如,如果具有多年的开车(开汽车是一种复杂的协调技能)经验,一个人可以在公路上一边开车,一边听收音机并计划着晚餐吃什么。与上面所列举的一步步进行的计算技能相比较,在这个例子中程序的执行几乎是无意识的。

总之,由学习获得的结果既可以是陈述性的,也可以是程序性的知识,而且同样是陈述性或程序性的知识还可以在复杂水平上有所区别。再有,不同的学习过程会导致不同的学习结果。通过联想学习所获得的学习结果主要是陈述性知识(当然,也可能习得简单的规则)。通过规则学习过程所获得的学习结果主要是技能。通过归纳推理这种学习过程所获得的学习结果不仅可以是陈述性知识,也可能是程序性知识。元认知过程则通过影响其他的学习过程从而间接地影响着学习结果。

3. 一种学习模型

本词条之所以要探讨初始状态、学习过程和学习结果之间各种可能的联系,其目的是要以此来创立一种学习模型。根据教学心理学的启示,任何一种学习模型都应当包含表明初始状态的外显信息,与结果评估有关的学习过程,并且还要表明初始状态和学习过程是如何发挥影响的,同时还要指出采用哪些教学技术可以促进学习的过程及结果。另外,在结果评估部分还要为如何检测不同类型学习结果的存在与否及其质量水平提供详细的说明。已经提出的学习模型会随着时间的推移而逐渐完善,越来越充分、详细的信息会不断被整合到模型中,为发展适应多种课程目标的基本教学策略提供指导。

图6所展示的模型就是建立这样一种学习模型的尝试,它整合了本词条所讨论到的各个成分,并且对图1所描述的简单模型进行了扩展。图中的箭头代表着在初始状态、学习过程和学习结果之间各种真实的或假设的关系。其中,实线代表直接的关系,虚线则代表非直接的关系。

该模型展示了影响学习过程的两种初始状态(认知因素和情意因素),尤其是认知因素对元认知、联想学习、规则学习和归纳推理都有直接的影响,而且这些影响关系在已有的研究文献中都有所记载。然而,对情意因素的作用,已有研究只提到了它对元认知的影响,至于情意因素的其他作用(例如,反思性的学习风格可能会促进联想学习过程,因而会增进陈述性知识的获得),还只是一种可能性的假设。

元认知过程控制着其他三种学习过程的效率,而且在必要时会激发其他的学习过程以解决特定的问题。不过,最终影响着学习内容的仍然是联想学习、规则学习、归纳推理这三种学习过程。所以,元认知与这三种学习过程的关系就类似于交响乐演奏中指挥和演奏者的关系。指挥家指挥演奏者,他自己并不演奏乐曲,但是指挥家的水平却影响着演奏者,因此也就影响着音乐演奏的效果。

联想学习过程影响着陈述性知识的获得,但是对规则学习也可能有影响作用(如图6中用虚线表示)。也就是说,可以通过联想学习过程来学习规则。比如,可以通过机械记忆来学习某个规则。其次,规则学习过程也影响着程序性知识的获得。例如,程序性知识的熟练化会促进技能的获得和发展。归纳推理过程既影响陈述性知识的学习(例如,心理模型的建立),也影响程序性知识的学习(例如,对规则的整合)。最后还应当说明的是,每一种新的学习结果,无论是陈述性知识还是程序性知识,又构成了学习者学习新内容的初始状态。

当然,对于图6所示学习模型中呈现的各种箭头的方向和强度都还需要进一步研究。另外,探讨教学环境和学习结果的关系也是一个丰富的研究领域。比如,研究发现,通过探究式或发现学习可以促进心理模型的建立,而反复练习有助于感知技能的自动化。总之,在研究中,该模型还不清楚的地方已经被提出来了,并且研究者也在尝试着把该

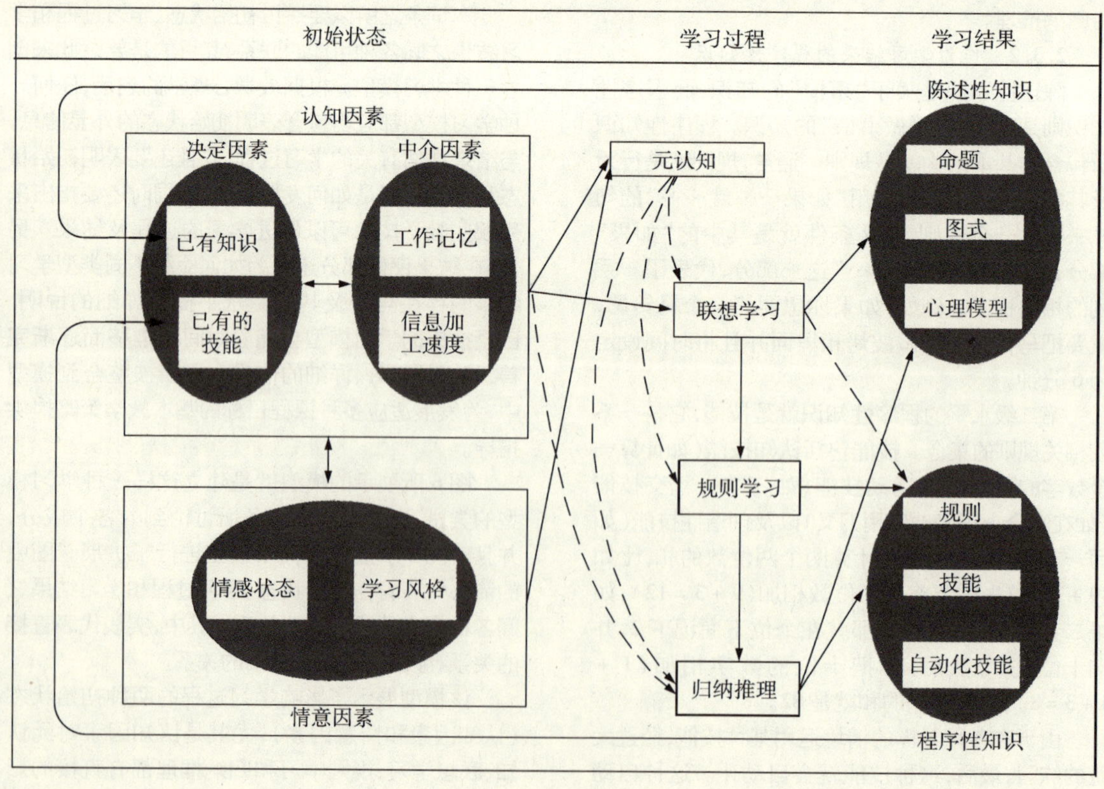

图6 学习模型

模型中的各个部分联系起来。

V. J. 舒特(V. J. Shute) 著
刘金玲 陈 晶 译

附录

Anderson J R 1983 *The Architecture of Cognition*. Harvard University Press, Cambridge, Massachusetts

Anderson J R 1987 Skill acquisition: Compilation of weakmethod problem solutions. *Psychol. Rev.* 94: 192—210

Baddeley A 1986 *Working Memory*. Oxford University Press, Oxford

Baron J 1985 What kinds of intelligence components are fundamental? In: Chipman S F, Segal J W, Glaser R (eds.) 1985 *Thinking and Learning Skills*. Erlbaum, Hillsdale, New Jersey

Bartlett F C 1932 *Remembering: A Study in Experimental and Social Psychology*. Cambridge University Press, London

Bower G H, Hilgard E R 1975 *Theories of Learning*. Prentice-Hall, Englewood Cliffs, New Jersey

Chi M T H, Glaser R, Rees E 1982 Expertise in problem solving. In: Sternberg R (ed/) 1982 *Advances in the Psychology of Human Intelligence*. Vol. 1. Erlbaum, Hillsdale, New Jersey

Dochy F J R C 1992 *Assessment of Prior Knowledge as a Determinant of Future Learning*. Lemma, Utrecht

Ebbinghaus H (trans. Ruger H A, Bussenius C E) 1913 *Memory: A Contribution to Experimental Psychology*. Teachers College, New York

Flavell J H, Friedricks A G, Hoyt J D 1970 Developmental changes in memorization processes. *Cognit. Psychol.* 1: 324—340

Gloser R, Bassok M 1989 *Learning Theory and the Study of Instruction*. Technical Report No. 11, University of Pittsburgh, Pittsburgh, Pennsylvania

Goldman S R, Pellegrion J W, Parseghian P E, Sallis R 1982 Developmental and individual differences in verbal analogical reasoning. *Child Dev.* 53: 550—559

Kanfer R 1989 Conative processes, dispositions, and behavior: Connecting the dots within and across paradigms. In: Kanfer R, Ackerman P L, Cudeck R (eds.) 1989

Kuhl J, Kraska K 1989 Self-regulation and metamotivation: Computational mechanisms, development, and assessment. In: Kanfer R, Ackerman P L, Cudeck R (eds.) 1989

Kyllonen P C, Christal R E 1989 Cognitive modeling of learning abilities: A status report of LAMP. In: Dillon R, Pellegrino J W (eds.) 1989 *Testing: Theoretical and Applied Perspectives*. Freeman, San Francisco, California

Kyllonen P C, Christal R E 1990 Reasoning ability is (little more than) working-memory capacity?! *Intelligence* 14: 389—433

Kyllonen P C, Tirre W C 1988 Individual differences in associative learning and forgetting. *Intelligence* 12: 393—421

Mandl H, Lesgold A (eds.) 1988 *Learning Issues for Intelligent Tutoring Systems*. Springer-Verlag, New York

Messer S B 1976 Reflection-impulsivity: A review. *Psych. Bull.* 83: 1026—1052

Piaget J 1954 *The Construction of Reality in the Child*. Routledge and Kegan Paul, London

Revelle W 1989 Personality, motivation, and cognitive performance. In: Kanfer R, Ackerman P L, Cudeck R (eds.) 1989

Snow R E 1990 Toward assessment of cognitive and conative structures in learning. *Educ. Researcher* 18: 8—14

Thurstone L L 1938 *Primary Mental Abilities*. Psychometric Monographs No. 1, University of Chicago Press, Chicago, Illinois

Yerkes R M, Dodson J D 1908 The relation of strength of stimuli to rapidity of habit-information. *J. of Comparative Neurology and Psychol.* 18: 459—482

其他参考文献

Cronbach L J, Snow R E 1977 *Aptitudes and Instruc-*

tional Methods: *A Handbook for Research on Interactions.* Irvington, New York

Kanfer R, Ackerman P L, Cudeck R (eds.) 1989 *Abilities, Motivation, and Methodology.* Erlbaum, Hillsdale, New Jersey

Kyllonen P C, Shute V J 1989 A taxonomy of learning skills. In: Ackerman P L, Sternberg R J, Glaser R (eds.) 1989 *Learning and Individual Differences.* Freeman, New York

White B Y, Frederiksen J R 1986 *Progressions of Quantitative Models as a Foundation for Intelligent Learning Environments.* Technical Report No. 6277, Bolt, Beranak and Newman, Cambridge, Massachusetts

学习策略与学会学习(Learning Strategies and Learning to Learn)

学会学习的策略和技巧包括所有使学习更容易的思维、情绪、行为、理解力、知识、技巧的获得以及对知识基础的重新组织。它对面临学业失败危机的学生显得尤为重要。而我们之所以教授和学习这些策略乃是为了帮助学生成为策略化的学习者,从而能够对自己的学习负责。策略化的学习者能够为自己设置既有现实性又具有挑战性的学习目标。他们在学习中能够使用如下知识:(a)有关学习者本身的知识;(b)有关学习任务的知识;(c)他们自成体系的各种学习策略与技巧;(d)他们已有的相关知识;(e)无论现在或未来,当面对新的学习情境时,帮助他们选择有效的学习方式以及学习新知识和技巧的有关知识。策略化的学习者也可以使用执行控制过程来生成一个学习计划,选择实施计划的方法,然后使用这个计划并据此监控自己的进展,而且在必要时,可以对他们已有的目标或正在使用的方法进行调整。本词条将对上述各部分内容进行讨论。

1. 成为策略化学习者的重要性

在随着科技、社会的急剧变化而要求终身学习的世界里,只有那些想要并且能够对学习进行自我调节的学生才能够占据优势地位。例如,在美国,现在人们一生中平均更换七次以上的工作,并且,其中至少有三次是行业的转变。可见,一般教育的模式中高等教育是为工作作准备的假定是不充分的。学生在大学里不仅要增加知识和技能,还必须学会如何管理自己的学习。无论是在学术或非学术的学习背景下,策略化的学习者都能够胜任使学习最优化的责任(Pintrich 1991, Weinstein and Van Mater Stone, Zimmerman and Schunk 1989)。

2. 策略化学习者的特点

何谓一个策略化的专家型学习者呢?首先,专家型学习者拥有多种类型的知识,这些知识可以划分为五种基本的种类:(a)关于学习者自身的知识;(b)关于不同学业任务的知识;(c)关于获得、综合及运用新学习策略的知识;(d)已有的相关知识;(e)对目前或将来背景下可能有用的知识的了解。然而,对于一个学习专家来说,仅有这些知识还是不够的,他们还必须知道如何使用不同类型的知识来实现其学习目标、监控他们的学习进展,以便在遇到问题时,能够非常灵活地对他们正在做的事情进行调整。他们还需要懂得如何使用自我评价和自我测验来判定自己是否达到了学习目标。

学生们都是愿意学习的,但有效的学习乃是各种技能和意志力的综合产物。许多因素都可能引发学习的动机并推动学习,而且这些因素之间也相互作用,甚至互为因果。这些因素包括建立、分析和使用目标、有效的期望、对结果的归因、兴趣、评价、有工具性或实用性的价值。

最后,策略化的学习者还需要具备元认知的意识,并且能控制策略来调节和管理他们自己的研究和学习。这包括一系列相互作用的动态活动。这些活动包括:生成一个计划来实现目标;选择特定的策略或方法来达到目标;贯彻所选择的方法来实现目标;从过程和结果两方面监控进展情况;必要时,对计划、方法,甚至是原来的目标进行调整;评价所做的一切在将来是否也是实现相似目标的一种好方式。对整个过程的评价有助于学生形成一个策略系统,以便在将来遇到相似情况时可以付诸使用。

3. 策略化学习需要的知识

策略化学习者有不同的知识基础，使他们可以提取和综合知识以实现教育目标或成就目标。学生主要使用的五种知识是：(a)有关学习者自身的知识；(b)有关学习任务的知识；(c)他们自成体系的各种学习策略和技能；(d)他们已有的相关知识；(e)他们在现在或将来的新学习背景下，可以使用的知识。尽管是这些知识基础的综合作用才产生了策略化的学习，但为了讨论的方便，它们将先被分别进行讨论。

3.1 有关学习者自身的知识

策略化学习者很了解他们自身。例如，他们明白自己的学术优势和弱点。对于他们的学习来说，哪些科目容易？哪些科目难？他们的兴趣是什么？在什么方面，他们是有天赋的？他们也非常了解自己的学习偏好(Biggs 1987，Entwistle 1992，Marton 1988)，愿意如何学习？什么时候是他们一天中注意力最集中的时候？他们的学习习惯是什么？

对学生来说，了解作为学习者的自身是非常重要的，这样他们就可以对实现学习目标所需要的内在和外在资源进行管理。值得注意的是，在这里知识就是一种个人资源，涉及情绪、有关认知和学习策略的知识等。使用这些信息资源，可以帮助学生做出增加他们实现学习目标可能性的决定。例如，假定有一个学生——苏姗——对于她遇到困难的一堂课，她就可能需要安排额外的学习时间，与老师碰面，和她的学习小组进行额外的商讨。不过，如果苏姗发现在该科目考试中与这堂课有关的内容非常容易，她可能就不会安排额外的学习。

3.2 关于不同类型学术任务的知识

策略化学习者需要的另一种知识是，关于他们需要完成的不同类型的学术任务的知识，例如阅读课本、聆听讲座、观察演示、写论文、记笔记、准备考试等等(Brown et al. 1983，Weinstein and Mayer 1986)。如果学生不清楚所给任务的适当结果，他们就很难形成教育目标或学习目标。例如，学生应该明白阅读一本科学教材和阅读一本英语文学课小说的区别。他们应该知道如何准备不同类型的考试(例如多项选择和论文考查)。没有这种类型的知识，学生们就会发现要建立一个清晰的目标并使学习活动最佳化是非常困难的(Pressley et al. 1987)。

3.3 有关学习策略和学习技能的知识

使用有效的学习策略和学习技能有助于新知识的获得、综合、组织和贮存(Pressley et al. 1987，Zimmerman 1990，Weinstein and Mayer 1986)。这类知识包括一系列的过程和方法，其中每一个过程或方法都有助于组织学习环境，激发和保持动机，对学习目标和任务产生积极的影响，使新的信息更有意义，以新的形式组织新的信息，使新信息和旧信息综合起来，或是有助于重新组织旧信息，使之与新信息和新知识综合起来。

在研究专著中，许多不同的学习策略已经被区别开来。最普通的学习技能包括时间管理技术、聆听技术、阅读策略、考试技巧以及如何应对学习焦虑。认知学习策略包括激发和保持动机，消除消极的自我暗示，削减焦虑，生成积极的学习影响，建立所学材料各部分之间的联系，通过采用多种形式来使新知识与已有知识产生联系，通过认知监控来集中注意力，使用理解监控来检查理解程度，使用执行控制策略来组织和调节学习活动。

学生们需要学习不同的学习策略和学习技能，他们需要练习使用这些策略和技能，还要了解在什么条件下适合使用，什么条件下不适合使用(Paris et al. 1983，Pressley et al. 1987)。这种练习的另一个潜在的成果就是发展了学生对处理和学习相关材料的方法的偏好(Biggs 1987，Entwistle 1992，Marton 1988)。许多学生进入高等学校学习时，对他们的学习偏好并没有一个清楚的认识，或者说，由于受制于学习方式，他们在学习新的信息和技能时，使用了一种超时工作却不是最有效的方式。对不同策略的学习可以帮助他们理智地选择最好的工作策略，并且当他们遇到学习困难或自己偏好的方式不起作用时，可以从中寻找替换的策略资源。

3.4 关于内容的知识

策略化的学习者能够使用他们已有的关于不同领域内容的知识来使要学习的新信息变得有意义，他们还可以利用相关的知识储存新信息使将来提取和使用这些信息时更容易(Alexander and Judy

1988)。对已有知识的思考可以为存放新信息提供知识结构,从而有助于学习者对新信息的理解。它也有助于学生们建立与新信息的联系,从而更加容易记忆。学习者在特定领域的已有知识越多,那么使这个领域中的新信息有意义就越容易。这就是为什么学生在一个全新领域中的学习会比在熟悉的领域中学习更困难的原因。

3.5 有关背景的知识

策略化学习的另一个重要方面是建立和使用目标。学生们必须能够感受到他们所要学习的内容的重要性和实用价值,才可能建立起既有现实性又有挑战性的目标。关于背景的知识能够帮助学生们思考,现在或将来,在什么样背景下,可以应用所学知识去实现他们学术的、个人的、社会的或职业的目标。这不仅仅需要简单的学习,学生们还必须充分估计学习结果的价值,使他们的动机转化为行动(Corno 1989)。在任何时候,个体对于他们想要什么或做什么的决定都是各种动机竞争的一个折中结果。哪一个动机将转化为行动,除了简单的愿望和梦想外,在一定程度上还取决于个体对各种预期结果的实用价值的认识。

4. 关于学会学习的元认知概念

对自己的思考进行再思考,包括选定要实施的过程、评价使用这样的过程会产生的结果,这在学会学习中是一个重要的方面。一般来说,元认知包括对思维过程的意识,关于这些过程和相关认知结果的知识,以及评价和控制这些过程的能力。元认知与学会学习中的执行、管理部分是密不可分的。

对思维过程的意识,在获得、发展以及运用学习策略的过程中都是相当重要的一步。如果对学习新材料的过程缺乏反思的能力,学生们就会在选择使用恰当的过程、检验这些过程是否成功、为了有效地实现学习目标而在必要的时候修正它们等方面感到困难。这在理解监控过程中最为明显(Brown et al. 1983)。理解监控过程是元认知过程的一个子系统,它帮助学生确定他们是否达到学习目标。形成性的理解监控包括在学习过程中进行阶段性检查,以保证学习过程朝着实现学习目标的方向发展。这种检查的一个结果是,学习者能够及时确定需要理解的问题并进行应对。执行监控过程中的理解监控有助于学生确定问题,考虑其他可选的学习策略和技巧,以及选择新的最佳方法。至于新选择的方法是否有效也会通过类似的过程进行监控。总结性的理解监控包括检查学习目标是否实现。不过,总结性的理解监控不像形成性的理解监控那样具有诊断力,它的作用只是帮助学生判断是否全面地达到了目标,因为学生的学习过程有可能通过了所有的形成性检查,却还是不能达到最后的目标,比如,阅读了课文的每一段,并不必然地意味着学生理解了全部的章节。所以,从这个意义上说,理解监控所检测的乃是学习者综合、组织、分析和评价水平上的理解情况。

策略化学习者用不同的方式监控着他们的理解。自我评价是这些方法共有的成分。常用的监控方法包括归纳、改写、提出问题并解答、练习、试着向别人教授学习材料。究竟使用何种方法并不重要,重要的是过程本身。理解监控的目标是帮助学生鉴别理解是否错误,是否有问题产生。所以,相对而言,用什么方法监控并不重要,重要的是这种监控能帮助学生发现理解中的错误和问题。而且,对于学生来说,形成一套有效的监控方法是非常有用的,这样,当他们面对不同的学习任务和目标时才有工具可用。

5. 在学会学习的过程中动机和感情的部分

尽管策略化学习者知道完成不同的学习任务需要使用什么策略,也知道如何使用这些策略,甚至知道什么时候以及为什么要使用不同的策略,但这些还不够。学生们还必须想要学习,并评价这种学习,直到他们可以达到学习目标(Pintrich 1991)。

还有许多因素会影响学生们实现特定的学习目标。例如,特定的学习目标在多大程度上与学生其他的学习目标或人生目标相吻合将影响学生在这种学习目标上的动机水平。一个学生想要成为工程师,这会激励他在工程师必修的数学课上比那些只是为了完成一般的数学课而学习的学生学得更好。信念与态度也会对引导和维持学习动机产生巨大的影响。例如,学生对自己有能力组织所必需的思想和行为达到特定成就水平的自我效能感将会影响他们是否尝试去实现学习目标，也会影响他们在面对困难时的坚持程度（Pintrich 1991）。此外，关于使用策略的自我效能感会通过影响学生们选择实现学习目标的方式来直接影响成绩（Pintrich and De Groot 1990）。学生们可能会认为某个学习策略在理论上是非常有用的，但它在实际运用中是不会起作用的。

因果归因是另一种影响学生产生动机去选择和使用有效学习策略的信念（Weiner 1985）。如果学生把学习结果大部分归因于外部或不可控的因素，诸如任务的难度水平、天赋的能力等，他们就不会产生要在学习中扮演积极主动角色的内在动力。然而，如果学生学会把学习结果主要归因于他们自己的努力和可以发展的能力，那么他们就更可能采取一种积极的方式去实现学习目标。内在的、可控的归因能够激发高水平的动机。

6. 在学会学习中的执行控制过程

策略化学习者运用执行控制过程来管理学习过程并调节他们对学习策略和技巧的使用。这些执行控制过程与前面所提到的学生们在五个领域中的知识水平，他们的动机和情绪以及他们关于特定学习任务的目标都有关。正是使用上述这些信息，学生们才可以为每个学习目标制定一个计划，选择实现目标所需要的特定策略和方法，实施所选择的方法，监控自己的进展情况，必要时调整目标或方法，并对完成任务的所有方式进行评价。

执行控制过程的最后一步是对完成任务的所有方式进行评价，这对于学习者在将来的学习中实现最佳化是非常关键的（Anderson 1980）。人类的信息处理系统储存信息的能力似乎是无限的，但在处理信息的能力方面却无疑是有限的。个人扩展这种处理信息能力的方法就是“组块”，或生成智力的子程序。这些子程序在一个单一的过程中包含了许多不同的步骤，因此减轻了记忆和处理能力的负担，以便集中于任务的其他方面或其他任务。一般而言，这些子程序减少了在学会学习的执行控制过程中计划、选择、实施等步骤对有意识注意的需求。一旦学生们建立和学习了许多实现学术任务的子程序，他们就能以一种非常有效的方式来实现目标。如果这个学习目标发生了变化，或是理解上出现了问题，他们将不得不进行额外的思考，如何才能达到目标。学习这些程序会花掉许多的时间和精力，但一旦学生们生成了一个子程序的系统，他们就会变得高效。

C. E. 温斯特恩（C. E. Weinstein）
G. 范马斯特·斯通（G. Van Master Stone） 著
杜蕾 曾知 译

附录

Alexander P A, Judy J E 1988 The interaction of domainspecific and strategic knowledge in academic performance. *Rev. Educ. Res.* 58(4):375—404

Anderson J R 1980 *Cognitive Psychology and its Implications.* Freeman, San Francisco

Biggs J B 1987 *Student Approaches to Learning and Study.* Australian Council for Educational Research, Melbourne

Brown A L, Bransford J D, Ferrara R A, Campione J C 1983 Learning, remembering, and understanding. In: Flavell J H, Markman E M (eds.) 1983 *Handbook of Child Psychology. Vol. 3: Cognitive Development.* Wiley, New York

Corno L 1989 Self-regulated learning: A volitional analysis. In: Zimmerman B J, Schunk D H (eds.) 1989

Entwistle N J 1992 Student learning and study strategies. In: Clark B R, Neave G (eds.) 1992 *The Encyclopedia of Higher Education.* Pergamon Press, Oxford

Marton F 1988 Describing and improving learning In: Schmeck R B (ed.) 1988 *Learning Strategies and Learning Styles.* Plenum Press, New York

Paris S G, Lipson M Y, Wixson K K 1983 Becoming a strategic reader. *Contemp. Educ. Psychol.* 293—316

Pintrich P R (ed.) 1991 Special issue: Current issues and new directions in motivational theory and research. *Educ. Psychol.* 26(3,4)

Pintrich P R, De Groot E V 1990 Motivational and selfregulated learning components of classroom academic performance. *J. Educ. Psychol.* 82(1):33—40

Pressley M, Borkowski J G, Schneider W 1987 Cognitive strategies: Good strategy users coordinate metacognition and knowledge. In: Vasta R, Whitehurst G (eds.) 1987 *Annals of Child Development*, Vol. 4. JAI Press, Greenwich, Connecticut

Weiner B 1985 An attributional theory of achievement motivation and emotion. *Psychol. Rev.* 92(4): 548—573

Weinstein C E, Mayer R E 1986 The teaching of learning strategies. In: wittrock M (ed.) 1986 *Handbook of Research on Teaching.* Macmillan, New York

Weinstein C E, Van Mater Stone G in press *Broadening our Conception of general Education: The Self-regulated learner.* New Direction Series. Jossey-Bass, San Francisco, California

Zimmerman B J (ed.) 1990 Special issue: Self-regulated learning and academic achievement: An overview *Educ. Psychol.* 25(1)

Zimmerman B J, Schunk D H 1989 *Self-regulated Learning and Academic Achievement: Theory, Research, and Practice.* Springer-Verlag, New York

其他参考文献

Jones B F, Idol L 1990 *Dimensions of Thinking and Cognitive Instruction.* Erlbaum Hillsdale, New Jersey

Weinstein C E 1988 Executive control processes in learning: Why knowing about how to learn is not enough. *Journal of College Reading and Learning* 21: 48—56

Weinstein C E, Goetz E, Alexander P A 1988 *Learning and Study Strategies: Issues in Assessment. Instruction. and Evaluation.* Academic Press, san Diego, California

文化素养(Literacy)

本词条要探讨的是对书面文字或符号的使用，尤其关注书面语言的使用者以及书面语言用途的问题。我们可以把文化素养定义为人们使用文字符号完成某一任务或达成一系列特定目标的能力。不同的语言文字系统总是由不同的语法规则组成的，自然也会涉及不同的能力，例如：中国人在四千年前所创造的形声字需要用不同的字符表达不同的词素或意义单位；北美的印第安人使用的音节文字则用符号来表示音节；而在拼音文字中，不同的字母符号可以表示不同的音素。不同的语言单位(如形声字的词素、拼音文字的音素)决定了这一语言需要用多少符号来表示。形声字可能需要几千种不同的符号，因此人们需要用较长的时间来学习它们；拼音文字可能只需要百十个符号，有二三十个字母就够了(根据排列组合规则以及我们学习英语的经验可知，二三十个字母再加上这些字母的不同组合要形成这百十个符号是绰绰有余的——译者注)(Sampson 1985)。尽管文字符号的不同会影响人们识字的难易程度，但是不同文化对于识文断字的态度以及受教育机会的差异更是大大地扩大了人们在文化素养上的差别(Stevenson 1982)。

如果一个人对文字的性能有初步的了解，我们就会说他具有基本的文化素养——识字；若对文字某些特定的用途能够熟练运用，我们可以说他具有中等水平的文化素养，或者说个体达到了功能性文化水平(功能性文化水平是指个体具备在日常生活中处理所遇到的各种文字形式的能力。对此，在本词条的第3部分有更详细的说明——译者注)；而如果一个人具备某一领域的专门知识并有能力对其中的专业内容做出解释时，我们就说他有很高的文化素养。由于语言文字是不断演化的，在不同的文化和不同的历史时期中文字的功能是不断变化的，所以，人类文化素养的发展也有一个演进的过程，而文化素养的形成正是本词条要关注的另一个问题。

1. 文化素养与历史

哈夫洛克(Havelock)是一位在识字意义研究领域颇有影响的学者，他认为"尽管识字与传播文字的技术紧密相关，但却不能仅从技术的角度去理解这一问题。识字还与一定的社会条件密切相关，这种社会条件如果用一个词来说明的话，那就是读者的身份"(Havelock 1976 P.19)。在人类文化素养的发展进程中，易于学习并且用途广泛的文字符号的发明是非常重要的。尽管我们目前使用的各种文字符号或拼写规则都能够充分地发挥我们所期望的各种功能,表达不同的语义,但是要理解人类文化素养的发展演进过程,我们还必须关注文字符号的两个重要特性——可学性和表现力。可学性是指掌握文字符号的难易程度,表现力则反映了文字符号所构成的书面语言是否能够准确无误地表现出口头语言所能表达的各种含义的能力。文字符号的这两个特点彼此之间有密切的联系,简单、有限的符号易于学习,却往往只能表达有限的意义。象形文字就像我们现代生活中的"环境文字"(如商标、徽牌、证章等)一样,即使是小孩子也很容易学会,至于中国人使用的形声字、西方人使用的拼音文字,还有日本人所创造的综合象形与拼音文字特点的综合性文字,所有这些文字符号虽然在学习时非常困难,可是一旦掌握后就能发挥出很广泛的作用。

拼音文字曾被认为是最理想的文字符号,但最近的研究却认为这一结论体现了某种形式的种族优越感。尼德汉蒙(Needham 1954 ~ 1959)是一位汉学家,他指出汉字并不是中国人在发展现代科技方面落后的重要原因,也不是妨碍中国现代科技工作的不利因素。所以说,个体是否具有高水平的语言文字能力是与其获得阅读材料的可能性、所得到的阅读和写作指导的有效性以及个体对读写能力在社会和文化生活中的重要意义的认识密切相关的(也就是说,并不是使用拼音文字的人其语言文字能力就一定比使用其他文字符号体系的人高。无论我们使用何种文字符号,只要我们获得阅读材料的机会多,得到有效的读写训练,同时认识到读写能力对于我们的社会和文化生活具有重要意义,那么我们就可能发展出高水平的语言文字能力,这也称为高的文化素养——译者注)(Harres 1989)。即使在一个所谓的文明社会中,大多数人也只需要学会阅读一定范围内的文字材料就行了。至于那些能够读懂某些特定领域(比如宗教、科学、行政管理等)的书面材料的人都是社会中的精英,他们都是受过多年教育的人。

对何谓"有文化"的理解是随文化的不同而不同的,不过,究竟是民众文化素养的改变导致了社会的变迁,还是社会的变迁推动了民众文化素养的改变,这一论题尚存有争议。但是,在人类的发展史上,城邦的兴起是伴随着适宜为政治统治服务的文字符号的发展出现的,而那些时至今日依然对西方文明具有普遍影响的产生于古希腊时代的科学和哲学传统则是与拼音字母的发展相伴随的。许多学者包括哈夫洛克都坚持认为拼音字母是这一发展中的决定性因素之一(Gelb 1963, Diringer 1968)。此外,麦克卢汉(Mcluhan 1962)和翁(Ong 1982)还提出中世纪晚期"雄辩术"的衰落和书面文字的兴起一同为文艺复兴奠定了基础。

有些学者如哈里斯(Harris 1986)和高尔(Gaur 1984)曾指出,没有哪一个书面语言系统能够完全、充分地表达出声音所包含的全部信息。人们说话时的重音、语调和语气都传递着非常重要的意义,而对于书面文字来说,要传递这些信息虽然不能说完全做不到,但想要完全做到也是非常困难的,比如说,如何用文字符号来表示轻蔑的语调?事实上书面语言只能传递口头语言中基本的词汇和句式特点,所以,我们在阅读书面材料时所遇到的理解困难比起听人讲述相同的内容要严重得多。

在承认书面语言局限性的同时,关于识字对有意识的口头语言有着重要的影响,在这一点上,人们已达成了广泛共识。熟悉字母文字的人会把声音感受成是由可分割的音素组成的整体;掌握了音节的人则将声音知觉为由音节组成的;而熟悉形声字的人会将声音看作是由不同的词素构成的。人们通常认为书面语言是一种自觉的有意识的语言,这就导致了人们对于书面语言在认识上的盲目性,也就是说,人们总以为他所写的完全能够表达他想说的意思。其实,阅读过程中要揣摩出隐含在文字背后的语言意义是非常困难的(比如,作者要如何措辞来实现严肃、幽默、嘲讽、实事求是的或者是隐喻性的表达,在口头语言中这些表达方式通常是通过不同的声调来实现的),这也导致了在进行历史研究时,我们对于书面语言的理解障碍,例如,对于《圣经》上所写耶稣手拿一块面包说"这是我的身体"时用的究竟是毫不夸张的口吻还是一种隐喻,中世纪的神学家对此是颇有争议的。因此,某些学者甚至认为西方的思想发展史在一定程度上就是对文字材料的阅读和理解史(Olson and Torrance 1991, Olson 1994)。

2. 文化素养的功能

正如运用文字书写具有多种作用一样,文化素养的功能也是多样的。在西方文化的发展过程中,文化素养最重要的一个功能是与书面文字紧密联系在一起的,正是运用文字书写才使我们能够逐步积累和发展我们的研究传统(Eisenstein 1979)。运用文字进行书写使人类可以把来自不同时期、不同人所积累的信息保存下来,这样知识就不再仅限于只有一部分人了解。人们文化素养的形成需要使用文字,而书面语言已经变得越来越专门化,这种专门化既与语言文字技巧本身的发展有关,同时也随着人们对文字材料所描述的领域内各种知识的深刻理解而提高,因此,文化素养与各种专门化知识的差距越来越小,"有文化"和"有知识"这二者之间的界限也就变得模糊了,而人们常说的高水平的语言文字训练要以牺牲专门化知识的学习为代价就是一种误导。从另一方面来说,运用文字记录专门化知识的目标推动了某些特定类型的文字产品(如目录、表格、食谱、指标、图样书、字典、百科全书以及图解、地图、图表等)的出现,而不同的文字产品又需要不同的语言文字能力。与此同理,某种文学形式如小说的出现,必须有广大的读者群为基础才能够存在和发展。

无论是在有文字或没有文字的文化背景中,宗教、政府和管理部门以及农业、航海业等社会职能部门都会存在和从事这些工作,然而,文字却会使这些职能部门的活动具有与众不同的特点。中世纪时,随着欧洲社会文明程度的提高,过去由口头语言和礼仪仪式所执行的那些职能开始由书面文字承担。克兰彻(Clanchy 1992)和斯托克(Stock 1983)的研究表明诸如与雇员签订合同、立契约转让财产、提供法律证据、对基督徒财产的保护等等,这一切都越来越依赖于书面文字。随着文字日益成为官方社会中信息传递的主导方式,口头语言开始被看作是"松散的、不规范的",而且也缺乏权威性。那些不会读也不会写的人被看作是粗鲁、无知的人,是文盲。斯特雷特(Street 1984)对此现象提出了质疑,他认为人类对文字越来越大的依赖,与其说是社会生活中公正无私的体现,还不如说语言文字是加强权威力量的一种方式。

人类文化水平的提高是与新教改革和现代科学兴起等巨大的社会变革紧密相关的。因为,自己能够阅读《圣经》并从中得到启示,这是对新教徒的基本要求;个人研究、批判与反思、观察中强调客观证据的风气对于现代科学的兴起都是十分重要的。而对于上述种种特点,15~16世纪出现的活字印刷术以及重要书籍由用学术化的拉丁文写作转向运用本地的日常语言写作都起到了极大的促进作用。随着阅读材料越来越容易得到以及书写在官方活动中的主导作用,白纸黑字的权威性和重要性变得日益突出。知识也就成了书本内容的同义语。在 18~19 世纪的西欧和美国,即使是在公众学校教育制度出现之前,具有一定读写能力的人已经占到人口的一半以上。19 世纪末实施的义务教育制度则使具有读写能力的人在这些国家变得更加普遍。

3. 有文化和文盲

由于文化水平与学校教育之间有着密切的联系,一个人在学校学习时间的长短常被看作是衡量其文化水平的唯一指标。人们常将文化素养区分为三级水平:没有受过任何学校教育(文盲);接受了 4~6 年的小学教育(基本文化水平);完成了高中及其以上水平的教育(功能性文化水平或高文化水平)。这种分类对于人口统计报告是非常有用的,因为人口统计报告需要对特定国家或某一地区人口的受教育水平加以表示,但这种分类对于研究却没有多大价值。事实上,在当前情形下要求在全国范围内人们都具备读写能力是不恰当的,也是一种误导。比如美国国会 1966 年通过的《成人教育法案》就曾随意地将"功能性文化水平"等同于接受了中等教育,这种界定致使一些研究者声称"有 5 400 万到 6 400 万的美国人",即大约 25% 的美国成年人是功能性文盲(Hunter and Harman 1979)。有人认为这些数据表明,开展教育改革以提高公众的文化水平是一个意义重大的社会问题。然而,大多数美国学者却对这些数据提出了批评,也反对由此得出的有关文盲率的结论。

首先,应当看到这些数据仅反映了某一研究机构或学术群体的研究,它并没有反映出人们在实际生活中应用语言文字的情况。一个人所受的学校教育可能极为有限,但他却能达到较高的文化水平,比如他能阅读《圣经》或看懂电器说明书。其次,“文盲”这一称谓带有贬义色彩,暗含有一个人不成功的意味,而事实上他只是不能阅读而已。在一个绝大多数人都能够识字的社会里,我们很少能见到一个人根本不能阅读任何东西,而在一个以口头语言占优势地位的文化背景下,一个人有阅读书面材料的能力似乎也很少能有用武之地。

正如有的学者简单地将个体的文化水平等同于他所受的学校教育一样,也有学者用另外一种方式来区分人的文化水平,即情境化文化水平或世俗性文化水平。所谓情境化文化水平(或世俗性文化水平)是指人们在与文字环境相互作用时形成的一种非专门化的能力,这种能力是不需要教授的。个体在满是文字符号、标签、体育活动的比分、路标的环境之中生活,同时在这一环境中有专业人士来帮助人们处理各种复杂的书面文件,在这样的环境中,生活本身就教会了个体这种能力。因此,从某种意义上说,只要是生活在文字社会中,基本上每个人都是有文化的,即使他们个人没有受过语言文字技能方面的培训,他们一样知道书面文字的性质、用法和功能。

所谓功能性文化水平是指个体具备在日常生活中处理所遇到的各种文字形式的能力。雇主常抱怨工人缺乏语言文字能力是导致生产效率低下的原因,但是最近的调查却表明,导致工人阅读障碍的原因并不是他们缺乏阅读能力而是他们不理解整个系统的运转机制所致,即理解问题才是阅读中的“瓶颈”。由此推究下去就知道能否读懂书面材料,不仅取决于读者对于材料中的文字和词汇是否熟悉,更取决于他对于材料所涉及领域的知识的深度。有人曾试图用测查被试能否正确解释发票和理解广告的题目所构成的测验来考查人们的功能性文化水平,但是实际的测试结果却表明这些测验是行不通的,因为个体的功能性文化水平并不只体现在某个特定的文化活动中。比如,在16世纪德国宗教改革时期,所谓有文化就是指个体具有阅读《圣经》的能力。而19世纪在波士顿,有文化就意味着个体能读亨利·梭罗和奥利弗·W.奥尔姆斯的作品。到了20世纪的建筑工地上,有文化就是指个体能够看懂图纸和建材清单,所以,对于不同的人来说,构成其功能性文化水平的语言文字技能是不同的,而且个体的功能性文化水平绝不是仅由一种单一的技能构成的。

正如个体的文化水平受到社会文明程度的影响一样,一个文明社会的发展也依赖于公众文化素养的提高,尤其是在法律、科学、宗教等专门领域方面文化水平的提高。而在这些领域要获得较高的文化水平不仅需要学会读、写,还需要掌握一些专业词汇和探究该领域问题的基本原则。据估计具有一般文化水平的人能看懂的词汇主要来自他在阅读和写作时所碰到过的词汇,而他能够说出或听懂的词汇不到能看懂的一半。但是,如果一个人要具备科学文化素养,他不仅需要掌握特定科学领域的专业概念,如分子、基因等术语,还需要掌握假定、假设、推论、结论等认识论概念。此外,他还必须学习某些特别的语法形式以满足论证的需要,这些语法形式包括从相关的证据中提出适当的论点,学会区分描述、解释、争论等特定的文风,使叙述与特定的写作风格相一致。所有这些专业技能都离不开高水平的文化素养,这既需要多年正规的学校教育,也需要适当的专业训练。

一旦某种文字表达形式被人所掌握,那它不仅可在写作中使用,而且也会体现在人们的口头语言中,这一事实向我们展示了有文化的重要意义之一。当然,我们不能因此就将有文化简单地等同于能读会写。在生活中,有人可能是以口语化的风格写作,而有人却用书面化的语言来说话。这表明,在一定意义上可以说,文化水平是与特定的思维方式的发展相联系的,正如古迪(Goody 1975)所写的:“文字符号系统的简单化和有文化的人增多很显然是地中海地区社会进步的重要原因,时至今日,人们仍在强调文化水平在社会发展中的重要作用,这一切并不是偶然的。”

D. R. 奥尔森(D. R. Olson) 著

伊凡 陈晶 译

附录

Clanchy M T 1992 *From Memory to Written Record: England 1066—1307*, 2nd edn. Blackwell, Oxford

Diringer D 1968 *The Alphabet: A Key to the History of Mankind*, 3rd end. Funk and Wagnalls, New York

Eisenstein E 1979 *The Printing Press as an Agent of Change: Communication and Cultural Transformations in Early Modern Europe*, Vols. 1—2. Cambridge University Press, New York

Havelock E 1976 *Origins of Western Literacy*. Four lectures delivered at the Ontario Institute for Studies in Education, March 1974. Monograph Series 14. OISE Press, Toronto (Reprinted in: Havelock E 1982 *The Literate Revolution*. Princeton University Press, Princeton, New Jersey)

Gaur A 1984 *A History of Writing*. British Museum, London

Gelb I J 1963 A *Study of Writing*. University of Chicago Press, Chicago, Illinois

Goody J 1975 *Literacy in Traditional Societies*. Cambridge University Press, Cambridge

Harris R 1986 *The Origin of Writing*. Duckworth, London

Harris W V 1989 *Ancient Literacy*. Harvard University Press, Cambridge, Massachusetts

Hunter C St J, Harman D 1979 *Adult Illiteracy in the United States*. McGraw-Hill, New York

McLuhan M 1962 *The Gutenberg Galaxy: The Making of Modern Man*. University of Toronto Press, Toronto

Needham J 1954—1959 *Science and Civilization in China*, 3 Vols. Cambridge University Press, Cambridge

Olson D R 1994 *The World on Paper*. Cambridge University Press, Cambridge

Olson D R, Torrance N (eds.) 1991 *Literacy and Orality*. Cambridge University Press, Cambridge

Ong W 1982 *Orality and Literacy: The Technologizing of the Word*. Methuen, London

Sampson G 1985 *Writing Systems: A Linguistic Introduction*. Hutchinson, London

Stevenson H W et al. 1982 Reading disabilities: The case of Chinese, Japanese, and English. *Child Dev.* 53: 1164—1181

Stock B 1983 *The Implications of Literacy: Written Language and Models of Interpretation in the Eleventh and Twelfth Centuries*. Princeton University Press, Princeton, New Jersey

Street B 1984 *Literacy in Theory and Practice*. Cambridge University Press, Cambridge

其他参考文献

Coulmas F 1989 *The Writing Systems of the World*. Blackwell, Oxford

de Francis J 1989 *Visible Speech: The Diverse Oneness of Writing Systems*. University of Hawaii Press, Honolulu, Hawaii

元认知(Metacognition)

本词条将对三种不同形式的元认知:元认知信念、元认知知识和执行控制加以区分,同时还将讨论它们与学习成绩的关系以及三者之间的内在联系。

1. 元认知

不同人在使用元认知的概念时可能会有不同的含义。有时,元认知是指个体关于自己和他人的认知过程的知识(Flavell 1976),有时它又被用来指个体驾驭自己认知过程的感觉(Brown 1981)。尽管这两个含义比较接近,但是清楚地区分二者(Lawson 1983, Garner 1987)、区别开元认知知识和执行控制还是非常重要的。元认知知识是指人们所拥有的关于他们自己的(或其他人的)认知的知识,执行控制则是指对正在进行的认知过程的动态控制和驾驭。西蒙(Simon 1979 P. 42)这样定义执行控制:支配思维着的人的行为的控制结构,它是为执行任务而配置资源的一种策略或程序。除了元认知知识和执行控制之外,与元认知有关的第三个概念就是元认知信念,它是指人们所拥有的关于他们自己的(或其他人的)认知的更为宽泛、普遍的观念和理论,与个体对情感、动机、意志的信念关系密切。下面将会讨论元认知信念中的两种:智力概念和学习概念。

2. 元认知信念

2.1 智力概念

德韦克(Dweck 1988)曾研究过人们关于智力的元认知信念(智力概念)。她发现人们有两种智力理论:实体理论和增长理论。所谓实体理论是指个体认为智力是一种固定的品质,并且认为智力不会因为努力或掌握新技能而发生改变。然而持增长理论的人则认为,智力不是一种固定的能力,相反,它具有延伸性,可以通过努力和学习来增长。因此,有人把智力称为"动态的、增长的能力",而另一些人则把它视为"一个固定的、静止的实体"。关于智力的观点从实体理论到增长理论乃是一个逐渐进步的过程。

学生(尤其是学习无能,即LD学生)所拥有的智力概念或许决定了他愿意采用哪种目标。拥有智力实体概念的学生倾向于采用执行目标,而拥有智力增长观点的学生则倾向于采用学习目标。所谓执行目标,所关注的是证实个人的能力,相反,学习目标则指向于增长个人的能力,指向于理解以及领会到新的东西。当然,拥有智力增长观点的个人也只是可能会同时拥有"学习目标"。而且,只有在儿童拥有"学习目标"时才可能灵活地调整自己的学习策略。也就是说,当儿童形成了智力的增长理论时,试图改变其学习策略的努力才可能有效。因此,如何去改变人们的智力概念以及如何促使人们形成学习目标而不是执行目标都是学习策略研究中的重点问题。

2.2 学习概念

萨利耶(Säljö 1979)的研究表明,学生对学习本质的认识是不同的。在两种不同的学习本质观下还可以区分出五种不同的学习概念。一方面,一些学生把学习看作是必须把观点和信息照搬进自己的大脑里(这代表了一种学习的本质观——"表面概念");另一方面,一些学生则认为学习的本质是知识的建构,它只能由自己亲自从实践中学(这代表了另一种学习的本质观——"深层概念")。

学习概念与教学概念相关。如果强调教学就是老师通过自己的表述或安排来建构、分析教学内容并使其个人化,在这种教学概念下,学生就会产生对学习的"表面概念"。相反,拥有"深层学习概念"的学生相信老师只是为他们自己的建构过程提供帮助。费尔默特(Vermunt 1992)发现并评价了高等教育阶段的学生在学习概念(以及学习和调控风格)上的不同类型。他指出可以测量到三种不同的学习概念:除了上面提到的表层概念、深层概念之外,还有第三种学习概念,被称为"实用倾向",持这种学习概念的学生强调学习就是挑选那些能够应用到工作或真实生活中的信息的过程。在大学的开放性考试中,拥有深层的以及"实用倾向"的学习概念的学生比那些认为学习就是复制的学生会考得更好。并且,费尔默特的研究还表明,在邀请学生进行深入学习时,那些只是在"表层概念"框架内理解学习任务的学生就会遭遇失败。学习概念不仅仅是关于学习的一些简单认识,它决定了个体与学习相关的期望、理解、叙述以及行为,因此,它实际上是一种心理模型,或者说是一种"微观的理论"。

3. 元认知知识

随着心理学的发展,20世纪70年代开始出现了有关元认知知识的研究。在这之前,通常认为儿童记忆知识的发展("元认知发展")在其12岁就已经完成,然而,现在对这个问题的看法却不那么确定了。研究甚至认为成年人在不同领域或不同问题方面的元认知知识也是有差异的。

以后,对元认知的研究和理论向五个新的方向扩展、变化。元记忆被元认知所取代,研究的核心也不再是简单的记忆任务,而是像阅读、课文加工以及问题解决等复杂任务。对执行控制的研究取代了对元认知知识的研究,研究从关注个别差异转向了重视培养。最后一个发展方向是开始研究元认知与情感、意志等因素的关系。在本词条的第三部分将讨论前两个变化,执行控制是下一个部分的主题,后两个变化将在最后一部分讨论。

3.1 从元记忆到元认知

弗拉维尔(Flavell 1976 P. 232)这样定义元认知:它是个人关于自己的认知过程和认知成果,或与此相关的任何事物(例如,信息或数据的与学习相关的特性)的知识。由此可知,研究不仅应当重视人们关于记忆过程的知识,也应当重视人们关于思考、解决问题、注意力等方面的知识。例如,米勒和比吉(Miller and BIgi 1979)就研究了儿童对注意的知识。通过访谈,他们发现,孩子们对诱惑、噪声、打断、动机和专心致志对注意过程的影响会有不同的认识。例如,1 年级的孩子不知道电视会分散人的注意力,以及沉浸在读书中的孩子可能听不到妈妈在叫他。1 年级、3 年级和 5 年级的孩子们在这些及其他一些元注意的知识上存在发展差异。

对于元认知知识的研究,加纳(Garner)进行了如下总结:"1 年级、2 年级的孩子在了解自己、所面临的任务以及自己所使用的记忆、阅读和注意策略等方面,不如 5 年级、6 年级的孩子那么充分。"(Garner 1987 P. 36)但是,齐默尔曼(Zimmerman 1990)发现,即使是在年龄稍大的 12 ~ 14 岁的儿童中,他们对自己所采用的自我调节策略的了解(例如重复阅读、寻求帮助、重新组织、定向以及自我奖赏等)也还存在巨大的个别差异。

克罗斯和帕里斯(Cross and Paris 1988)区分了三种类型的元认知知识:陈述性的元认知知识(知道哪些因素会影响人的认知)、程序性的元认知知识(知道某种技能如何发挥作用或者说如何运用它)、条件性的元认知知识(知道何时需要某个策略以及为什么它们会影响认知)。

3.2 研究更复杂的任务

元认知研究中第二个变化热点就是开始研究人类认知中一些新领域(如阅读和问题解决)的知识。例如,迈尔斯和帕里斯(Myers and Paris 1978)发现,在 2 年级学生中认为阅读是一种认知活动的少于 6 年级学生。关于阅读的元认知知识差异包括:懂得默读比大声朗读快,懂得逐字复述比解释难,知道反复阅读是解决理解障碍的一个重要策略,懂得词汇的意思和它在话语中的含义是有差异的,懂得自我检测策略有利于备考,知道在为了学习的阅读中使用不同的策略比在为了娱乐的阅读中更重要。低水平的读者通常把阅读看作是一个解码的过程,然而高水平的读者却关注理解过程。那些在阅读中把注意力集中在解码上的读者较难发现课文中需要读者介入自己理解的问题。

由此可知,不同年龄的儿童之间,在低水平和优秀的读者之间,对阅读的元认知知识存在差异,进而会直接影响到他们的阅读成绩。

4. 执行控制

元认知研究的第三个变化就是从关注元认知知识转向关注执行控制。例如,斯滕伯格(Sternberg 1984)将问题解决中可能用到的执行控制过程分为如下几种:判断问题的性质,判断哪些做法有助于问题的解决,决定如何有机地将各种做法结合起来,确定对信息的心理表征,为解决问题分配资源,监控解决问题的过程并对外部反馈保持敏感。研究者对不同领域的执行控制过程进行了研究。例如,舍恩菲尔德(Schoenfeld 1985)研究了解决数学问题中的执行控制;德尔纳(Dörner 1978)研究了在复杂的管理决策中的执行控制。下面将以阅读中的执行控制以及在为学习而阅读中的执行控制为例来讨论元认知中的执行控制。

4.1 阅读过程中的执行控制

布朗(Brown)研究了诸如阅读中的时间分配、判断主要观点以及概括策略等执行控制过程(Brown 1981)。在布朗看来,人们对自己认知过程的自觉控制是很重要的。她认为以下四个因素的协调一致是至关重要的,它们是:学习者的性格、学习活动、学习材料的类型以及任务的性质。

如下四种执行控制过程已经得到了非常广泛的研究,即:对错误的察觉(理解控制)、重新审视课文、学习时间的分配以及概括提炼。

在考察理解控制的研究中,察觉错误的研究范式是经常被研究者使用的。研究故意将一些不连贯的句子或隐蔽的错误放置在课文中的某些地方。对各个年龄段被试的研究都发现他们对这些错误的察觉率是很低的,甚至很多成年人也发现不了那些在课文中故意设置的错误。当然,有一些错误比其他的错误更容易被发现(例如,比起逻辑的不连贯,错误的陈述就更容易被发现)。即使是在明确提示被试要对课文进行分析性加工和重新审视的条件下,大部分的错误仍然不会被察觉到。明显的发展差异和一些研究证据表明:执行控制与个体的元认知知识和阅读表现都有关系。有相应的证据表明个体执行控制的发展分为三个阶段。处于第一个发展阶段的读者或听众,他们认为所有的理解问题都是彼此孤立的;到了第二个阶段,读者或听众就会关注信息的真实性;只有在第三个阶段,读者或听众才会寻找课文的内在联系。

有关重新审视课文的研究考察了当学生认为自己不理解或记不起课文的某部分时,他们是否会回顾课文的相应部分。当然,遇到这种情况时,他们首先还是应该往下读,看看接下来课文是不是变得好理解了。一般来说,对课文的重新审视与阅读成绩存在正相关。

关于分配学习时间的研究分析了学生在课文的难点部分或他们不理解的部分是否会花更多的时间。年龄小的学生(1~2年级的学生)以及高年级(3~6年级)中低水平的学生往往不会在课文的难点部分分配更多的阅读时间。

有关概括提炼的研究会要求被试判断课文的重点或写出一个概述。概括提炼的技能包括:判断资料的重点、提炼信息和写出课文摘要。低年龄的学生意识不到重要性上的差异,即使他们对比较重要的部分会记得比不重要的好。概括提炼技能是"发展较晚的技能",从中我们也可以看到明显的发展差异。其他领域的一些研究表明,执行控制技能和阅读成绩之间存在正相关。

对阅读中执行控制的不同研究获得了比较一致的发现,概括而言,年龄小的学生和低水平读者在理解控制和决定使用策略性行为上不如年龄大的学生和高水平的读者熟练(Garner 1987)。

4.2 *以学习和研究为目的的阅读中的执行控制*

以学习为目的的阅读相对于"只是看看而已"的阅读会有一些新的特点,例如,有一个明确的学习目标,会选择一定的学习活动,使学习活动指向目标,检测活动与目标的一致性,当学习失败时及时采取措施。迪·琼(De Jong 1992)区分了在以学习为目的的阅读中执行控制的七种类型:定向、计划、监控、测试、弥补、评估和反思。

属于定向的执行控制过程包括致力于收集与学习任务有关的信息(即学习之前的定向),学习过程中为选择、分配、改变(或坚持)学习行为而专心收集与问题情境相关的信息。下面所列举的就是定向过程的例子:浏览任务,想到自己常用的学习策略,对有利因素和不利因素进行反思,对预见进行反思(或弥补预见中的不足)。学习者对学习行为的管理就属于计划这种执行控制过程,它指个人能够思考选择学习行为和学习目标以及决定学习的时间。监控过程的功能就像放在脉搏上的手指:关注自己在学习过程中的进展。监控过程的例子如:注意或记录正面及负面的过程性结果、任务性质、不理解的词、句子或部分课文,维持学习的时间以及进行过程性评估。

所谓测试过程是指个体检查自己是否已经掌握了信息或理解了内容,检查学习目标是否已经达到,包括:解释、概括、得出结论、完成练习题、回想或比较课文结构、问自己问题等。属于弥补的执行控制过程包括学习过程中学生所做的及时决定,有三种不同的类型:调整思路、在线计划(即在学习过程中)、诊断(发现学习中引发问题的原因)。评估学习过程意指判断学习目标是否已经达到,学习过程是否按计划进行。最后要提到的反思过程是指在特殊中发现一般,即:思考从这种具体的学习经历中可以学到什么一般性的东西,可以为下一次学习提供借鉴。这种思考会关注到学习的各个方面,比如:选定的目标与实际达到的目标;从事的各种学习行为以及遇到的问题;需要多少时间;与其他学生和老师的合作;作为一个学习者自己的优势和弱点。反思为新的学习情境设定了活动范围,还可能引发元认知知识和元认知信念的改变。

已有研究所获得的第一个主要结论是,在所有的执行控制过程中,好的学习者都要比差的学习者更积极主动(De Jong 1992)。在12~14岁的儿童中,好学生对自己学习的监控、测试和规划要比差的学生表现得更主动。学生在一系列执行控制过程上的表现可以解释他们在学习成绩方面的大部分变异。比起动机、考试焦虑和专心等经典的学习者特点,执行控制过程对学习成绩差异的解释力更强(De Jong 1992, Wang et al. 1990)。

第二个主要的结论是,执行控制过程与任务特点的关系比较复杂。在不同的任务中,执行控制过程的差异会有不同的表现。在某些特定的任务中,表现好的学生与表现差的学生在某些执行控制过程上会有差异,但在其他一些执行控制过程上却没有差异。例如,在词汇学习上,好学生与差学生在使用测试过程的总体数量上存在差异,然而,在问题解决中,他们主要的差异却表现在定向、监控和弥补方面。

第三个主要的结论与定向、计划、监控和测试等具体的执行控制过程有关。刚进入中学的学生根本不会在开始任务前就进行定向,在从事任务的过程中也很少出现重新定向。在自我定向方面,表现好的学生也不见得就比差的学生强。

与定向方面的表现一样,这些学生也不会提前做计划。只有当遇到问题或者障碍的时候,才会进行计划。已有研究考察了为了回忆的学习,为完成多项选择题学习,或者是为理解、完成开放性问题作准备时,学生是否会依据不同的学习活动进行不同的计划。根据学生的表现可以将他们分为三类:根本没有计划的学生;特别安排了回忆练习等学习行为的学生;为了理解而特别安排了像解释和自我质疑等学习行为的学生。

在许多需要深思熟虑的任务中,监控是其中较为重要的执行控制过程。好的学习者和差的学习者在这方面存在差异,这种差异不仅反映在是否进行监控上,还体现在如何监控以及个人对哪些心理状态进行监控上。

最后值得一提的是一些涉及测试过程的结论。通常差的学习者倾向于测试自己是否能够复述某些信息,而好的学习者则通过解释或者自我质疑来测验自己是否能够理解这些信息。

我们可以从费尔默特(1992)的研究中得到有关执行控制过程的第四个也是最后一个结论。他发现成人学习者对学习的执行控制有三种不同的方式:外部控制、自我控制和缺乏控制。学习者在缺乏控制方面的表现对其学习成绩有很强的预测力。那些报告监控自己的学习过程有困难的学习者,他们的表现往往比其他学习者要差。

5. 有待于进一步研究的问题

对于元认知信念、元认知知识和执行控制之间的关系,我们还知之甚少。直接关注这些关系的研究还非常少见。即使是在培养研究中,对这些关系的认识也是模糊的。事实证明,在关于元认知的培养研究中,教授元认知知识是一个影响培养成功与否的因素(De Jong 1992),由此可以推知,元认知知识、执行控制和学习成绩之间有相关。但是,究竟是怎样的相关,还需要一些直接的研究来证明。有一种观点认为,元认知知识/元认知信念构成了执行控制的必要条件,但不是充要条件。例如,只有那些肯为任务的正确执行负责的人才会充分使用测试和监控过程。另外,还有一种观点认为元认知知识与执行控制之间存在似是而非的关系(Lawson 1983),即元认知知识可能源于对执行控制过程或认知过程的反思(当然,反思本身也是一种执行控制过程)。最后还有一种观点认为,可能三种类型的元认知在迁移中都具有重要作用。

总之,如上所示,关于元认知的研究表现出三种趋势:从元记忆到元认知,从关注简单任务到更复杂的任务,从元认知知识到执行控制。另外还有两个发展趋势,本词条只是简单提及。其中一个发展趋势是从关注个体差异和发展差异转向重视培养。有关元认知培养方案的研究,如帕林卡斯卡和布朗(Palincsar and Brown 1984)的研究,带来一个好的结果,那就是导致了对培养研究、对教学的重新重视,同时,也弱化了研究对个体差异的强调(也就是说,由于对元认知培养方案的探讨,让我们看到个体的元认知水平可以通过教学的干预而发生改变,研究不再是只停留在揭示元认知水平的个体差异的表面,导致我们更加关注如何帮助每个人提高其元认知水平,开始更加重视教学的作用——译者注)。另一个发展趋势就是更加关注情绪、动机等因素。元认知知识、元认知信念与情感、意志和动机的紧密关系越来越清晰地展现出来。

当然,对个体在元认知和执行控制上的差异进行更加深入的研究还是必要的。虽然培养研究非常重要且具有突出的实践意义和理论价值,但是,毕竟培养研究还需要以有关个体差异和发展差异的强有力证据作为坚实的基础。关于三种元认知之间的关系,还有许多不清楚的问题没有解决。再有,在元认知知识和执行控制方面还有许多未知的领域。为了设计出更好的培养方案,还需要发展更好的理论来解释元认知发展中的个体差异以及各种关系。

P. R-J. 西蒙斯(P. R-J. Simons) 著
陈 晶 刘金玲 译

附录

Brown A L 1981 Metacognitive development and reading. In: Spiro R J, Bruce B C, Brewer W F (eds.) 1981 *Theoretical Issues in Reading Comprehension.* Erlbaum, Hillsdale, New Jersey

Claxton G 1984 *Live and Learn: An Introduction to the Psychology of Growth and Change in Everyday Life.* Taylor Francis, New York

Cross D R, Paris S G 1988 Development and instructional analyses of children's metacognition and reading comprehension. *J. Educ. Psychol.* 80(2):131—142

De Jong F P C M 1992 Zelfstandig leren: regulatie van het leerproces en het leren reguleren: een procesbenadering. Doctoral dissertation, Tilburg University

Dörner D 1978 Kognitive Merkmale erfolgreicher und erfolgloser Problemlöser beim Umgang mit sehr komplexen Systeme. In: Ueckert H, Rhenius D (eds.) 1978 *Komplexe Menscheiche Informationsverarbeitung.* Huber, Bern

Dweck C S 1988 Motivation. In: Lesgold A, Glaser R (eds.) 1988 *Foundations for a Psychology of Education.* Erlbaum, Hillsdale, New Jersey

Flavell J H 1976 Metacognitive aspects of problem solving. In: Resnick L B (ed.) 1976 *The Nature of Intelligence.* Erlbaum, Hillsdale, New Jersey

Garner R 1987 *Metacognition and Reading Comprehension.* Ablex, Norwood, New Jersey

Lawson M J 1983 Being executive about metacognition. In: Kirby J R (ed.) 1983 *Cognitive Strategies and Educational Performance.* Academic Press, New York

Miller P H, Bigi L 1979 the development of children's understanding of attention. *Merrill-Palmer Q.* 25(4): 235—250

Myers M, Paris S G 1978 Children's metacognitive knowledge about reading. *J. Educ. Psychol.* 70(5): 680—690

Nicholls J G 1984 Achievement motivation: Conceptions of ability, subjective experience, task choice and performance. *Psychol. Rev.* 91(3):328—346

Palincsar A S, Brown A L 1984 Reciprocal teaching of comprehension-fostering and comprehension-monitoring activities. *Cognition and Instruction* 1(2):117—175

Säljö R 1979 *Learning in the Learners' Perspective: I. Some Common Sense Conceptions. Report No. 16.* Institute of Education, University of Gothenburg

Schoenfeld A H 1985 *Mathematical Problem Solving.* Academic Press, New York

Simon H A 1979 Information processing models of psychology. *Annu. Rev. Psychol.* 30:363—396

Sternberg R J 1984 What should intelligence tests test? Implications of a triarchic theory of intelligence for intelligence testing. *Educ. Researcher.* 13(1):5—15

Vermunt J D H M 1992 Leerstijlen en sturen van leerprocessen in het hoger onderwijs. Doctoral dissertation, Tilburg University

Wang M C, Haertel G D, Walberg H J 1990 What influences learning? A content analysis of review literature. *J. Educ. Res.* 84(1):30—43

Zimmerman B J 1990 Self-regulated learning and academic achievement: An overview. *Educ. Psychol.* 25: 3—17

动机和学习(Motivation and Learning)

动机是决定学习及其成效的一个重要因素,因此也是影响个体学业成绩的重要因素。为什么有些学生喜欢学校生活,从学生时代起就努力学习以便为以后的职业生涯乃至今后的人生做好准备,其实都是动机使然。它同时也解释了为什么那些没有动机的学生会对他们日常生活的重要部分——

学习感到厌恶，为什么他们中的大多数学业成绩并不理想，为他们以后的人生埋下了隐患。学生的动机是一个复杂的心理过程。为什么有的学生有动机，有的学生没有动机，可能有很多个人或环境的原因。本词条将讨论这一复杂情况的最重要的方面，并且给教师或者家长激励学生或孩子提供各种具体的建议。

1. 学习受多种因素的影响

在学校里学习好、表现好是一种有意识、有目的的行为。因为要学得好或表现好不仅需要发挥认知技能和其他能力的功能，同时还受情感因素和动机因素的影响。个体在学习效率和学习成果方面的差异是由个体在能力（资质）和动机方面的差异造成的，而且是认知因素和动机因素相互作用的结果。学生学不学习、学什么、用多少时间去学习、学习效率如何、达到的熟练程度在一定程度上都取决于他们对学校的学习任务有多强的动机。学生的学习目的非常复杂，他们学习的原因是各种各样的：有的是为了发展个人的认知能力、多学点知识；有的是想取悦老师/父母，以得到老师或父母的奖励，所以要做到最好；还有的是因为他们希望长大成人后能够从事某种职业，所以很努力地学习。那种认为“多数学生在学校学习都有多重目的”的观点是不合理的，其实应当这么说，学习是“受多种因素影响的”，是由不同的动机激发和维持的。

在心理学领域，并没有一种宏大的、包罗万象的动机理论能全方位地解释学生的动机。通过基础性研究和一些应用性研究，心理学家已经就动机的某些方面得出了一系列微型理论。每种理论只是对学习动机或推动学生在学校力求卓越的动机的某个或某些方面进行解释。动机理论的复杂性或多样性常常令教育实践工作者感到迷惑不解。其实，他们应该认识到不同的理论提供了不同的角度，可以使他们看到学生在课堂或学习中的真实表现原本就是丰富的。每一种理论只是揭示了现实的不同方面，为我们预防或矫正学生的动机问题提供了不同的途径。从实践的角度来看，教育者在了解每个学生及其成长经历和家庭背景的基础上，创造性地利用来自不同理论方法的核心内容是非常重要的。

2. 作为一种心理过程的动机

人类动机理论大致可以分为两大类：内容理论和过程理论。无论是哪种内容理论，都或多或少地认为，动机是稳定的、与生俱来的，或者认为动机是一种习得的个性特征（例如用本能、内驱力、需要、动机来命名“动机”的一些理论）。他们继承了亚里士多德式的因果解释：运动完全取决于运动物体的特征，行为可以被视为是一种心理运动，在这种情况下，决定行为的是行为的个体而非环境（即运动所发生的场境）。

过程理论则继承了伽利略的解释，即：物体的运动取决于物体的特征及其环境。这些理论认为，动机是个体的个性特质（如需要、动机、能力）与个体所感知到的环境特征（如学习任务的内容与难度、老师与父母、课堂环境）相互作用的一种心理过程。勒温将行为界定为是个体与所知觉到的环境相互作用的结果，动机过程就是对这种行为概念的扩展。这意味着并不是所有的学生都会对所有学科或每个老师都感兴趣，试图创造一种使所有学生都处于最佳动机水平的学习环境只会是劳而无功的（Atkinson 1978）。过程理论认为，在理解、解释、矫正动机问题和学习困难时，应当同时考虑到个体的内在特征和环境特征（Snow 1989，Snow and Swanson 1992）。

3. 是用动机来解释行为还是描述行为

动机理论试图为具体的行为特征，如目的性、自发性、坚持性等提供理论解释，同时也为个体在学业任务中的表现水平和效率提供了理论解释。要解释动机就必须对动机进行测量，而且不能依据需要解释的行为差异来评价动机。在日常生活中，我们常常会冒失地违背这一原则。父母和老师在理解学生的行为时，经常是从学生的行为中推测其动机，或者把过程当作原因。然而，他们在谈论学生的动机时，唯一的证据只是行为特征本身。也就是说，他们提供的貌似合理的解释是一种不科学的循环论证。在这种情况下，动机不是用来解释行为，而是对行为进行描述。例如，老师可能观察到一些学生经常上课迟到,不做作业,不专心听讲,上课捣乱,考试成绩不好等现象。老师感到奇怪,为什么是这种样子,并由此得出结论,认为这些学生缺乏学习的动机。然而,这种推理并不能解释学生的行为,仅是对行为的描述而已。要得出因果性解释就必须从外显行为以外的证据中证明学生确实是缺乏动机。原因和结果不能混为一谈。

4. 动机和坚持性在学习中的作用

坚持学习或付出很多时间在学习上是决定学习成绩好坏的因素,"熟能生巧"就是这个意思。通常,坚持性被理解为是由强烈的学习动机或者要在学校表现好的愿望所引发的。动机心理学认为,动机的强度和坚持性之间存在正向的线性相关,即:学习的动机越强,学生用在学习上的时间就越多。不过,校园生活并不是孤立的、片段式的活动,而是连续的行为流中的一部分(Atkinson and Birch 1970)。也就是说,在学习活动前后,学生还会从事其他的活动。根据阿特金森(Atkinson)和伯奇(Birch)1970 年出版的《行为动力学》(被认为是更全面的动机理论)的观点,要理解坚持性,仅仅考虑到动机是不够的。学习活动中的自发性和坚持性取决于相互竞争的多种动机倾向的数量和强度。事实上,那些有较强学习动机的学生,同样也是有浓厚的很多课外兴趣的学生,比起那些缺乏动机同时也没有太多竞争性兴趣爱好的学生,他们在学习(无论是在课堂学习还是在家里学习)上花费的时间反而更少。动机领域的理论研究者和实践者对这种现象需要多加留意。可以通过增强学习动机或减少竞争性动机倾向的强度和数量来增加用于学习的时间。很多学生之所以没有时间学习就是因为他们有太多别的兴趣爱好。

罗列特(Rollett 1987)提出了一个概念叫"逃避努力的动机",以此从另一个角度来解释坚持性较差或者"用在学习上的时间"少。她把消极动机与低成就动机、对失败的高度恐惧和考试焦虑区分开来。罗列特发现,第一次接触某个领域所经历的挫折可能会导致个体在这个领域逃避努力的倾向。逃避努力者的目的是让老师和家长相信他们不是好学生。罗列特开发了测量个体逃避努力倾向的问卷,以及帮助逃避努力者的培训方案。

投入工作的时间及时间的使用效率还有赖于意志、决心等元动机技能。意志过程使行动意图免受更具诱惑力的其他享乐主义或情绪化目标的干扰,它有助于个体将行动意图付诸实施(Halisch et al. 1987)。萨洛蒙和格罗伯森(Salomon and Globerson 1987)提出了在学习过程中"专心学习"的观点。专心学习就意味着持续的脑力和精力的投入。学生可能因环境刺激或内心的想法而分散了对学习任务的注意力。一般说来,控制外部干扰源比控制妨碍学习活动的内在认知过程要容易一些。因为后者与更为稳定的个性特征紧密相关。比如,有失败恐惧或高度考试焦虑的学生通常不能表现出自己的最佳水平,其主要原因就是在学习和考试时受到这些认知的干扰。成功取向的个体就不容易受这些与学习无关的念头的影响。在行动取向的个体和状态取向的个体身上也可以看到相同的差异(Kuhl 1986)。行动取向的个体所关注的是实现期待目标(比如学习目标或成就目标)所必需的行动。由于他们更容易克服自身的或外部的困难和诱惑,所以在学习的活动中,他们可以坚持更长的时间。状态取向的个体更容易为当前或所期望的内部状态和外部状态着迷,却不会去关注如何战胜或者避免这种状态。这些学生所关注的是他们不知道或者他们应当理解、掌握却仍然不懂的东西,而不是该怎样去缩小这两种状态的差距。对他们来讲,坚持目标指向的行动就更加困难了,因为他们很容易分心。

5. 学习目标和表现目标

德韦克(Dweck 1989)依据目标在动机作用上的差异将学生的学习目标分成两大类:学习目标和表现目标。与这两种目标相对应的是学生在学校的两类活动:学习和表现。具有学习目标的学生会把大多数时间投入到学习活动中去。他们的目标指向于提升知识和能力,力争懂得更多,掌握更多的复杂观点。这些任务取向的个体不会失败,而是提高或者成长。由于关注学习任务,教师就有更多机会给予学生积极反馈从而又增强了学生内在的学习动机(参阅本词条的第 6 节)。因此,学生也没有时间去抑制考试焦虑和对失败的恐惧。关注学习任务会引发任务定向。这样,学生就会全心全意地投入到手头的智力问题中去,力求弄明白并找到解决的办法。可能有挑战性的任务对他们更有吸引力。即使不是很聪明的学生也能够增长知识以及解决问题的策略。这让学生感到自己是有能力的,从而又进一步激发了他们的求知欲。

在某些时候,学生不得不参加各种考试和测验。这些考试和测验是为了考核学生已经学到了多少以及学习的效率怎样。这样,学生的目标就是要向他们自己和他人(如教师、父母、朋友和同伴)证明他们是多么优秀或者是要隐瞒他们有何不足。表现性任务很容易激发学生对自我的关注。在这种情况下,学生更关注他们表现得有多好或者有多差,而不是关注学习任务本身,于是学生就会力争成功并极力避免失败。所以说,表现性任务会唤起学生的成就动机和失败恐惧(或考试焦虑)。有失败压力的学生往往表现出抑郁和防御性倾向。他们关注的焦点是避免无能感(在他们自己看来或其他重要的人看来)。他们会逃避有挑战性的任务。

当学生对学习结果具有内部学习动机时,有一个潜在的重要问题是值得注意的,那就是很多具有内部学习动机的学生(或者他们的老师)会把学习任务看作是表现性任务(Dweck 1989)。在学习的时候,他们更倾向于自我定向而不是任务定向。他们的目标不是通过学习来增长智力,而是要向自己和他人展示他们具有高水平的才智(或者隐瞒自己真实的能力水平)。在自我防御反应状态下,很多学生因此不敢冒险去选择挑战性任务或者在任务中投入很少的精力,因为当高水平的投入和低水平的成绩结合在一起时势必会导致对个体能力低下的评价。

把学习任务看成学习性任务还是表现性任务可能与学生和教师内隐的智力理论有关(Dweck 1989)。那些认为智力是一种稳定特质的学生更倾向于表现他们掌握了多少。他们把学习任务变成了成就性任务。持这种观点的学生和老师坚信每个人都有或高或低的智力,并且智力是不会改变或发展的。另一种更受欢迎的内隐理论则认为,智力是一种能够经由训练得以发展的认知能力。持这种观点的学生不惧怕有挑战性的学习任务。他们希望通过学习来提高自己的智力和知识水平。学习性任务只会导致个体的成长,而不会引发失败以及随之而来的负面情绪。这种态度对学习的内部动机具有积极的影响。

6. 学生的内部动机

学习动机是由内部动机和外部动机组成的整体。当学生认为学习和表现本身就是目的时,那么他们就是受内部动机所驱动的。当学生活动的目的是为了追逐那些与学习本身无关的物质奖励或其他奖励时,他们就是受外部动机所驱动。在这种情况下,学习好,在测验和考试中表现好不过是赢得这些奖励的工具性手段。然而,父母和教师经常用这种奖励来激励儿童。外部奖励对行为的影响主要是由学习心理学来研究的(例如斯金纳的操作性条件反射)。有关学生动机的研究主要关注的就是内部动机的不同类型(Malone and Lepper 1987),甚至忽视了外部动机(在工作动机的研究中,对外部动机的关注就更少了)。教育心理学主观认为,与学生的内部动机相比,外部动机毫不重要,但是,事实上却并非如此。大多数学生,甚至是那些有很强的内部动机的学生,外部奖励和目标对他们也有很强的激励作用。

6.1 好奇心

好奇心或求知欲可能是内部学习动机中最典型的一种。有适当差异、复杂性或新异性的信息能够激发起认识和理解智力问题的欲望。熟悉的或者简单的信息只会让人感到厌烦和枯燥。但是过于复杂或者全新的学习任务则会引起焦虑和退缩。年幼儿童对知识和信息的需求是非常强烈的,但是随着年龄增长这种需求似乎在逐渐减弱。在小学毕业或者刚升入中学的许多学生(大约 12 岁左右)中,这种需求很低,尤其是对正规教育所提供的认知问题和信息。是什么原因导致了内部好奇心的下降,目前还不明确。一种观点认为在教育系统中经常使用外部奖赏可能是非常重要的原因(参阅本词条的第 7 节)。

教师自己对所教学科的内部兴趣以及教师呈

现和介绍该学科的方式对学生的学习兴趣有很强的影响力。从动机的观点来看,对学生自私自利或者扰乱班级的行为施加额外的阅读、写作或者数学家庭作业作为惩罚,这种方式是非常需要反对的,因为它实际上会非常清楚地告诉学生,阅读、写作或做数学这些活动根本就是毫无趣味的。因为根据定义可知,惩罚就是一种不愉快的体验或者活动。

6.2 能力和效率

在解决挑战性任务时,对胜任感,或者说对自己能够有力有效地解决问题的需求是与学校活动相关的另外一种内部动机类型。"自我效能感"(感觉"我擅长于此"或者"我能够做这件事")本身就具有激励性(Bandura 1986)。一般而言,人们喜欢做他们能够胜任的事情(通常他们也擅长做自己喜欢做的事情)。当学生期望能够掌握一个任务时,他们就会受到激励并投入大量的努力。这就是为什么挑战性任务具有更强的激励性。并不是太简单或者太难的任务就不能够激发动机,而是在这种任务中,个体对于是否会感觉到自己有能力和效率不抱期望。对于简单任务中的成功,个体不会将其归因于能力,而会归因于难度太低。当任务太困难时,人们对成功根本就不抱期望,因此遭遇失败和无力感的可能性就会特别高。当表现良好并由此获得了积极的反馈,学生才会产生胜任感(Weinert 1978)。只有当学生在学习或成就性任务中的表现水平达到甚至超出了他们的期望值或者努力寻求的目标,并且把结果归因于能力/努力等内部因素,这样学生才会体验到成功。因此,在评估学习结果时,我们更应当鼓励学生使用个体标准(例如,比自己以前的表现好)而不是社会标准(例如,其他学生的表现水平),这样做会让学生更容易得到积极的反馈。当采用个体标准时,任何一个学习任务或成就性任务对班级中所有的学生,无论其认知能力水平的高低,都是具有挑战性的。此外,能力较差的学生也能够体验到在能力和知识上的成长,这将会激励他们的胜任感,继而提高其内部动机。学生必须学会为自己设立现实的学习目标和成就目标。过高或者过低的目标都是不现实的,不会产生激励作用。

内部动机的类型与成就动机(即所谓的寻求成功的动机)中的积极性成分密切相关(Atkinson 1983)。阿特金森的成就动机理论认为,对于成功定向的个体来说,中等难度的成就性任务(即成功几率大约在50%左右)对其具有最大的激励作用。因为对中等难度的任务而言,成功的概率(PS)与成功的激励性价值(1 - PS)的乘积是最大的。

对求知欲、能力和效率的需求以及成就动机的初步研究表明,这几种内部动机在智力水平比较均匀的班级最容易被激发。由此推知,面对这样的学生群体,教师可以设置与学生已经了解的内容有适当差距且对所有学生来说难度适宜的学习任务和成就性任务。然而,对比较同质班级和异质班级的动机和行为效应的研究进行元分析,研究者发现,这种推论并不总是成立的,尤其对能力差的学生群体来说,这种推论就是不成立的(Slavin 1990)。另一种替代性的方法就是尽可能地设置个性化的目标。家长在评论孩子的学校成绩时使用这种方法是很容易的。然而,教师在班里学生众多且学生差异明显的情况下,要这么做却是很不容易的。在这种情况下,计算机辅助学习是非常有帮助的。这样学生就能够在掌握了前一个难度水平的任务之后再推进到下一个难度水平。这就意味着,学生都会得到同样多的积极反馈,虽然不是在相同的时间段内。有计算机辅助学习过程中,能力差的学生也能够从正确地解决认知问题中获得良好的感觉。而这种感觉又会激励学生。相反,在许多现实的班级中,学生在尚未掌握先前难度较小的任务之前就不得不推进到更困难的任务中。

6.3 成就动机和考试焦虑

对教育环境中的成就动机的研究探讨了努力寻求成功的积极性动机和避免失败的消极性动机(如考试焦虑)。有些研究者考察了个体在不同难度水平成就任务中的表现以及在坚持性上的个体差异与个体成就动机强度的差异,或者是个体寻求成功的动机与避免失败的动机的差值的关系(Atkinson 1983)。结果性的成就动机只是个体面对任务的各种动机中的一部分,除此之外,还有其他一些内部动机和外部动机的来源。

关于考试焦虑,研究的重点已经集中到解释考试焦虑对任务表现的消极影响过程上。探讨焦虑中认知成分(烦恼)和情绪成分(情绪化)差异的研究表明,考试焦虑的破坏作用主要是来自烦恼对认知的干扰。通过过程分析,研究者已经揭示出处理考试焦虑的应对方法以及避免它产生不良后果的方法。然而,这类研究并没有考虑个体对成就需要上的差异或者在积极性成就动机上的个体差异。研究表明,综合考虑考试焦虑和成就动机对变异的解释率大于仅考虑考试焦虑(或者成就动机)。高考试焦虑低成就需要的学生与高考试焦虑高成就需要的学生是不同的。后者较少受高考试焦虑的折磨,同时也表现得更好一些,因为他们的结果性成就动机比前者更高(Rand et al. 1991)。

6.4 控制和自主

另外一种类型的内部动机与控制和自主概念有关。人类总是希望控制周围环境以及自己行为的结果。他们希望掌握自己的命运。缺少控制或者选择会使人失去动力。如果个体觉得自己是受外力推动的傀儡,他就不会有动力(DeCharms 1984)。在班级传统的学习环境,学生不太可能有机会体验到控制和自主的感受:教师决定着学生必须在什么时间做什么,儿童几乎别无选择。对很多学生来说,这与他们在校外的体验大相径庭,因为,在校外,他们可以享有充分的自主权。

7. 归因理论

学生会自发地试图解释他们行为的结果,尤其是遇到预料之外的结果时,他们会问:"为什么我会失败?"或者"为什么我的数学学得那么好?"他们会寻找原因(即因果性归因),比如"我失败是因为考试太难了",或者"我学得好是因为我擅长数学"。当然,这些解释并不总是理性的。学生也可能由于自我防卫或者自我提高而出现归因偏差,把成功归因于自身而将失败归因于外部因素。在教育领域对韦纳因果归因理论的研究表明(Weiner 1986),学生对成败的因果解释会影响他们对结果的情绪反应,他们对今后成功和失败的预期以及他们进一步的动机。

7.1 原因的维度

可以用各种因素来解释成功和失败。韦纳发展了一种三维分类法。第一个维度关注的是原因的控制点:分为内部与外部。它反映了个体感知或者期望原因是来自个体内部(例如能力、努力)还是外部因素(如运气、难度、他人的帮助)。第二个维度涉及时间的稳定性:分为稳定与不稳定。某些原因是不稳定的(例如运气、努力),它们可能一度存在并影响结果,但是在下一次从事同样(或同类型)的任务时可能就消失了。有些原因则具有跨时间的稳定性(例如能力、任务难度)。第三个维度区分了可控性原因与不可控原因,但是原因由谁控制?是由我自己控制还是任何人都可以控制?值得进一步区分。韦纳(Weiner 1986 P. 50)倾向于以"任何人都可以控制"作为可控性的定义。然而,多数的研究者更倾向于用"由我自己控制"来界定可控性。一个学生可能会认为教师的心情对他们的成绩有很重要的影响,但是,教师的心情是由教师自己控制的,学生无法控制。因此,在韦纳看来,教师的心情就是影响成绩好坏的一个可控性因素。

但是从动机的角度来看,我们最好把教师的心情看成是一个不可控因素。因为只有个体自己所能控制的可控性因素才具有动力性。1978 年,亚伯拉罕松等人提出了与动机有关的第四个维度,即普遍性维度。也就是说,原因可以是普遍性的,也可能是特异性的。普遍性的因素对大量任务的成败都有重要影响,而特异性原因只对特定任务的结果有影响。例如,比起有关第二语言的知识,一般智力就是一个影响认知任务成败的非常重要的普遍性因素。

个体对成功与失败的因果归因都会对其认知、情绪和动机产生后续的影响。究竟会产生何种影响,个体所感知到的原因在客观上是外部原因还是内部原因,是稳定的还是不稳定的,是可控的还是不可控的,是普遍性的还是特异性的都不重要,最重要的是个体主观上认为这些原因是外部原因还是内部原因,是稳定的还是不稳定的,是可控的还是不可控的,是普遍性的还是特异性的。

7.2 归因后果

对成功和失败的情绪反应取决于结果和控制点的类型。成功会唤醒积极的情感,失败则引发消极的感受。与成功和失败相关的情绪(骄傲和羞耻)总是在对成功或失败进行内部归因的基础上产生。然而,其他的情绪反应在外部归因之后也可能产生,比如:将成功归因于他人的帮助可能引发感激的情绪,将失败归咎于他人则可能会导致愤怒。

对原因是稳定还是不稳定的认识会影响个体今后对结果的期望。将一个结果(成功或者失败)归因于不稳定的因素之后,个体就会预测下次的结果与先前的结果既可能不同也可能相同。如果将结果归因于一个稳定的因素,通常个体就认为结果会重复或者出现同样结果的可能性会提高,比如:把成功归因于稳定的因素,个体就会期望下次还会成功,并在主观上认为下一次成功的可能性会比上一次还要高。从动机的角度来看,把成功归因于内部的、稳定的因素,把失败归因于外部的、不稳定的因素是比较理想的。如果个体把成功和失败归因到自己能够控制的因素上去,他就能够受到激励。总之,因果归因理论提供了一种概念框架,便于我们通过改变学生解释成败的认知过程来影响学生的动机。

8. 学生的外部动机

我们经常用外部的奖赏和激励来提高学生的动机水平。对那些没有任何内部兴趣的学生来说,外部奖励甚至是他们学习的唯一原因。但是,初步的实验研究已经表明,如果对学生本来就有内部动机的活动,提供与学习和成就性任务的本质无关的优厚而明显的外部奖励反而会削弱学生在学校中要学好或表现好的内部动机。之所以如此,是因为外部的奖励使他们把原因的控制点从内部转移到了外部。那些只是受内部动机驱动的学生会认为对所学科目的兴趣是他们学习这门学科的唯一的也是最重要的原因。一旦他们不断受到外部的奖励(无论是物质的还是非物质的),他们逐渐会把这些奖励看成是学习的外部原因。于是,控制其学习行为的就不再是内部兴趣而是外部奖励了,内部兴趣也就消失了(Lepper and Greene 1978)。例如,在解决本身就非常有趣的拼图问题时,实验组的被试会得到奖金,控制组的被试没有报酬,面对额外的拼图问题(没有报酬的),实验组就不如控制组有动力。起初,被试解决拼图问题是因为这样做很有意思。一旦他们得到了外部奖励,这时奖励而不是兴趣就成为他们这么做的原因或动力。由此可知,很多高年级学生内部动机水平低,一部分原因可能就是当他们在学校表现好或考了高分后所得到的外部奖励削弱了他们的内部动机。

不过,在给予外部奖励时,如果它的信息特点比其操纵特点更突出,那么,这样的外部奖励并不会对内部动机产生负面影响。也就是说,要注意提供外部奖励的方式,应当向学生表明在任务中表现得有多好才能够得到这样的奖励。可以通过将奖励的数量和质量与良好表现水平对应,或者采用与任务的内容或类型一致的奖励,向学生清楚地表明这个意思。这样的奖励会增强学生的胜任感能力和内部动机(Deci and Ryan 1985)。然而,这种在20世纪70年代由德西(Deci)和他的同事们开创的重要的实验研究和理论工作,其生态效度还需要在真实的班级系统通过更多的实验研究来检验。

对学习的外部激励可以是及时给予的,也可以是延迟给予的。很多学生在学业中都能够被自己设定的远大目标所激励。这表明他们是面向未来的。对他们来说,成功的校园生活对其获得成功的生活,以及在特定的职业生涯中取得成功有十分重要的工具价值。精心设计长远、严密而细致的,包含了有挑战性的具体阶段目标和终极目标的行为计划和方案,以此来创造自己的未来前景,这样做对个体早年的动机有十分积极的影响(Lens 1987, Raynor and Entin 1982, Van Calster et al. 1987)。

9. 结论

对学生动机的各种研究反映了动机现象的复杂性,它包含了很多方面的相互作用,而每个方面又可以从不同的角度进行研究。正因为如此,所以目前还没有全面的学习动机理论,而只有部分研究方法或者“微型理论”。由此也可以理解,为什么心理学家无法针对特定班级或者学习环境中个别学生具体的动机问题提供“量身订制”的解决方案。

不过,研究动机的方法之间的差异性并不像表面上看起来那么大。几乎所有理论模式都强调个体认知或者感知(例如,对自己能力和效率的感受,对成功和失败概率的主观认识,对成败原因的控制点、稳定性和可控性的认识等)对动机的重要影响。由此可以预见,日后即将发展的新的理论也将整合这些共同因素,班杜拉(Bandura 1986)提出的"自我效能感"概念即是如此。"自我效能感"认知对动机和行为的影响已经得到了很好的研究。而个人和环境方面的决定因素或先行因素还需要更多的研究。而对个人或环境因素的研究则为开发更多的预防或治疗学习环境中动机问题的实际培训方案奠定了基础。

关于学习动机的很多研究都强调内部动机。教育心理学中的动机研究则应该多关注学习的外部动机的重要作用,以及它与不同类型的内部动机的相互作用。

W. 朗斯(W. Lens) 著
刘金玲 陈 晶 译

附录

Abramson L Y, Seligman M E P, Teasbale J D 1978 Learned helplessness in humans: Critique and reformulation. *J. Abnorm. Psychol.* 87:49—74

Atkinson J W 1978 Motivational determinants of intellective performance and cumulative achievement. In: Atkinson J W, Raynor J O 1978 *Personality, Motivation and Achievement.* Hemisphere, Washington, DC

Atkinson J W 1983 *Personality, Motivation and Action.* Praeger, New York

Atkinson J W, Birch D 1970 *The Dynamics of Action.* Wiley, New York

Bandura A 1986 *Social Foundations of Thought and Action: A Social Cognitive Theory.* Prentice-Hall, Englewood Cliffs, New Jersey

DeCharms R 1984 Motivation enhancement in educational settings. In: Ames R E, Ames C (eds.) 1984

Deci E L, Ryan R M 1985 *Intrinsic Motivation and Self Determination in Human Behavior.* Plenum Press, New York

Dweck C S 1989 Motivation. In: Lesgold A, Glaser R (eds.) 1989 *Foundations for a Psychology of Education.* Erlbaum, Hillsdale, New Jersey

Halisch F, Kuhl J, Heckhausen H (eds.) 1987 *Motivation, Intention and Volition.* Springer-Verlag, Berlin

Kuhl J 1986 Motivation and information processing: A new look at decision making, dynamic change, and action control. In: Sorrentino R M, Higgins E T (eds.) 1986 *Handbook of Motivation and Cognition: Foundations of Social Bahavior*, Vol. 1. Wiley, New York

Lens W 1987 Future time perspective, motivation, and school performance. In: De Corte E, Lodewijks H, Parmentier R, Span P (eds.) 1987 *Learning and Instruction: European Research in an International Context*, Vol. 1. Leuven University Press, Leuven

Lepper M R, Greene D (eds.) 1978 *The Hidden Costs of Reward.* Erlbaum, Hillsdale, New Jersey

Malone T W, Lepper M R 1987 Making learning fun: A taxonomy of intrinsic motivations for learning. In: Snow R E, Farr M J (eds.) 1987 *Aptitude, Learning, and Instruction. 3: Conative and Affective Process Analyses.* Erlbaum, Hillsdale, New Jersey

Rand P, Lens W, Decock B 1991 Negative motivation is half the story: achievement motivation combines positive and negative motivation. *Scand. J. Educ. Res.* 35: 13—30

Raynor J O, Entin E E 1982 *Motivation, Career Striving, and Aging.* Hemisphere, Washington, DC

Rollett B A 1987 Effort avoidance and learning. In: De Corte E, Lodewijks H, Parmentier R, Span P (eds.) 1987 *Learning and Instruction: European Research in an International Context*, Vol. 1. Leuven University Press, Leuven

Salomon G, Globerson T 1987 Skill may not be enough: The role of mindfulness in learning and transfer. *Int. J. Educ. Res.* 11:623—637

Slavin R E 1990 Achievement effects of ability grouping in secondary schools: A best-evidence synthesis. *Rev. Educ. Res.* 60:471—499

Snow R E 1989 Cognitive-conative aptitude interactions in learning. In:Kanfer R,Ackerman P L,Cudeck R (eds.) 1989 *Abilities, Motivation, and Methodology*. Erlbaum,Hillsdale,New Jersey

Snow R E,Swanson J 1992 Instructional psychology: Aptitude,adaptation,and assessment. *Annu. Rev. Psychol.* 43:583—626

Van Calster K,Lens W,Nuttin J 1987 Affective attitude toward the personal future:Impact on motivation in high school boys. *Am. J. Psychol.* 100:1—13

Weiner B 1986 *An Attributional Theory of Motivation and Emotion*. Springer-Verlag,New York

Weinert F E 1987 Metacognition and motivation as determinants of effective learning and understanding. In: Weinert F E,Kluwe R H (eds.) 1987 *Metacognition, Motivation, and Understanding*. Erlbaum, Hillsdale, New Jersey

其他参考文献

Ames R E,Ames C (eds.) 1984 *Research on Motivation in Education. Vol. 1:Student Motivation*. Academic Press,Orlando,Florida

Ames C, Ames R E (eds.) 1985 *Research on Motivation in Education. Vol. 2: The Classroom Milieu*. Academic Press,Orlando,Florida

Ames C,Ames R E (eds.) 1989 *Research on Motivation in Education. Vol. 3: Goals and Cognition*. Academic Press,Orlando,Florida

Hastings N,Schwieso J (eds.) 1987 *New Directions in Educational Psychology. 2: Behaviour and Motivation in the Classroom*. Falmer Press,London

Stipek D J 1988 *Motivation to Learn: From Theory to Practice*. Prentice-Hall,Englewood Cliffs,New Jersey

知觉和学习(Perception and Learning)

知觉——即通过感知觉来获得有关周围环境的信息,这对于调节行为以适应外部环境的变化来说是必不可少的,而且,人们所学的许多东西都是通过感觉获得的,如果一个人不能看、不能听、不能尝、不能闻,没有任何感觉,那他根本不可能学会任何东西。作为一种心理现象,知觉是一个重要的“信息输入系统”,它使有机体的学习得以进行,本词条将为人们理解知觉的这些特点提供必要的背景知识。我们将用较多的篇幅详细讨论知觉与学习的联系,而不是知觉学习本身(比如,在一些知觉测验,如辨别测验中,因练习产生的感知能力的进步等)。本词条将集中讨论视知觉,因为迄今为止人们对视知觉研究得最多,我们将介绍两个相互对立的理论观点,并对物体再认和眼动等具体问题作简要论述。

1. 作为心理现象的知觉

注视和观看是人类在出生后不久就能自如进行的活动,并且人在一生中会持续不断地从事这一活动。在一般人看来,视知觉方面的问题似乎仅仅是一些生理问题(如近视、色盲、失明),所以,看到有这么多的心理学研究在探讨视知觉并提出众多的心理学理论力图揭示其实质,我们首先可能会感到奇怪,但是,随着进一步的了解,我们就会明白其中的缘由,因为虽然注视和观看貌似简单,但要解释其活动机制却是困难的。

我们可以结合解剖学和心理学两个方面来描述视觉的加工过程。人类的眼球是由瞳孔、晶状体、视网膜等部分构成,此外,我们还有中枢神经系统,在中枢神经系统中有专门接受光线刺激的神经细胞(即感受器)、神经元、将神经冲动传递到大脑的神经通道。大脑本身也是由许多部分组成的,每一个部分都负责处理输入刺激的某个方面(如颜色、形状、运动)。当然,我们也可以用另一种完全不同的方式来解释神经系统的功能,我们可以把这一过程看作是信息加工的过程,来自外界的光线包含着各种信息,这些信息传递到中枢,通过中枢的加工处理而获得意义。在光线的输入与意义的输出过程中包含了许多步骤,这些步骤不只是生理现象,从某种意义上来说也是心理现象。

再认就是一个典型的心理过程。在识别某一物体或一个人时,首先我们要对其进行描述,并将它保存在记忆中的某一地方。它究竟看起来像什么,这是一个连续不断地将所看到的映像与记忆中已有的形象相比较的过程,如果大脑能将它们相匹配,这一物体就被再认,当然,看到一个物体却没看出它是什么,这在理论上也是可能的,所以,我们需要对"看到"和"看见"进行区分,这不仅是一个术语的问题。我们不妨试想这样一种情况,夜里一个人在乡间迷了路,也许他会在绝望中仰望星空,注视繁星,假设他正巧看到了北极星,这会对他有所帮助,如果他只看到了星星而不认识北极星的话(不了解北极星的明亮程度和位置),那么北极星对他就是毫无意义的。

证明"看到"和"看见"不同的另一个证据来自眼球的运动。由于人类视网膜的中心才是最敏感的,最能分辨出细节,人们只有在每秒中使眼睛不断运动才能捕捉到新的信息。眼动(扫描)的顺序并不是漫无目的地扫视视野中的不同部分,相反,这一扫描过程是非常系统化的,它会根据刺激物本身的特点而变化,同时也是观察者自己的兴趣和策略的产物。有时注意力会自动地指向某一位置,这一位置对生存是至关重要的(比如横穿马路的时候)。总之,最近的研究揭示出"看到"和"看见"过程在心理的多个方面(如记忆、理解、信息加工过程、兴趣、注意等等)都有所不同,知觉心理学就是致力于研究这些过程的心理学分支。

在科学心理学产生的初期(1880~1950),视觉经常是被研究的对象,虽然研究者们在同一框架下工作,但也会产生理论上的分歧,例如,关于"基础构成元素"(如点和线)的重要性问题,"元素论者"认为整体知觉是由不同元素的特性结合而成(比如,红三角形是由颜色和形状两方面的要素构成),这些基本元素甚至是由更为基本的成分组成的(比如,三角形这一形状是由具有特定位置和相关角度的三条有方向性的线段组成)。与之不同的是"格式塔心理学家",他们认为整体大于其各个部分的总和,有时人们对输入刺激整体的加工要比对其构成部分的加工快得多。直到最近一段时间,知觉心理学的研究领域才有了较大的进展,因为对视觉现象的研究出现了两种完全不同的研究思路,我们可将其区分为两种不同的理论:一是认知的(或"间接"的)理论,另一个是生态学的(或"直接"的)理论。

2. 用认知的(或"间接"的)方法研究视知觉

所有认知主义的知觉理论都隐含着这样一个基本认识,即,知觉是一个复杂的过程,这一过程要丰富和完善所获得的刺激,这样才能使"输出"的信息富有意义。视觉将三维世界中的各种物体、场景、事件连续不断地转化为视网膜上的不同影像(如同拍摄快照一般),不过视网膜上的影像都是倒置的二维图像,因此在"输入"和"输出"之间,知觉者需要加入许多知识使图像变成三维的形象或者将不同的图像整合成为一体,从而获得对外界连续而完整的印象。由此看来,知觉并不是对刺激的直接反应,而是要通过一系列中间过程来丰富和完善信息,所以认知主义的这种研究思路又被称为"间接"的方法。当然,认知主义的知觉心理学家最感兴趣的还是探讨知觉者的记忆、预期、推理及其一般性知识和特殊性知识对知觉过程的影响。

比如,可用"大小恒常性"为例来了解这种研究倾向。所谓"大小恒常性"是指一个物体总是被知觉为同样的大小,尽管这一物体由于观看距离的不同在视网膜上的成像会有不同的大小。认知心理学家认为,大小恒常性的产生是由于知觉者能够根据网膜成像的大小和物体距离的微妙信息(透视或视网膜像的不同)来"计算"物体的真正大小,这好像是知觉者无意识地解决了一个数学难题从而获得了大小的恒常。有时关于一个物体的特别信息对"恒常"是有帮助的,例如,一个人能看出他所看到的物体是一只大象(比如,看到的大象是以卡车为背景的),他就能够知道它会有多大,而且知道它肯定比在视网膜上投影大的某些物体要大(比如,一只老鼠在图像的突出位置而大象在背景位置)。

某些理论甚至沿着这一思路走得更远一些,这些理论把知觉看成是"解决问题"或"检验假设"的过程。假如面对某物体的特定要素,知觉者就自动而快速地产生该物体是什么的假设(比如,看到一个直角就推测它会是一把椅子)并尝试将储存在大脑中的相关形象与在视网膜上的成像相对照,如果不相匹配(比如,这个物体虽然有直角但没有靠背),那就再提出一个新的假设来进行检验,直到物体被识别为止。因此,可以说用这种认知方法研究知觉的心理学家其实是在研究眼睛的智慧(Gregory 1970)或知觉的逻辑(Rock 1983)。

这种研究方法有一个突出特点,即研究者通常是在一定限制条件中呈现刺激而干扰对其识别情况下研究人如何知觉。在这些研究中常用的实验装置包括用来简略而快速地呈现图像的速视仪,可以缩小视野的屏幕,以及防止眼球运动的头套和脖套。所有这些设施都是用来限制知觉者对刺激信息的获取,以使他们在知觉中的主动加工凸显出来。

这类研究的另一个重要"研究工具"就是视错觉,即知觉者所看到的图像与实际的事物不相一致,例如,在潘佐错觉中(如图1所示),尽管线段A、B实际上是等长的,但是看起来却是线段A要比线段B长。这些错觉是由于知觉者在解释刺激信息时加入了自己的理解而造成的,比如,这种潘佐错觉的出现就是因为知觉者自动地加上了深度因素,根据距离来测算线段长短(即,把图中的斜线看成是伸向了远方的铁轨)从而导致了对两条线段长度知觉的错误。在认知学派看来,这种知觉上的偶然失误并不是什么奇怪的现象,毕竟,对刺激信息的意义进行解释,这对知觉者的认识和推理能力都是一个巨大的挑战,如果一开始知觉者所面对的就是不够充分的刺激信息,那么这种挑战就更为明显了。

3. 生态学的(或"直接"的)方法

20世纪70年代以前,认知主义的研究思路在知觉理论的研究体系中一直处于主导地位,这一状况随着吉布森(Gibson 1979)的研究而发生了改变。吉布森认为认知主义观点只能用于解释在实验室条件下人们对于出现在其中的陌生事物的知觉,而不能说明人或动物在其日常生存环境中对事物的知觉过程。他还强调知觉理论所要做的不是去解释为什么有时我们的知觉会出现错误(即错觉的产生),而应当解释为什么我们能够正确地知觉从而为我们的适应性行为奠定了坚实的基础。吉布森认为,事实上,人们根本没有意识到知觉是一个非常重要的问题,它是人类能力的一个表现。

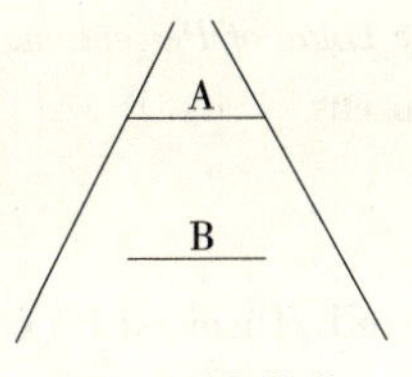

图1 潘佐错觉

在日常条件下,知觉者所获得的信息远远大于认知方法所假定的那些信息。一个物体常常不是独立于它所处的背景结构(如卵石、沙子、瓷器)之外,而是置身其中并由此为我们提供有关物体距离和相对大小的信息。当我们观察物体的距离改变时,它在视网膜上的成像大小也会发生改变,但是一些更高层次的关系却是保持不变的,例如,一个物体所处背景的结构要素的数量是不随观察距离的改变而变化的。

在变化条件下的恒常性是一个重要的信息源,因为运动是有规律的。例如,一个人开汽车的时候,他总看到在视野近处的一系列物体都朝相反的方向运动,这种所谓"视觉流"的方向为我们提供了物体运动方向的信息;视觉流中物体运动的相对速度为我们提供了有关物体距离的信息(比如,物体移动速度越慢就意味着距离我们越远);视野中看似静止不动的点则代表了我们运动所朝向的方向,这个点在视野中扩大的速率为我们提供了有关运动速度的信息。低等动物都会运用这些信息(如鸟窜入水中抓鱼),这一事实说明有机体在完成知觉中的复杂推理时并不需要借助高深的知识或能力。只是人的视觉系统在进化过程中已形成了一种特别的能力,即对这种信息特别敏感。基于这些观察,吉布森得出了这样一个结论:知觉并不像认知或"间接"理论所假定的那样是一个运用知识、记忆和推理来丰富有限信息的过程,在知觉者的日常生活环境中,刺激本身就包含了丰富的信息,知觉就是知觉者"直接"摄取这些信息的过程。

用"生态学方法"(Gibson 1979)研究知觉的主要的任务就是揭示在特定的知觉任务中各种信息的可能来源。为实现这些目标,就必须摒弃知觉理论简单地认为光线只是刺激视网膜上特定部位的经典看法,需要运用"生态光学"来分析反射光所刺激的网膜细胞的复杂的排列结构。对人的运动模式知觉的生态学研究(Johansson 1950)清楚地向我们展示了静止的点状刺激与动态、复杂的信息的主要区别。比如,一个身穿黑色衣服的表演者呆在暗处,他身上的重要关节(颈、肩、肘、腕、臀、膝、踝)在光线照射下成为黑色背景下的一系列光点。如果表演者保持静止的姿势,我们除了能看到一系列杂乱无章的点的集合以外,什么也看不出来。然而,一旦表演者运动起来(走、跑、跳舞、爬楼梯等),那我们立即就可以将各光点清楚地与人的身体联系在一起,并能看出他在做什么动作。这一例子清楚地表明了关键的刺激信息并不是孤立的、静止的光点,而是包含在光线之间复杂的空间关系及其随时间而变化的特定模式中。从下面的事例中,我们可以感受到视觉信息对于时空关系的敏感性是显而易见的,比如要区分男人和女人的走路姿势非常容易,估计一只手提箱的重量也不困难,拎一口沉重的箱子与假装的拎重物的动作之间的差异也很容易识别,所有这一切都依靠对人体关节部位的整体运动关系的知觉。

生态学研究方法的另一个重要特点就是把知觉放在与行为的功能关系中进行研究。例如,当我们看到一个物体时首先想到的是它的功能——我们能用它做什么。认知理论将物体再认看作是将视网膜图像与先前储存在头脑中的图像相匹配的过程,目前看来这种描述是站不住脚的,因为要依次检索视觉记忆中的所有内容是非常困难的,但事实上,一个人常常能很快地说出他以前是否见过某一特定物体。此外,当我们看到一个物体时很可能立刻就想到与之相联系的行为,这可能意味着对复杂关系有专门的视觉加工。例如,当一个人看到一把椅子时,他并不是根据视网膜上的图像来重新构建椅子的形象并从他所知的物体目录中搜寻与之相应的词汇,而是马上就会意识到这是一个能够坐的东西。物体的这种功能特点被吉布森(1979)称为"适宜性"。实证研究,特别是考察婴儿再认物体或运用工具的研究表明,物体看起来所具有的功能与其真实的功能确实是相关的。比如,当会爬的婴儿面对各式各样的梯子时,他们总是会依据阶梯的高度和他们腿长的关系去选择那些他们最容易攀爬的梯子。

4. 总结

知觉心理学自20世纪50年代以来发展非常迅速,现已成为心理学领域最为活跃的分支之一。由于不同研究方法的互补,研究方法的多样性就成了知觉领域的一个主要优势。认知的或"间接"的方法促进了对严格控制实验条件下的知觉恒常性和视觉错觉等现象进行的细致的研究。然而,这种研究方法的不足就在于有多少个研究者就有多少种理论,因为每一个研究者对诸如记忆、预期、假设—验证、问题解决等特定的中介过程都有自己的认识。与之相对的生态学方法却显示出对运动中的观察者来说现实世界的信息是非常丰富的,在生态学方法中,一个颇有吸引力的观点就是变化中的稳定性是物体在特定情况和事件条件下的恒常性。但是,如果就如生态学方法所认为的在知觉过程中有一些特定的信息来源,那么,它就还应当阐明我们是如何使用这些信息的,毕竟只笼统地将知觉称作是一个直接的摄取过程还不能令人满意。当然,很明显,我们还需要大量的研究才能够理解知觉过程,才能够了解知觉作为学习的一个信息输入系统是如何发挥作用的。

J. 瓦格曼斯(J. Wagemans) 著
伊 凡 陈 晶 译

附录

Gibson J J 1979 *The Ecological Approach to Visual Perception*. Houghton Mifflin, Boston, Massachusetts

Gregory R L 1970 *The Intelligent Eye*. Weidenfeld and Nicholson, New York

Johansson G 1950 *Configurations in Event Perception*. Almqvist and Wiksell, Uppsala

Rock I 1983 *The Logic of Perception*. MIT Press, Cambridge, Massachusetts

其他参考文献

Boff K R, Kaufman L, Thomas J P (eds.) 1986 *Handbook of Perception and Human Performance*, 2 vols.

Wiley, New York

Bruce V, Green P R 1990 *Visual Perception: Physiology, Psychology, and Ecology*, 2nd edn. Erlbaum, Hillsdale, New Jersey

Humphreys G W, Bruce V 1989 *Visual Cognition: Computational, Experimental, and Neuropsychological Approaches*. Erlbaum, Hillsdale, New Jersey

Wade N J, Swanston M 1991 *Visual Perception: An Introduction*. Routledge, London

前科学概念和错误概念(Preconceptions and Misconceptions)

教育要考虑学生们接受教育以前已有的知识水平,这是一个古老的教育格言。奥苏贝尔(Ausuble 1968 P. 6)则用下面这段话表达了与之相似的观点,即:“影响学习的一个最重要的因素是学习者已经知道了什么,确定学生已有的知识再据此进行教学。”从此以后,这一格言就成为研究前概念在阅读、写作、教学、科学等领域的重要意义的重要依据。尽管教育者目前对于学生在各个学术和非学术领域所拥有的前概念知识以及怎样在教学中与这些知识互动已经有了许多好的想法,但是,学生的前概念通常与所教的概念是相对立的,而且研究表明这些已有的概念在教学中很难发生改变。这些研究发现向我们揭示了一个令人失望的局面,也就是说教学常常不能使学生放弃原有的知识、观念而形成我们期望他们具备的知识。这一结果对教学的理论和实践都提出了挑战,促使我们重新评定教学目标、设计新的教学计划。

本词条综述了:(a)有关学生前概念的一些实证研究成果;(b)克服与前概念相关联的学习困难的新方法。由于这方面的研究主要是在科学和数学教育领域进行的,所以我们的综述也主要聚焦在这两个领域。

1. 前科学概念和错误概念

在本词条中“概念”一词意指对外部世界或理论领域的某些特点的心理表征。前概念(即学生在学习这些概念之前已有的概念)可以分成两种:前科学概念和错误概念。前科学概念是指那些在日常生活中由于非正式的经验所导致的结果,而错误概念则是在正式学习中由于误解而形成的。

在我们要综述的研究中,所使用的术语是千差万别的,例如在科学和数学方面,错误概念不仅代表了学生在正式学习前所形成的不正确认识,也意指公众在科学或数学方面所拥有的先入为主的错误认识。一方面在主观上我们认为应当清除错误的概念代之以正确的概念,另一方面却又使用着这些错误概念。持与此相反观点的学者却提出了“替代性框架”一词来说明这一情况,即把学生们的前科学概念看作是他们从自己的角度所理解的概念,在日常生活中,很多时候这些前科学概念是合理、有效的。

1.1 前科学概念的来源

前科学概念形成的原因是多种多样的,首先,语言就是一个非常重要的来源。语言中涉及各种对事物的看法,其中有一些用我们现有的知识来看是过时的,这自然会引起人们的误解。“太阳升起来”这一句话说的是太阳在天空中运动的景象,而不是以我们“现代”的观点所说的地球围绕太阳旋转这一现象。语言还为我们提供了许多思维的图式(比如,因果关系的思维图式),这些图式对于我们理解生活中的常见情况是非常有益的,但是当我们将它们用于一个全新的领域时却可能是完全不适合的。

前科学概念的第二个重要来源是个体与其家庭成员、朋友、其他成人及同伴之间的相互作用。研究表明在这些人际互动中形成的“日常科学”或“日常数学”通常与真正的科学和数学在某些基本原则上是根本对立的。

前科学概念的第三个重要来源是大众传媒。最后,在科学领域里还有一个非常重要的来源:直观印象。许多学生对于热、运动、力、视觉等现象的前科学概念在很大程度上都是来自直观印象和日常生活中的物理作用。

1.2 错误概念的来源

错误概念主要有三个方面的形成原因,它们的产生都是因为教育。首先,实验研究清楚地表明,由于缺乏很好的专业训练以及对某一领域的专业知识并不很熟悉，教师自己也会持有一些错误概念。第二种情况是，教师所持有的错误概念并没有什么明显的原因，有一些案例表明，这样的错误概念之所以被一代又一代地流传下来只是因为它们被认为是理所当然的，所以就未受质疑地被教师们代代相传，被一本又一本书所使用。例如，多年以来在德国一个重要的科学博物馆所展示的牛顿第三定律就完全是错误的。导致错误观念的第三类原因比起前两个来更为微妙，研究向我们展示了一些例子，其中错误概念的形成是由于学生把老师教给他们的概念以自己已有的概念为基础重新进行了解释，所以学生所获得的概念与老师传授给他们的概念完全不同。错误概念在教学过程中是最难以纠正的问题，通常来说，从表面上看，在教学中，教师使用他们认为"正确"的语言，学生也得出了教师认为"正确"的答案，但是实际情况却全然不是如此。

2. 研究的理论观点

在前科学概念和错误概念的研究领域内，有许多研究者从不同角度开展他们各自的研究工作。各个学科的教育者（数学或科学教育者）是其中一支重要的研究力量，还有第二支力量就是从不同角度研究认知科学的人员（包括信息加工理论的研究者和人工智能的研究者）。相应的，不同的研究者在研究中会使用不同的理论观点，不过，皮亚杰（Lawson 1984）和奥苏贝尔的观点（Novak and Gowin 1984）仍然是其中的主流，而且，认知科学及其相关领域也发挥了重要作用。也有研究者采用现象学和解释学的观点，例如，符号互动论（Bauersfeld 1988，Marton 1981）的现象图表研究法，以及早期建构主义者的方法，如凯利（Kelly 1955）的选择性建构理论。一些新的科学哲学（例如库恩的范式演变观）也极大地影响了这个领域的研究角度。

透过各种不同的研究角度，我们可以看出"建构主义的观点"是其共有的特征，尤其是激进建构主义理论（von Glasersfeld 1990），它是影响研究的核心力量。根据建构主义的观点，学习并不是信息的传递或向一个"空的容器"灌输的过程，而是一个以已有的概念（包括前科学概念和错误概念）为基础的积极建构过程。总之，建构主义的观点已成为影响此研究领域的强大力量。

3. 有关学生前科学概念和错误概念的主要研究成果

3.1　*概括性的研究发现*

研究表明学生的前科学概念和错误概念对学生的学习有重要的影响，它们不仅会影响学生掌握课本知识和课堂教学信息的学习动机，而且还会对整个学习过程产生影响。许多前科学概念和错误概念都非常牢固，很难改变。在概念的形成过程中，教学通常只能使学生的已有概念发生非常有限的改变，也就是说教学所要树立的新概念只有一小部分能够被学生接受或被整合到他们已有的知识中去。学生们的前概念不仅仅是一些"模糊的"概念，它们甚至是以惊人的牢固程度存在于学生的头脑中。研究表明新获得概念的应用范围是非常有限的，比如学生在教室之外很少使用被教授的科学概念，甚至根本不用它们。即使在教室中，也仅是当所面临的任务或问题与他们学习这些概念的情境相似或者任务、问题非常简单时，学生才会用到这些概念。一旦问题变得有点难度，大多数学生还是倾向于依赖他们在日常生活中形成的直觉概念而不是被教授的科学概念。

3.2　*科学教育中的实证研究成果*

实验在科学教育的教学过程中占有重要的地位。我们通常理所当然地认为，在实验中，那些在教师看来是显而易见的事物特点，学生自然是可以观察到的。然而，研究却表明学生们的观察在很大程度上受他们所持概念的影响，根本就不存在什么"客观的"观察。在科学课上，教师经常运用证据来揭示学生观念和科学概念的不同，以此证明他们的观念是错误的。但是，却有许多研究发现仅凭一个反例并不足以使学生相信他们的概念是错误的。而且，他们倾向于把出乎他们意料的观察结果看成是特定情境下的特例。

4. 学科领域之外的概念

迄今为止，我们所讨论的前科学概念和错误概念都是属于特定学科领域的(例如科学上的视知觉过程)。对这些涉及“特定内容”的概念的研究开始于20世纪70年代,而且大多数研究是由从事学科教育的人员实施的,这些研究在方法上也很相似。建构主义的观点却提示我们,除了这些学科领域的前概念之外,还有许多其他的前概念在影响着学习。下面将要介绍的就是一些学科领域之外的重要概念。

元认知知识,即对知识的本质特性的认识,就是一个重要但却经常被忽视的概念。学生在理解科学和数学概念方面的困难,在一定程度上就是源于对这种元认知知识的误解。例如,已有的研究表明大多数学生乃至许多教师都是“天真的现实主义者”,他们把科学知识看作是对世界的忠实再现而不是将它们视为人们对世界的暂时解释。

教师和学生对于教学的一般性目标以及对特定教学事件目标的认识通常是不一致的,教师通常会用长远的眼光,将一个教学事件放在由一系列相关事件所组成的结构化过程中加以思考,而学生却表现出缺少这种长远的眼光。比如,学生通常把一个实验看作是与其他事物无关的独立事件以致不能形成恰当的理论支架来指导他们在实验中的观察,就是这方面的一个例证。

在建构主义者看来,元认知是一个关键问题。正是师生对于学习过程的认识决定了他们会如何教以及如何学。有研究考察了教师和学生对学习的看法以及他们实际的教和学,结果发现认为学习就是“灌输”的观点仍然是普遍存在的,仅有为数很少的教师和学生对学习的认识与我们前面所强调的建构主义观念相一致。

从教师这方面来说,还有一个概念是非常重要的,我们可以称其为“对概念的认识”(Marton 1981),也就是说,教师在认识学生的概念时是以教师自己的概念体系为参照的。这个问题对于探讨前概念的研究者也是非常重要的,因为,在这些研究报告中所提到的前科学概念和错误概念其实都是研究者按照自己的概念来认识学生的概念的结果。

5. 误解的类型

珀金斯和西蒙斯(Perkins and Simmons 1988)力图找出是怎样的“认识框架”导致了我们在科学、数学和计算机编程方面的常见错误。而且,他们认为这四个框架(如下所示)对于理解其他领域的错误概念也是有效的。

(a) 内容支架,通常是指属于学科领域的内容(例如事实、定义、规则以及内容取向的元认知知识)。

(b) 解决问题的支架,包括适用于特定领域或普遍性的问题解决策略、解决问题的信心以及在解决问题过程中通过自我调节过程保持自组织状态。

(c) 认识论的支架,包括在特定领域有效的一般原则和策略以及特殊性原则和策略。

(d) 质疑的支架,包括适用于特定领域或普遍性的能够引发对特定领域知识进行挑战或拓展的信念和策略。

珀金斯和西蒙斯令人信服地说明了大多数学习困难是源自于在传统的教学中只片面地强调内容支架一个方面,而很少关注认识论的支架和质疑的支架。对此,他们也提出了一些新的替代方法,这些新方法都涉及上述四个框架。

6. 教学方面的新进展

在教学中,学生会形成语法、拼写、数学方面的“替代性”概念,而这些“替代性”概念在教师看来是根本不能接受的。然而,在科学教育中,形势却有所不同。研究表明,通常教学并不能去掉学生们已有的前科学概念,而代之以一个科学概念。所以,认为学生“替代性”的前科学概念和科学概念可以同时并存的观点得到了大家的默认。按照这一观点,学生应该清楚他们的“替代性”概念在许多日常情景下可能是非常有用的,但在一些需要科学观念的时候却是无能为力的。究竟“替代性”概念是可以接受的还是无法容忍的,关于这一问题的争论仍在继续,不过这些研究成果至少能够提醒我们的教育工作者、教师和教育决策者对自己头脑中一些固有的观念进行反思。

7. 对教学设计的建议

为了解决由于前科学概念和错误概念所造成的学习困难,我们已对学校的教学设计提出了一些建议，并将这些建议付诸实施，同时也对其进行了评价。严格地讲，传统的教学材料需要从根本上进行修改，像课本之类的教学辅助材料我们需要对它们进行重新评价。为了解决学生由于前科学概念和错误概念所引发的学习困难，我们还需要利用新的教学手段，如目前最引人注目的以电脑为基础的媒体（包括互动式的光盘或者电脑辅助下的实验等）来设计教学材料。这些尝试与那些传统的解决方法是不同的，它们会推动新的教学媒体的发展，从而实现建构主义者所提倡的对整体的理解而不是仅通过提供一个例子来改善学习情况。

迄今为止，发展新的教学策略以指导学生摆脱前科学概念和错误概念而形成科学的概念，得到了极大的重视。这些策略可以被划分为两组："概念的发展"和"概念的变化"。概念的发展策略是基于学生接受正规教学之前所形成的某些概念在很大程度上与教学要传授的概念相一致，而且，通过教学，学生前概念中已经具备的合理的概念内核（内涵）会逐渐扩大，也就是说该策略假定学生的前概念可以正常地、不间断地向新的概念过渡。相反，概念的变化策略却认为学习的过程（至少部分的学习过程）并不是一个连续体，也就是说对学生已有概念进行重构是不可避免的。因此，相应的，概念变化策略通常会引发某种程度的认知冲突。

有关学生前概念和错误概念的研究结果表明这些新的教学方法是有效的。古泽蒂和格拉斯（Guzzetti and Glass 1992）对探讨概念转变的研究进行了元分析后得出如下结论，即，那些对学生的前概念和错误概念有冲击的教学安排能够引发某种形式的认知失调。例如，使用提供了反例的课本或上述教学策略的教学（这些课本在介绍一个概念时，不仅提供了符合这个概念定义的正面例证，同时，还提供反例来展示学生前概念或错误概念中的不足或错误之处——译者注）。然而，对学习过程的研究却表明要使学生体验到这些预先安排好的认知失调是相当困难的（如下所述）。

7.1 概念转变的模式

下面所提供的这一模式（Posner et al. 1982）是以信息加工理论和库恩的范式演变观点为基础的。该模式的核心思想由有关概念变化的四个条件构成，这四个条件分别是：(a)对已有观点的不满；(b)新的概念必须是可以理解的；(c)新概念本身是能够自圆其说的；(d)新概念必须是富有成效的。研究证明，对教师来说要创设条件(a)和条件(b)是最为棘手的事，因为要使学生对现存概念感到不满是很难办到的。学生们通常不能也不愿意改变他们已有的观念，因为他们乐于接纳这些概念而看不到新概念的价值。

7.2 建构主义的教学程序

对学生的前概念进行公开的讨论，这是建构主义教学程序中的一个环节（Driver 1989）。这种在教室中的讨论与谈判相似，教师向学生介绍要学习的概念并提供证据来支持它。当学生的前概念与老师所"鼓吹"的概念不一致或学生按照已有观念所做出的预期与实际经验相冲突时，认知冲突的策略就可以发挥非常重要的作用。不过，有研究表明使用这种教学模式会有两个主要的困难：首先，许多学生并不喜欢"摆弄"不同的观念，而是只想学一个正确的观念；其次，学生常常没有体验到教师所认为的冲突，因为在他们自己的概念体系内根本就没有出现冲突。

7.3 发展元认知能力的策略

还有些方法是以发展学生的元认知能力为核心的（Novak and Gowin 1984，Lawson et al. 1989），这些方法并不只局限于发展学生的思维技能，而是要在整体上改变学生对学习的看法。比如，贝尔德和米切尔（Baird and Mitchell 1986）曾经试图使学生形成建构主义的学习观，其核心内容就是认为学习是主动构建知识而不是被动地接受知识。这一研究揭示了使用这种方法的主要障碍就是许多学生不愿意将他们的学习行为变成建构主义所提倡的那种学习方式，因为这种学习方式有太多的要求，在学生们看来，由此付出的额外努力与得到的回报相比是太不值得了。

8. 对已有研究的评述

在整个20世纪80年代的前概念研究中出现了这样一个趋势，即开始更多地关注那些学科领域之外的概念，它也代表了未来研究的发展方向。在这个研究领域中，还有许多问题，比如对特定学科知识本质特性的认识以及对学习过程的基本信念对于学生的学习有何影响等等,仍然有待于进一步的理论分析和调查研究。其次,加强对学习过程的研究也是今后一个重要的研究任务。再有,对学生前概念和错误概念的研究还应进一步扩展到其他学科领域。目前许多研究都是在科学教育和数学教育中开展的,但是,除此之外,像地理、历史、经济等学校课程的重要组成部分也值得研究关注。另外,最后一个也是最为重要的建议就是教师应当熟悉本词条所综述的研究成果,从目前来看,架设联系研究和实践的桥梁才是最为重要的。

R. 杜特(R. Duit) 著

伊 凡 陈 晶 译

附录

Ausubel D 1968 *Educational Psychology: A Cognitive View.* Holt, Rinehart, and Winston, New York

Baird J R, Mitchell I J 1986 *Improving the Quality of Teaching and Learning-An Australian Case Study.* Monash University Printery, Melbourne

Bauersfeld H 1988 Interaction, construction, and knowledge: Alternative perspectives for mathematics education. In: Grouws D A, Cooney T J, Jones D (eds.) 1988 *Perspectives on Research on Effective Mathematics Teaching*, Vol. 1. National Council of Teachers in Mathematics (NCTM), Reston, Virginia

Driver R 1989 Changing conceptions. In: Adey P (ed.) 1989 *Adolescent Development and School Science.* Falmer Press, London

Guzzetti B J, Glass G V 1992 Promoting conceptual change in science: A comparative meta-analysis of instructional interventions from reading education and science education. Paper presented at the annual meeting of the American Educational Research Association, San Francisco, California

Kelly G A 1955 *The Psychology of Personal Constructs*, 2 Vols. Norton, New York

Lawson A E, Abraham M R, Renner J W 1989 *A Theory of Instruction: Using the Learning Cycle to Teach Science Concepts and Thinking Skills.* National Association for Research in Science Teaching (NARST), University of Cincinnati, Cincinnati, Ohio

Marton F 1981 Phenomenography: Describing conceptions of the world around us. *Instructional Science* 10 (2): 177—200

Novak J, Gowin D B 1984 *Learning how to Learn.* Cambridge University Press, Cambridge, Massachusetts

Perkins D N, Simmons R 1988 Patterns of misunderstanding: An integrative model for science, math, and programming. *Rev. Educ. Res.* 58(3): 303—326

Posner G J, Strike K A, Hewson P W, Gertzog W A 1982 Accommodation of a scientific conception: Toward a theory of conceptual change. *Sci. Educ.* 66(2): 211—227

Steffe L P, Cobb P, von Glasersfeld E 1988 *Construction of Arithmetical Meanings and Strategies.* Springer-Verlag, New York

von Glasersfeld E 1990 An exposition of constructivism: Why some like it radical. In: Davis R, Maher C, Noddings N (eds.) 1990 *Constructivist Views on the Teaching and Learning of Mathematics.* National Council of Teachers in Mathematics (NCTM), Reston, Virginia

其他参考文献

Scott P H, Asoko H M, Driver R 1992 Teaching for conceptual change: A review of strategies. In: Duit R, Goldberg F, Niedderer H (eds.) 1992 *Research in Physics Learning-Theoretical Issuse and Empirical Studies. Proceedings of an International Workshop held at the University of Bremen.* IPN_Institute for Science Education, University of Kiel, Kiel

Steffe L P (ed.) in press *Constructivism in Education.* Erlbaum, Hillsdale, New Jersey

前知识和学习(Prior Knowledge and Learning)

尽管奥苏贝尔并不是重视研究前知识重要性

的第一人，但在教育心理学领域，正是他特别强调了前知识的重要性。在他的代表性著作《教育心理学：一种认知观点》中，他明确地表明了前知识在学习中具有至关重要的作用，他指出："如果我不得不把教育心理学的所有内容简约成一条原理的话，我会说，影响学习的最重要的因素是学习者已知的内容。必须明确这一点并进行相应的教学"（Ausubel 1968）。这段话包含了如下三重假设：

（a）在教育心理学中前知识是一个非常重要的变量。

（b）可以通过学生最佳的学习成绩来了解或者测量他的前知识水平（包括内容水平和组织水平）。

（c）与前知识水平相适应的学习情境是最佳的学习情境。

本词条首先将对"前知识"这个概念进行界定，然后对证明前知识影响学生学习结果和过程的经典研究进行归纳总结。接着，我们还将综合阐述前知识对学习的促进作用的主要理论。最后，我们会强调教学设计和班级教学的重要意义以及有待进一步研究的问题。

1. 前知识的定义

用诸如"学习者提前知道的东西"来界定前知识概念过于宽泛含糊，这样的定义并没有多大用处。布鲁姆提出的"认知的入门状态"是等同于前知识的一个概念，与那些宽泛的定义不同，他将其界定为"是学习某些特定的新任务或一系列任务所必需的知识、技能、能力方面的基础"（Bloom 1982 P. 175）。当然在我们的语言体系中，概念往往可以混用不同的术语来表达，比如"前知识"这种说法使用很广泛，除此之外，还有"知识贮备""前知识状态"、"专长"、"专业知识"、"潜知识"、"个体性知识"等术语都是"前知识"的同义词。在经验主义的研究中，通常前知识被界定为个体实际知识的总和，即：（a）在从事特定的学习任务之前就已经具备的；（b）是以图式的方式建构的；（c）既有陈述性知识，也有程序性知识；（d）有些是外显的知识，有些是内隐的知识；（e）包括内容知识和元认知知识；（f）具有动态性（参见图 1），是在以前知识的基础上存储积累的（Dochy 1992）。有研究表明，内容知识尤其是特定领域的知识对学习有巨大的影响（Weinert 1989a）。因此对前知识的已有研究，大多数都集中在对特定领域知识的研究上。

图 1 是一个快速勾勒的前知识的概念图，反映了早期的前知识定义。我们应该关注在这个概念图背后隐含着对前知识的一些基本假设，包括：知识的组成是流动的、变化的；各类知识相互影响，这意味着某类知识是否存在、是否被激活都会直接或者间接地影响到其他类型的知识。

2. 前知识对学习结果的影响

在心理学看来，前知识对个体在教育方面的表现有着至关重要的影响（Haertel et al. 1983）。解释测验分数变异的研究以及探讨因果关系的研究都揭示了前知识对学习结果的影响。

2.1 前知识与后测得分的差异

一些研究已经证实前知识是对后测得分差异有潜在重要影响的教育变量。测量表明，一般而言，在学习某门课程之前已经具备的知识至少可以解释后测成绩 50% 的变异。布卢姆（Bloom）也曾报告过类似的研究结果，他（1982）发现前测和后测成绩之间的相关在 0.50 到 0.90 之间。布卢姆依据二者的相关程度推算出前知识对后测得分

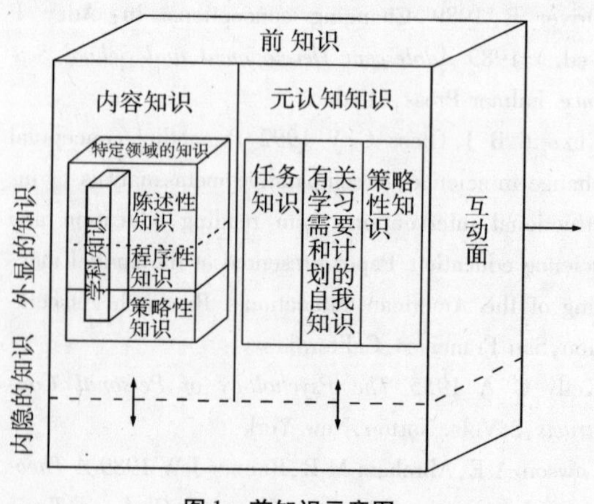

图 1 前知识示意图

资料来源：Dochy 1992

变异的解释率。多希(Dochy 1992)在更具生态效度的真实课堂情境中运用前知识水平的测验进行研究,结果发现前知识可以解释42%以上的变异。

这些研究探讨了影响学习结果的变量,揭示出前知识能够解释学习结果中30% ~60%(甚至更多)的变异,超出了其他任何一个变量的作用。

2.2 前知识和探讨因果关系的研究

为了考察决定教育成绩的因素就产生了“复杂的研究”,即研究力求全面而良好地拟合现实。这类研究使用了大量的结构化系数,从另一个角度再一次强调了前知识的重要性。大量研究证据表明,在特定领域,前知识通常会对学习的过程和结果都产生影响。不过值得注意的是,不要把特定领域的前知识与全面的一般能力(即“智力”)相混淆。在20世纪50年代,人们仍然以为智商较高的人能够学习智商低的人所无法学习的东西。但是,认真仔细地分析实际的研究结果,我们就会从多方面对上述观点提出质疑。首先,智力和成就的相关变动很大。通过统计上的元分析可以发现它们的相关系数在0.34到0.51之间变动。其次,如果控制了前知识的影响,那么智力与学习结果的相关值就会迅速下降到0.00至0.30之间(Weinert 1989a)。

此外,有关元认知的研究结果表明学习结果的预测因素相当多(不同因素的r值分布在0.07 ~ 0.20之间),这与智力研究的结果非常相似。我们本以为动机和教学特征等因素对学生的学习表现有很强的预测作用,然而已有的研究结果却与我们的期望相反,它们的预测力是很小的。

即使是在控制了与智力分数的相关之后,前知识和成绩之间的相关仍然是十分显著的。由此可以推论,特定领域的知识能够弥补智力方面的不足,但是,高智力却不能弥补前知识方面的不足(Weinert 1986b and Walker 1987)。

在探讨因果关系的研究中,最重要的成果就是发现了前知识具有超强的解释力,它是预测模型中显著性最高的路径。综上所述,实际上可以说,过去就是未来最好的预测因素。导致认知表现上的个体内差异和个体间差异的主要原因既不是年龄的大小,也不是特定领域知识的多少,而是已有知识背景上的差异。

3. 前知识对学习过程的影响

前知识对学习过程的影响,既可能是积极的,也可能是消极的(也就是说可以起支持或者阻碍作用),概括而言包括以下三类:(a)对学习具有全面的促进作用,从而导致较好的学习结果;(b)促进作用取决于前知识的内在特性(如完整性、可获取性、数量、结构等),或者说前知识的特性是决定促进作用的自变量;(c)前两种作用的交互影响。

3.1 直接和间接的影响

普遍认为前知识的全面促进作用是对学习最重要的积极影响。某些理论对这个发现进行了阐述,我们将在后面讨论这些理论。不过,我们应当牢牢记住,并不是所有的促进作用都是来自前知识的“直接”结果。因此,在回顾相关研究之前,首先要区分以下三种情况:

(a) 前知识直接促进学习的过程,从而产生更好的学习结果。

(b) 通过优化学习材料的清晰度,前知识发挥出间接作用。

(c) 通过优化教学和学习时间的使用,前知识发挥出间接作用。

通过对各种变量的所有相关关系进行因果分析就可以揭示出各种不同的关系。

3.2 取决于前知识内在特性的促进作用

承认前知识的促进作用就包含了这样一种假设,即被试具有高质量的知识背景。换句话说,被试的前知识水平(PKS)都具有如下特点——它是相当完备准确的,数量适当,能够很好地提取和使用,结构良好等。因此,如果把前知识水平看成是自变量,学习结果作为因变量,那么前知识的上述特性就是具有中介作用的中间变量。如图2所示,在从事某个学习任务时,使用前知识所导致的学习结果就是在前知识水平的起始状态(PKS1)上进行累积从而形成新的前知识水平(PKS2),而PKS2又成为下一次学习的前知识基础。

前知识的六个内在特性包括:完整性、科学性、可获得性、可用性、数量和结构化水平。如果这些特性的客观情况与个体的主观感受有差异的话，前知识的促进作用（无论是直接的还是间接的）就会增加或者降低。

3.3　前知识的促进作用与其内在特性的交互影响

前知识的内在特性（IQE's）和前知识主要的促进作用之间会有交互影响（如图2所示）。例如，当其他的内部性质不同时，知识丰富的被试会比知识贫乏的被试有更多的优势。知识数量的影响不仅是显著的，还发挥着主导作用，前知识的不完整、不科学对知识丰富学生的影响也比较小。

这种交互作用的例子表明前知识的各种影响作用具有一定的层次结构，高层次的影响会主导低层次的影响作用。很显然，无论是依据作用的出现频率还是依据作用的平均效应来划分这个层次结构，促进作用都应当是这个结构中的最高点。至于促进作用以下各种作用的层级分布，已有研究还不能提供相应的证据。

4. 对前知识作用的解释

有许多教育心理学研究都试图尽可能地排除前知识对学习过程的影响，例如，有的研究通过在实验室情境下使用无意义音节来避免前知识的影响。尽管现在看来这些尝试都是徒劳无效的，但是，研究者之所以这样做乃是期望在严格控制下研究纯粹的学习过程具有哪些基本规律。不过，即使是在这种人为的、严密控制的学习过程中，前知识的影响还是会显现出来，只不过在这类研究中，是通过探讨学习一系列音节对学习后续一系列音节的影响来反映前知识的作用的。

当然，还有大量研究试图探讨在学习过程中如何主动地利用或运用前知识。这些研究表明激活已有的认知结构通常会对学习产生有利影响。这些经验中的现象表明还需要更多的应用性研究来对前知识的影响提供更加全面的解释。另外，不同认知加工过程以及认知过程本身在这些现象中所发挥的作用目前还是不清楚的，至于如何在实际教学情境中利用这些促进作用来提高教学的成效还有待于进一步研究。

尽管这样，在实证研究的基础之上，研究者还是发展了许多解释前知识作用的理论（Dochy 1990）。比如，重构理论认为在长时记忆（LTM）中信息是按照不同的方式组织的。提取理论则认为，前知识提高了知识的可获得性，从而降低了工作记忆的负担，因此，可以在单位时间内加工更多的信息。而选择性注意假说提出注意总是选择性地指

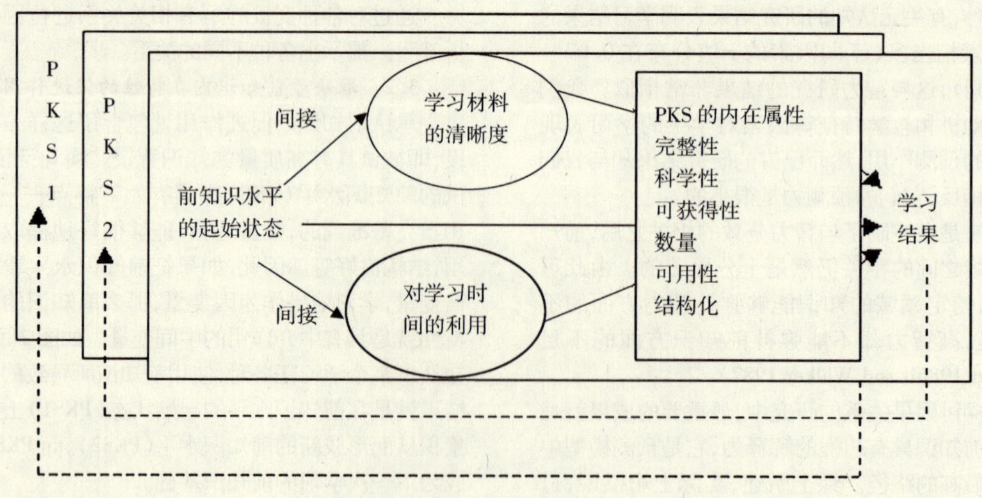

图2　前知识的促进作用与其内在特性的交互影响

向于和前知识相关的内容,从而导致这些内容得到了更深入的加工。检索一援助理论则声称,前知识以及其他可用的相关认知结构增加了检索的可能性。而精加工理论却认为,精加工导致提取认知表征的途径变得更加丰富。

上述不同理论并不是相互排斥的。它们都关注信息加工过程中前后连贯的各个阶段。应当说,前知识对其中的每一个阶段都有影响,包括:注意的指向、信息编码、在工作记忆中的加工、在长期记忆中的存储以及从长期记忆中提取信息等。不同的理论或研究方法都承认前知识对已有知识背景的选择性加工、工作记忆的容量、对新信息的加工、新信息存储到长时记忆中以及对新信息的提取等都有积极的影响。

当然,上述研究结论有些是十分恰当的,而有些研究在生态效度方面却有一定的局限性。换句话说,并不能由实验室研究所获得的结果来推论真实教育情境中的情况。例如,不能用从应用无意义音节进行实验,或者用单词表或一两个短句作为学生学习材料的实验中获得的研究结果来推论真实的教育情境中的情况。另外,利用课文中的段落来激活前知识也属于缺乏生态效度的例子。因为,有时这些段落所包含的信息根本就是虚构的内容,或者是不存在的情境。最后还需要指出的问题是,在解释研究结果时,研究者还很少考虑检测学习效果的测验的性质(比如,测验是针对课文的一般性问题还是具体的问题,是属于再认的问题还是需要回忆的问题)。

5. 结论

阐述前知识作用的有关理论主要是从知识获得这个角度来分析信息加工过程的。也就是说,这些理论认为前知识主要影响着如下加工过程,包括:筛选相关的新信息、使知识结构的内部一致性达到最大化、比较知识结构。这些理论中大多数都关注前知识的结构。这意味着应当考虑前知识的不同组成成分,这既有利于对教育情境的诊断,也为提供教育支持奠定了基础。此外,适当地运用检查前知识水平的测验(如用特定领域的测验来测量学生的前知识水平)和知识轮廓图(如画一个图表来反映一个群体或个别学生在某项指标上的原始分数或标准化的测验分数),可以为灵活的学习奠定理性的基础。也就是说,为适应不同起点水平的学生提供个性化的学习材料以及个性化的支持奠定了良好的基础(Dochy 1992)。

显然,教学应当以一种新的教育模式为基础,它强调对学习过程的全面评价,并以学生的前知识水平为起点。按照这种教学模式,学生首先应当提出自己的学习目标。这些目标应当与他们的知识背景中某个特定的部分有关(比如,可以是大学课程的某些内容或一门完整的大学课程)。在参加前知识水平的测验之后,如果有必要,学生应当重新调整学习目标,并从适当的学习任务入手。在学习过程中,学生要定期参加过程性测验以检查自己的进展情况,并据此决定自己需要多少指导以及后续的学习任务。

在教育中提高升学率以及增加学生参与的发展趋势也引发了新的问题。提高学生的升学率(使辍学率降至最低)和增加教育的开放性,是两个相互矛盾的目标,面对这个矛盾,只有通过考虑学生的前知识水平才可能得以解决。因为当在教学中考虑到学生的前知识水平时,前面这种貌似两难的问题就会转化成有用的优势。

当然要充分考虑学生的前知识水平,还需要更多的研究,使我们可以依据学生的知识状况来灵活地调整课程资料,例如,通过电子学习系统来实现。可以预期,在今后,相关领域的研究和教育实践都必须关注以下几个方面:

(a) 形成精简的评估方法以了解学生前知识水平的全部特点。

(b) 将前知识水平测验整合到课程中,定期进行前知识水平测验并循环往复。

(c) 利用从前知识水平测验和知识轮廓图所获得的信息来扩展支持性准备的反馈功能。

F. J. R. C. 杜兹(F. J. R. C. Dochy) 著

刘金玲 陈 晶 译

附录

Ausubel D P 1968 *Educational Psychology: A Cogni-*

tive View. Holt, Rinehart and Winston, New York

Bloom B S 1982 *Human Characteristics and School Learning*. McGraw-Hill, New York

Dochy F J R C 1990 Instructional implications of recent research and empirically based theories on the effect of prior knowledge on learning. In: Pieters J M, Breuer K, Simons P R J (eds.) 1990 *Learning Environments (Recent Research in Psychology Series)*. Springer-Verlag, Berlin

Dochy F J R C 1992 *Assessment of Prior Knowledge as a Determinant for Future Learning: The Use of Prior Knowledge State Tests and Knowledge Profiles*. Lemma, Utrecht and Jessica Kingsley, London

Haertel G D, Walberg H J, Weinstein T 1983 Psychological models of educational performance: A theoretical synthesis of constructs. *Rev. Educ. Res.* 53 (1): 75—91

Walker C H 1987 Relative importance of domain knowledge and overall attitude on acquisition of domainrelated information. *Cognition and Instruction*. 4 (1): 25—42

Weinert F 1989a The impact of schooling on cognitive development: One hypothetical assumption, some empirical results, and many theoretical implications. *EARLI News* 8: 3—7

Weinert F (ed.) 1989b The relation between education and development. *Int. J. Educ. Res.* 13 (8): 827—948

推理(Reasoning)

本词条对有关推理的研究进行了综述，重点展示了在推理研究方面或许是最为引人注目的一个变化趋势——从侧重研究运用形式逻辑结构的推理任务转向研究在特定的学科领域或在日常生活情境中的思维过程。本词条包括三个部分：第一部分首先对推理的定义进行了说明；第二部分简要介绍了部分推理研究的状况；第三部分列举了推理研究中的一些观念之争。

1. 定义问题

1.1 推理的概念

“推理”是指个人运用所给的特定信息推断出另外一些信息的过程。通过推理，可能会形成某个结论，也可能是获得支持结论的一个理由或前提条件。“推理”这一个词也可以用来指代推理过程中所经历的一系列的推导环节，就像在解决数学问题或描述第二次世界大战的起因时所涉及的“推理”一样，当然，每一步推导都需要某种正当合适的理由。

就目前而言，“非正式推理”并不是一个常用的术语(Voss et al. 1991)。不过古希腊学者亚里士多德曾经对正式推理和非正式推理进行了区分，他认为正式推理是指应用形式逻辑结构所进行的推理，例如条件三段论，而非正式的推理由于关注的是“可能的事实”，所以通常是使用包含或然性的内容和判断的对话结构进行推理。非正式论证中的基本结构单位是一个结论加一个前提的三段论省略式。由此可见，正式推理与非正式推理的区别不在于推理本身，而取决于运用推理的任务的性质。

2. 研究的结果

2.1 辩论中的推理

目前，对辩论中的推理感兴趣的研究越来越多。修辞学领域的研究者们认为形式逻辑结构在真实生活中的适应性很小，他们关注的焦点已不再是将修辞作为一种文体，而是将修辞当作是分析辩论合理性的一种方式。有关辩论的教育教学研究尽管增长速度缓慢，但毕竟是越来越多了，探讨儿童运用辩论的发展性研究即是其中之一。例如邓恩和芒恩(Dunn and Munn 1987)对年龄在1.8～3岁的孩子进行了观察研究，他们发现到3岁时，如果与母亲有分歧，几乎有1/3的孩子能够为自己的立场辩护。施太恩和米勒(Stein and Miller 1991)进一步发现，4～5岁儿童的许多社会交往活动会涉及声明、辩护和协商，除此之外，在有关集体讨论的一个有趣的章节中，米勒(Miller 1987)划分了合作性辩论的三个原则，即概括性、客观性和一致性(或真实性)原则。概括性原则是指在小组讨论的情况下，必须用充分的证据来证明自己陈述的合理性；客观性是指所提出的观点必须有广泛的根据才可以被接受和认可；一致性是指来自各方面的根据没有相互矛盾之处。米勒还指出最早要到2岁，儿童的辩论才能达到运用多种有效证据的水平，并且在后续的若干阶段中，伴随着儿童知识的增长而发展完善。

施太恩和米勒（Stein and Miller 1991）关注儿童在冲突情境下的争论，提出这种争论主要是由于儿童的天性与社会化目标之间的不一致所引起的。当然，解决冲突的方法是有等级之分的，最低的水平是坚持自己的观点，有时要借助于武力或喊叫的策略；较高一级水平是能意识到他人的喜好并试图去适应他们；到了第三级水平，儿童能充分意识到自己观点的不足并有多样化的解决办法。根尼希和迪保罗（Genishi and Dipaolo 1982）在一个与之相似的研究中发现，儿童的争论具有两个目的：控制他人的行为、坚持自己的主张。霍弗（Hofer 1990）研究了母亲和女儿之间的争论。在霍弗的实验中，母亲具有控制女儿独立的愿望，研究者仔细研究了在这种动力背景中的争论，发现争论是由目标驱动的，而且针锋相对的交锋并不常见，和解的情况也很少发生。

探讨辩论的另一个研究思路是考察个体在就一个社会性问题进行辩论或评论的有效性。在《辩论的技巧》一书中，库恩（Kuhn 1991）为我们展示了他对年龄从14～69岁之间的人的访谈结果，在这一研究中的被访对象被要求回答这样的问题：囚犯为什么待在监狱？儿童为什么辍学？人们为什么失业？研究结果表明一个受到高等教育的人其推理技能要高于没有受过高等教育的人，而年龄和性别对推理技能的影响较少。对推理技能进行测量的指标包括对论点的表述和论证的合理性，对可供选择的因果理论的叙述以及对对手所持论点的利用和反证的方法。在被访谈的160人中最多只有20%的人可以被认为是“擅长推理的人”，这一研究结果与其他研究者的发现相似。

非正式推理的一个最为重要的特点是，论证不仅受个体知识的影响，而且也受个体对所问论题的信念和态度的影响。尽管人们对此早有认识，然而对非正式推理的研究只是刚刚开始探讨这一问题，非正式推理的上述特点在对论证的评价中表现得特别明显。在形式逻辑中是依据逻辑规则来判断论证是否有效，这种分析只关注论证的形式是否规范而不考虑其内容。在非正式推理中，对论证的评价是以可靠性为根据的，而对可靠性的评价则取决于论据是否成立，以及论据在多大程度上可以支持论点（也就是论据与论点的“相关性”），再有就是反方观点是否有力也可以作为第三个评判标准。尤其重要的是，从这三个标准中可以看出，与正式推理的论证不同，在评价非正式推理的论证时，论证的内容是十分关键的因素。

沃斯和米恩斯（Voss and Means 1991）对非正式推理的研究进行了综合分析，结果发现，对非正式论证的评价确实深受上述三个标准的影响。此外，他们还指出，研究结果表明在判定论证是否有力时，人们的态度发挥着非常重要的作用。他们在综述中还提到一个评价论证的假设模型，该模型认为对论证的评价受论点与论据的相关性以及它们和推理中所隐含的特定价值观的相关性影响。扎穆纳（Zammuner 1987）研究了态度在论证过程中的作用，他要求被试写出对堕胎的看法，并从中发现了持不同立场的个体在论证结构和语言表达方面的不同。

2.2 *辩论与教育*

提倡以辩论促进学习的观点能够追溯到古希腊时代。奥尔索利尼和蓬泰科尔沃（Orsolini and Pontecorvo 1992）研究了在课堂教学情境中辩论的教育功能，参照那些对小组讨论内容进行了分析的已有研究，他们对5岁儿童在设置好的教室中的表现进行了观察，并对他们的讨论加以记录，结果发现了三种类型的对话模式：双向的维持、问答的循环、争吵和辩论。每一种对话模式都促使儿童以不同的方式交流，有趣的是，对论点的解释和论证大都发生在辩论的过程中，即当儿童需要捍卫自己的立场和需要对论点做出解释时才发生，而且，最重要的是我们能看出辩论中的知识建构过程，因为论证是影响知识建构的一个重要因素。

非正式推理的技巧在多大程度上来自学校的教育是一个与教学有关的重要问题。珀金斯（Perkins 1985）所做的研究为以下观点提供了支持性的证据：非正式推理与个人的能力水平有关，学校对发展个体的非正式推理技能所起的作用非常有限。萨利耶和温德姆纳（Säljö and Wyndhamna 1990）在一项让12～13岁的学生解决邮票资费问题的研究中也取得了相似的结果。在这项研究中学生需要利用从学校教育中获得的知识来解决问题，他们发现能力水平较高的学生能够更为灵活地运用所学知识从而表现得更好。这些研究及其他一些研究都表明学生的一般智力水平是其非正式推理表现水平的最佳预测因素，智力好的学生能够在非正式的推理任务中较好地运用已有的知识，而经验（包括学校教育经验）对改善非正式推理技能所起的作用很少。这些研究发现表明了迫切希望学校改进教学方法以促进学生获得非正式推理技能的需要。

由此看来，在学校的学习经验对发展学生的非正式推理技能影响甚微，而且，施莱曼和阿西奥利（Schliemann and Acioly 1989）所做的研究还指出，事实上各种不同能力水平的学生都可以掌握这一技能。他们指出儿童和没有或有很少的正规学校学习经验的人也能够在销售巴西彩票时进行复杂的数学计算。尽管这种类型的数学计算与论证技巧有所不同，但儿童在其中所表现出的熟练程度，仍令研究者感到吃惊，它表明那些只有一般或更低的智力水平的人也具有非正式推理的潜能，这使得他们有比在此研究中更好的表现。

莱曼等（Lehman et al. 1988）发现专业化水平较高的学术训练对个体特定类型的推理表现具有积极的影响。通过对法律、医学专业学生以及心理学和化学专业研究生的研究，他们发现，在考虑令人眼花缭乱的各种变量和统计数字方面，接受法律、医学和心理学专业训练的学生比接受化学训练的学生表现得更好。然而，该研究的被试是根据一般的学习能力来选择的，所以这些结果并不能证明在某一专业领域中所获得的推理技巧能够迁移到其他领域中去，因为这种迁移在很大程度上取决于学科所需要的相似性。

2.3 在形式逻辑任务中的推理

由于本词条所关注的内容是非正式的推理，特别是辩论，所以对传统的演绎和归纳研究只是简单地涉及了一点。对演绎的研究在很大程度上就是研究演绎模式的发展，以及对这些模式的检测，研究所涉及的模式包括“如果……就……”形式的条件推理模式以及纯粹的三段论模式。对归纳的研究主要包括对类比、协变、启发式的研究以及对心理加工模式、规则的应用和概括研究（Sternberg and Smith 1988）。

3. 概念的提出

3.1 推理、知识和主题

施太恩和米勒（1991）提出，在考察推理技能的研究中，个人对于相关话题的已有知识是必须考虑的一个因素，因为个人在推理过程中出现问题既可能是由于缺乏推理的技能，也可能是由于知识不足（或二者兼而有之）。但是，另一方面，如前所述，拥有相关的知识并不一定意味着个体能够有效地运用这些知识进行推理。所谓“熟练的推理者”不仅能够运用知识和论证技巧来阐述和评论观点，即使是在对主题的了解有限或者相关知识背景不足的情况下，他们也能运用这些技巧去抽取出合理推理所需的要素。所以，在任何情况下，对推理问题的研究都需要考虑推理技巧和知识之间的相互作用。

在不同主题范围内的推理活动有何异同是一个非常值得研究的重要问题。由于不同领域界定证据的标准是不同的，所以很难仅就推理过程本身来比较它们在不同主题范围中的差异。这是一个需要研究的问题，特别是与教育联系起来就有了更为重要的意义，我们必须加以考虑。在教授推理时，究竟是抛开主题而用一种一般的方式进行，还是结合特定的主题背景来教学，对于这个老生常谈的问题仍然是颇有争议的。事情似乎是这样的，某种特定的推理可以作为“与事实相反的思考”来学习，并且类似的形式可以在各种不同的领域加以应用。然而，能否在不同的领域用与事实相反的观点进行思维取决于个人在该领域内的知识，经验实际上是无效的，除非一个人具有与学科相关的知识，而且，个体或许需要运用这些知识来推理，但是，这些知识却处于潜伏的状态，要提取它们又是较为困难的——这恐怕就是问题的关键所在。因此,从这个意义也可以说,非正式推理由一些选择性和排除性的搜索构成,个体正是通过这些搜索才能够提取出保证推理合理的相关信息。

3.2 "逻辑"推理

通常,我们想当然地就把擅长推理的人看作是"思维有条理的人"。其实,在非正式推理中,特别是面对与社会问题有关的话题时,人们往往会因为观念的差异而对论证做出不同的评价。由此可见,恰当的非正式推理并不见得就能形成"真理"。不过,正如亚里士多德所强调的,这种推理却有助于个体做出最佳的决定以及提出或支持最有道理的结论。实际上,学校教育应当致力于得到"最合理的结论"而不是得到"正确的答案",使学生具备证明结论的能力才是最重要的(作者认为,在学校教育中,让学生学会去证明结论的正确是比让学生记住"正确的结论"更有价值的——译者注)。

J. F. 沃斯(J. F. Voss) 著
伊 凡 陈 晶 译

附录

Dunn J, Munn P 1987 Development of justification in disputes with mother and sibling. *Dev. Psychol.* 23 (6):791—798

Genishi C, DiPaolo M 1982 Learning through argument in a preschool. In: Wilkinson L C (ed.) 1982 *Communicating in the Classroom.* Academic Press, New York

Hofer M, Pikowsky B, Fleischmann T 1990 The differential use of arguments in mother-daughter conflicts. Paper presented at the Third International Conference on Dialogue Analysis, Bologna

Kuhn D 1991 *The Skill of Argument.* Cambridge University Press, New York

Lehman D R, Lempert R O, Nisbett R E 1988 The effects of graduate training on reasoning: Formal discipline and thinking about everyday life events. *Am. Psychol.* 43:431—442

Miller M 1987 Argumentation and cognition. In: Hickman M (ed.) 1987 *Social and Functional Approaches to Language and Thought.* Academic Press, Orlando, Florida

Orsolini M, Pontecorvo C 1992 Children's talk in classroom discussions. *Cognit. Inst.* 9(2):113—136

Perkins D N 1985 Postprimary education has little impact on informal reasoning. *J. Educ. Psychol.* 77 (5):562—571

Säljö R, Wyndhamna J 1990 Problem solving, academic performance, and situated reasoning: A study of joint cognitive activity in a formal setting. *Br. J. Educ. Psychol.* 60(3):245—254

Schliemann A D, Acioly N M 1989 Mathematical knowledge developed at work: The contribution of practice versus the contribution of schooling. *Cognition and Instruction* 6(3):185—221

Stein N, Miller C A 1991 win-you lose: The development of argumentative thinking. In: Voss J F, Perkins D N, Segal J W (eds.) 1991

Sternberg R J, Smith E E (eds.) 1988 *The Psychology of Human Thought.* Cambridge University Press, Cambridge

Voss J F, Means M L 1991 Learning to reason via instruction in argumentation. *Learning and Instruction* 1(4):337—350

Voss J F, Perkins D N, Segal J W (eds.) 1991 *Informal Reasoning and Education.* Erlbaum, Hillsdale, New Jersey

Zammuner V L 1987 For or against: The expression of attitudes in discourse. *Text* 7:411—434

其他参考文献

Antaki C (ed.) 1988 *Analyzing Everyday Explanation: A Casebook of Methods.* Sage, London.

Baron J B, Sternberg R (eds.) 1987 *Teaching Thinking Skills: Theory and Practice.* Freeman, New York

Caverni J P, Fabre J M, Gonzalez M 1990 *Cognitive Biases.* North-Holland, Amsterdam

Evans J S B T 1989 Problem solving, reasoning, and decision making. In: Baddeley A, Bernsen N O (eds.) 1989 *Cognitive Psychology-Research Directions in Cognitive Science*: *European Perspectives*, Vol. 1. Erlbaum, Hillsdale, New Jersey

Holland J H, Holyoak K J, Nisbett R E, Thagard P R 1986 *Induction*: *Processes of Inference*, *Learning*, *and Discovery*. MIT Press, Cambridge, Massachusetts

Johnson-Laird P N, Byrne R M J 1991 *Deduction*. Erlbaum, Hillsdale, New Jersey

Keane M T 1988 *Analogical Problem Solving*. Horwood, Chichester

Resnick L B 1989 *Knowing*, *Learning*, *and Instruction*: *Essays in Honor of Robert Glaser*. Erlbaum, Hillsdale, New Jersey

学习中的自我调节(Self-regulation in Learning)

所谓自我调节是指个体能够依据自己的意愿灵活地采取相应行为的能力。在学习中,自我调节将学生的学业表现与它的两个决定因素,即认知能力和成就动机联系起来。有些学生非常能干并且有想完成好学习任务的动机,但是在发动和维持任务关联行为上,他们却遇到了困难。对于这种现象,有一种假设解释说,这种学习潜力没有得到充分发挥的状况可能是由于某种心理机能受损,或者说是调节自发意图的发起、持续、终止及其敏感性和灵活性的子系统出了问题而造成的。这一假设得到许多神经生理学、认知及临床研究结果的支持。尽管大家都知道,在下列情形中包含着自我调节,比如,为了获取更大的延迟奖励而放弃眼前的好处,或者接受眼前的较小的不良后果以避免遭受长期的更大的不良后果。但是,可以被大家理解的有关自我调节的理论研究方法却很少。为此,本词条将介绍几种传统的和现代的自我调节理论以及评估自我调节能力的方法。

1. 有关自我调节的三种理论研究方法

有关自我调节的心理学概念和研究传统主要是由苏联心理学家鲁利亚、维果茨基和列昂节夫(1932)创立的,他们研究的主题是个体自我调节的发生,包括其社会和文化的来源。他们的学说到了较近时期才被美国的心理学家(Diaz et al. 1990, Meichenbaum 1977)所采纳。这种苏联心理学派认为,儿童从冲动向自觉行为的转变是劳动向系统化、组织化形式进步的文化发展进程的结果,尽管这种观点在20世纪90年代早期并不是主流的心理学理论,但是它对个体自我调节能力起源的看法却有深远的影响。在这种观点看来,每个人都是在社会化过程中学会用意志控制行为的。这个过程中基本的心理机制是由一系列社会性互动转换而来并且以此为标志。经过内化,这些标志性的社会性互动行为就会转化为更高级的、自主的心理机能。

但是"内化"概念的深刻内涵仍然还是一个悬而未决的问题,它经常被简单地等同于对他人期望和标准的默认。科普(Kopp 1982)曾用"自我控制"来描述与"自我调节"类似、但不成熟的一种内化形式。在科普看来,自我控制反映个体处于中等水平的发展阶段,这个阶段的主要特点是当照看者不在场时,能够严格地遵从照看者的要求和指令行为。但是,迪亚兹等人却认为真正的自我调节需要"有效地承担起照看者的调控作用"(1990 P. 10)。科普和迪亚兹在观点上的分歧,我们在下面部分还会见到。

在心理治疗中,坎费尔与其助手设计了几种自我调节的模式和一些行为技术来改善自我调节能力不足的问题(Kanfer and Schefft 1998)。坎费尔以规律、稳定的行为链索的断裂作为研究的切入点,详细阐述了自我调节的信息加工模式,该模式强调自我监控、自我评价和自我强化三者的共同作用。经过拓展,这种模式在很多方面得到了改进(Kanfer and Schefft 1998),除了在临床治疗中发挥了实在的作用之外,该模式对于理解基于信息加工和系统化观点的问题解决疗法也是非常有益的。由于缺乏自我欣赏会导致自我调节功能的削弱,所以,坎费尔还强调自我强化和归因过程紧密相关,这是富有教育意义的观点。

第三种比较重要的自我调节的理论研究方法起源于阿赫对意志的研究。库赫尔(Kuhl 1992)借用计算机加工模式的术语进一步深化了这种研究方法,并克服了以前的意志理论的不足之处,还用公式表示出其过程。

尽管上述三种理论研究方法各有侧重,但都有助于我们更好地理解学生无法坚持计划或无力抵抗诱惑的原因。

除了为数不多的精细理论之外,许多研究者还探讨了自我调节的各种细节方面,并设计了一些精致的实验,如果将这些成果整合起来就可以形成一套更为全面的理论框架。尤其值得一提的是米舍尔的一系列实验,在这些实验中米舍尔利用认知决定(如等待更有吸引力的奖赏)和情感诱惑(如得到眼前这个较小的奖赏)之间的冲突来诱发出自我调节的各个基本组成部分,同时,他还考察了儿童用来抵制诱惑的各种策略(Mischel H N and Mischel W 1983)

2. 自我调节的理论

在自我调节与当前目标、情感偏好、习惯反应之间存在冲突并没有多大问题,但若深究,我们就会发现这种假设会引发一些复杂的哲学问题。比如,一个来寻求治疗的来访者抱怨他想戒酒却又离不了酒,这意味着什么?他继续喝酒一定就表明他想喝吗?一个小女孩表示她要先完成作业再去和朋友玩,若她没完成作业就跑去和朋友玩,这是否表明她缺乏自我调节?还是她改变了主意?

假如一种行为的改变(比如去喝酒或者玩乐)是在没有犹豫、后悔,也没有试图为相反目的的行为做出补偿,或者说在没有任何思想斗争的情况下发生,那就没有理由认为这种改变是因为缺乏自我调节能力所致,而可以把这种改变看成是个体改变了意图而已。相比之下,自我调节能力的缺失(也就是我们传统意义上所讲的"意志薄弱"现象)通常出现在两种行动意图的持续冲突中,其中之一是个体视为最佳选择的行为目的,另一个则是个体对别的有吸引力活动的偏爱。

理论上,可以从个人内部存在多个"亚自我"的角度来解释这种行动意图上的冲突。为此就需要将个人内在的各种独立自主的"亚自我"子系统区别开来。按照这种观点看来,在个体内部的各个"亚自我"可能依据不同信息来源,或者不同的决策规则,或由于这两方面的原因而得出相矛盾的决定。尽管这些"亚自我"之间的互动是持续而紧密的,但是,它们的冲突不会在互动中自动解决,而这些"亚自我"会相互竞争对外显行为的控制权。

一般认为自我调节能力包含了三个子系统,即:(a)习得的行为图式(即"习惯");(b)情感上所倾向的活动(即"情感偏好");(c)精心确定的行为选择(即"认知偏好"或"意向")。

一旦认知上的决定被认为是可行的话,与之一致的行为习惯就成为决定性的力量。如果在一项任务中,认知偏好和情感偏好存在持续的冲突,那这就是一项有难度的任务。在冲突中,行为习惯和情感偏好的冲动特性就会发挥出强有力的影响作用。从这个冲动性假说中可以看到,情绪子系统以及程序化子系统对行为的影响比更高级的认知过程来得更直接。尽管要将那些与情绪或习惯性行为相对抗的认知意图付诸行动是困难的,但是,应用有效的自我调节策略可以解决这种困难。

自我调节就是协调机体内部各子系统相互作用的过程,这即是自我调节的作用机制。研究者认为有如下几项非常重要的自我调节机制可以达成上述目的,它们是:(a)编码控制;(b)行为监控;(c)情绪监控;(d)动机监控;(e)注意力监控;(f)目的监控;(g)应对失败;(h)自我反思。此外,自我调节的另一项机能,即所谓的"冷冻法",我们将在下面单独介绍。

虽然从理论上说,我们上面所提及的每一个自我调节过程在其发展、习得的先决条件、真实的诱发因素和发挥作用方面都应当是各具特色的,但是,对于这些自我调节过程的发展以及习得的先决条件,我们的了解还很有限(Kuhl and Kraska 1989)。

3. 自我调节的发展和策略

3.1 发展的基础

自我调节机能的发展有赖于元认知、元动机知识和技能的获得。在发展这些心理机能的过程中,个体会发掘出他们的行为与其内部状态和外在状态间的规律性。例如,一个人发觉他在做出一个仓促的决定后,就总会在某个地方栽跟头,于是他就会从中总结出一个基本规律，如："仓促的决定往往不会有好的结果。"

根据库赫尔和克拉斯卡（Kraska 1989）所提出的自我调节的发展学说，儿童自我调节的发展必须具备以下四个前提条件：(a)对将要采取的行为倾向的表征；(b)了解冲动的概念；(c)自我协调的约束；(d)实施行为的困难。如，一个儿童决定要完成家庭作业，如果他对如下事实已经形成了认知表征，即"尽管此时我不喜欢做家庭作业，但我还是想要完成它。如果我心里想着玩，那么作业就更难以完成。但是，我明天不想带着没完成的作业去上学，所以，我还是要尽力把作业做完"，那么，他就可以凭借自我调节的支持来维持自己完成家庭作业的行为意图。自我调节发展的四个前提条件通常在儿童进入小学之前就已经具备了，但自我调节的策略在整个小学阶段都会不断发展（Kuhl and Kraska 1989）。

3.2 自我调节策略

在这一部分，我们将对不同的自我调节策略的特点进行简要的介绍。首先，我们要介绍的自我调节策略就是"冷冻法"，它通过阻断当前最突出的与认知意图不协调的行为模式的实施，从而为个体其他自我调节机制发挥作用创造"时机"。

以前，研究者所关注的主要是那些用于维护既定目的的自我调节策略，直到 20 世纪 90 年代早期，那些用来调解任务转换、精心筹备计划以及自我反省性思考的自我调节策略才得到了重视。把自我反省也纳入到自我调节策略的范畴内正是反映了这种重视。通常，要将目的付诸实施需要个人对自己的思考过程能够进行高水平元监控。例如，一个正在备考的学生必须考虑好以下内容：要学什么，怎么学，什么时候结束对一个特定内容的学习等等。从理论上说，要充分实现备考的意图必须对自己的思维进行大量的自我反省，而元监控不足就会导致实现意图过程中出现某些障碍（Kuhl and Kraska 1989）。

而其他的自我调节策略则由在不同子系统中的选择性兴奋和抑制性要素组成，可以提高实现既定目的的可能性。小学阶段是自我调节能力发展的关键期，在此阶段有四种主要的自我调节策略都非常重要，我们将在下面一一谈到。目前新近开发的标准化测验可以评定出儿童对这四种基本的自我调节策略的知识（Kuhl and Christ 1992）。

动机监控的作用是激发与行为相关的情绪以增强行动意图的评估强度。而这一作用主要是通过想像认知上所选择的行动会取得积极的结果来实现的。

注意监控通过有选择地激活支持行动意图的表征并抑制与意图无关的方面，促使个体在行动意图遇到障碍时仍能坚持。上述作用是通过选择性地加工与行动意图有关的外界信息（如忽视潜在的冲突矛盾信息）或者选择性地激活与行动相关的信息（如激活与当前行动意图相关的各种行为的信息）来实现的。

情绪监控的作用是强化那些可以促进有难度的行动意图的产生、保持和完成的情绪。举个例子，有时悲伤情绪会降低一个人自我调节的效能，比如，一个人在不高兴时就很难坚持自己的节食计划。但在某些情况下，愉快的心境也可能会起到削弱自我调节的作用，因为它扩大了注意的范围（这就使得个体对于环境中的诱惑物更容易察觉），而且它还会导致个体对自我满足的接纳和宽容。

应对失败则是指用这样一种态度去面对失败，即，当分析自己的不足有助于个体在下一次做得更好时就积极分析自己的缺点，但是当错误是无法挽回时却避免剖析自己的缺点。

3.3 成熟的自我调节

即使在个体具备了面对各种干扰仍能坚持自己目标的能力后，其自我调节能力还会继续发展。库赫尔和克拉斯卡（1989）在其关于自我调节能力的发展理论中提到过，意志和情感的整合是自我调节能力发展的最高阶段，这一阶段的特点是以更成熟的方式来解决承诺和情感偏好的冲突。在这个发展阶段，如果受意志支持的行动意图和情感偏好之间出现持续的冲突，那么个体就会尝试用新的方式去发展对有难度意图的情感支持来解决这一冲突。毕竟，不能取得情感支持的行动意图是不能长久的。

灵活性是对自我调节的认知情感整合发展阶

段至关重要但是却又常常被忽视的一个概念。一种和自控相关的不成熟的内化形式(Kopp 1982)看起来就像是对他人期望的外在表征简单、呆板地遵从,而不是将这种外在表征完全同化进自我中。一项有关"情绪化"的人格倾向研究表明,片面或错误内化他人观点、意愿或期待的人格倾向会导致个体认知上的失控和困扰,从而妨碍个体对与自己当前意向相关的信息进行有效的认知加工(Kuhl 1992)。因此,我们可以用情绪化的认知来解释一些行为上自相矛盾的怪事,如习得无助中动机水平虽高却表现不足,以及那些既呆板顽固却又三心二意,极度重视承诺却又踟蹰不前的现象(Kuhl 1992,Kuhl and Beckmann 1993)。

4. 评价

儿童的自我调节测验(SRTC)(Kuhl and Kraska 1992)是利用计算机提供具有诱惑性的标准化情境,然后评定儿童面对诱惑时的自我调节表现。该测验是以出现诱惑性情节时,儿童反应速度的下降或是反应速度的变异增大作为其表现不足的指标。测验中的诱惑物是在被试从事任务时,偶然出现在电脑屏幕右上方的有趣的干扰信息。在儿童看来,这个测验就是要求他们从事一个选择反应时的任务以赚取奖金以便在实验后去买自己喜欢的玩具。实验者告诉儿童,当电脑屏幕的左下方出现一根棒时要按某个键,出现两根棒时则按另一个键。有时,屏幕上会放映两只猴子爬树的测验。如果其中的好猴子赢得了比赛,它就爬下来并在电脑屏幕右下方显示的孩子的存款中添加一定量的钱。如果是坏猴子赢了,它就从孩子的存款中取走一定量的钱。孩子们很容易就会懂得他们无法控制这个比赛,而且如果他们停下自己的任务去看比赛就挣不着奖金。结果所有的孩子学会并实际形成了不要看比赛的行为目标。

设计这个测验主要是为了解决或减少以往的自我调节测验中的一些问题(Kuhl and Kraska 1989,1992)。这些问题涉及如何将不同被试对干扰因素激励价值的赋值标准化,用什么指标来反应认真履行对工作的承诺和分散注意力去关注有趣的干扰因素的情感诱惑之间的冲突,怎么区分注意障碍与自我调节的不足,以及对维持与任务相关行为的自我调节起到中介作用的内部策略和外部策略的不同。SRTC 已经对一个由 1 000 个 5 ~ 12 岁儿童构成的样本进行了测试,建立了从小学 1 年级到 4 年级的常模。研究证明 SRTC 具有惊人的结构效度,因为 SRTC 的测验结果与教师对儿童在教室中自我调节能力的等级评定显著相关(Kraska 1993),与测查自我调节策略知识的测验具有符合理论预期的相互作用(Kuhl and Christ 1992),并且 SRTC 的指标体系与比其早 2 ~ 4 年出现的人格评定之间在理论上具有一致性。

5. 训练

有些儿童虽然大体上还算是能够抵御诱惑,但他们却是用一种刻板的方法来实现的。他们面对诱惑性情境时不会表现出任何欠缺,而且,这些以苛刻的自控而不是自我调节为特点的孩子在有干扰时的表现甚至比其基线水平还要好。看起来,他们就像是对自我调节所产生的矛盾进行了过度的补偿。至于儿童究竟是呆板的自控还是灵活的自我调节,及其程度都可以通过 SRTC 的最后一部分来确定。在 SRTC 的最后部分,测验的条件突然发生了改变,变成儿童可以通过观看猴子比赛来赢取更多的奖金以达到目标。然后我们可以综合多种指标来判断儿童是否能够依据条件的变化来调整他们的行为。当然,对于在这部分测验中失败的儿童,或者说对于这些具有情绪化特点的儿童(如上所述),干预措施也应当是有所不同的。因为这些孩子,与那些缺失自我调节知识的孩子不同,他们通常能够坚持自己的行动目的,但是却因不能灵活地在坚持与改变之间保持平衡而不能算真正达到了自我调节的发展阶段。对这类问题的干预主要是以提升个体在坚持行动目的与改变动机的决定间进行选择时的自我责任感为中心。有研究认为,从许多方面看,用来缓解各种自我调节障碍的不同训练方案都取得了成功(Kraska 1993)。

J. 库尔(J. Kuhl)
K. 卡拉斯卡(K. Kraska) 著
曾 知 陈 晶 译

附录

Ach N 1910 *Áber den Willensakt und das Temperament.* Quelle und meyer, Leipzig

Diaz R M, Neal C J, Amaya-Williams M 1990 The social origins of self-regulation. In: Moll L (ed.) 1990 *Vygotsky and Education: Instructional Implications and Applications of Sociohistorical Psychology.* Cambridge University Press, Cambridge

Kanfer F H, Schefft B K 1988 *Guiding the Process of Therapeutic Change.* Research Press, Champaign, Illinois

Kopp C B 1982 Antecedents of self-regulation: A developmental perspective. *Dev. Psychol.* 18(2):199—214

Kraska K 1993 *Selbstregulationsfördenung: Evaluation eines differentiellen Interventionsansatzes.* Hogrefe, Göttingen

Kuhl J 1992 A theory of self-regulation: Action versus state orientation, self-discrimination, and some applications. *Appl. Psychol.* 41:95—173

Kuhl J, Beckmann J (eds.) 1993 *Volition and Personality: Action Versus State Orientation.* Hogrefe, Göttingen

Kuhl J, Christ E 1992 *Der Selbstregulations-Strategien-Test für Kinder (SRST-K): Test zur Erfassung Selbstregulatorischen Strategiewissens im Grundschulalter.* Hogrefe, Göttingen

Kuhl J, Kraska K 1989 Self-regulation and metamotivation: Computational mechanisms, development, and assessment. In: Kanfer R, Ackerman P L, Cudeck R (eds.) 1989 *Abilities, Motivation, and Methodology: The Minnesota Symposium on Learning and Individual Differences.* Erlbaum, Hillsdale, New Jersey

Kuhl J, Kraska K 1992 *Der Selbstregulations-und Konzentrationstest für Kinder (SRKT-K): Computerunterstützter Test zur Prozessdiagnostik verschiedener Aspekte der Ablenkungs-und Versuchungsresistenz.* Hogrefe, Göttingen

Leontiev A N 1932 The development of voluntary attention in the child. *J. Genet. Psychol.* 40:52—83

Meichenbaum D 1977 *Cognitive Behavior Modification: An Integrative Approach.* Plenum, New York

Mischel H N, Mischel W 1983 The development of children's knowledge of self-control strategies. *Child Dev.* 54(3):603—619

情感、情绪和学习(Affect, Emotions, and Learning)

1. 简介

显而易见,通过有效的教学向学生们传递信息是没有问题的,但是,要引发每个学生在行为上发生改变就不是那么有把握了。许多研究者指出,过去有关学与教的理论主要关注知识和技能的获得,却忽视了人类学习中那些复杂而又至关重要的方面(比如,情感因素对学习的影响,在复杂的真实情境中的学习)。事实上,学生是在动态的社会环境中学习的,在这种学习环境中各种各样的影响因素交织在一起,它们不断地相互作用从而改变着学习环境本身以及学习者对环境的评价。那些过分关注信息加工的学与教的理论是难以把握学习的这种复杂性的。由于这个原因,探讨情感因素影响学习和行为表现的实证研究就出现了。这些研究所涉及的情感因素包括学生对自我和对各个学科的信念、情绪、心境和行为控制机制。学与教的理论逐渐吸纳了这些研究的成果。本词条将讨论那些最为重要的情感因素,并且会列举一个模型来展示这些因素及其相互关系。

2. 情绪和情感

学校中的学习是在追求成就的背景下进行的,由此也就成为引发社交压力和相互攀比的原因。因此,学习活动可能会引发特定的忧虑和各种各样的情绪。学生在班级环境中的情绪体验可以按照积极的(比如快乐、兴奋、自豪)或消极的(比如焦虑、愤怒、悲伤)分类,也可以分为任务关联型或背景根源型。令人奇怪的是,关于焦虑对学习的影响作用有众多的研究证据,但是,关于其他情绪,如愤怒、快乐和悲伤,对学习和行为的影响作用却少有研究。研究者之所以对其他情绪缺少关注可能是源于20世纪80年代以前,对于情绪一直没有形成清晰的理论结构,而且对情绪的测定又十分复杂。

在20世纪80年代,许多研究者都力图把情绪体验划分为若干构成成分,而且视评价过程为其核心成分。例如,弗里加(Frijda 1986)提出,情绪与陈述性知识和程序性知识一起储存在记忆中,情绪的信息很可能是作为一个鉴别器,对将要发生和正在发生的事件发挥整体的鉴定作用,以从中确认出难处理和易处理的情况。弗里加解释说,情绪并不存在于环境之中,而是取决于个人对事件的评价。换而言之,事件是在与内部表征联系起来后才具有了令人满意的(易处理的、良好的境况是与积极的认知和情绪相连的)或使人烦恼的(难处理的、凶险的情况可能就预示着损害、伤害和损失)意义。这意味着升高了的生理唤醒(如肌肉紧张、心跳加快、出汗)可能会导致个体对活动敏感性的改变,正是对事件所激发的生理唤醒的独特解释决定了情绪的性质及其对行为表现的影响。曼德勒(Mandler 1984)关于身心的理论已经被麦克劳德(McLeod 1989)运用到数学学习中。麦克劳德描述了学生在解决数学问题时被打断和妨碍时的表现。

2.1 焦虑

有关考试焦虑的研究广泛地探讨了被试对成就水平的评估。大量的研究证据显示了考试焦虑对认知功能的巨大影响(Hembree 1988)。很多研究表明:(a)焦虑会延迟或阻碍对与任务有关信息的加工;(b)通过过度学习牢固掌握的技能基本上不会受焦虑影响;(c)更高级的认知加工会受到损害。这些发现都支持了对考试焦虑的注意力缺失假说,该假说认为焦虑会与那些与任务有关的信息在工作记忆中争夺加工资源。这种解释也可以说明焦虑的学生在追求成就时会采用不适当的认知策略这一现象。不过,这个假说也有些首尾不一致的地方。显然,如果不采取措施,焦虑对所有学生都意味着注意资源的不足。那么,高度唤醒的感觉既会出现在有高度考试焦虑的学生身上,也会出现在轻微焦虑的学生身上,但是,不同焦虑水平的学生在高度唤醒水平的持续时间上,以及他们对此的理解与认识上都是不同的。

2.2 愤怒和心境

在学校,学生们会因各种各样的原因发怒,比如说,当他们被教师批评时,或禁止他们做完他们感兴趣的事时,这些情况会提高许多学生的生理唤醒水平。然而,也有一些学生报告,在其他人感到怒不可遏时,他们也只有轻微的不快。为了更多地了解班级里激起学生愤怒情绪的各类因素,伯克尔茨(Bockaerts 1993)对10 ~14岁的小学生和初中生进行了研究,发现引起愤怒情绪的大多数原因是,学生认为某些规范、规则是不合理的,而且没有任何可以接受的解释。然而,在班级中,总是直接地把怒气发泄到引发愤怒的人或事上是不可能的,所以学生们必须学会压抑他们的愤怒,以求得在学校的各种关系中生存。非常强烈或频繁的愤怒情绪经常被认为是行为问题的症状表现。不过,压抑或控制愤怒情绪会占用个体较多的认知资源,因而可能会影响任务的完成。此外,有关心理健康的研究也表明,长期处于愤怒的唤醒状态会严重危害健康。

在班级环境中悲伤、沮丧、喜悦和高兴的影响作用还没有得到广泛的研究。然而,可以假定,像悲伤或喜悦等高唤醒水平所引发的认知和感受会争夺个体的信息加工资源。一些权威的心理学证据表明,积极与消极的心境都会影响认知加工过程。鲍尔主持的多项研究(Bower 1981)发现,引起特殊心情的诸多情况都会对信息加工系统有影响作用。他报告说,处于积极心情状态下的被试更倾向于回忆起积极的经验并且会更关注文章里乐观的细节。他们会用更多的时间来编码那些与他们心情相符的信息,然后更多地记住与文章有关的积极的事情。上述发现,反之对消极心态的被试也同样成立。鲍尔还报道了积极与消极心态影响对能力的自我知觉并影响问题解决和决策过程的一些研究。由这些研究可以推论,情绪和心境会让学生懂得他们所处的活动环境是易处理的还是难处理的,以使他们可以相应地调整自己的信息加工。

3. 对自我和学校课程的信念

在学校生活中,学生们对学校、对教学以及对不同的学科领域会形成各种各样的信念。起初,这些信念可能相当微弱，但逐渐它们会变得非常强烈且难以改变。通常都认为对自我和对各学科领域的信念是动机的基础，也是发展积极或消极态度的基础。关于学生对自我和对与学校有关问题的信念已有大量的研究资料。

3.1 对自我的信念

有许多名为自我概念、自我效能感或对成功与失败的归因研究都会探讨个体对自我的信念。自我概念被看作是影响自我信念的关键因素。个体对其生理外貌、能力、情绪稳定性、社交技能和学业能力的认识是自我的重要组成部分。班杜拉（Bandura 1982）指出，当面对不熟悉的任务，或者是个体确切认为他们与任务有关的个人资源或社会资源发生了变化时，他们就会对自我的效能进行评判。这些概念化的自我是建立在直接与间接的经验以及别人的意见和自我归因的基础上的。心理学的文献提供了丰富的证据证明：个体对自己能力和驾驭特定领域知识的控制力的信心是决定他们行为表现的主要因素。自我效能感高的学生，即对某一学习领域有很强的个人控制感的学生，他们在智力测验和学业测验中都能得到更高的分数。自我效能感与学业成就具有中等强度的相关，二者是相互影响的。韦纳等人（Weiner et al. 1989）的一个纵向研究清楚地揭示了在数学学习方面，这种双向的关系是在6年级中期（11～12岁）才出现的。在这个年龄之前，由于儿童对于需要学习的知识、自己已经具备的技能，以及自己指导和监控学习的能力缺乏了解，他们可能会对自我效能做出错误的判断，以至于他们的自我效能感与其行为结果似乎没有固定的联系。

在成功与失败的归因研究中也会涉及自我信念。韦纳（1986）把归因分为三个维度：控制点、稳定性和可控性。例如，对于自己在语言考试中的不佳表现，有的学生会把他们的失败归咎于考试的类型（这是一种外在的、易变的、不可控的归因）而不会认为是他们能力差（这是一种内在的、稳定的、可控的归因），或者是努力不够（这是一种内在的、易变的、可控的归因）所致。在基础教育起始阶段的学龄儿童在解释成功与失败的原因时主要会用努力与否，其次会用到的原因是自己的能力。尼科尔斯（Nicholls 1984）证实，年幼的儿童以一种自我比较的方式，如“自己努力学习了吗”来看待能力，他们在11岁之前还不能清楚地将“努力”与“能力”区分开来。对“能力”更为成熟的理解必然涉及社会性的比较，即，在比较时把达到特定表现水平所付出的努力或时间也考虑在内。青少年能够把“能力”当作一个相对的概念，他们通过自己直接的经验，通过将自己的表现和付出的努力与同龄人比较，或者通过对自己是否具有某些外显症状来断定他们在特定学习领域的能力。与小学生不同，青少年能认识到“勤能补拙”的道理，即努力可以掩盖自己真实的能力水平。这种观念会导致他们暗中努力和回避努力。

3.2 对不同学科的信念

学生们对不同的学科领域会形成各式各样的信念。例如，他们会认为数学是以逻辑为基础的、重要的、彼此联系紧密的课程，但是尽管如此，他们仍把数学课归于难学的学校课程一类，并且认为学生对数学课没有内在的兴趣。相比之下，他们会认为理解课文是以常识为基础的、重要的、容易掌握的，并且其本身就是引人入胜的。关于学生对不同学科的信念通常是态度和兴趣两类课题的研究内容。

所谓态度，就是在学生行为反应中反映出来的对特定对象相对稳定的、积极或消极的感情与认识。在传统的研究中，通常是以调查问卷的方式收集有关态度的数据，然后用因素分析将其划分成不同因素。麦克劳德（1989）认为，对数学的态度有两种截然不同的发展途径。一种途径是，学生们把记忆中对某个领域（例如几何）的态度迁移到对待新的领域（如代数）上。第二种途径就是，在对一系列数学任务重复的情绪反应基础上形成消极或积极的态度。无论是何种发展途径，概括起来就是说，态度是对特定学科领域近似自动化的反应，而这种特性又使态度变得难以改变和难以测量。

席弗利（Schiefele 1991）关注到这样一种现象，即人们对不同学科领域会形成不同的关系，而且他们对特定领域的兴趣就反映了这种关系。他认为对某一学科的兴趣不同于一般的动机倾向和态度，它是对特定内容内在的动机倾向。他揭示出，那些有浓厚兴趣的学生是为了学习本身而投入到某个学科的学习中。例如,那些对课文理解感兴趣的学生不仅能回忆起更多的信息,而且他们的认知策略也反映出更深入的加工(例如,与那些加工水平肤浅的学生相比,他们较少简单重复,而有更多的精细加工和更多的批判性思考)。

4. 评价、努力和控制机制

4.1 评价

根据洛佐鲁什和福尔克曼(Lazarus and Folkman 1984)在研究压力方面卓有成效的工作,伯克尔茨(1991)将评价描述为一个连续的对比过程,所对比的双方,一是个体对任务与情境要求的觉察,另一方则是个体对满足上述要求所需的个人与社会资源的觉察。她建构了一个以评价为中心的探究性模型(如图1所示)。在这个模型中,评价的依据来自三方面的信息。第一个信息来源就是个体对任务与任务所在的物质、社会、教学环境的认识(成分1)。第二个信息来源是被激活的与任务相关联的特定领域的知识和技能(成分2)。第三个信息来源是人的个性品质,其中包括自我知觉中与情绪和态度有关的各部分(成分3)。这三方面的信息进入工作记忆中,成为个体评价学习环境的参照依据,同时也成为个体应对学习环境的个人资源。因此,我们可以把评价看作是个体融合了自我信念以及对特定学科领域的信念而对任务所进行的一系列判断。更具体地说,在评价过程中,学生可能会判断任务有多难,面对任务他们所拥有的个人资源是否充足,他们将要付出多大的努力,教学环境和社会环境的状况(包括可资利用的物质支持和情感支持),以及任务的吸引力和他们对动手完成任务的渴望有多强。由动态评价过程所

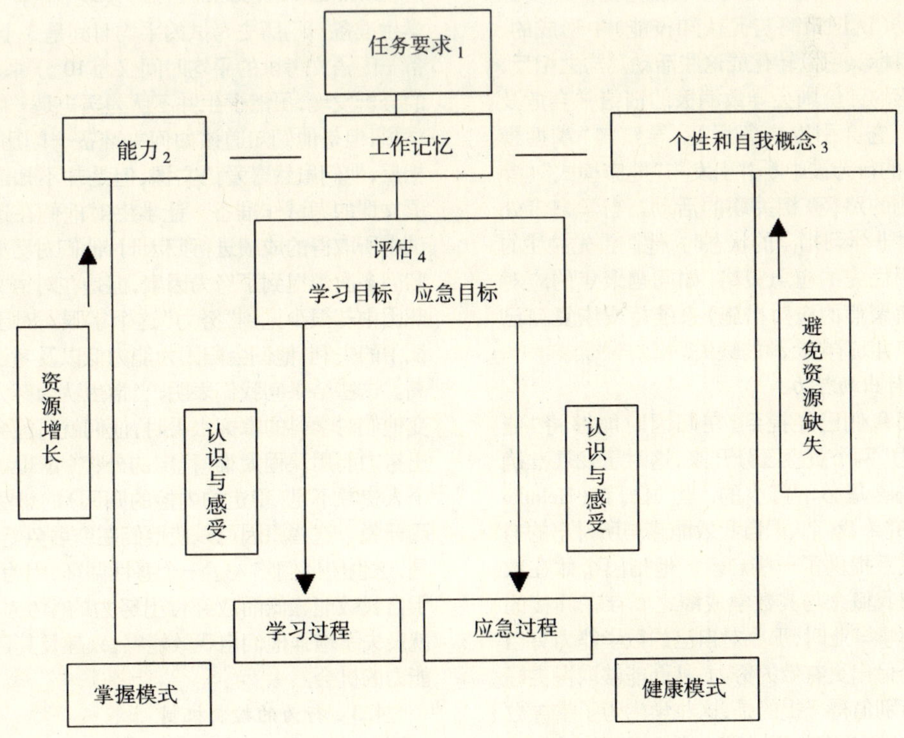

图1　情绪学习过程的探究模型

得的最终结果可能是预期或感觉到资源的增长，也可能是预期或感觉到资源的不足，或者是零操作。当学生认为任务的要求与他们满足任务需求的资源之间没有差距时，他们就不会产生资源不足的预期，因而，他们的身心健康也就不会受到威胁，这就是所谓的零操作。相反，如果学生觉察到任务的要求与自己满足任务需求的资源之间存在差距，这就可能激发出一种危机感（主要是一些消极的认识与情绪感受）或挑战感（主要是一些积极的认识与情绪感受）。

尽管在学习过程的特定环节中，评价、注意、兴趣、情绪等共同作用的机制还有待进一步的研究，但是，我们仍然可以假定，无论是零操作还是引发挑战感的评价都会导致个体产生发起或维持活动的行为意向（参见图 1 左侧的“掌握模式”路径）。这种学习指向的路径是由过去用来描述受动机驱动的学习的那些要素所构成的。更确切地说，学习目标是在指导学习过程以及导致能力提高与资源增长的活动（认识策略与元认知技能）中形成的，同时学习目标又可以转化成这些活动。与之相反，引发危机感的评价则会导致消极的情绪并会危及身心健康。它会引发应急目标，导致与“掌握模式”相关联的行为被中断并引发与“健康模式”（参见图 1 右侧的路径）相关联的活动。当学习者处于这样一种非学习指向的状态时，他们首先关注的是通过使用优先的应急策略（如问题聚焦的应对措施或情绪聚焦的应对措施）来维持或恢复自己的身心健康，以避免资源的缺失。

4.2 付出的努力

在前面我们已经提到，在归因时能够将“能力”和“努力”两个概念区分开来，这对于发展准确的自我效能感是必不可少的。黑尔姆克（Helmke 1989）的研究为我们认识自我效能感与所付出的努力之间的关系提供了一些启示。他指出个体在数学方面的自我概念与其数学成绩之间存在间接的相关。在小学毕业时，那些对自己的数学能力有自信的学生会付出更有效的努力，从而能够取得更好的成绩。特别值得一提的是，这些学生为了掌握数学课所讲的内容，在教学过程中会投入更多的心理能量（如更多的注意力、更多的认知投入、从事学习任务的时间更长以及勤奋、仔细、严谨守时、有条理等学习品质）。相反，那些自我效能感低的学生，付出的努力在数量上较多，这一点从他们要花更多的时间为家庭作业和考试作准备就能反映出来。这种有量无质的努力会增加焦虑水平并对学生的数学成绩产生消极的影响。由此看来，自我效能感为掌握新技能提供了最佳的内部条件。具有自我效能感的学生相信他们拥有必要的和足够的技能来调节自己的学习过程。从上面这个研究及其他一些相关的研究中，我们会发现，高度的自我效能感可能引发乐观的评估（Boekaerts 1992）、对特定内容的兴趣（Schiefele 1991）、对任务价值的高度感知力（Pintrich and De Groot 1990）、任务定向（Nicholls 1984）等，它提供了良好的学习条件（Helmke 1989）来激励学生为完成学习任务而努力。

不过，值得注意的是，当学生感到学习条件不够理想时，他们是不愿付出努力的。奥滕和伯克尔茨（Otten and Boekaerts 1990）发现，中学一年级的学生准备一门历史考试的平均时间是 3 小时，而准备一门语文考试的平均时间仅为 10 分钟。进一步的分析发现，虽然学生并不认为历史是一门有趣的学科，但是他们知道该如何去准备一门历史考试。相反，他们虽然喜爱语文课，但是却不知道如何为语文课的考试作准备。让学生对他们在这两类考试中所取得的成绩进行归因时，他们对历史考试的归因多次都提到了努力因素，但是在对语文考试的归因中却很少见到“努力”这个字眼。对于语文考试中的失利，他们会归因为能力低以及考试的难度高。这些结果向我们表明，当学生认为努力不会改变他们对学科的掌握水平时，他们就可能会避免付出努力而用课程太难（稳定的外控的归因）或自己个人资源不足（稳定的内控的归因）的想法来为自己开脱。这些原因可以使他们在今后免受指责，但是，这也使他们陷入了一个恶性循环，因为，那些由于自我效能感低而放弃付出努力的学生实际上也就丧失了增强他们自我效能感、兴趣及其自我调节能力的机会。

4.3 行为的控制机制

下面将要提到的是一些属于元认知范畴的概念，它们与上面所讨论的概念是明显不同的。许多研究者都赞同将元认知划分为有关认知的知识和对认知的调节两个部分。然而,当我们同时面对来自努力管理研究与元认知研究的成果时,很容易出现概念上的混淆。为了增加概念的清晰度,伯克尔茨(1992)提议,用“认识策略”这个术语来指代那些直接引发学习结果的加工活动(例如再认、回忆、分析、组织化、精加工),仍然用“元认知技能”这个术语来指代那些引导和驾驭学习过程中信息加工流程的加工(例如定向、计划、监控、反省、修正、评估),使用“行为控制机制”这个术语来命名那些对行为而不是学习过程进行总体调控的技能。她还区分了以下几种行为控制机制,包括认知控制、行为控制、情感控制、症状控制及社会控制。下面将讨论前三种控制形式。

认知控制是指那些触及情感的认知加工过程(例如评价、自我信念或特定的兴趣)。如前所述,认知控制涉及高度的内部动机和自我效能感,它能导致那些激发或维持掌握模式活动的行为目标,还能影响付出努力的数量和质量。当然,值得注意的是,许多行为目标是在学习环境中形成的,有些行为目标会削弱学生的意志力和激情,而有的则从学生的意志力和激情中表现出来。因此,库赫尔(Kuhl 1985)提出应该将主观的控制与真实的控制意图区分开来。他对此解释道,要达到特定的目标,只有对目标的选择以及坚持追求目标是不够的,一定的努力或行为控制,对于维持行为目标使其免受其他行为倾向的干扰也是必不可少的。

库赫尔指出,当受到其他一些颇具诱惑的行为选择干扰时,或者是迫于遵守某个协定的社会压力时,要将学习目标转化成相应的行为就特别困难了。在这些情况下,学生必须把他们的注意力主动地从相冲突的行为倾向上转移开以保持他们的学习目的。这种主动的控制模式就是所谓的“行为定向”,与之相对的被动的控制模式则被称为“状态定向”。那些在状态定向上得分较高的个体会更热衷于探究他们的情绪状态而不是任务。那些缺乏行为控制的学生还可以被进一步区分为以下几类:(a)由于不能决断而无法发起目的性行为;(b)由于缺乏持久的兴趣而无法维持目的性行为;(c)由于缺乏对失败的预见而无法维持目的性行为。

伯克尔茨(1992)引入了“情绪控制”这个术语来指代情绪的调节。她解释说,当身心健康受到损害时,学生会调整自己认知上和行为上的努力以恢复身心的健康。调节情绪的意图通过将压力转移的方式也许能有效缓解压力,但是这只能暂时地让学生平静下来,因为它只能改善表面征状而不能触及潜在的原因。正如在另一个词条中所讨论的那样,在充满压力的学业环境中,无论是问题聚焦的应对模式还是情绪聚焦的应对模式都能有效地缓解压力。但是,有些应对模式对于缓解短期的压力更有效,而有的应对模式则对缓解持续了较长时间的威胁更有效。总之,成功的情绪控制模式能使学生从健康模式中摆脱出来,为学生进行再评价以及从事掌握模式的活动打开了通道。

M. 伯克尔茨(M. Boekaerts) 著

陈 晶 译

附录

Bandura A 1982 Self-efficacy mechanisms in human agency. *Am. Psychol.* 37(2):122—147

Boekaerts M 1991 Subjective competence, appraisals and self-assessment. *Learning and Instruction* 1(1):1—17

Boekaerts M 1992 The adaptable learning process: Initiating and maintaining behavioural change. *Appl. Psychol.* 41(4):375—397

Boekaerts M 1993 Being concerned with well-being and with learning. *Educ. Psychol.* 28(2):149—167

Bower G H 1981 Mood and memory. *Am. Psychol.* 36(2):129—148

Frijda N H 1986 *The Emotions.* Cambridge University Press, Cambridge

Helmke A 1989 Affective student characteristics and cognitive development: Problems, pitfalls, perspectives. *Int. J. Educ. Res.* 13(8):915—932

Hembree R 1988 Correlates, causes, effects and treatment of test anxiety. *Rev. Educ. Res.* 58(1):47—77

Kuhl J 1985 Volitional mediators of cognition-behavior

consistency: Self-regulatory processes and action versus state orientation. In: Kuhl J, Beckman J (eds.) 1985 *Action Control: From Cognition to Behavior.* Springer-Verlag, Berlin

Lazarus R S, Folkman S 1984 *Stress, Appraisal and Coping.* Springer, New York

Mandler G 1984 *Mind and Body: Psychology of Emotion and Stress.* Norton, New York

McLeod D B 1989 Information-processing theories and mathematics learning: The role of affect. *Int. J. Educ. Res.* 14(1):13—29

Nicholls J G 1984 Achievement motivation: Conceptions of ability, subjective experience, task choice, and performance, *Psychol. Rev.* 91(3):328—346

Otten R, Boekaerts M 1990 Schoolvakbeleving bij Geschiedenis, Nederlands en wiskunde bij leerlingen in de brugklas. In: Boekaerts M. De Corte E (eds.) 1990 *Onderwijsleerprocessen.* Instituut voor Toegepaste Sociale Wetenschappen, Nijmegen

Pintrich P R, De Groot E V 1990 Motivational and self-regulated learning components of classroom academic performance. *J. Educ. Psychol.* 82(1):33—41

Schiefele U 1991 Interest, learning, and motivation. *Educ. Psychol.* 26(3/4):299—323

Weiner B 1986 *An Attributional Theory of Motivation and Emotion.* Springer-Verlag, New York

Weinert F E, Schrader F W, Helmke A 1989 Quality of instruction and achievement outcomes. *Int. J. Educ. Res.* 13(8):895—912

其他参考文献

Boekaerts M (ed.) 1992 Educational psychology (special issue). *Appl. Psychol.* 41(4):whole issue

McLeod D B, Adams V M (eds.) 1989 *Affect and Mathematical Problem Solving: A New Perspective.* Springer-Verlag, New York

Schunk D H (ed.) 1990 Motivation and self-efficacy in education: Research and new directions. *J. Educ. Psychol.* 82(1):3—91

文化与学习(Culture and Learning)

在20世纪90年代初,文化和语言的多样性已经成为教育中无法回避的问题。本词条将要探讨的是文化和人类学习的关系以及不同的研究传统对二者的不同解释,并且要重点讨论文化在人类能力的再生产过程中所起的作用。

1. 学习研究中的文化概念

无论是教育学和心理学领域的专家学者还是普通大众都承认,人类的心理功能是由个体成长的社会环境所塑造的。而且在某种程度上,下面这段话几乎就是一个不言自明的真理,即在社会和人类文化中,我们的语言、价值体系,乃至整个的社会、经济生活以及有形的社会机构等方面都存在着差异,并且这种差异注定会影响到个体的心理发展。然而,当回顾教育学和心理学的研究史及其学术传统时,我们却发现,学习和文化这个概念似乎并没有紧密地联系在一起。例如,在鲍尔和希尔加德(Bower and Hilgard 1981)的《学习理论》——学习心理学最权威的教材之一里,我们几乎看不到文化的作用,"文化"一词甚至都没有被列入目录。出现这样的情况,原因是多方面的,但是有一点是非常明显的,那就是20世纪控制着认知和学习研究的两大学术传统——认知主义和行为主义,在研究文化与学习的关系问题上持有强烈的反对态度。

对于行为主义学派来说,文化是一个精神层面的概念,在了解人类的学习过程时根本不可能纳入这个内容。因为按照行为主义解释人类活动的传统,学习被定义为是一系列外显的行为变化,而且对于这些变化,要么解释为由大脑或神经系统的活动引起,要么解释为是个体在生活中被强化的结果。至于人类生活中与文化相关的方面,通常是与群体性的、互动性的人类活动相关联,这些活动与那些可以客观分析的人类行为是非常不同的,而在行为主义者看来,后者才是学习科学正确的研究对象。

认知主义学派则从理想化和理性化的角度出发,通常在研究中只是揭示人类心理(包括各种能力和心理过程,如记忆、感知觉、学习)的共性特征。在大多数情况下,认知学派的研究者都很少关注在认知加工过程中周围环境的影响等各种因素。

2. 学习、文化及人类能力的再生产

任何社会机构都相信在社会或社会群体中存在着技术和能力的再生产。其实,这个命题不只适用于人类社会,在动物世界也是成立的。在猴子和猿的世界中,仅凭本能行事并不能保证它们安全地存活下来。对它们来说,通过模仿来学习——其中的一些行为属于萌芽状态的"文化再生产"——是非常必要的。在某些情境下,它们必须利用树枝、石头等工具来获取食物。所以,即使是幼猴也不得不学会复杂的行为方式以获取在隐蔽处的食物(如树上的白蚁)或很难够到的食物(如坚果和蜗牛)。

在人类社会中,情况就更为复杂了。任何社会都依赖于各种各样的技能(例如打猎和捕鱼)而得以延续。此外,在现有的生活条件下,在世界的许多地方,知识和技能,对于成功完成诸如耕地、生火、造屋、制衣及治病等活动,也是非常必要的。这些复杂的技能需要通过有效的系统来把相关的知识传授给下一代。而且,很明显,任何社会都需要一定的宇宙哲学和信仰才能将其社会成员团结起来并使他们对自己的社会身份产生认同感。即使我们只是对当代教育系统稍加分析也可以看出,在一个劳动高度分化且体系复杂的社会中,需要通过再生产而加以传递的能力的范围在非常快速地增长。

尽管有许多人试图给文化下一个定义,但迄今为止,仍然没有一个界定得到广泛的认可。按照传统的观点,文化通常被定义为:一个群体或一个社会共同拥有的信念、价值体系以及认识世界的方式。这个定义可能仅仅反映了文化"符号性"的一面,因为语言在其中发挥了决定性作用。然而,从20世纪90年代起,许多研究者开始强调文化既是抽象的(符号性、概念性)也是具象的(Cole 1990 P. 284)。文化的具象性是显而易见的,因为包含了不同技术含量的物质载体,例如铅笔、锤子、汽车和电脑,它们都是人类活动的产物,并且在我们私人生活和职业活动的方方面面都发挥着影响。人工器具是人类改造世界的资源,这对于人类的心理机能具有十分重要的意义,因为正是凭借它们,人类才可能完成超越其自然禀赋限度之外的、更为复杂的体力和脑力劳动。

2.1 学习的缘起

学习是而且一直是一项必需的工作。然而,在不同的文化背景下,学习活动的组织是有很大差异的。在社会化和技术程度较低的社会里,学习是通过实践活动和对社会活动的广泛参与来实现的。孩子们通过与父母一起劳动来学习如何捕鱼、打猎、做饭及种植,而且在劳动中他们逐渐承担起越来越多的责任,直至可以独立地完成这些任务。所以,对他们来说,学习在很大程度上是构成其日常生活的一个方面。

然而,在更复杂的社会里,学习已经变得制度化,而且需要再生产的技能范围也变得极其广泛。在许多情况下,对专门化技能的传授始终需要制度化的学习生涯,在这个学习过程中学习者需要在很长一段时期里以学生身份进行见习。要进入一门行当或专业(例如裁缝或助产学),为了掌握必备的技能,一个学徒工必须在一位专家师傅的密切指导下工作,经过一段时间(可能持续几年)的训练后,最终才会被允许对整个生产过程负责。

现代教育体系中的学习已经从其他社会活动中脱离出来,变得"去情境化"了。现在,学习在很大程度上是在特定的社会机构中以文化活动为载体来进行的。对于这些学习活动来说,教材乃是必不可少的,而且毋庸置疑的是,文字的出现无论是在学习活动的发展进程中,还是从广义的文化变革来看都算得上是最为重大的进步之一。

2.2 文字与学习

从20世纪60年代起,有关文字对文化产生影响的问题就已经在文学上被广泛地讨论了。许多研究者提出人的心智加工过程基本上是由书面语言来调节的。书写和阅读文字有助于抽象思考分析,而口头语言却做不到这一点。持久的书面记录使我们有可能细察论据,并保持它们的完整性,以便继续阅读和再阅读。

在可以书写的文化中,学习不再与记录和记忆同义。需要储存的内容可以用手记录下来,并在原则上可以被任何能够阅读的人获得。这种转化如何影响人的心智加工过程仍是目前识字研究中有待探讨的问题。对此,奥尔森(Olson 1988)采取了一种激进的态度,提出文字对人的思维产生了深刻的影响,而且由于文字的诠释作用,一旦所写的(或所说的)与所指的存在差异时,人们可以马上察觉到。伴随这场讨论而生的对于意义和解释的质疑已经成为现代西方文明的基石以及科学思考中的一个关键因素。

也有其他学者不同意上述观点,他们认为这并不是文字本身的魅力,以文字为重要构成的文化活动才是引发思维和学习方式改变的真正原因。斯克里布纳和科尔(Scribner and Cole 1981)在利比里亚进行的一项研究是探讨文字对认知的影响作用的经典实验之一。在这里人们使用三种不同的文字:当地的音节表(大约是与日本的片假文相似的文字——译者注)、拼音文字(英语)以及阿拉伯语。通过比较使用这三种文字的不同人群在大量任务(包括记忆、逻辑推理、元语言学意识等)中的表现,斯克里布纳和科尔得出结论,对认知产生影响的并非文字本身,而是那些与文字密切相关的来自正规学校教育的经验。因为正规的学校教育几乎就是由帮助人们掌握逻辑推理(我们可以通过考察学习者解决演绎法以及其他逻辑问题的能力来评定)、记忆特定规则、形成语言意识和意义的各种练习构成的。正是在学校里对意义和定义进行质疑,或是鼓励以一种分析的立场看待现实和课文等诸如此类的语言游戏增强了学习者与文字有关的思维的质量。

当然,在社会中文字并不是一个完全统一的现象。即使在那些有法定文字的社会里,不同的人群或亚文化群体在日常生活中也是以不同的方式整合他们的文字经验的。所谓"有文化"的标准定义——如能够阅读一篇散文——即使在"有高度文化"的社会里也并不总是行得通的。希思(Health 1983)对美国东南部三个不同人种团体的文字经验进行了深入研究,她发现不同团体学习课文的经历存在非常系统的差异。虽然学校要求用阅读课本,然后逐字进行归纳这种特定的方式来学习课文,但每个团体都采用了与此不同的方式来阐述课文。事实上,阅读是综合性而非孤立性的活动,在解析文章的意义时,学习者口述的内容比教材本身更重要。也就是说,学习者并不是按照学校期望的方式去记忆和回忆教材,而是用有创造性的讲故事或开玩笑的方式来重构教材的。

3. 文化和认知:研究中理论的位置

讨论文字对认知的影响是非常有趣的,因为对这个问题所持的立场乃是区分不同认知发展理论的分界线。一种理论立场认为人类的认知是普遍的,不同的仅仅是认知资源所作用的外部环境。与此相对的另一种理论立场则认为技术和工具可以改变人们的认知能力,并导致人们的思维模式发生质变。这两种立场对人类认知能力的本质及其发展的解释是非常不同的,二者的差异在社会文化历史观学派与皮亚杰理论对文化与认知关系的研究中得到了充分的体现。

3.1 社会文化历史观学派

由维果茨基(Vygotsky 1986)在20世纪20年代后期创立的社会文化历史观学派或许算得上是从理论上将文化与人类心理功能整合起来的一大尝试,这一理论后来被鲁利亚(Luria 1976)所发展,最近又被现代西方学者如科尔(1990)和沃斯(Wertsch 1985)提出来。在这个理论框架中,文化是一个非常重要的概念,外部世界正是通过文化以及文化活动来影响个人的。根据这种理论模式,人们在感知或认识世界时并不是客观、中立的。孩子们所体验的世界乃是他们与其文化圈中的成人和其他更有知识的成员互动的载体。儿童并不是通过正规的定义来认识客体(比如球、玩具娃娃等)的。他们首先是在互动的环境中通过玩耍来体验这些客体的存在,然后才可以按照正规的方式来界定这些物体(在他们有必要这样做时)。所以说人类乃是生活在经过文化尤其是语言过滤后的现实世界中,这个世界包含了一系列约定俗成的事件和客体意义的方式。换而言之,也可以说文化就是人类与提供可以解释现象的世界的交汇之处,正是文化使人们能够与团体中的其他人进行交流。

或许在关于文化对人类认知产生影响的例子

中,最具有说服力的(尽管对此研究也有争议)是20世纪30年代早期鲁利亚(1976)进行的研究。鲁利亚设计这个研究主要是为了检验维果茨基提出的文化对心理机能的中介作用及其影响。这项研究可以看作是考察一项巨大的社会实验(包括农业的集体化、生产的现代化、在苏联的遥远地区引入文字)所引发的心理学效应。我们可以设想一下,没有接受过正规的学校教育、不会读写、不与社会发生联系的人,当他们学会文字并在现代化的生产过程中从"理论上"被给予了更多新的职责时(作者在"更多新的职责"前加上带引号的理论化,可能是想表达这样一个意思,即在现实中他们可能并没有真正享有这些新的职责——译者注),他们感知和解释社会的方式是否会发生变化?

结果表明,在认知的许多方面(包括感知、抽象和归纳、推理、演绎、想像及自我意识)确实出现了一些急剧变化的迹象。在这项研究所给出的任务中有一个标准的心理学分类测验,要求参与者判断在给出的四个物体中哪一个与其他几个不属于同一类。例如,当呈现以下一组物品——锤子、锯条、木头、斧头时,文盲会倾向于认为锤子、锯条、木头属于同一组,而认为斧头是单独的一组。同时,他们又会认为所有的物品都必须在一起,他们会说:"锯条、锤子和木头必须一起工作。不过斧头也一样。"(Luria 1976 P. 56)相反,有文化的人通常会认为锯条、锤子、斧头是一组,木头应该被排除在外。由此看来,没有接受过任何正规教育的农民之所以认为锤子、锯条和木头应该被分在一组,是因为它们共同参与了同一个实践活动。他们使用的是"情境化"的思维,是按照具体的活动来概括的。那些受过教育有文化的人则是运用分类思维来进行区分,因此他们倾向于认为那些属于同一抽象类别的物品应该归为一类。这种差异同样可以在感知和其他认知过程中被观察到。鲁利亚提出,这些思维的变化反映了一种新的认识世界的方式,也就是维果茨基所说的一种新的中介模式。从这个研究可以看出,文化活动和对抽象活动负有责任的新的社会原则,有助于个体形成更加抽象的、以言语为中介的思维方式,而且在这样的思维方式中概念化占据了优势。

鲁利亚对教育和多元文化社会的问题进行了考察,直到1974年这项有趣的研究的文献才得以在苏联出版。当然,正如迈克尔·科尔在鲁利亚这本书的英语版序言中所写,鲁利亚探讨的问题是并将仍然是非常有争议的。例如,在鲁利亚的论述中,传统社会被描述成落后的,对这里的人们用了一些充满价值判断的词汇来进行描述,例如"文盲"。相反的,强加于人们身上的技术和社会组织方式则被描绘成"现代"和"先进"的(作者引用科尔的观点以及这段论述,一方面反映了目前学术界对于多元文化研究的一种反思。过去,我们通常对各种文化冠以"落后"或"先进"等带有价值判断色彩的评价,并且总是试图要用"先进"的文化去改造或替代"落后"的文化,正如殖民时代,西方人士将西方文明奉为"救世良药"到世界各地去改造当地的土著文化、本土文化。现在,我们已经进一步认识到就如生物的多样性需要保护一样,文化的多样性也是需要保护的。另一方面,这段论述也反映出科尔以及作者等某些来自西方的学者对于"社会主义制度"的抵触,所以会使用"强加"这样的词汇——译者注)。很明显,这是一种带有偏见和种族论思想的方法,他并不尊重也不曾试图去研究当地的思维方式。尽管这些象征着社会价值和观念体系的思维方式中包含的理想和规范与占统治地位的理想和规范是不一致的,但在这个意义上,鲁利亚的工作反映了跨文化研究中的一个常见的问题:进化论和种族论的倾向。价值判断已经几乎不变地被运用成为文明的前提,西方的理想如抽象、科学的思考,被认为应该是所有文化致力追求的理想。这是一个不公正甚至很危险的假设,它会使教育上许多不幸的决定合理化。

3.2 关于皮亚杰学派传统的研究

关于人类发展一种主流的解释是把发展视为个人内在潜能逐渐释放的结果,而且认为这些潜能其本质主要是生物性的。这种观点是行为科学领域最有影响的理论之一——让·皮亚杰理论的核心,即,认为文化对于人类的认知发展过程几乎没有什么影响。在皮亚杰的理论中,儿童的成长经历了一系列阶段:感觉运动阶段、前运算阶段、具体运算阶段、形式运算阶段。既然发展被认为是"由内向外”进行的，所以，关于世界是如何组织的概念，儿童是通过自己的操作和发现来生成的，外部的文化影响并没有起到主要的作用。由于这些发展阶段都被看作是人类生物性的特点，皮亚杰的理论——至少在它的最初的表达上——认为发展是普遍的，认知机能是一种在任何情境下都能够发挥作用的特定类型的运算。正如达森（Dasen）和埃龙（Heron）所说：“对于研究跨文化问题的心理学家和人类学家来说，皮亚杰理论所强调的概括性和普遍性乃是它最大魅力所在。毕竟它向我们展示了，隐藏在人类文化传统多样性背后的还有一些共性的东西，即所谓的人性，而具有普遍性的人类认知的基本机制可能就是这种共性的最好标志。”（1981 P. 297）这种理论立场对许多研究者提出了挑战，并且从20世纪60年代以来引发了大量的相关研究。其中一些跨文化研究对比了不同文化背景中的儿童、成人在认知发展和认知技能上的差异。

从这些研究发现中可以得出一个普遍的结论，那就是有充分的证据表明，在不同文化和社会条件下，发展的早期阶段都是大致相同的，很少受语言和社会交互作用的影响。然而，一旦涉及明显受语言影响的思维方式，例如皮亚杰所指的“形式运算思维”（开始于11～12岁）时，“抽象推理具有普遍性”这一命题就会受到质疑，至少它在许多重要的方面不得不进行修正。在一些早期的研究中，当发现特定文化中的儿童和成人都没有达到形式运算阶段时，研究者基本上是以种族中心论的方式来进行解释的。但是，很快研究者就发现，由于显而易见的文化差异，我们不得不对这种引用外来文化的测验任务并据此对不同文化背景个体的认知能力下结论的研究程序提出质疑。并且，有几位研究者以超然中立的态度（也就是说这些研究者抛开了西方研究者惯有的“种族优势”心态，以更为客观、实事求是的态度来研究西方文化圈之外人群的认知能力——译者注）开展了非常有意思的一些研究，发现某些类型的任务对来自西方世界的人来说更容易完成，而某些类型的任务对来自其他文化圈的人来说则更为得心应手。例如，加伊和科尔曾经尽力创设实验条件来考察利比亚开普勒人主要的知识和技能。由于在开普勒大多数人是种植粮食的农民，因此与种植、买卖粮食有关的活动在他们日常生活中非常重要，而判定粮食的重量就是开普勒人非常熟悉的一项有实践意义的任务。在加伊和科尔设计的这项实验中，开普勒人在估计粮食的数量方面表现得很有技巧，他们的表现远远超过了那些面对相同任务的美国成人。

从皮亚杰后期的著作中我们可以看到，他已经意识到为了避免被谴责为“种族主义者”，必须更多地关注文化和社会因素在认知中的作用，也就是说他已经开始考虑用其他文化自己的规范来评价这种文化。然而，尽管皮亚杰清晰地阐明文化对思维很重要，但他从未深入地考察文化对发展的作用。他提出：“考虑到不同文化中的儿童沿着结构化的、既定的发展道路（在他的日内瓦课题中提到的）进行发展的比率和程度，社会文化差异的影响几乎可以忽略不计。”（Chapman 1988 P. 97）但是，其他一些学者却试图证明，如果皮亚杰的认知发展阶段论对测验诸如平衡过程等方面的偏好能够减弱一点，那么他会对人类的认知有更加情境化的认识（作者意指，有些人认为皮亚杰的认知发展阶段论是在他设计实施的一系列实验——如平衡测验、守恒测验——的基础上提出的，而这些实验任务与人们真实生活中的认知任务，即情境化的认知任务是不同的，所以，用这些去情境化的实验得来的认知发展阶段论是不能反映人类认知发展的真实面貌的——译者注）。

4. 关于学习的文化学观点的价值

正如上面所提到的，学习研究中占主导地位的观点使文化的作用一直被排除在教育研究之外。直到20世纪60年代，从文化的角度对教学和学习实践进行研究的尝试才变得频繁起来。与人类学领域接触的增加，以及对人类活动情境化特征的意识增强，致使人们意识到在理解和发展学习时，文化是一个重要的因素。到20世纪90年代早期，在分析教育时已经开始使用比较研究，发源于人类学和人种学的方法也开始得到广泛运用。

在当代的比较研究中，关于不同科目的课堂教学、学生的学习方式，以及其他一些核心问题等有深度的问题被提了出来，对这些问题的探讨带来了令人惊讶并富有启发性的答案。施蒂格勒和不同的合作者（Stigler et al. 1990）已经证明了，亚洲学生在数学上取得优异成绩不仅是因为他们在具体的课堂练习上与西方学生的差异，也源于他们的文化对于数学能力的本质和根源的信念与西方不同。施蒂格勒和佩里（Perry）发现美国父母倾向于认为数学能力是天生的，而亚洲父母（和教育者）则认为能力是课堂教学的产物。因此在美国情境下对个性化有更大的压力（既然已经认为能力是有差异的），而在亚洲课堂里则认为只要给予足够的时间和高质量的教学，所有的学生都将有效地学习。研究发现亚洲学生在数学上取得佳绩都是以出乎意料但却惊人相似的方式与以下几个因素有关，这些因素包括：必须面对外界对自己学习情况的评价（这在亚洲的学校常以公开的方式进行，并对错误的解决方法进行广泛的讨论）；在一个特定的问题上花了多少时间（亚洲的老师对每一个问题都花大量的时间，有时甚至整节课只讨论一个或两个问题——这是美国的教师从未使用过的教学策略）等等。这些结果是非常有趣的，同时它们也表明在教学过程中文化所具有的潜力。对于不同的社会和学校系统中如何进行学习的意识不断增加，将有助于教育者更好地审视和改善教育，以使之满足日益增强的多元文化世界的挑战。

R. 赛尔杰（R. Säljö） 著
杜 蕾 曾 知 译

附录

Bower G, Hilgard E 1981 *Theories of Learning*, 5th edn. Prentice-Hall, Englewood Cliffs, New Jersey

Chapman M 1988 Contextuality and directionality of cognitive development. *Hum. Dev.* 31:92—106

Cole M 1990 Cultural psychology: A once and future discipline? In: Berman J J (ed.) 1990 *Cross-Cultural Perspectives*. University of Nebraska Press, Lincoln, Nebraska

Dasen P R, Heron A 1981 Cross-cultural tests of Piaget's theory. In: Triandis H C, Heron A (eds.) 1981 *Handbook of Cross-Cultural Psychology. Vol 4: Developmental Psychology*. Allyn and Bacon, Boston, Massachusetts

Gay J, Cole M 1967 *The New Mathematics and an Old Culture*. Holt, Rinehart and Winston, New York

Heath S B 1983 *Ways with Words: Language, Life and Work in Communities and Classrooms*. Cambridge University Press, Cambridge

Laboratory of Comparative Human Cognition 1983 Culture and cognitive development. In: Mussen P (ed.) 1983 *Mussen's Handbook of Child Psychology. Vol 1: History, Theory, Method*, 4th edn. Wiley, New York

Luria A R 1976 *Cognitive Development. Its Cultural and Social Foundations*. Harvard University Press, Cambridge, Massachusetts

Olson D 1988 Interpreting texts and interpreting nature: the effects on hermeneutics and epistemology. In: Säljö R (ed.) *The Written World: Studies in Literate Thought and Action*. Springer-Verlag, Berlin

Piaget J 1983 Piaget's theory. In: Mussen P (ed.) 1983 *Handbook of Child Psychology*, 4th edn. Wiley, New York

Scribner S, Cole M 1981 *The Psychology of Literacy*. Cambridge University Press, Cambridge

Stigler J W, Perry M 1990 Mathematics Learning in Japanese, Chinese, and American classrooms. In: Stigler J W, Shweder R A, Herdt G (eds.) 1990 *Cultural Psychology: Essays on Comparative Human Development*. Cambridge University Press, Cambridge

Vygotsky L S 1986 *Thought and Language*. MIT Press, Cambridge, Massachusetts

Wertsch J V 1985 *Vygotsky and the Social Formation of Mind*. Harvard University Press, Cambridge, Massachusetts

其他参考文献

Lave J 1988 *Cognition in Practice: Mind, Mathematics and Culture in Everyday Life*. Cambridge University Press, Cambridge

Rogoff B 1990 *Apprenticeship in Thinking: Cognitive Development in Social Context*. Oxford University

Press, Oxford

Säljö R (ed.) 1991 Culture and Learning. *Learn. Instr* 1(3): whole issue

Saxe G B 1990 *Culture and Cognitive Development: Studies in Mathematical Understanding*. Erlbaum, Hillsdale, New Jersey

同伴关系与学习(Peer Relations and Learning)

儿童和同伴之间的交流在本质上是不同于儿童与成人之间的交流的。同伴之间的对话往往比儿童与成人之间的交谈更平等,对于成人的指导和信息,儿童通常会毕恭毕敬地听从。这种差异对于学习会有很强的影响作用。教育者已经意识到这些差异,并且开始设计相应的课堂策略来更好地开发同伴关系和儿童与成人关系中所蕴涵的学习机会。本词条所要讨论的就是目前将儿童同伴关系的特点运用于学业学习的各种做法。

1. 同伴交流的特点

在对道德判断的研究中,皮亚杰提出了儿童在“两个社会性世界”中生活的概念,一个社会性世界是成人对儿童的单方面的要求,另一个则是同伴之间的相互合作(Piaget 1932)。发展心理学家详细说明了两者更深层次的区别(Youniss 1980, Hartup 1985),即成人与儿童的相互作用反映了力量和知识上的根本的不对称,而同伴关系则建立在平等的基础上。这意味着成人通常会引导和组织他们与儿童的谈话进程,而儿童则通过协商来共同建构同伴之间的谈话进程。

成人与儿童互动的不对称性为学习创设了一个有众多优势的背景:它为传授所积累和贮存的文化知识以及对事物现存秩序产生尊重提供了一个最佳方式(Youniss 1980)。然而这种单方面的尊重可能会导致认知不平衡,例如儿童对成人的话不加批判地接受、在试图获得新技能时过分依赖于模仿。相反,同伴关系鼓励儿童在一个有支持、没有批评的环境中尝试新的想法。他们生成了一个可以分享个人想法、致力于亲密合作、质疑已知的东西以及尝试了解未知的环境。就其对儿童学习的价值而言,同伴关系提供了一个支持和发现的背景,但不一定会像传递基本信息、公式和技能的讨论会一样有用(Damon and Phelp 1989)。

2. 同伴学习的三种类型

尽管同伴关系一般比成人与儿童的关系要平等,但并不是所有的同伴关系都相似。在某些方面,同伴关系本身也不是平等的。教育学家已经在课堂中引进了三种主要的同伴学习的类型。它们被称作“同伴教导型”、“合作学习型”、“同伴合作型”(Damon and Phelps 1989)。正如成人与儿童关系和同伴关系之间存在相对的特点,对于教育者来说,这三种同伴学习的不同类型也各有优势和不足。

2.1 合作学习

合作学习,又称为“小组学习”或“小组任务”,由于这种方法较容易被教师掌握,所以已经被许多学校所运用。这种方法可以融入一般的学校生活而不会打断正常的班级活动惯例。一些合作学习项目仅需要一周课堂教学时间中的一两个小时。

现在被使用的合作学习方法是多种多样的,所有的方法一开始都要把班级分成许多小组,每组不超过四或五个人。这些小组一般是异质的,以尊重学生各自不同的才能。教师会分派任务给每个小组,然后小组着手去完成它。所有的合作学习方式都依赖于小组的凝聚力以及由此而生的动机,即学生们都会为了小组成员和整个小组的成功而努力工作。

目前被广泛采用的合作学习方法有阿伦森的“切块拼接式教学法”、沙兰的“小组调查法”和斯莱文的“学生小组成绩分享法”(Slavin 1978)。在切块拼接式教学中,每个小组成员都要成为一个大课题的某一方面的专家。在深入地研究了这一方面的内容后,专家向小组汇报他的发现。在作为一个整体的小组中,每一个组员都会作为专业成员轮流进行教学。在沙兰的小组调查模式中,小组成员计划和设计他们自己的任务,并为教诲其他人而作详细的准备。斯莱文学生小组成绩分享法则是在两个相对照的小组之间建立竞争。它鼓励小组成员彼此分享信息和成果，以便他们在学业测验中取得的个别成绩优于其他组的成员。

不同的合作学习方法对于学习小组中个人行为或集体行为的鼓励程度是有所不同的。在切块拼接式教学中，小组成员是以不同的角色来完成共同的学习任务，每个人必须与小组的其他成员分享他们各自的成果。在斯莱文的方法中，小组一起为后面的个别测验或个人表现作准备。还有一些与之不同的方法则鼓励小组在整个练习过程中一起计划和讨论。

不同合作学习方法对以小组间竞争为动力的依赖程度也是不同的。许多方法强调给予小组很诱人的外部奖赏，以刺激儿童对任务的兴趣。奖赏经常是根据练习后进行的测验的分数进行分配的。奖赏传递给小组的明确信息是，只有所有小组成员都掌握了任务，他们才会在击败其他小组后共同受益。其他一些合作学习方法在刺激了竞争成分的同时还依靠内部动机使学习小组都致力于练习。

2.2 同伴教导

在同伴教导模式中，一个儿童要实际地掌握一些技能和科目，然后再培训另一个儿童掌握这些技能和科目。由于第一个孩子比第二个孩子拥有更多的信息和能力，所以一开始这两个孩子的关系就是不平等的，相对来说，第一个孩子被看作是专家，第二个孩子则是一个新手。而且，这两个孩子之间不平等的地位还会因其他因素而复杂化。在同伴教导中，通常是试着把一个年纪大的孩子和一个小一点的孩子配对，或是把一个聪明的孩子和一个存在教育缺陷的孩子配对。事实上，同伴教导经常被叫作“跨年纪”教导，因为教导者通常比被教导者大一至两岁。

同伴教导是介于成人指导儿童和真正的同伴交流之间的一种教学形式。像成人对儿童的教学一样，同伴教导是以知识传递模式为基础的。这种模式假设一部分人知道答案，还必须把答案告诉给其他人。知识是线性地从一个人传给另一个人的，而不是寻找答案的人们共同构建的。同伴教导与成人对儿童教学的不同之处是，专家在权威和知识上与新手相差不远，而且对专家的教学能力没有特别的要求。这些差异影响了教导者和被教导者之间讨论的特点，因为同伴教导中的被教导者比起接受成人教导的儿童，其被动性要更弱一些。由于知识和地位上接近，同伴关系中的被教导者在阐述观点、提问以及冒险使用未受测试的解决办法等方面更感自由。当教导者是同伴时，教导者与被教导者之间的相互作用更平衡、更生动(Damon and Phelps 1989)。

我们可以从维果茨基(Vygotsky)的“最近发展区”观点中找到同伴教导的理论依据。维果茨基(1978)提出，与能力更强的同伴合作解决问题，能使儿童进入新的潜能区域。这些新的区域被维果茨基称作儿童智力发展的“引导边缘”，这是儿童最近发展区的构成成分。“引导边缘”通常是在儿童与更有经验的指导者互动中产生的。由于有经验的指导者以一种富有智慧感染力的方式引领着相互作用的方向，所以在互动过程中，儿童的智力表现超越了儿童在这种相互作用之外所能够做到的一切。由于对这种过程的体验使儿童获得了在自主活动时再现这些被引发的智力成就的能力。一旦能够自发地展现，这些智力成就就变成儿童实际能力的一部分，而不仅仅只是在互动中才能够显现的潜在能力。在这个意义上可以说经验和能力被内化了。维果茨基提出不仅交流中的信息可以被内化，而且暗含于交流过程中的基本的认知过程也可以被内化。所以说交流双方都可能受益。被教导者可以从质疑、挑战以及对教导者进行反馈等活动中受益。教导者则因为要向被教导者传授知识而再次整合知识，回答他们的提问，以及对被教导者的挑战做出反应而受益。这再次证明了那句古老的格言：只有尝试去教一个内容，你才会真正掌握它。

当两个儿童进入同伴教导的关系，他们就开始了新的思维方式。因为同伴对话都是合作化的、双方同意的，而且在交流观点时没有权威性，交流以合理性来维持，这些特点与批判性思维的某些关键特征是相仿的。尤其是，信念需要得到检验证实而不是强权即真理，这就要求交流的双方都必须付出明显的智力努力。所以，同伴教导要求儿童具有象征性地描述观念以及注意并解决逻辑矛盾的能力。

而这些能力都是认知能力的核心成分，不同水平、不同年龄的儿童在这些核心成分上都有发展的空间。

在同伴学习的三种类型中，同伴教导是最早进入实际的学校系统中的。在20世纪70年代，一些教育者把同伴教导作为替代性的教学形式进行实验。他们发现，通常同伴教导在刺激教导者和被教导者双方的教育成长方面都是有效的（Gartner et al. 1971）。因为在这些研究以及后来的研究项目中，都出现了以下情况：在教导者受到认真的培训和监督之下，同伴教导经过一段稳固的时间之后会对参与者显现出教育价值来。当同伴教导与其他的教学方法进行比较的时候，它也具有令人惊异的高效能。进行得好的时候，它不仅有助于儿童获得言语和数量技能，对儿童学好具体的科目（如历史、物理、社会学研究）也是有益的。最后，还应当看到，同伴教导对教导者和被教导者的个性发展也是有益的。儿童的自我评价、教育动机、学校适应性以及利他倾向都会在同伴教导的过程中得到提高。

2.3 同伴合作

在同伴合作中，一对新手一起工作以解决困难的任务。这种方式与同伴教导不同，因为儿童是从相同的能力水平开始的。它也不同于合作学习，因为儿童共同解决同一个问题，而不是个别解决问题的不同部分。不过，在实际运用中，同伴合作与其他类型的同伴学习也有一些相似之处。因为在同伴合作中，一个儿童也可以自发地承担领导者的责任，而且，合作者也可以分开进行独立的工作。

同伴合作鼓励儿童对策略和解决方法进行讨论。它向儿童提出了发现学习的挑战，但把这种挑战置于同伴协助和支持的背景下。像发现学习一样，同伴合作的精妙之处在于激发参与者深度的概念洞察力和基本的发展变化，因为它鼓励考察新的没有检验过的设想，并要求对旧有假设进行批判性的再检验。然而，和单独进行的发现学习不一样的是，在同伴合作中，儿童不会感到不能胜任的孤立感。而且，它会为发现学习所引发的富有创造性的冒险活动提供一个能够赢得同情的交流环境，因为当儿童与一群新手一起工作时，他在知识上的缺乏很少会使他感到泄气，而其他人也很少挑剔追究他某些方面的无知。

作为一种教育干预方法，同伴合作最初起源于皮亚杰学派在欧洲和美国进行的研究。这些研究所关注的是通过同伴交谈来探讨空间和物理问题，支持这种教育方案的观念与通过标准化的教学技术进行训练的想法完全是背道而驰的。这些发展心理学家所开发的各种创新性实验方式都要求儿童与其他同伴共同工作。最初人们觉得这种把新手聚集在一起共同面对难题并期望他们提出有效解决策略的方式很奇特，以至于有文章写出这样的标题《当两个错误产生一个正确》（Ames and Murray 1982）。不过，后来证明同伴合作在帮助儿童获得谈话能力和谈话背后的基本推理能力方面具有非常持久的效果。

为什么将新手组织在一起，其主要依据是日内瓦学派提出的“社会认知冲突”理论（Doise and Mugny 1984）。这种理论认为，同伴间的社会相互作用会导致意见不统一，从而给参与者带来社会性认知冲突。这种冲突会给儿童带来许多重要的认识。第一，他们开始意识到除了自己的观点以外，还有其他的观点存在。第二，他们重新检验了自己的观念，重新评价观念的有效性。第三，他们了解到他们必须证明自己的观念，如果想要别人接受，还必须彻底地和人交流。

这样的话，儿童就从认知和社会性两方面受益。社会性方面的收益包括发展了交流技巧以及对别人观点的敏感度。认知的收益来自在同伴反馈的指导下，他们不得不再次检查自己的观念。皮亚杰认为，社会和认知收益与持续增长的社会交流所激发的进步直接相关。当人们感到需要向别人解释和证明自己的观点时，他们就会意识到这些观念要尽可能地合理化。交流中的社会责任感最终会使一个人推理能力的逻辑质量得以提高。因此，日内瓦学派解释同伴合作时假定了冲突性的观念会激发重新检查、研究、证明对世界的理解的需要。

也有人提出质疑，认为仅用观念冲突还不足以说明儿童从同伴合作中所学到的经验。越来越多的理论强调同伴合作中的“建构”或“共同建构”。这种观点认为，儿童之所以能够通过同伴相互作用来学习是因为它让儿童看到了合作活动的可能性(Youniss 1980, Krappman 1992)。在真实的合作努力中,儿童一起设计计划、分享观点、共同验证各自的创见。这不仅是产生新的洞察力的有力程序,而且也能生成比单个人所能提出的更好的解决方案(Damon and Phelps 1989,Krappman 1992)。

不幸的是,很少有研究去确认引发进步的究竟是哪些同伴互动过程。因为要回答这个问题就必须对那些冗长和复杂的录像进行分析,而这在实验研究中是很容易做到的。所以最初的这类研究都偏向于探讨合作建构的过程模式而不是社会认知冲突模式。

从这些初步的研究中,我们发现与别人意见不统一的儿童似乎最少取得进步,而接受别人观点、与他人积极工作的儿童是最容易取得进步的(Damon and Killen 1982, Damon and Phelp 1989)。由此可见,促进发展的关键因素是建设性的互动而不是冲突性的互动。对儿童在完成任务过程中同伴互动的另一种分析发现,这些互动中包含了大量的协商活动。这些协商活动是一种建设性、调和性的社会讨论形式,特别适用于共同探索思想的未知领域。

最后,一项关于儿童同伴帮助行为的研究发现,同伴互动能够提供有良好平衡性和协同性的相互作用,从而为儿童学习重要的智力技能提供了一个独一无二的环境。研究者在报告中总结道:“这些同伴之间(大部分是朋友)的合作努力,提供了一个不可替代的环境,在这个环境中我们可以发现教育系统希望发展的各种能力(如探索问题的不同方面、改变观念、对观念进行实验、重新建构失败了的过程、分析错误、证实毋庸置疑的内容、研究好的解决方法的标准)以及合作建构能力和共同运用能力的发展。”(Krappman 1992 P. 179)

尽管同伴合作具有如此的优势,但是它在学校系统中的使用频率却远不如其他两种同伴学习方式。这可能是因为,同伴合作是一种来源于实验发展心理学而不是教育研究的方法。迄今为止,还没有根据同伴合作的原则而设计的系统课程。不过在把发展研究中得到的方法运用于真实教育情境中的同伴关系方面已经有了一些初步的尝试(Damon and Phelps 1989,Krappman 1992)。

3. 结论

在20世纪70年代到80年代,教育者已经在课堂中更多地利用同伴关系的作用。因为同伴之间的交流是更为平等、互利和生动的,它为儿童的学习提供了一个具有智力刺激和社会支持的环境。尽管同伴学习不能取代成人的教学,但它可以以特有的方式对成人教学进行补充。

同伴合作可能是最有希望促进儿童基本观念发展的方式,但关于它的属性和潜力还需要更多的研究。特别是,在怎样的互动条件下同伴合作会更有成效?社会认知冲突究竟在多大程度上可以反映这种互动条件(也就是说,在互动中除了激发社会认知冲突之外,还应当创设哪些条件,才能使同伴合作能够更好地发挥作用——译者注)?像“共同建构”、“协商”等观念描述的范围是什么(作者意指,究竟哪些互动行为或活动就是“共同建构”或“协商”的表现?这两个概念的内涵和外延是什么——译者注)?同伴合作和其他与之相关的同伴学习相比不足有哪些,它的优势又是什么?怎样才能把同伴合作与其他同伴学习方式综合起来?

W. 达蒙(W. Damon) 著
杜 蕾 曾 知 译

附录

Ames G, Murray F B 1982 When two wrongs make a right: Promoting cognitive change through social conflict. *Dev. Psychol.* 18(6):894—897

Damon W, Killen M 1982 Peer interaction and the process of change in children's moral reasoning. *Merrill-Palmer Q.* 28(3):347—367

Damon W, Phelps E 1989 Critical distinctions among three approaches to peer education. *Int. J. Educ. Res.* 13(1):9—19

Doise W, Mugny G 1984 *The Social Development of the Intellect.* Pergamon Press, New York

Gartner A, Kohler W, Riessman F 1971 *Children Teaching Children: Learning by Teaching.* Harper & Row, New York

Hartup W W 1985 Relationships and their significance in cognitive development. In: Hinde R A, Perret-Clermont A, Stevenson-Hinde J (eds.) 1985 *Social Relationships and Cognitive Development.* Oxford University Press, Oxford

Krappman L 1992 On the social embedding of learning processes in the classroom. In Oser F, Dick A, Patry J-L (eds.) 1992 *Effective and Responsible Teaching.* Jossey-Bass, San Francisco, California

Kruger A C, Tomasello M 1986 Transactive discussions with peers and adults. *Dev. Psychol.* 22(5): 681—685

Piaget J 1932 *The Moral Judgment of the Child.* Free Press, New York

Slavin R 1978 Student teams and comparison among equals: Effects on academic performance and student attitudes. *J. Educ. Psychol.* 70(4):532—538

Vygotsky L S 1978 *Mind in Society: The Development of Higher Psychological Processes.* Harvard University Press, Cambridge, Massachusetts

Youniss J 1980 *Parents and Peers in Social Development: A Sullivan-Piaget Perspective.* University of Chicago Press, Chicago, Illinois

其他参考文献

Damon W 1990 Social relations and children's thinking skills. In: Kuhn D (ed.) 1990 *Developmental Perspectives on Teaching and Learning Thinking Skills.* Karger, Basel

Perret-Clermont A-N 1980 *Social Interaction and Cognitive Development in Children.* Academic Press, New York

个性、学校和社会环境对学习的影响(Personality, School, and Social Environment as Learning Determinants)

在关于学校教育的研究中,个性领域、学校领域和社会环境领域这 3 组心理学变量可以划分为 9 个因素,这 9 个因素对学生情感、行为和认知的学习具有持续而有力的影响。它们分别是:

在个性领域,需要考察的学生资质包括:(a)入学前的能力水平,通常用学生在入学测验中的成绩来表示;(b)发展水平,通常用学生的年龄或所处的成熟阶段来衡量;(c)动机或自我概念水平,通常用问卷或个性测验来评定,也可以用学生坚持学习任务的强烈意愿来反映。

在学校领域里,对教学情况的考察包括:(d)学生投入学习的时间;(e)教学的质量,或者是教学在心理学和课程意义上对学生的适宜性。

在社会环境领域中,要考察的因素包括:(f)学生的家庭环境,或者是父母提供的心理支持和学习激励;(g)班级氛围,或者是班集体有教育意义的积极的士气;(h)同伴群体,或者是在校外学生相互间有教育意义的鼓励;(i)大众媒体,特别是学生在闲暇时间收看电视的最低限量。

1. 对教育的多学科研究方式

教育的主要任务是促进学习。在确认和积极地改变学习决定因素的过程中,心理学家发挥着有影响力的积极作用。通过实验室研究和课堂研究等多种方式,心理学家已经揭示出导致学习者产生不同学习结果的重要因素。他们的发现已经被政策制定者和教育实践家用来改进课程、教学以及其他学校教育内容的影响力和效率。

尽管如此,我们仍然应当看到,由于常用的心理学研究方式的局限性,心理学家有时会过分强调一两种或几种方式和解决办法。这就会助长在促进学习时一种片面、狭隘且短视的观念。其实,心理学可以从人类学、经济学和社会学等相邻学科关于人类行为(特别是学习)的多因素决定论中得到启发。例如,教育心理学家通常只关注学习的个性领域和学校领域这两组决定因素,但是既然学生在 18 年的时光中只有 13% 的清醒时间会在学校里度过,那么其他的社会和文化领域的因素也应当会对学生的学习产生巨大影响(Walberg 1984)。因此,在制定政策和进行教育实践时,对学生的各种生活环境——家庭、同伴小组及大众媒体——都需要加以考虑,并尽可能地加以改善。

2. 研究方式

在促进学习的过程中,心理学和社会科学可以优势互补。例如,教学心理学家为了一次分离出一种影响因素的效果,通常会在教育实验中使用随机方法。比如,为了比较新的教学方式和传统的教学方式在提高学习效益上的不同作用,实验者可能会用诸如抛硬币等随机方式来确定将哪些学生安排到对照组中。但是,在这种发源于农业和医学领域的实验研究方法中,对照组与实验组之间的差异乃是不同处理所引发的差异与各种偶然因素引发的误差的总和(这个意思转化为统计学的术语就是实际测量所得的小组之间的差异 S 等于由实验处理所引发的真实变异 S_t 与偶然因素所引发的误差 S_e 之和,即 $S = S_t + S_e$——译者注),所以,采用这种研究方式获得的有关因果效应的推论并不是完全可靠的。

在准实验研究中,我们要对接受不同实验处理的小组进行比较,必须考虑到除了处理方式的不同会引发不同小组出现差异之外,参加实验前学生、教师和各种条件上的不同也会导致小组差异的出现。虽然可以用一些统计方法如协方差分析来平衡这些差异,但是统计上的平衡并不能绝对地排除处理方式之外的差异。

尽管严格的实验研究(以及准实验在某种程度上)可能会发现实验中的自变量和因变量之间有显著的因果关系,但是,这种因果关系所反映的可能并不是自变量的真效应,而是由于新教学方式的新异性或者是学生和教师对新方式的热情所致,如果是由于后者,那么这种新教学方式的效果是不会持久的(也就是说,如果新的教学方式所导致的学生学业成绩的提高是由于学生和教师对于新方式的好奇与热情,那么随着时间的推移,这种教学方式的新异性减弱之后,好奇与热情也将不复存在,学生的学业成绩就会回落到原来的水平,即该教学方式增进学生学业成绩的效果只是暂时的,不能持久——译者注)。此外,很少有教育实验是在全国或世界范围内进行的,大多数研究都只是集中分析一两个因素,而且在取样时也只是依据当地社会的人口统计学分类来从不同人群中选取被试。这样的教育研究在观察技术、测量、验证和实验处理的随机安排等方面具有优势,也就是说,它们的内部效度高,但由于并不是严格地从总体或大样本中取样,因此它们的外推力或外部效度是比较弱的(Cook and Campbell 1979)。

经济学家和社会学家常用的调查研究方法是在日常的、自然的条件而不是创造出来的条件下收集信息,它与上述的教育研究方法可以优势互补。调查研究经常从全国甚至全世界范围进行大规模的分层随机取样,并且它可以测量更多的因素,但是,调查研究通常只能对这些因素进行横向比较(而且这种测评可能只是肤浅的,因为它们只测量了一小部分内容),所以,其内部效度会受到一定影响。借助一定的统计控制,调查研究可以用来探寻多种原因,正如借助对一两个协变量的统计控制可以使准实验具有更好的可信度一样,一定的统计方法也可以提高调查研究的说服力。

3. 研究发现

由于严格控制的实验研究与宽泛的调查研究各有优劣,利用二者的优势互相补充就显得尤其重要。从理论上说,真实存在的效应如果是持久而有力的,那么无论是在个案研究,还是在其他任何一种形式的研究中都一样能够显现出来。这种在各种形式的研究中都一致存在的研究结果是制定教育政策和开展教育实践的强有力的依据。事实上,在大约 8 000 个严格控制的实验研究中有近 120 项研究都表明,我们在开头所提及的影响学习的 9 个“有影响力的因素”确实对于学生的学习有稳定的影响,并且这些因素之间或它们特定的组成成分之间存在相互作用(Walberg 1984, Fraser et al. 1987)。上述结论得到了一项综述性研究的支持,这项综述性研究对 9 个基于调查研究数据的回归分析研究的结果进行了整合,这 9 个研究总共涉及美国国家教育成就评价中心对 15 802 个 13 ~ 17 岁的学生进行的数学、科学、社会研究和阅读测验的数据(Walberg 1986)。在这些研究中,这 9 个因素与作为学生学习结果的学业成绩和对科目的学习兴趣之间的相关系数分布在 -0.45 ~ +0.68 之间,在总共 91 个相关系数中有 83 个(即 91% 的相关系数）是与预期相一致的。甚至是在多元回归分析中对因素之间的相关进行了控制后，所得到的64个系数中仍然有58个（同样是91%的系数）可以作为预测学生学习结果的变量。（这一段话表明，无论是实验研究还是调查研究都一致证明了个性、学校、社会环境领域中的9个因素对学生的学习是有显著影响的，由此可以印证这九个因素对学生学习的作用是持久而有力的——译者注）

尽管在这些研究中相关作用的程度与学习成果的类型（成绩或态度）、科目及影响因素没有太大的关联，但是，它们平均达到+0.19的水平，并且大部分在+0.05～+0.40的范围内变化。并且它们的回归权重相当地一致，在不同年龄段、科目、学习成果及影响因素上没有显著差异。这一结果也表明这9个影响因素之间是线性相关的，即，在某一因素上有优势的学生在其他因素上也会处于优势。这一结果进一步揭示了，没有一种单一的影响因素可以决定学习结果（但是，我们却常常将学生的能力或先前成绩作为这些因素的代表，而忽视了学生及其家庭的社会经济地位或社会阶层等因素的作用）。

为了进一步探讨个性、学校、社会环境领域中9个因素对学生学习的影响，帕沙尔和斯塔（Paschal and Stariha 1992）收集了来自其他研究的几组数据并对其进行了更加深入的分析和比较。他们所使用的数据包括：来自美国高中和更高级学校的国家样本；学业成就测验；学校健康教育评价；对数学方面早慧儿童的研究。此外，他们还使用了国际教育成就评价协会对12个国家的小学生和初中生数学成绩的大型调查研究的数据，以及其他几个仅限于当地的小型调查研究的数据，比如，对芝加哥学前儿童、12岁的巴西学生以及社区大学生的调查。帕沙尔和斯塔一共总结了23项研究的数据，这些研究总共考察了大约25万名学生，涉及6个学科，在他们获得的341个回归权重中，有303个（占总体的88.8%）回归权重是符合预期的。

4. 教育理论

在我们前面提到的9个因素中，前5个因素是与学生的资质和教学有关的（如表1所示），这5

表1　对教育具有影响力的9种因素

学生的资质	能力，更确切地说就是学生已有的学业成就（可以用一般的学习测验来测量）
	发展水平（可以用学生的年龄或成熟阶段来衡量）
	动机或自我概念（可以用个性测验来评定，也可以通过学生坚持学习任务的强烈意愿反映出来）
教学	学生投入学习的时间
	教学的质量，包括教学在心理学和课程意义上对学生的适宜性
心理环境	"家庭里的课程"
	班集体的学习情绪或氛围
	校外的同伴群体
	电视（最小的闲暇时间）

个因素在布卢姆、布鲁纳、卡洛尔、格拉泽等研究者所提出的教育模式中都是至关重要的（Haertel et al. 1983）。在学校里每一个因素对学习来说都是必需的，其中任何一个因素水平没有达到最低的限度，学生都不能学到东西。例如，如果学生没有动机或教学不适当，即使进行大量的教学并且学生也具有高水平的能力，学生也会一无所获。然而，教育者对5个必需因素的影响力却是有限的，例如，在确定不同学科和活动的课程时间时，各种经济、政治和社会力量也会产生一定的影响。而且，学生的能力和动机受到父母、先前的学习经验以及学生自身特点的影响。因此，要推动学生学业成绩的持续进步仅靠教育者单方面的努力是不够的。

除这5个因素之外的其余因素（包括班集体的心理氛围，从成人家庭成员那儿获得的持久的情感和学习激励，校外同伴群体的学习兴趣、目标和活动）以两种方式来影响学生的学习：一是学生直接从这些因素中学习；二是这些因素通过提高学生能力、动机和教学的针对性来间接地改进学习。此外，有研究表明对学生来说，每周看电视的时间最好不超过10个小时，如果看电视的时间超过了这个最佳值，可能就意味着学生原本应当用于家庭作业与其他有教育和发展意义的、积极的校外活动时间被看电视所挤占了。

能力、教学和学习的心理环境对于学生的学习除了具有明显的主效应之外，这些因素彼此之间也有相互影响，而它们的相互作用反过来又会影响到学生学习的多少，因此，开始学得好的学生也会学得更快(Walberg 1984)。

在这5个必需因素中，当其中任何一个因素的作用减弱时，其他因素可以起到替代、补充或平衡的作用。例如，如果在动机、能力或教学质量处于最低水平时，为了达到中等程度的学习成效，就必然需要加大学习的时间。所以说没有一个必需因素可以掩盖其他因素的作用，所有的因素都是非常重要的。

除5个必需因素之外，9个因素中的其他因素(尽管它们对学生学习的影响通常被研究者通过统计学的方法或实验设计的控制而被排除在外)对这5个必需因素既有间接的影响，同时对这些必需因素也有直接的补充作用。另一方面，校外因素特别是家庭环境的有力影响，我们也应该加以考虑。

5. 简化的风险

正如生物、化学和医学可以融合缩减为医药学一样，教育的影响因素理论也是依照如下设定而得出的一种简化的理论，即，把学生的学习看成是一种基本的心理活动，它主要发生在班集体这种社会背景中，也发生在家庭、大众媒体和同伴小组等背景中。在这个观点看来，学校和社区的经济、政治及社会条件等几乎与学习不相关，因为这些因素的影响作用是间接的、不易改变且难以观察。不过，虽然它们对学习的影响作用比不上我们所提到的9个因素，但是，它们可以助长或干扰这9个因素的作用从而表现出对学习具有远距离的影响。

另外，即使在同一所学校里，不同班级的学习效率也会有高低差异。所以，以整个学校、社区甚至国家为单位来描述其特征会产生误导作用，就像在分析影响树木生长的最佳条件时，没有采用在给定时间内到达每棵树根部的水量为指标而是用一个国家或农场的年平均降水量来代替，这是很不正确的。因为学生的学习既明显地受学校、社会特点的影响，同时也在学校、社会和国家水平上受到许多经济、社会和政治力量的影响，所以，仅考虑9个影响因素的“教育的影响因素理论”确实有过于简化之嫌。有研究者对考察学习影响因素的179项有关研究进行了分析，在这些研究中一共提到了228个影响因素，并且发现这些因素之间是相互影响的(Wang et al. 1990)。当然，在这些因素中有些因素，如学生的性别、人种和社会经济地位，学校和地区的规模与消费水平，以及学校所处环境中的社会和政治组织等，在一个民主的、多元化的社会中很少出现太大的差别。它们本身对学习没有持续而有力的影响，主要是通过那9个因素来影响学生的学习。尽管如此，我们也不能将强调9个因素的“教育的影响因素理论”作为依据去压制那些看到了其他影响因素作用的人，而应当对他们的研究持欢迎的态度，鼓励他们展示其他因素对这9个因素的影响及对学校教育成绩的直接作用。

6. 影响效应和相关的大小

表2至表4所显示的是一项定量分析的综述性研究(或者说元分析)的结果，该研究考察了从1950年到1980年关于学生学业成绩的大约3 000个研究中有关影响因素的作用。当然，这些结果只是初步估计了9个因素的某些具体指标的效应。这些表既呈现了影响效应也呈现了相关，其中相关所代表的是自变量的一个标准差的增长。弗雷泽

表2　　学生资质对学习的影响

资质	相关	大小
能力		
智商	0.71	×××××××
智商(科学)	0.48	×××××
发展水平		
皮亚杰的阶段	0.47	×××××
皮亚杰的阶段(科学)	0.40	××××
动机		
动机	0.34	×××
自我概念	0.18	××

“×”号表示相关系数在十分等级中的大小

表 3　教学质量和时间对学习的影响

方式	影响	大小
巩固	1.17	×××××××××××××
加速	1.00	××××××××××
阅读训练	0.97	××××××××××
提示和反馈	0.97	××××××××××
科学掌握	0.81	××××××××
合作项目	0.76	××××××××
阅读实验	0.60	××××××
个别指导	0.57	××××××
适应性教学	0.45	×××××
辅导	0.40	××××
分科性的科学	0.35	××××
高度有序的问题	0.34	×××
诊断性指示	0.33	×××
个别化教学	0.32	×××
分科性的数学	0.32	×××
新科学课程	0.31	×××
教师期望	0.28	×××
计算机辅助教学	0.24	××
序列课程	0.24	××
先行组织者	0.23	××
新数学课程	0.18	××
调查生物学	0.16	××
同质小组	0.10	×
项目教学	-0.03	-
班级规模	-0.09	-×
主流运动	-0.12	-×
教学时间	0.38	××××

"×"号表示影响效应在十级标准差中的大小

表 4　家庭、同伴、班级气氛和媒体对学习的影响

方式	影响	大小
分层化的家庭作业	0.79	××××××××
班级气氛	0.60	××××××
家庭干预	0.50	×××××
家庭环境	0.37	××××
布置的家庭作业	0.28	×××
社会经济地位	0.25	×××
同伴小组	0.24	××
电视	-0.05	×

"×"号表示影响效应在十级标准差或相关系数在十分等级中的大小

等人(Fraser et al. 1987)也曾以综合探讨影响效应的早期文献为基础对这些影响因素的效应进行了类似的评估,后来沃尔博格(Wallberg 1991)又对他们的研究做了进一步更新和归纳。

7. 总结

综合这些对普通学校的教育和心理学研究可以看出,增加教学的数量并提高教学的质量可以明显而有效地提升学生的学习。除了改善教学之外,教育者还可以发展学生的家庭成员作为合作者,鼓励他们发挥直接或间接的作用。同伴群体以及学生在校外所接触的大众媒体对其学习也有重要影响。这些因素可以发挥增进学生学习兴趣的建设性作用。

尽管本词条已经对大量的相关研究进行了综述,但是,为了更好地认识影响学生学习的因素,读者最好还应当对 20 世纪 40 年代以来有关该课题的约 120 个定量综述性研究、近 200 个研究综述以及大约 8 000 个原创研究进行有选择性的阅读。因为在本词条的说明中相关研究的许多细节已经被必要地省略了,所以阅读第一手资料将有助于读者对具体的因素和方式进行更完整和更具有批判性的理解。例如,通过进一步阅读第一手的资料,我们就会看到,尽管个性、学校、社会环境领域中的若干因素对学生的学习具有巨大的影响和积极意义,但是一些特定的条件会降低它们的影响力。此外,对已有的研究进行更深入的综合和重复验证同开展新的实验研究一样都是必要的。

H. J. 沃尔博格(H. J. Walberg)　著
杜　蕾　曾　知　译

附录

Cook T D, Campbell D T 1979 *Quasi-Experimentation: Design and Analysis Issues for Field settings.* Rand-McNally, Chicago, Illinois

Fraser B J, Walberg H J, Welch W W, Hattie J A 1987 Syntheses of educational Productivity research. *Int. J. Educ. Res.* 11(2):73—145

Haertel G D, Walberg H J, Weinstein T 1983 Psychological models of educational performance: A theoretical synthesis of constructs. *Rev. Educ. Res.* 53: 75—92

Paschal R A, Stariha W E 1992 Educational productivity studies: A quantitative synthesis. In: Waxman H C (ed.) 1992 *Study of Learning Environments Monographs*, Vol. 5. Curtin University Centre on Science Education, Perth

Walberg H J 1984 Improving the Productivity of America's schools. *Educ. Leadership* 41(8):19—30

Walberg H J 1986 Synthesis of research on teaching. In: Wittrock M C (ed.) 1986 *Handbook of Research on Teaching*. Project of the American Educational Research Association. Macmillan, New York

Walberg H J 1991 Productive teaching and instruction: Assessing the knowledge base. In: Waxman H C, Walberg H J (eds.) 1991

Wang M C, Haertel G D, Walberg H J 1990 What influences learning? A content analysis of review literature. *J. Educ. Res.* 84:30—43

其他参考文献

Walberg H J (ed.) 1979 *Educational Environments and Effects: Evaluation, Policy, and Productivity.* McCutchan, Berkeley, California

Waxman H C, Walberg H J (eds.) 1991 *Effective Teaching: Current Research.* McCutchan, Berkeley, California

社交技巧与沟通技能(Social and Communication Skills)

社交技巧使个体能够发起并维持与他人的接触与联系,而且能与他人有效地合作。沟通技能则使个体能够与他人有效地交流信息,并与个体的言语获得密切相关。它们同时也是个体发展其社会性和理解社会现实的主要工具。

1. 社交技巧与沟通技能的定义

对于社交技巧与沟通技能,教学心理学所关注的是在学校里可以促使这些技能得到锻炼和发展的途径。为此就必须首先澄清以下问题:(a)从儿童几岁起,学校的影响开始发挥作用?(b)在儿童进入学校系统之前,他们的社交技巧与沟通技能已经得到了多大程度的发展?(c)社交技巧与沟通技能的发展遵循普遍、一般的规律吗?个体差异与文化差异对其有多大程度的影响?

对于前两个问题,可以放在一起来回答。教育的影响早在义务教育开始之前的托儿所和幼儿园时期就开始显现。而且,2~5周岁是儿童获得社交技巧与沟通技能的最重要时期,尽管这一段发展的根基在生命的第二年中就已经奠定了。至于第三个问题,从教育的角度来看,个体差异与文化差异当然是值得考虑的重要方面,当然,在探讨这些差异时应当将一般的能力与特定的技能区分开来。

社交技巧与沟通技能有很大的相关性。沟通活动是从主体间的对话过程开始的(Rogoff 1989):在一个稳固的关系中所获得的积极交往经验是影响沟通技能发展的一个重要因素。有意识的交流是建立在照看者对婴儿行为和表情信号的关注和他们依据婴儿能力发展水平与之对话的基础上的。沟通并不是一方向另一方单向地灌输自己先有的观点,使自己单方面的见识成为"共识",而是在你来我往的有效互动中实现意义的共享。

社交技巧作为增进互动的技能,是与个体日益增长的对语境的认识和推测其他参与者意图与动机的能力相关的。儿童早期形成的对周围社会的理解是他们学习与他人交流及建立社会关系的基础,因此沟通技能就是个体发展其社会性和理解社会现实的主要工具(Dunn 1988)。

在这里需要对"获得"、"学习"等专业术语进行必要的阐释。在本词条中,"获得"是用来指代兼具生物性、发展性和文化性的普遍现象。"学习"是一种特殊的、受环境因素影响的社交技巧和沟通技能。

2. 社交技巧的获得

"社会"这个词至少有两层不同但又相关的重要含义。它可以表示人与人之间面对面的各种关系;同时,由于人际关系存在于一定的文化背景中,所以"社会"也表示那些标志着一种文化特征的社会价值观:"人们的准则和价值观会影响到他们的互动和相互关系,同时,在一定程度上,这些准则和价值观又是在一系列的互动关系中形成、传递、转变的。"(Hinde et al. 1986 P. 15)

社会文化的规则体系和大众信仰会影响到每个人的社会行为,同时它也使个体认识到哪些因素会有助于其成为群体中的一员。

所有的儿童(甚至大多数灵长目动物)都是在家庭中长大的,首先和他们发生相互作用的是他们父母亲中的一方或双方,然后是兄弟姐妹、亲戚和朋友们。在这个过程中,他们的"社会认知能力"得到了锻炼,包括能够认识到其他人的存在以及彼此的差异,能够把其他人当作是会思考、有感情、讲道理甚至会对其构成威胁的独立个体。为了和其他人建立良好的关系,大多数3岁以前的儿童都要发展其"社会认知能力",这种能力使儿童能够"了解自己的情感和分享他人的情感,能预期并解释他人的反应,理解人与人之间的关系,知道在他生活的范围中哪些行为是被允许的、可以接受的,哪些行为是被禁止的"(Dunn 1988 P. 5)。

既然社交技巧同时与人的行为及其对社会规则、价值观的认知有关,那么了解儿童如何逐渐地形成能够成功地解析他人的行为及其意图的"工作理论"则是很重要的。从儿童早期开始,构成其"工作理论"的知识就是以"脚本"的形式来组织的。每个脚本都是由时间、空间以及计划、行动和结果所构成的一个事件的梗概。早期的脚本通常是十分简陋,甚至是非常呆板的。这些脚本因为儿童对同类行为的反复练习,并在理解社会规则及掌握相应行为规范的推动下而得以发展。

这些脚本是概念化的雏形之一,从它们身上我们可以看到儿童的社会性发展和认知发展之间的重要联系。虽然皮亚杰学派的理论强调儿童社会判断的发展取决于认知运算的变化,但是,儿童脚本化知识的早期发展主要是社会性的,这已经表明社会环境在儿童认知发展中的优先导向作用。

在早期,儿童主要是在与照看者、兄弟姐妹、亲戚及其他同龄人的互动过程中发展其社交技巧的。这些互动为儿童创设了不同的情景去体恤同伴、成人并与他人合作,同时也为儿童体验意见分歧与一致,以及参与家庭对话和假扮游戏提供了机会。

既然在社交技巧的发展中社会经验是一个至关重要的因素,所以"社会生活的不同阶段"(Higgins and Parsons 1983)一直以来就颇受研究者重视,它包含了随着儿童身边社会化机构的改变而在儿童生活中所发生的一系列变化。这些阶段代表了儿童社会化生活中在具体的社会关注、社会活动、环境、人们的预期以及行为的规则等方面所发生的质变。例如,进入小学使儿童的朋友圈子和社交范围大大扩展,同时他们的自主意识和责任感也大大增强。此外,即使在同一个社会环境中,由于种族、社会阶层、意识形态、性别的不同,儿童的社会化实践也会有很大的差异,甚至在不同的亚文化群中,合作和竞争的价值也会有大大的不同。

3. 沟通技巧的获得

在20世纪80年代,我们对沟通与语言发展关系的理解发生了变化。语言不再只是一种理想化的语法规则体系,而是一个复杂的沟通系统。它最初的根基建立在儿童早期的沟通互动上,而这种互动主要是前语言的。在社交中,婴儿是高度的创造者,他们通过手势、信号等与他人沟通,因为他人是一个婴儿实现其目标的主要"工具"(Bruner 1985)。布鲁纳的研究表明婴儿在学会如何使用语法规则来表达一个问题前,他们已经花费了很长时间去了解身边大量的文化背景信息。有些研究者认为在语言的发展中沟通的背景和交互式的过程是非常重要的,他们的认识对这样一个观念——在儿童的语言发展过程中存在着一种先天机制——提出了挑战。对于儿童的语言发展而言,儿童所处的互动背景和作为语言发展先决条件的认知因素是极为重要的。互动的背景不再仅仅被当作是激发先天机制发挥作用的诱因。成人通过使用大量重复的、高声的、简化了的词汇和句法来帮助儿童理解他们共同从事的活动的意思,从而创造了有控制的、有利于儿童学习语言的环境。对早期沟通模式的研究为我们理解儿童在日后的社会生活阶段或新的教育背景下获得社交技巧提供了指导。

有关研究也向我们展示了当儿童掌握了语言的主要结构后是如何学会有效地与他人沟通的。年幼的儿童对环境是敏感的:他们的认知表现取决于他们认为别人期望他如何做。因此,他们在典型的皮亚杰式测试(例如"守恒"类问题)中的绝大多数答案,现在被解释为是他们对社会沟通背景不同方面高度敏感的表现(Perret-Clermont et al. 1991)。还有一种观点认为儿童使用并发展他们的沟通技能是为了理解环境,当然这种环境更多是社会的、文化的,而不是物质的。还有一些研究者通过提供榜样、支持和合作来帮助儿童发展沟通技能。

对于学龄儿童而言,学校是主要的社会化机构,对这个年龄段儿童沟通技能获得的研究主要有两种模式。一种是发源于皮亚杰的早期研究的实验模式,关注的是在人工设定的任务背景中有具体指向的沟通。在这种沟通中,一个人总是希望另一个人能够准确无误地理解自己在说什么。皮亚杰用自我中心来解释儿童在这种情境中的沟通失败,他的这种假说还没有得到充分的证据支持,而且另有一种分析性的研究揭示了在这种有具体指向的沟通中混杂了许多相互独立的能力,如描述、提问、元沟通等。

另一种研究学龄儿童沟通技能获得的方法——社会语言学的方法是在20世纪80年代发展起来的,主要采用描述和观察的方法来研究学龄儿童及其教师在不同教学环境中的沟通。事实上,威尔金森(Wilkinson 1982 P. 3)就曾提出"在社会环境中学习使用语言是学龄儿童语言和沟通能力发展的核心",此时的儿童已经掌握了语言的结构和功能,要学习的乃是在教室里运用语言有效地沟通。这既是儿童语言发展的目标,也是实现学校其他教育目的的手段,它既是认知性的、学业的,也是社会性的、人际的(作者意指,对学龄儿童而言,"学习运用语言有效地沟通"既是其认知发展的内容,也是其社会性发展的方面;既是学业对儿童提出的要求,也是人际交往对儿童提出的要求——译者注)。这些研究再一次揭示出语言的发展既与认知发展相联系,也与社交技巧相关联。当然,与认知因素一样,情感和动机的因素也参与了社交技巧、沟通技能的发展。因为,社会关系和沟通的能力总是富有感情色彩的。

4. 在学校里学习社交技巧

儿童必须学会和他人沟通与合作,这已经成为普遍的共识,因此学校就成为学习沟通与合作的重要场所。新行为主义学派认为沟通与合作的技能是由更为简单的技能成分组成的,并且认定社会性强化的心理机制对于学习这些技能来说是必不可少的。对个体的行为给予社会性强化会使这些行为更可能被重复并进而被习得。绝大多数个体从发展的早期开始对社会性强化就很敏感,因为即使是襁褓之中的婴孩都具备人类偏好语音和目光的特征,而且他们也正是凭借声音和视线进行最原始的交流。当然也有一些孩子由于缺乏社交技巧而不能与他人合作和互动,比如孤独症儿童就根本无法与别人交流。目前已经有一些教育方案,例如分享活动、象征性游戏、社交技巧的训练和角色扮演等都能够有效地增进这些儿童对社会性强化的敏感性并帮助他们更好地参与社会活动。

依据社会学习理论而开发的训练方法非常强调模仿的作用,它认为儿童通过观察和仿效他人来获得技巧。由于儿童更喜欢模仿为社会所称许的榜样,而社会性强化则是促进这种模仿的内部机制,同时儿童在生命的早期就会模仿别人,所以,尽管模仿并不能解释儿童原创性行为的获得,但是它仍被视为是社会互动最早的内部机制。

5. 课堂中的交流

在20世纪70年代,对课堂互动的研究是按照线性的思路来进行的,即从教师的言语行为中寻找与学生学业成绩相关的变量。在这类研究中,分析性模式,如弗兰德斯(Flanders 1970)的研究,占据了主导地位。这些研究对言语行为进行了笼统的类型分析,却没有深入区分各种言语行为独特的交流功能。

对于课堂互动的社会语言学研究则是一种更全面的方法(Cazden 1986),它关注的是语言的实用性维度,也就是说,它所关注的是我们在谈话中怎样使语言发挥作用。这类研究探讨了在课堂这个独特的交流场所中的社会性互动和言语的互动。研究结果表明,在交流模式上的文化差异和个体差异会导致教师和学生在交流中出现障碍。由此也可以解释在某些少数民族儿童身上出现的无效互动、学习困难或学习成绩落后(也就是说,由于少数民族儿童的文化背景与教师或学校所代表的主流文化之间的差异,有可能会导致他们与教师的沟通出现障碍,并由此引发学习困难或学习成绩落后等问题。这提醒教师要对自己与儿童之间可能存在的文化差异、个体差异保持敏感并据此调整自己与他们的交流模式,更不能将沟通中的问题、学生的学习问题简单地归咎于学生的智力低下——译者注)。

像其他场所中的对话一样,课堂里的对话也遵循"对应性原则",例如一问一答,请求与认可,它们构成了对话中的合作原则。有关课堂互动的研究发现每堂课基本上都是由若干活动构成的(Sinclair and Coulthard 1975)。辛克莱和库尔撒德设计了一种与传统的课堂互动模式不同的、三部轮换式课堂互动结构,它以老师的提问(或一个评论)开始,紧接着是学生回答和老师的评价。结果发现那些愿意改变传统互动模式的教师更善于通过平等合作的对话来指导和发展孩子们的语言和学习。韦尔斯(Wells 1985)指出,无论是在学习语言或通过语言学习的过程中都可以运用不受语法限制的随意性谈话来了解儿童的想法、思路和知识。通过这种随意性交谈,教师为儿童提供了自己做出判断和练习怎样凭磋商取得共识的机会。

在一项研究中,奥尔索利尼与蓬特克夫(Orsolini and Pontecorvo 1992)以幼儿园的儿童为被试,考察了他们与教师讨论一个描述性任务和一个科学性任务的情况,并对他们的互动进行了分类。研究发现了如下三种主要的序列模式(这三个模式既相互区别又彼此联系):"双向的维持",即由儿童发起,并在教师的重复或改造支持下展开的互动;"问答的循环";"来回争论",即在不受教师发言影响的情况下儿童之间的分歧所引发的一系列辩护和解释。

使用社会语言学方法的研究都认可这样一个假定,即群体是运用"集体智慧"(至少包括两个人的社会性单位)来思考的。这个假设与维果茨基学派的理论是一致的,它能够说明为什么两个人或者小组可以解决那些单个参与者力所不能及的问题。

6. 社会互动与认知

学校一向被当作是发展儿童社交与沟通技能并推动儿童认知发展的自然场所。无论是与皮亚杰学派,还是与维果茨基学派相关的理论都非常强调社会互动过程对认知发展的重要作用。对于这两大理论流派的异同,现概括如下:

(a)两种理论都立足于个体与环境的互动,不过皮亚杰更强调自然(或物质)环境,而维果茨基则更看重社会环境。

(b)对于互动,皮亚杰(Piaget 1923)更重视同伴间的相互作用,而维果茨基认为与成年人或者更老练的同龄人的互动是更有效的。

(c)尽管两种理论都非常强调自觉意识的形成,但是,在皮亚杰看来,自觉意识的产生有赖于运算图式的发展,维果茨基则认为自觉意识是从成人对儿童的言语教导中发展而来。

(d)在皮亚杰的理论中,当个体濒临不平衡边缘时出现的认知(或社会认知)冲突是发展的动力因素(Perret-Clermont 1979);而维果茨基认为由能够在个体"最近发展区"发挥作用的更有能力的互动者所构成的社会支持系统才是发展的动因。

(e)两种理论都提到了内化,不过,在皮亚杰看来,内化是指儿童将行动转化为运算,维果茨基则认为内化的是社会关系和互动的活动。

虽然这两种理论都强调社会互动的作用,但是从上述第四、第五点中,我们可以看到二者在解释内化的机制上存在明显的不同,皮亚杰认为内化是个体性的,维果茨基却认为内化是人际间的。

有学者对运用这两种理论的研究进行了分析(Pontecorvo 1990)后发现,在使用判断性任务的研究中皮亚杰的理论很有效,但是对那些解决开放性问题(这类问题要求参与者相互磨合,共同商讨问题的含义,对各种选择进行分析)的研究,维果茨基的理论则更加有效。既然社会语言学和维果茨基的理论都表明思维和推理从本质上都是社会性的合作活动,因此教育环境中的互动过程是很值得我们深入分析和思考的。

许多研究表明同伴教导对于增进讲授者的知识的获得是非常有效的。帕林卡斯卡和布朗(Palincsar and Brown 1984)曾报道,如果儿童轮流担当"教师",这种相互教导对于儿童掌握阅读理解技能有积极的影响。在他们的研究中,首先由真正的教师向扮演教员的儿童示范各种阅读理解课文的策略,然后儿童再去教导小组的其他成员。每个"教员"都要明确地表述这些阅读理解策略(如澄清、预测、概括和提问等)从而促进能力差儿童阅读理解技能的获得。

C. 蓬特克夫(C. Pontecorvo) 著
陈 晶 译

附录

Bruner J S 1985 *Child's Talk: Learning to Use Language.* Norton, New York

Cazden C B 1986 Classroom discourse. In: Wittrock M C (ed.) 1986 *Handbook of Research on Teaching.* Macmillan Inc., New York

Dunn J 1988 *The Beginnings of Social Understanding.* Harvard University Press, Cambridge, Massachusetts

Flanders N A 1970 *Analyzing Teaching Behavior.* Addison-Wesley, Reading, Massachusetts

Higgins E T, Parsons J E 1983 Social cognition and the social life of the child: Stages as subcultures. In: Higgins E T, Ruble D N, Hartup W W (eds.) 1983 *Social Cognition and Social Development: A Sociocultural Perspective.* Cambridge University Press, Cambridge

Hinde R A, Perret-Clermont A N, Stevenson-Hinde J (eds.) 1986 *Social Relationships and Cognitive Development.* Oxford University Press, New York

Orsolini M, Pontecorvo C 1992 Children's talk in classroom discussion. *Cognition and Instruction* 9 (2):113—136

Palinscar A M, Brown A 1984 Reciprocal teaching of comprehension-fostering and monitoring activities. *Cognition and Instruction* 1(2):117—175

Perret-Clermont A N 1979 *La construction de l'intelligence dans l'interaction sociale.* Lang, Bern

Perret-Clermont A N, Perret J F, Bell N 1991 The social construction of meaning and cognitive activity in elementary school children. In: Resnick L B, Levine J M, Teasley S D (eds.) 1991 *Perspectives on Socially Shared Cognition.* American Psychological Association, Washington, DC

Piaget J 1923 *Le langage et la pensée chez l'enfant.* Delachaux et Niestlé, Neuchätel

Pontecorvo C 1990 Social context, semiotic mediation, and forms of discourse in constructing knowledge at school. In: Mandl H, De Corte E, Bennett S N, Friedrich H F (eds.) 1990 *Learning and Instruction. European Research in an International Context.* Pergamon Press, Oxford

Rogoff B 1989 *Apprenticeship in Thinking: Cognitive Development in Social Context.* Oxford University Press, New York

Sinclair J M, Coulthard R M 1975 *Towards an Analysis of Discourse: The English Used by Teachers and Pupils.* Oxford University Press, Oxford

Vygotsky L S 1978 *Mind in Society: The Development of Higher Psychological Processes.* Harvard University Press, Cambridge, Massachusetts

Wells G 1985 *The Meaning Makers: Children Learning Language and Using Language to Learn.* Heinemann Educational Books, Portsmouth, New Hampshire

Wilkinson L C 1982 *Communicating in the Classroom.* Academic Press, New York

其他参考文献

Bates E, Benigni L, Bretherton L, Camaioni L, Volterra V 1979 *The Emergence of Symbols: Cognition and Communication in Infancy.* Academic Press, New York

Bruner J S 1987 *Actual Minds, Possible Words.* Harvard University Press, Cambridge, Massachusetts

Dickson P W (ed.) 1981 *Children's Oral Communication Skills.* Academic Press, New York

Flavell J H, Ross L 1981 *Social Cognitive Development: Frontiers and Possible Futures.* Cambridge University Press, Cambridge

Garvey C 1984 *Children's Talk.* Fontana, London

Robinson W P (ed.) 1981 *Communication in Development*, European Monographs in Social Psychology. Vol. 24. Academic Press. New York.

社会交互作用和学习(Social Interaction and Learning)

在教学中,考虑与社会交互作用相关的学习过程和学习机制是非常重要的,实际上,有效的交互作用是保证学生取得学业成就的先决条件。学生在课堂中的学习是在"师生"系统中的学习,师生共同活动的组织是学生学习的基础。很多研究中已经开始关注社会交互作用和学习的特点,比如有的研究了问题解决中成对互动(同伴交互作用)的效率问题,有的考察了课堂上共同学习活动的特点及其组织(即一个教师如何面对一组学生),有的则研究了儿童在小组活动中使用计算机对其发展的影响。这些研究的成果构成了交互作用的心理学研究的核心,甚至为在内容和方法上都有别于传统的新的教学实践奠定了基础。

1. 理论基础

维果茨基、米德和皮亚杰的早期研究引发了对社会交互作用和学习的调查研究。尽管三人的出发点不同,但是,他们都认为社会交互作用对个人发展有决定性影响。在维果茨基的文化—历史理论中,社会环境是个体发展的起源。维果茨基认为(Vygotsky 1978 P. 570),"在儿童的文化发展中,任何机能都会出现两次,在两个水平上。首先是社会水平的机能,然后才是心理水平的机能,或者说,机能首先是发生在人与人之间的心理互动中,然后才内化为儿童内部的心理类别"。社会交互作用可以触动发展停滞的认知过程,使学生达到更高的认知水平。一个学生独立完成的事情(即儿童的实际发展水平)和他在适当指导下所完成的事情之间的差异就是所谓的"最近发展区"(Vygotsky 1978 P. 84~90)。因此,根据维果茨基的理论,只有超出现有发展水平的学习才可能成功,因为这种学习才能推动那些位于最近发展区内尚未成熟的心理过程的发展。只有引发这样的学习过程,教育才能够在个体的发展中发挥出我们所期望的作用(Newman et al. 1989)。

维果茨基的理论认为,符号体系是社会相互作用最重要的构成要素。在维果茨基看来,这个符号体系就是指人类个体利用信号和符号作为行为的监控手段来调整人的行为和心理加工。由此可见,工具性信号和工具本身是有明显区别的。维果茨基对信号和工具的主要区别进行了如下辨析,即:根据黑格尔的经典定义,工具就是架设在正在操作的个体与外界之间的中介物,个人正是通过它对活动对象施加影响的;而信号通常是向他人传递个人态度的媒介(尤其是个体向自己传递自己态度的媒介),也就是说,我们用信号来组织我们调节自我意识和个性的行为(Luria 1932, Wertsch 1985)。

社会交互作用的符号体系为米德 的符号互动论奠定了基础。根据米德的理论,人的"自我"是在交往中发生、发展的;在某种意义上,人的思维活动也就是一种内化的对话。人际关系在相互作用中得到确定,同时,人际关系又决定着在特定条件下相互作用的类型和程度。人际关系的感情基础决定了在共同活动中相互作用的各种可能性和发展方向,从而使相互作用带上了特定的"情绪色彩"。不过,仅由这种"情绪色彩"并不能预先决定相互作用是否会发生,而且脱离了活动场境的相互作用也就变得毫无意义了。

早在研究儿童的道德判断时,皮亚杰(Piaget 1928)就认为在同伴相互作用中的合作是认知发展的必要条件。然后,他进一步发展了这一认识,得出了操作结构和合作是互补的、可逆的结论,并最后形成了二者是平行的、同构的观点,即,"在每一个个体内部都有一个操作系统,经过恰当的合作就能够形成具有普遍性的操作系统。事实上,这类平衡是个人思考和社会交往的共同成果。平衡中的双方是相互依存的,因此,更准确地说,内化的操作活动和外显的合作不过是同一实体的两个互补的侧面”(Piaget 1947 P. 177)。

维果茨基、米德和皮亚杰的理论为关注社会相互作用与学习并为塑造现代心理学中重视社会相互作用的发展趋势提供了两个奠基性的贡献。首先,科学界已经意识到社会相互作用和思维发展不是相互独立的两个过程,它们既不是可逆的(例如,认为社会相互作用与思维同构的观点),也不是等同的,而是相互依存的,因为其中任何一个的发展及其进程都要依靠另外一个。其次,“最近发展区”概念引发了一种新的发展范式,从而使我们可以从一个新的角度来研究学与教的心理学。把学习视为是一个由教育者和学习者分别参与学习情境的自然过程的学习观开始让位于新的学习观,那就是,学习是一种师生合作共同参与活动的过程。并且,这一过程主要的作用机理就是在文化、社会的制约下通过参与者的相互作用来实现对恰当认知行为的调节。在这种情景下,教什么和怎样教的问题就变得很重要,涉及什么是师生共同参与学习活动的有效组织形式,以及如何使用信号和符号系统等问题。

2. 社会相互作用在儿童发展中影响作用的研究

要实现社会相互作用向认知的转换就需要老师和学生作为参与者积极投入活动。因此,不能把仿效作为教学的主要范式,也不能把学习中的进步都归因于学生与一个高水平合作者的相互作用(同理,也不能把学习中的任何退步都归咎为是与低水平的同伴相互影响所致)。按照皮亚杰所创立的建构主义、互动主义的发展观以及日内瓦学派的追随者们创建的发展假设,儿童的发展绝不是“对某个榜样的简单模仿,而是探索者的一种主动的重建,在这一过程中形成的知识,它的每个部分都是一个可以不断深化更新的结构”(Perret-Clermont 1980 P. 118)。由此看来,在作为认知过程来源的社会相互作用中,社会认知冲突就是最核心的问题。依据社会认知冲突假设,能够推动认知发展的相互作用必定是一个引发观点对立冲突的过程,而这些冲突则是通过创立协调不同立场的系统来加以解决的。

对下列问题的回答于阐明社会相互作用对儿童发展的影响是非常重要的。这些问题包括:显现出来的社会关系会影响儿童哪些方面的发展?其他人的策略会对某个参与者(或者说探索者)解决问题的策略有何影响? 此外,因为并非所有的学习或教学情境都能促进儿童的思维发展,所以描绘出组织有效学习互动的恰当方法也是重要的。

我们可以采用下面这种研究方法来考察小组问题解决对学生智力发展的影响。对参与实验的一群儿童进行前测以确定他们的起始水平,继而让他们分成小组(原则上是以两个儿童为一组)一起去尝试解决问题,这些问题与他们在前测中遇到的相类似。然后,分别评定他们每个人的成绩。在与实验组相对应的控制组中,儿童自己解决问题,并独立接受前测和后测。这种研究方式不仅可以比较小组解决问题与个体自己独自面对问题的效率,还可以揭示通过共同参与活动,儿童的智力会获得哪些发展。来自这类研究的数据表明,仅用“模仿发展水平更高的榜样会促进发展”的观点来解释小组的促进作用是不够的,实际上,这些数据还表明,个体观念上的社会认知冲突确实能够激发个体的思维加工,对相互作用的发展也有影响。同时研究还发现,要影响儿童的发展水平,只是简单地让一个儿童和另外一个智力发展水平更高一些的儿童在一起(例如,他们之间只是一种非正式的对话)是不够的,还必须使发展水平较低的儿童意识到他和同伴之间的矛盾及其原因。而且,研究还进一步揭示出,由智力冲突而引发的发展效应,不只是促进了智力水平较低儿童的发展,同时也会促进较高水平儿童的发展(Cazden and Forman 1980, Mugny and Doise 1978, Perret-Clermont 1980)。

上述成果推动研究者去探寻有效的共同活动形式。根据他们的探讨,有效的共同活动形式应当包含如下要素:在活动中有分工且成员间分享成果,相互理解,交流,共同计划和相互反馈(Rubtsov 1991)。共同活动的这种组织形式其实质就是借助象征方法(即所谓的“行为图式”)来模拟互动情境。这些行为图式界定了个体应当实施的一系列行为,参与者如何分担这些行为,以及实施这些行为的顺序,从而使儿童在小组中能够组织他们的交流和合作，同时也为儿童提供了与不同的问题解决策略相对应的几种合作方法的变式。

3. 发展课堂中相互作用的教育

3.1 组织有效的相互作用

20 世纪 70 年代末 80 年代初，研究者从在实验室中考察研究社会互动性学习转向研究课堂中的社会互动性学习。研究的焦点就是要开设师生之间有效的学习互动形式以及学生之间有效的学习互动形式。在研究者设计的众多学习活动方案中，以日内瓦学派开发的方案为代表，特别关注教学合约，也就是说，在学习中，学生要担负起在建构知识过程中自己应尽的认知责任和社会责任，而教师则需要提供适宜的学习条件以引导学生逐渐掌握知识并对学生的掌握情况提供过程性的评价。这样，儿童在小组中的活动就是至关重要的，而教学合约的主要功能是要创设一种交流情境，使教师通过他的评价和行为与学生一起共同建构关键性的学习情境。这就需要教师分析和理解学习的内容，并能够驾驭与不同能力学生的互动。在小组活动中，迅速发现大多数的参与者所支持的一种观点并不是最重要的，了解所有参与者的各种观点并将其协调整合才是最重要的。因为在比较和交换各种观点时，儿童就面临着与不同观点的社会认知冲突。

在这类研究中，对儿童互动的组织工作包括：把学生分成若干小组，使每一个学生都努力解答问题，然后小组通过对不同答案的讨论共同形成一个正确的答案。在这里，成人的作用就是呈现初始的问题情境并就此和参与者进行交流，在参与者提出解决方法后与他们共同讨论这些解决方法，并补充遗漏的信息。这种共同活动形式的教学效率很高，还为我们筛选、研究影响小组活动有效性的心理现象和教育现象提供了机会。针对这种共同活动形式的实验研究表明，小组活动的有效性取决于小组能不能考察到解决问题的各种方法，而这又取决于小组在解决问题时能否进行自我调节的监控活动。当小组在积极讨论如何解决问题时，每个参与者都会试图证明自己的行动方案可行，并会对别人的方案进行评价。这就使教师需要面对大量问题，包括如何评价小组成员的不同观点，在一个群体组织中怎样选择才是适宜的。

对儿童来说，解决问题是重要的，为了与大家一起解决问题而与大家有效地互动同样也很重要。在与他人的相互作用中，儿童除了需要延续我们已经熟知的一系列的学习行为如迁移、模仿、控制、猜测之外，还需要某些特殊的合作行为，例如，容忍活动中不同的行动方案并能协调这些方案；按照成人提供的活动组织形式共同规划和模仿；在互助的过程中交流、相互理解，并寻找组织共同活动的新方式。

3.2 新的信息技术的应用

有证据表明特定的计算机视听教程在合作学习中是非常有用的。在这些教程中，面对各个学习单元（无论是整体呈现的单元还是独立呈现的单元）中的问题，每个参与者都需要完成自己的那份任务，并且在行为和结果方面会与其他参与者互相影响（Light 1991，Salomon 1989）。对这个领域的研究是非常重要的，研究的结果有助于揭示合作行为背后的心理机制。在这些心理机制中，通过参与者的互动来协商问题的含义，即，参与者共同讨论解决问题的基础是最为关键的。

编写计算机教程的关键就是用适当的方式来吸引学生参与到学习情境中去。教师应该向学生示范使用计算机的方式，并展示不同类型的师生互动。

在教程中，可以通过设置对学生的独立性有不同程度要求的个人活动来调节学生的合作。这些活动包括完全独立的活动到严格限定的交互作用。要实现对共同活动中的个体行为的调节就必须从考虑行为的象征性榜样入手，这样对后续行为的规划与实现后续行为的现实途径就被紧密地联系起来。在共同活动中，反身性分析是最为核心的机制，参与者正是通过反身性分析对行为进行必要的重构，并认识到解决问题的客观条件（Rubtsov 1993）。

3.3 从专制教学到合作教学

通过参与共同解决问题的活动，儿童完全卷入到真实的探究过程中（相当于一种“准研究”）。在这个过程中，他们还能够表达自己的兴趣和情感体验,这对他们的发展具有极大的促进作用。当然,对儿童的发展来说,教师对儿童在学习交流中的建构进行干预也是非常必要的,尽管做到这一点很不容易。也就是说,教师应当帮助儿童在交流中发现完成学习任务所需的方法,同时还要建立起有助于形成互动和合作的群体学习情境。

越来越多的实验数据表明学习过程中的社会性互动对于儿童的心智发展有许多潜在的益处。这些社会性互动为改善学习内容和学习方法奠定了基础,从而为形成新的教学方法提供了可能。这种新型教学法的核心原则就是儿童和成人在学习活动中合作,从而为培养儿童的创造性提供条件,同时也清除了控制儿童思维的专制型教学风格。

V. V. 鲁伯斯夫(V. V. Rubtsov) 著

刘金玲 陈 晶 译

附录

Cazden C, Forman E 1980 Exploring the intellectual value of peer interactions. In: *One Issue in Implementing Vygotskian Perspectives in the Classroom.* Chicago, Illinois

Light P 1991 *Learning as a Collaborative Process.* Open University Press, Milton Keynes

Luria A R 1932 *The Nature of Human Conflicts or Emotion, Conflict and Will: An Objective Study of Disorganisation and Control of Human Behavior.* Liverights, New York

Mugny A, Doise W 1978 Socio-cognitive conflict and structuration of individual and collective performance. *European Journal of Social Psychology* 8(2):181—192

Newman D, Griffin P, Cole M 1989 *The Construction Zone: Working for Cognitive Change in School.* Cambridge University Press, Cambridge, Massachusetts

Perret-Clermont A N 1980 *Social Interaction and Cognitive Development in Children.* Academic Press, London

Piaget J 1928 *Judgement and Reasoning in the Child.* Routledge & Kegan Paul, London

Piaget J 1947 *La psychologie de l'intelligence.* Colin, Paris

Rubtsov V 1991 *Learning in Children: Organization and Development of Cooperative Actions.* Nova Science Publishers, New York

Rubtsov V 1992 How to organiza the effective ways of group work with the computer. *Eur. J. Psychol. Educ.* 7

Salomon G 1989 The computer as a zone of proximal development: Internalizating reading-related metacognition from a reading partner. *J. Educ. Psychol.* 81(4):620—627

Vygotsky L S 1978 *Mind and Society: The Development of Higher Psychological Processes.* Harvard University Press, Cambridge, Massachusetts

Wertsch J V (ed.) 1985 *Culture, Communication and Cognition: Vygotskian Perspectives.* Cambridge University Press, Cambridge, Massachusetts

其他参考文献

Cole M, Griffin P 1980 Cultural amplifiers reconsidered. In: Olson D (ed.) 1980 *The Social Foundations of Language and Thought: Essays in Honor of Jerome S Bruner.* Norton, New York

Construction des Savoirs 1989 Obstacles and Conflicts. CIRADE Agence d'ARC. Ottawa

Davydov V V, Lompscher J, Maikova A K (eds.) 1982 *Ausbildung der Lerntätigkeit bei Schulern.* Volk und Wissen, Berlin

Flavell J H 1967 Role-talking and communication skills in children. In: Hartup W W, Smothergill N L (eds.) 1967 *The Young Child: Reviews of Research*, Vol. 1. National Association for the Education of Young Children, Washington, DC

Leontyev A N 1981 *The Problem of Activity in Psychology: The Concept of Activity in Soviet Psychology.*

Moll L S (ed.) 1990 *Vygotsky and Education: Instructional Implications and Applications of Socio-historical Psychology.* Cambridge University Press, Cambridge, Massachusetts

Rubtsov V 1989 Organization of joint actions as a factor of child psychological development. *Int. J. Educ. Res.* 13:622—636

压力、应对与学习(Stress, Copping and Learning)

下面是在学校情景中会引发紧张的两个例子:(a)等着参加一个重要的考试,却发现自己学习了错误的材料;(b)与老师发生冲突,并被送到校长那里。学生们通常都了解这些经历,并能说出他们的感受和想法以及在这样的情况下他们是怎么做的。当然,事实上,并不是所有的学生在上述情境中都会感到有压力,而且即便是那些有压力的学生,他们对此的反应方式也是不同的。学生们报告,在紧张时,他们会有一些心理体验,例如消极的情绪(生气、灰心、焦虑、悲伤),对紧张原因的困惑与反复思考,以及行为和身体上的变化(如积极或消极的行为、心跳加速、出汗)。但是,为了激发或维持正常的心理机能,个体必须使这些和压力相关的情绪、认知和行为的变化得到快速缓解。

在20世纪80年代,心理学家研究了不同年龄段的个体如何对压力事件(压力源)做出反应。大量的研究表明,应对的方式不仅与人们对压力的体验(心理症状)有关,也影响着压力体验所引发的长期的负效应(心理压力引起的抱怨和缺勤)。本词条首先将描述引发压力的情境,然后将提出压力的交互作用模式,最后会对有关应对压力的研究进行一个全面的综述。

1. 使儿童和成人紧张的情境

在20世纪80年代以前,关于儿童和成人压力的研究主要集中在生活事件上。研究识别出了那些与疾病、死亡、严重的损失或分离相关的令人为难的情境,并对学生适当的和不适当的反应也进行了记录。大量的证据表明,各个年龄阶段学生的心理和行为问题都与最近生活中的压力事件有关。当然,也有报告指出儿童对这些生活创伤的易感性有着巨大的个体差异(这里所谓的“易感性的个体差异”是指,面对同样的生活压力,有的人如同遇到了世界末日般很容易被击垮,而有的人却能够泰然处之轻松应对——译者注)。由此看来,压力冲击本身并不会对个体的适应、发展和健康造成长期的负面影响,这些影响都是由个体应对生活中压力源的方式造成的。

已有研究证据证明,学校中的压力是多重结构的,并且日常的挫折可能会使各个年龄段的儿童产生强烈而持久的压力 。研究者已经设计了可以用来测定日常挫折的影响力的调查表。通过对这些调查数据的因素分析表明,社交冲突一方面与批评、社会暴露、社会压力有关,一方面也与有压力的学习环境有关。后一组压力源包括受阻、负担过重和失败。对于学生而言,日常的任何挫折都可能成为他们心目中的困难情境,并与不愉快的体验、不适的症状、疲劳和对自己控制环境能力的不确定联系在一起。

孔帕等人(Compas et al. 1989)的报告指出,压力事件与心理症状之间的关系会随着儿童的发展而变化。对于儿童和年龄较小的青少年(14岁及14岁以下),家庭压力源(如来自父母的压力和期望)对其心理症状有最大的预测力。对于中等年龄的青少年(15~17岁),只有同伴压力源可以预测其心理症状。对于年龄较大的青少年(18~20岁),学业压力源(如在测验中成绩很差)则是最好的预测因素。另外,在男性和女性之间会有稳定的性别差异:与男性相比,所有年龄段的女性都报告体会到更大的压力,并更多地受其影响,而且女性明显更多地受与其交往的个体对她压力体验的评论的影响(举例来说,一个女子在户外与他人谈论一件事情时,紧张得发抖,如果此时对方告诉她“你抖得这么厉害,看来你真是害怕极了”,那么她一定会感到极大的恐惧,而如果对方认为她是因为天冷而发抖,建议将谈话改到室内进行,并说“暖和一些,你就不会抖了”,那么她此时所感受到的压力就会比前一种情况下的要轻微——译者注)。

2. 两种类型的评价

值得注意的是,压力的产生并不依赖于环境,而是取决于个体对潜在的压力源的理解。

因为,我们是根据个体对环境的评价来定义压力的。压力的交互作用理论的创立者洛佐鲁什认为，一个正在感受压力的人乃是对压力体验的积极组织者和对困难情境的积极应对者。这样，当压力源和个人产生相互作用时，互动就发生了。洛佐鲁什(Lazarus)和福尔克曼(Folkman)把压力定义为"个人与他自认为不堪负荷并会危及其身心安康的环境之间的特殊关系"(1984 P. 19)。他们进一步解释说，任何新的或预料之外的情境都会引起两种评价：一是主要评价，即个体首先会评价事件的严重程度；二是次要评价，即个体随后要评价自己具有的各种应对策略是否足以解决那些已经存在的或预料到的环境威胁。

在主要评价阶段，个体要评定环境对其身心安康是有益的，消极的，还是中性的。当个体感受到任务要求与他用来满足要求的资源之间没有差距时，他不太会感受到压力。相反，当个体认为环境的要求已经超出了他的负荷，他可能就会体验到压力，而且这种压力会因以下三种情况而进一步区分：(a)实际的伤害、损伤或损失；(b)预期的伤害或损失(威胁)；(c)应对事件(或挑战)可能导致的潜在的收获或利益。

在次要评价阶段，个体会评定自己是否有足够的应对资源来克服压力情境所带来的伤害、损失、危害、威胁及挑战。由此可知，个体是否体验到压力乃是取决于主要评价(对伤害、损失或威胁的感受)与次要评价(对自己应对能力的感受)之间是否达到了平衡。

3. 应对压力

所谓应对指的是一个学生在处理费力情境时做出的努力。洛佐鲁什和福尔克曼把应对定义为"为了应付超出个体资源的、来自外部和内部的特定要求而持续地改变认知和行为的努力"(1984 P. 141)。应对还可以被进一步区分为两种基本而常见的处理压力源的方式，即问题聚焦的应对和情绪聚焦的应对。前一种应对方式是指学习者按照压力来源而采取行动的努力(趋近)，后一种应对方式则是指通过从实际的或精神上的压力来源转移开以减少情绪困扰的努力(回避)。罗思和科恩(Roth and Cohen 1986)假设并证实了，趋近和回避都是在特定背景下高度稳定的应对反应，而且彼此之间并不是相互排斥的。根据应对生活压力事件的元分析，萨尔斯和弗莱彻(Suls and Fletcher 1986)发现趋近和回避都可能成为个体处理压力事件的习惯方式或优先方式，但是，没有哪一种应对方式在所有情境中都是最有效的。在应对短期的威胁时，"回避"似乎更有效；而在威胁会持续一段时间时，"趋近"则会更有效，这主要是因为它使个体在处理长期的压力时能够投入认知和情绪上的努力。

值得一提的是，在学校背景下，应对与压力事件之间的关系是动态的，伴随着学生与其环境一系列交互作用而变化的，所以，不应该将应对仅仅看作是特定时刻实施的行动。例如，在课堂上和老师的公开冲突，在同一个学生身上会产生一系列的应对反应，从生气到为了弥补损失而忽略老师的过错，或专注于可以转移情绪的活动。如果同伴对他的表现表示不满，那么这个学生就可能会向老师妥协，而如果同伴对他的表现表示赞许则会助长这个学生的攻击性行为。正是由于应对所具有的动态特征，所以要将一个学生个性化的应对方式类型化是很困难的。而且对学生的应对尝试的观察也揭示出确实存在着许多不同的应对方法。

3.1 应对与学习

在学生迅速而成功地获得一种新技能以前，他们需要进行多次的尝试。他们已有的能力对于他们表现新技能而言往往是不足的。当学生最初的掌握技能的尝试失败，或当他们在已有的但还不熟练的技能上退步几次以后，他们会认为这说明自己缺乏掌握新技能的能力。当这种情况发生时，学生们就会觉得自己的资源还不足以满足任务的要求。来自主流心理学的证据表明，社会暴露，特别是有预期的社会比较，使个人有限的资源变得凸显并可能引起持久的生理唤醒(反映为心跳加速和血压变化)。这种生理唤醒及其引起的消极的情绪在学习者看来就标志着：有些事情做错了，应当采取行动以恢复身心的安康，以免在当前或将来感受到压力。

有关压力和应对的文献中对不同的应对方法进行了描述。不过遗憾的是，大多数作者用他们自己的一套符号体系来命名这些方法，以致要比较和对比他们所提及的这些方法变得很困难。例如，罗斯特和舍默尔（Rost and Schermer 1987）将儿童用来减少、接受或面对有威胁的学习情境的应对方法分为四种：(a)危机控制技术；(b)焦虑控制技术；(c)焦虑抑制技术；(d)情境控制技术。其中，危机控制和焦虑控制指代应对焦虑（无论是认知的，还是情绪的）的预防方式。第一种控制方式指的是应用高效的学习技能以做好充分的准备。第二种控制方式则是由一系列缓解心理和生理焦虑症状的策略组成。

焦虑抑制和情境控制则是"回避"型应对方法的代表，尽管这两种技术都可以有效地缓解焦虑，但是在改变引发焦虑的内在原因上它们都无能为力。焦虑抑制可以使学生暂时平静下来，而情境控制则可以帮助学生在面对冲突时回避力不从心的压力（如采用撒谎、假托生病来逃避）。

赛费吉－克林科（Seiffge-Krenke 1989）也对青少年使用的应对方法进行了描述。她把这些应对方法分为三类：(a)内部应对；(b)积极应对；(c)退缩。前两类方法属于问题聚焦的应对模式。所谓"内部应对"是指那些以可能有助于解决问题的内部反应为特征的方法；"积极应对"则是指那些反映个体积极地、建设性地尝试解决问题的反应，比如收集与问题本质有关的信息或争取各种社会支持；而退缩包括了各种防御，如拒绝和抑制——若学生习惯于如此应对压力，这样做只会给他们带来更多压力，使他们左右为难，或者陷入困境。赛费吉－克林科指出青少年使用的应对方法具有跨时间的相对稳定性，并且随着年龄的增长，他们使用内部应对方法和愿意向压力妥协的情况会增多。同时，她也提到，在应对方法的使用上存在文化差异和性别差异。

总的说来，大多数学生在对压力事件做出反应时，既会用到问题聚焦的应对策略，也会使用情绪聚焦的应对方法，而这些可供选择的应对方式是否有效则取决于个体自身因素与环境要求之间的相互作用。孔帕、福赛思和瓦格纳（Compas, Forsythe and Wagner 1988）的一项研究为上述观点提供了佐证。他们发现当学生的控制感与其选择的应对策略相一致时（例如低控制感与情绪聚焦的应对策略，或高控制感与问题聚焦的应对策略），他们较少产生紧张（如果不一致则情况正好相反）。孔帕、马尔卡尼和丰达卡罗（Compas, Malcarne and Fondacaro 1988）的进一步研究证明，那些连续四周使用更为灵活应对策略的学生所报告的压力水平比起那些面对压力环境中不断变化的要求只会用刻板僵化的方式去应对的学生要低。根据这些研究结果可知，帮助学生应对压力的干预方案应该教会学生如何以及何时使用不同的应对方法。在已经开发出来的各种干预方案中，有的侧重于使用放松技术，而有的则更侧重于训练学生的问题解决技能（Compas et al. 1989）。这些干预方案的积极效果已有研究报道，包括增强学生的自信、提高学习成绩、增强学生应付学业紧张和社会性冲突的能力、降低缺勤率等等。

3.2 应对、健康与发展

教育者和教师常常忽视了，学生的课堂参与对于他们的个性发展和身心健康都具有重要意义。研究已经表明，压力情境既可能来源于学业方面的无力感，也可能来自社会性冲突，或者由于两方面的原因共同作用产生，而且无论何种来源的压力都可能会妨碍学生去获取新的知识和技能。如果不增强学生应对各种日常压力情境的能力，他们就可能会面临落后或退学的危险。更为重要的是，压力体验甚至会使学生的身心健康受到威胁。而且伯尔克茨（Boekaerts 1991）在他的一份报告中指出，某些应对方法虽然在提升学生的学习成绩方面是有益的，但是对于学生身心健康却是无益的。既然压力和应对对于教育发展及学生的身心健康都有如此重要的意义，那么最值得做出的预防性努力就是帮助学生明白在不同压力情境下为什么某些应对方法会比别的应对方法更好（也就是说，不要等到学生已经处于压力情境之中才去帮助他们思考如何应对，而是应当做到防患于未然，提前对学生进行如何应对各种压力情境的指导——译者注）。不过，特别值得注意的是，压力和应对都应该被看作是正常发展的一个方面。事实上，在一些重要的人生转折期，例如从小学升入中学，学生们就会面临新的挑战，因为他们习惯性的适应潜能或许会变得不充分或不能接受。一些学生在面对这些新挑战时或许没有遇到困难，而另一些学生却可能感到要弥合新的压力源与自己已有的应对方式之间的差距是很困难的。预防性干预方案的目标就是要帮助在重要的转折期的学生掌握新的应对方法。已经有研究报道了这些预防性干预方案的有益作用(Elias et al. 1986)。

M. 伯尔克茨(M. Boekaerts) 著
杜 蕾 曾 知 译

附录

Boekaerts M 1991 Competitive drive, coping and math achievement: What's so detrimental about avoidance behaviour? In: Hagtvet K (ed.) 1991 *Advances in Test Anxiety Research*, Vol. 7. Swets and Zeitlinger, Lisse

Compas B E, Forsythe C J, Wagner B M 1988 Consistency and variability in causal attributions and coping with stress. *Cogni. Therapy and Res.* 12:305—320

Compas B E, Malcarne V L, Fondacaro K 1988 Coping with stressful events in older children and young adolescents. *J. Consult. Clin. Psychol.* 56(3): 405—411

Compas B E, Phares V, Ledoux N 1989 Stress and coping preventive interventions for children and adolescents. In: Bond L A, Compas B E (eds.) 1989 *Primary Prevention and Promotion in the Schools*. Sage, Newbury Park, California

Elias M J et al. (1986) Impact of a preventive social problem solving intervention on children's coping with middle-school stressors. *Am. J. Community Psychol.* 14:259—275

Lazarus R S, Folkman S 1984 *Stress, Appraisal and Coping*. Springer-Verlag, New York

Rost D H, Schermer F J 1987 Emotion and cognition in coping with test anxiety. *Commum. and Cognition* 20(2/3):225—244

Roth S, Cohen J 1986 Approach, avoidance and coping with stress. *Am. Psychol.* 41(7):813—819

Seiffge-Krenke I 1989 Health related behavior and coping with illness in adolescence: A cross-cultural perspective. In: Schmidt L R, Schwenkmezger P, Weinman J, Maes, S (eds.) 1989 *Theoretical and Applied Aspects of Health Psychology*. Harwood Academic Publishers, Chur

Suls J, Fletcher B 1986 The relative efficacy of avoidant and nonavoidant coping strategies: A meta-analysis. *Health Psychology* 4:249—288

其他参考文献

Boekaerts M 1993 Being concerned with well-being and with learning. *Educ. Psychol.* 2

Bond A L, Compas B E (eds.) 1989 *Primary Prevention and Promotion in the Schools*. Sage, Newbury Park, California

Bosma H, Jackson S (eds.) 1990 *Coping and Self-concept in Adolescence*. Springer-Verlag, Berlin

教学心理学中的范式(Instructional Psychology, Paradigms in)

范式是指在某一特定时期形成并被运用的一种科学理论体系。本词条将对学与教领域的主要研究范式，尤其是20世纪以来的研究范式进行简要回顾。

1. 行为主义

在20世纪20年代，爱德华·桑代克(E. L. Thorndike)提出了“联结主义”学习理论。该理论认为特定的反应都和特定的邻近刺激联系在一起，即所谓的“S—R联结”或简称为联结。在桑代克看来，行为是受不同的学习规律所控制的。他有两条重要的学习规律是众所皆知的：效果律和练习律。依据效果律，当对刺激的反应会产生正面的、积极的效果时，这种反应就会加强或者说得到了强化。例如，当问：“12乘以4得多少?”答：“48。”强化说：“非常正确!”练习律讲述了S与R之间的联结力量会因反复练习而增强。“操练和实践”这种教学方法就是以练习律为基础的。桑代克在教育领域的影响是巨大的,特别是他的著作《算术心理学》(1922)。这种 S—R 的范式也成为 20 世纪 20 年代约翰·华生(J. B. Watson)的行为主义理论的基石。

斯金纳(Skinner 1953)是 20 世纪 30 年代以后发展科学行为主义学习理论的心理学家中的第一人。他区分了两种不同的行为:应答性行为和操作性行为。应答性行为发生在一个外界刺激之后,在某种情况下就等同于反射行为或者是伊万·巴甫洛夫(I. P. Pavlov)描述的条件反射(例如:当一只狗学会把铃声和即将供应的食物联系起来后,它听到铃声就会分泌唾液)。而操作性反应自发性更强,由有机体、动物或人主动发起。当它被一种积极的或消极的方式强化时,这种反应就会成为一种条件行为。这就意味着它可以在强化物出现之后立刻被加强和重复,而强化可以是呈现的奖赏或令人讨厌的刺激。

在一个预期行为发生后立刻呈现一种刺激就可以产生辨别学习。而塑造是另一种学习方法,即通过完成各种部分的行为从而逐渐使有机体做出预期的复杂的动作。这种方法构成斯金纳程序教学的基础(当然,运用任务分析技术来发现正确学习序列的各个步骤对程序教学来说也是必不可少的)。另外两种被普遍接受的斯金纳的学习方法就是掌握学习和行为矫正,而后者已成为心理治疗中所使用的一种方法。

根据行为主义的理论,只有被强化的行为才能被控制。"学习"就是在老师或机器呈现强化刺激的条件下形成正确行为。这种理论并没有讲述学习过程中个体内部的心理过程。所以行为主义被看作是非认知学派的理论。

2. 格式塔心理学

欧洲早期的格式塔心理学是由考夫卡、苛勒和魏特海墨所创立的,该理论的基本观点是认为我们所能感知的只有从背景中跃然而出的图形、形式,即德语中所谓的格式塔。我们首先观察到的是一个格式塔的完形,然后才逐渐感受到它的构造特点。就好比大教堂的一扇玫瑰花窗,乍一看它首先是一个色彩斑斓的整体,然后它的结构和质感才会渐渐浮现出来。由此可见,整体是大于部分之和的。在格式塔心理学家看来,观察、思考和学习三者之间并无太大的分别。学习意味着觉察事物的结构。对问题的解决就是在先前学习经验基础上的一种"顿悟",即所谓的"啊哈"式体验(当我们面对问题冥思苦想之后豁然开朗时,往往会情不自禁地大叫一声:"啊哈! 我明白了。"所以,顿悟又被形象地称为"啊哈"式体验——译者注)。而创造性的问题解决和学习则表明个体从一种行不通的解题思路转到对问题情境形成良好完形的思路上。

由于格式塔心理学家是从整体性的角度来看待学习现象的,所以,他们对于训练几乎绝口不提,这一点是和行为主义者不同的。唯有魏特海墨(Wertheimer 1945)曾应用格式塔的建构范式对学校课程,尤其是数学和科学课,提出了质疑。例如,他曾经去旁听过一堂课。在课堂上,小学生们学习了一种求平行四边形面积的方法,即先做一条垂线,然后用垂线的长度乘以底边的长度。后来,魏特海墨要学生们求出如图 1 所示的一个平行四边形的面积,结果没有一个学生注意到与学过的例子相比,这个图形只是被简单地翻转了一下,学生们都回答说:"我们没学过。"魏特海墨用这个例子向我们说明在教育中不应当运用机械化方法来学习。

3. 维茨堡学派、塞尔兹和敦克尔

屈尔佩、比勒和阿赫等人创立的维茨堡学派是反对德国联想主义心理学的产物。在这个学派的追随者看来,思维就是按照"手段—目的"、"前因—后果"模式所进行的序列化运算。阿赫认为

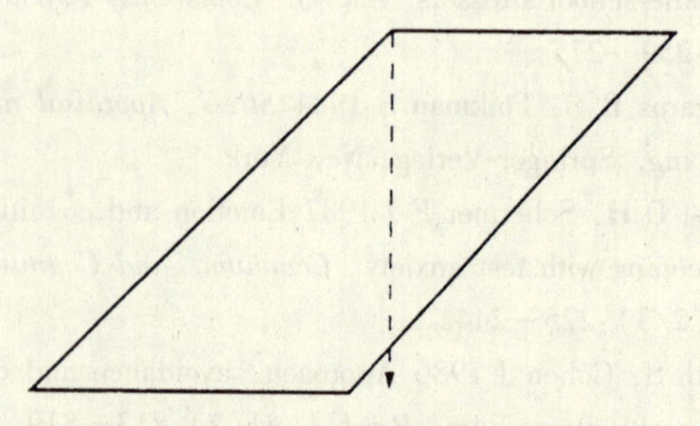

图 1 魏特海墨的平行四边形问题

我们在思考时有一种“确定性的倾向”，它使我们的思维都指向一定的目标，并且受思维任务的控制。曼赫姆的塞尔兹继承了阿赫的上述观点，并运用屈尔佩的“实验内省法”对思维是怎样发生的问题进行了考察。所谓内省即是指个体对自己意识中发生的现象进行观察。内省法的缺点是，个体对自己的心理现象进行有意识、有目的地观察可能会使心理现象的自然发展过程发生改变。不过，维茨堡学派认为，可以用质询严格控制下的智力任务的思维过程来避免这个缺点。塞尔兹（Selz 1924）曾经在涉及附属、协调、整体、局部、定义的实验任务中采用改进后的“实验内省”法进行研究。下面就是其研究任务中的一个例子：

任务：　　局部
刺激词：　树枝
反应：　　树
反应时：　1.8 秒

在完成任务之后，实验者就会询问被试在得到任务后是怎么想的，这样就用迅速的回顾代替了内省的使用。

塞尔兹发现在解决特定的思维任务时，被试会使用一些特定的思维运算或思维方法。这些特定的思维方法可以被称作是预测思维加工过程的图式，即模式预期。这样，被试在解决各种不同的问题时，可以凭借模式预期找到最适宜的思维方法。这种模式预期范式为我们提供了教育的启示，即：教师应当帮助学生用正确的思维方法来解决不同种类的问题。

敦克尔（Duncker 1935）是维茨堡学派的另一位后继者，他对于问题情境的精确分析不仅仅对格式塔心理学家的研究产生了影响，也对近代研究“问题解决”的心理学家具有深远的影响。敦克尔的研究揭示出目标分析、情境分析和矛盾分析等探索性思维方法在问题解决过程中发挥着重要的作用。

4. 皮亚杰和维果茨基

瑞士认识论学者皮亚杰是认知心理学最著名的先驱之一。他对于智力的发展有着浓厚的兴趣（Piaget 1947）。在他的发展理论中，一个最核心的观点就是：个体在认识客观现实的过程中是积极主动的。个人是在做或行动中学习的。皮亚杰所说的做或行动可以是一个实际的动作，也可能是一种内在的心理活动，他将其命名为“运算”（内化的范式）。皮亚杰将智力的发展过程分为四个阶段。个体在每一个阶段的活动都是为了摆脱自身的一种不平衡状态。这种不平衡状态往往是由一种未知的现象（或冲突）引起，例如，为什么同样多的水倒进窄口杯后水位比倒入宽口杯的水位高？对于个体来说，学习是一个主动的过程，一个探索的过程。这种过程是建立在同化，或把外界现实整合到内部心理结构中的基础上的（Piaget 1964 P. 95）。而发展则是一切学习过程的基础。

皮亚杰的上述观点与维果茨基的理论有明显不同。在维果茨基的内化范式中，文化影响与教育起到了更大的作用。学习是以老师的文化指导和传授为基础的。老师要激发学生去探索维果茨基所谓的“最近发展区”（ZPD）。这意味着老师在评估了学生的实际发展水平之后——通过观察学生能独立完成的任务——通过提供充分的指导，就能够让学生获取更好的出人意料的成绩。在老师的指导下，学生能取得比其实际发展水平更高的学习水平。

皮亚杰所发展的发现学习与维果茨基的指导学习思想在教育中具有极其重要的意义。上面所提到的内化和最近发展区的思想后来又得到苏联心理学家加里培林（Gal'perin 1967）的进一步发展。

5. 认知心理学

认知心理学是试图描述和解释人们行为背后的认知加工过程的一门心理学。与以“刺激一反应”或“暗箱操作”为范式的行为主义心理学相比，认知心理学家们假设在输入和输出之间的内部转换过程是可以被清楚地推理和论证的（即内部的心理过程由行为主义的“暗箱操作”变成了认知学派的“明箱操作”）。按照迈耶（Mayer 1981）的观点，所谓认知心理学就是对人类的心理加工过程和记忆结构进行科学的分析以更好地了解和认识人类的行为。在进行分析时，人被看成是一个信息加工系统，而且人的认知加工、认知结构及其所用的策略就是分析的重点所在。早期对认知过程的分析是以学生进行一些认知任务,例如解决一道算术题为对象的。研究人员仔细地观察学生解决问题的方法,问学生一些跟解题活动有关的问题,然后试着找出在这个过程中学生所获得的知识。在分析认知结构时,研究者则尝试对这些知识进行分解,寻找知识构成要素的组合方式。例如,图 2 表示的就是"妈妈给我倒了一杯奶茶" 这句话的网状结构。

当然在行为背后,除了认知加工过程以外,还有执行监控过程,它是一种自我调节的活动,即所谓的元认知能力。元认知能力的作用就是对我们心中正在进行的认知过程进行计划、调节和控制。当遇到难度较大的问题解决任务时,我们可以应用这种能力来强化我们特殊领域知识的效力(Weinert 1989)。

6. 现象学研究

现象学研究在许多方面对忽视学习者自己在学习中体验的研究提出了挑战。实际上,重视理解或体验的过程与内容是现象学最基本的研究原则。现象学研究"以描述、分析和理解体验为目的"(Marton 1981 P. 177)。例如,在学生读完一篇学术性文章后对其进行面试,结果成绩"显示学生在理解水平上有质的差异"(Entwistle 1986)。马尔通(Marton)强调,用现象学方法研究学习并不是要揭示学生间的个体差异,而是要用严格的分析程序来展现不同类型的学习方法。马尔通和萨利耶(Marton and Säljo 1976)在一项实验中发现,简单的事实性问题就会引发学习者采用一种表面化的学习方法。当要求学生对自己每天的学习体验进行评价时,他们会报告各种不同的学习策略。这些学习方法相当于克雷克和洛克哈特(Craik and Lockhart 1972)的"深度加工"策略,与其他一些著名的学习策略也是不相上下。学生之所以采用不同的学习方法主要因为学习目的的不同,比如,只是在特定的时候能够再现所学的知识,与在已学知识的基础上形成个人见解就是完全不同的学习目的。现象学研究方法就是在探讨各种学习方法的大量研究基础上形成的。

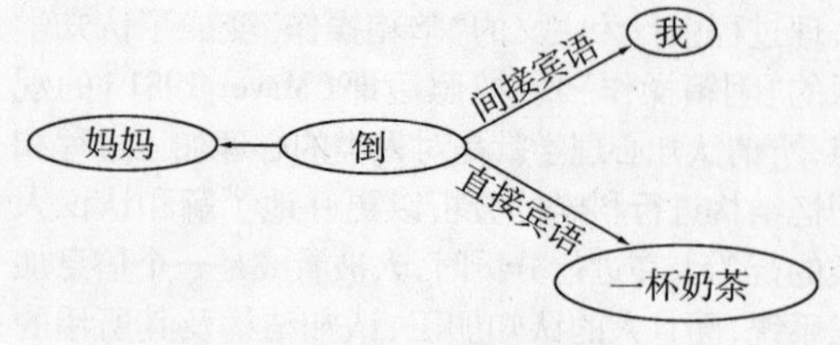

图 2 一个句子的网状结构

7. 情境化的认知和学习范式

这种研究范式与认知心理学的研究方式是相对立的,它尤其反对认知心理学对于影响学习与认知的情境因素和上下文语境的忽略(De Corte 1989)。它吸收了人种学和人类学的研究,同时也深受苏联活动论的代表人物维果茨基和列昂节夫的影响。这一研究范式强调不应该把知识从其所属的情境或上下文背景中孤立出来,例如,脱离了日常交流的语言环境,儿童是学不会外语单词的(Brown et al. 1989)。这种研究范式的创建者对于认知和学习进行了分析,并由此提出了构建理想学习环境的基本模型,包括四个维度:内容、方法、顺序和社会学因素。通过"认知见习"进行学习被看作是最佳的学习方式。通过真实的活动,与其他学生和作为实践专家的老师的社会性互动(比如,运用数学知识解决一个真实问题),学生将掌握一套工具性的知识。按照这种研究范式,主要的教学方法包括:提供范例模仿、训练、支架式教学、综合多种练习形式,把个体的表现、知识和思维整合起来并加以展示(Collins 1991)。

学校教育的一个主要目的是使学生能够将其学过的文化知识运用到(即迁移到)校外领域。不过,如果过于强调认知和学习的情境化,走向了极端,那么,迁移也是不可能的。研究者已经进行了大量的研究,试图证实这个尚属推测性的研究范式。一旦这种研究范式能够得到证实,那么它将成为联系美国认知心理学、苏联活动论心理学、人种学与现象学研究方法的理论纽带。

8. 教学心理学的发展趋势

当教学心理学家已经在探讨改善学习的方法和途径时,正统的学习理论研究者却还在试图尽可能精确地描述和解释学习本身，而且，他们所研究的是在严格控制的实验室环境下的学习。在实验条件下研究实验室中发生的学习具有内部效度的优势，因为对其他的变量进行了控制，可以把学习的结果（或者说实验结果）完全归因于对自变量的实验处理。但是，这种方法的缺点在于缺乏外部效度，即所谓的生态效度，而研究结果能否适用于真实的教学环境却取决于研究的生态效度。所以，自20世纪70年代以来，教学心理学家开始尝试运用所谓的准实验。实验研究与准实验研究的不同之处主要在于被试区组上。在实验研究中，被试被随机安排到不同的实验处理中，而准实验研究中的实验区组则是按照学校班级中真实的小组来划分。尽管心理学家仍然在尽力维护研究的内部效度，但越来越多的人开始关注生态效度或外部效度，同时，也开始改善对研究数据做绝对化解释的倾向。

9. 走向融合

至少有两个理由可以说明教学心理学、发展心理学与个体差异研究这三方面的结合是很有价值的：第一，虽然教学心理学的研究文献通常针对的是群体学生，但是它在关注一般学习者的同时也关注学生个体；第二，基于学生学习行为的教学才可能有效，这是众所周知的教学原则，而学生的学习行为在很大程度上又取决于该学生的发展水平。以学生的年龄和发展水平为标准，学校教育被划分成初等、中等、高等教育这样的结构。正因为如此，有学者说"在学校学习本身也就成为一项特殊的发展任务"（van Lieshout 1987 P. 54）。

资质干预匹配方案（ATI）是一个研究个体差异的著名范例。该方案认为学生群体在资质上是有差异的，对不同资质的学生应施行不同的教育，应当采取特殊的对待来适应学生的不同特长。近期的研究十分重视对学生资质的过程分析（Snow 1989）。不过，在这些整合性的研究中最重要的发现是，知识是认知发展的基础，而获得知识的能力则是个体在不同领域取得成功的最基本的条件。

10. 研究设计和研究技术的发展变化

教学心理学的先驱如桑代克和斯金纳等都曾试图建立一种真正的教育科学，他们认为，这种教育科学应当像自然科学一样是定量、客观、实证性的。因此，研究者发明了心理学实验来揭示引发学生行为变化的原因，通过教学过程—结果式的研究来确定老师的教学行为（过程因素）和学生的学习效果（教学结果）之间的线形关系。

紧随实验研究之后，相关研究也在20世纪六七十年代得到蓬勃发展。相关研究主要是一些属于准实验的教育实验研究，通过对比实验组和控制组来分析教学效果。

而高级统计方法的出现又使研究者可以计算在特定教学条件影响下，某种变化的发生几率。到了20世纪70年代，在教育研究中一些新的研究方法逐步流行起来，它们是解释性研究、批判性研究以及质的研究方法。解释性研究强调，在老师的教学和学生的学习之间并没有必然的因果联系（Gage 1989），因为人类并不是无生命的台球，而是有倾向、会计划、有目标、对别人和自己的行为都有特定观点的生物，而这些特点又会影响他们的行为。从事批评性研究的学者则强调：学习就像人类别的行为一样，要受其所在的社会和政治环境的影响。

质的研究兼具解释性和批判性研究的特点，质的研究者就像历史学家一样，经常会使用描述和分析的方法。教育研究者从活动和意义透视（"意义透视"这个概念是指，行动在行动实施者自己视野中的直接意义）的角度来描述教室里的教学进程。他们通常会使用这些方法如内省、大声思维、个别访谈以及对学生行为和问题解决进程的分析等。在盖奇（Gage 1989）看来，"客观主义者、解释主义者、批判主义者之间并不存在根本的对立"。他们的研究方法是互补的。例如，强调学生和老师的"意义透视"的个案研究和访谈研究可以丰富教学过程—结果式的研究。

A. 诺依斯（A. Knoers） 著
曾 知 陈 晶 译

附录

Brown J S, Collins A, Duguid P 1989 Situated cognition and the culture of learning. *Educ. Researcher* 18 (1): 32—42

Collins A 1991 Cognitive apprenticeship and instructional technology. In: Idol L, Jones B F (eds.) 1991 *Educational Values and Cognitive Instruction: Implications for Reform.* Erlbaum, Hillsdale, New Jersey

Craik F I M, Lockhart R S 1972 Levels of processing: A framework for memory research. *J. Verbal Learn. Verbal Behav.* 11:671—684

De Corte E 1989 Acquiring and teaching cognitive skills: A state-of-the-art of theory and research. In: Drenth P J D, Sergeant J A, Takens R J (eds.) 1989 *European Perspectives in Psychology. Vol. 1: Theoretical Psychometrics. Personality, Developmental, Educational, Cognitive, Gerontological.* Wiley, Chichester

Duncker K 1935 On problem solving. *Psychological Monographs* 58(5):(Whole No. 270)

Entwistle N 1987 Explaining individual differences in school learning. In: De Corte E, Lodewijks H, Parmentier R, Span P (eds.) 1987 *Learning and Instruction: European Research in an International Context*, Vol. 1. Pergamon Press, Oxford

Gage N L 1989 The paradigm wars and their aftermath: A "historical" sketch of research on teaching since 1989. *Educ. Researcher* 18(7):4—10

Gal'perin P Y 1967 Die Psychologie des Denkens und die Lehre von der etappenweisen Ausbildung geistiger Handlungen. In: Navka M 1967 *Untersuchungen des Denkens in der sowjetischen Psychologie.* Volk und Wissen, Berlin

Marton F 1981 Phenomenography: Describing conceptions of the world around us. *Instructional Science* 10(2):177—200

Marton F, Säljo R 1976 On qualitative differences in learning, II: Outcome as a function of the learner's conception of the task. *Br. J. Educ. Psychol.* 46(2):115—127

Mayer R E 1981 *The Promise of Cognitive Psychology.* Freeman, San Francisco, California

Piaget J 1947 *La psychologie de l'intelligence.* Colin, Paris

Piaget J 1964 Development and learning. In: Ripple R E (ed.) 1964 *Readings in Learning and Human Abilities: Educational Psychology.* Harper and Row, New York

Selz O 1924 *Die Gesetze der produktiven und reproduktiven Geistestätigkeit.* Cohen, Bonn

Skinner B F 1953 *Science and Human Behavior.* Macmillan Inc., New York

Snow R E 1989 Aptitude-treatment interaction as a framework for research on individual differences in learning. In: Ackerman P L, Sternberg R, Glaser R (eds.) 1989 *Learning and Individual Differences: Advances in The ory and Research.* Freeman, New York

van Lieshout C F M 1987 Learning and instruction: A part of development. In: De Corte E, Lodewijks H, Parmentier R, Span P (eds.) 1987

Vygotsky L S 1929 The problem of the cultural development of the child. *J. Genet. Psychol.* 36:415—434

Weinert F 1989 The impact of schooling on cognitive development: One hypothetical assumption, some empirical results, and many theoretical speculations. *EARLI News* 8:3—7

Wertheimer M 1945 *Productive Thinking.* Harper and Row, New York

其他参考文献

Collins A, Brown J S, Newman S E 1989 Cognitive apprenticeship: Teaching the craft of reading, writing and mathematics. In: Resnick L B (ed.) 1989 *Knowing, Learning, and Instruction: Essays in Honor of Robert Glaser.* Erlbaum, Hillsdale, New Jersey

Corno L, Snow R E 1986 Adapting teaching to individual differences among learners. In: Wittrock M C (ed.) 1986 *Handbook of Research on Teaching*, 3rd edn. Macmillan Inc., New York

De Corte E, Verschaffel L 1989 Teaching word problems in the primary grades: What research has to say to the teachers. In: Greer B, Mulhern G (eds.) 1989 *New Directions in Teaching Mathematics Education.* Routledge, London

Erikson F 1986 Qualitative methods in research on teaching. In: Wittrock M C (ed.) 1986 *Handbook of Research on Teaching*, 3rd edn. Macmillan Inc., New York

Glaser R 1987 Learning theory and theories of knowledge. In: De Corte E, Lodewijks H, Parmentier R, Span P (eds.) 1987

Merrill M D 1987 Component display theory. In: Reigeluth C M (ed.) 1987 *Instructional Theories in Action.* Erlbaum, Hillsdale, New Jersey

Reigeluth C M 1983 *Instructional Design Theories and Models: An Overview of their Current Status.* Erlbaum, Hillsdale, New Jersey

Vygotsky L S 1978 *Mind in Society: The Development of Higher Psychological Processes.* Harvard University Press, Cambridge, Massachusetts

学习活动(Learning Activity)

学习活动的概念是活动理论的一个组成部分，由维果茨基、鲁利亚、列昂节夫等人所创立的活动理论认为学习是在文化与历史传统的背景中发生的活动。活动(即德语的 Tatigkeit，俄语的 dejatel'nost)是人类基本的生存方式之一，代表了人与外界的相互作用，而主动的、有目标、有意识、社会性的人是这种相互作用的存在前提。在不同的条件下人们采用不同的方式来实施活动，尽管这些活动的物质水平或精神水平各异，但是它们都以改造或创造活动对象(包括人类自身)为目的。人与人之间的关系会受活动对象的影响，同理，人和活动对象之间的关系也会受其他人的影响。因此，活动的结果并不总是与活动预期的目标相一致，尤其是在改造人的活动中，其结果更是我们自身无法预料、无法推测的。

1. 学习活动的本质和结构

学习活动是人类活动的一种特殊形式。学习活动的目的就是在社会化条件下，尤其是在教学、指导和社会交流与合作的条件下通过个人建构的方式来获得社会性的知识和能力(Davydov 1988a, 1988b; Lompscher 1989)。这里所说的“获得”，意指将客观存在的社会价值、社会规范、方法和知识等转换为个体主观的心理结构和特点。

一方面我们可以在那些不是以学习为目标的活动如游戏、工作、交往等中学习；另一方面，我们也在那些指向特定学习目标的专门的学习活动中学习。当然，通过活动学习与在专门的学习活动中学习之间存在巨大的差异。在人类的发展史上，虽然学习活动是从劳动中分化而来的，但它最初的起源还是游戏和日常活动。

学习作为一种特殊的活动，需要个体的关注才可能掌握——换句话说，学习是习得的(也就是说，在活动理论看来，学习并不是人与生俱来的本能，而是后天习得的一种特殊活动——译者注)。而且，在人生的特定时期，通常是在学校学习期间，学习活动会成为个体的主导活动。通过一段时间的学习，即使测量表明个体已经学会了学习，这时学习在个体的活动体系中不再处于主导地位，但是学习对学习者个人的发展仍有重要影响，而且在人的一生中，通过学习获得知识和能力始终都是一项重要的任务(在现代社会，这是通过扩展普及教育、职业教育以及实施更高级、更专门的资格认证来实现的)。

与其他类型的活动不同，学习活动的主要目标是完善、提高自我，即个体形成完成新的、更复杂、更困难的学习任务所必需的各种主观条件。在学习活动中，个体需要全身心地投入，同时个体也从中获得全面的发展。通常，学习的实际结果与学习目标相比，会更多地指向知识和能力的获得。在这个过程中，物质世界和人类社会之间的相互关系变得越来越间接、复杂，在这个过程中个体形成了研究外部世界的理论方法。而且，新的动机和情感特征也会伴随这个过程发展，同时认知和元认知的结构及策略也会不断完善。因为人的各种心理活动是一个整体，所以，在分析心理活动的规律时必须综合考虑各种复杂的构成成分和相互关系，对于学习活动规律的分析亦不例外。

从宏观分析的观点来看，学习活动是由以下几个要素组成的：

一是学习者本人。每个学习者都处于特定的

发展水平，通过实施学习行为以达到一定的学习目标。由于个体的活动都发生在社会互动（协作、交流、合作）的背景中，而学习的结果主要取决于学习者活动的质量和强度，同时学习活动的质量和强度也受学习者与活动所处的社会环境和物质环境条件的相互作用的影响，学习者的认知能力、动机、情感、意志和社会技能都会参与到互动中。

二是学习内容与目标。即使是在认识物质世界的学习活动中，如下因素也会从多方面对学习产生影响：与学习内容相关的社会知识和意识形态水平；选择和确定学习内容的理论依据和政治标准；针对学习内容的教学方式和呈现教学材料的形式；学习者和学习的心理学特点等。所以说，学习成果并不是学习内容作用于学习者的结果，而是学习者作用于学习内容的结果。

三是学习工具。学习者的行为是主要的学习工具，为了达到目标，学习者的行为必须与学习目标的内容和结构相适应。学习者必须有能力行使合乎学习目标的行为。至于其他学习资料，只有在其成为适当的学习行为的组成部分时，才算得上是学习的工具。

四是学习环境。政治环境、教学环境、家庭环境、社会风气、物质环境既可能促进学习活动的进展和学习结果的获得，也可能适得其反。事实上，学习环境的优化是教学和学习领域研究与实践的目标。而优化学习环境的目标则在于通过学习及其他活动来促进个体在认知、动机等方面的发展。

2. 分析和促成学习活动的基本原则

尽管分析学习活动与促成学习活动需要的是不同的方式、方法，但是二者却是彼此相关、互相依存的。活动理论采用来源分析法考察了学习活动的起源，并且试图揭示其发展的原因、所需条件以及学习活动内容和结构的变化。当然，为了理解学习活动，明确其状态、结构、特征是必要的，但还不够充分。由于学习结果还受学习过程和相关条件的影响，所以，只有我们能够依据某些理论假设或经验来创造和组织学习环境以引发特定的学习结果，或者能够对学习效果的结构和发展进行形成性分析时，我们才能够清楚地解释学习，并能够为教育实践提供建议。当然，我们是通过不同的步骤和途径来逐渐实现上述目标的。

2.1　学习活动和学习目标的统一

要达到特定的学习目标，首先需要具备特定结构的学习活动达到一定水平。如果个体在学习过程中面临新问题或高水平的任务，那么，他必须精心调整自己的学习行为使之提升到更高的水平，而且在调节过程中还必须克服自己在认知、动机及其他因素等方面的不足。当然，如果不时刻牢记自己追求的学习目标，个体也无法解决上述问题。其实，要达成特定学习目标所必需的学习活动就是在实现学习目标的过程中形成的，也就是说，依照学习目标来组织和形成活动是促进发展所必需的。

2.2　最近发展区与现有发展水平的统一

学习者在没有指导的情况下凭借自己已有的知识和经验可以独立解决的问题代表了学习者的现有发展水平（ZAP）。在现有发展水平之上的就是最近发展区（ZPD），最近发展区是指学习者在指导、帮助或榜样示范下可以达到的行为水平。为了促进学习者的发展，学习任务应该指向学习者的最近发展区，因为个体在这个区域的心理结构和特征还没有发展完善，所以必须大力发展这些心理结构和特征。当最近发展区变成个体新的现有发展水平之后，在此基础上又会产生新的最近发展区，依此类推从而不断向前发展。要确定个体的最近发展区必须对如下三个因素的相互关系进行分析：

（a）学习目标的客观要求，即为了掌握相应的学习内容、完成相应学习任务所需要的实际活动（物质的、外显的活动）和心理活动（精神的、内隐的活动）。

（b）学习者应当具备的素质，即为了从事上述活动个人所必须具有的知识、策略、态度等。

（c）学习者的现有水平。

必要条件和现有水平，即因素 b 和因素 c 之间的差异为下一步发展以及创造实现目标的条件指明了方向并提供了可能。如果二者根本没有任何差别，那么就不可能有任何学习和进步。但是，如果两者之间的差异太大，学生没有能力跨越这一鸿沟,同样也不可能有什么学习和发展,或者会令学习者身心疲惫。

2.3 学习活动和教学活动的统一

在教育环境中,学习活动的出现和发展始终都是与教学活动紧密联系在一起的。在学与教的互动中,学生和教师互为活动的主体和客体,相互影响。尽管在学与教的过程中,学生和教师所追求的目标并不完全相同,但是为了实现各自的目标,教师和学生必须在行动上保持协调一致。一方面,学习是在教师(事实上是整个社会)创设的环境中进行,另一方面,教师在教学中又必须考虑学生已有的认知能力和动机水平以及学生对教学的领悟度,所以,教师和学生的行为是互为支撑的。

教师如何分化学习活动的程度、结构,如何设置环境促进学生学习活动的深化和发展是教学过程的决定性因素。因而,教师首先需要关注的并不是学习目标、教师自身的教学活动或向学生传达活动目标(传递到学生的心里)的教学策略,而应当关注实现上述目标所必需的教学活动,以及学生从事此类活动的准备性。只有这样教师才有可能发现并创设出推动最近发展区向现有发展水平转化的环境条件。要实现这一目标,仅靠在现有条件下提供自发活动的机会是不够的,教师还必须有计划地促成一系列学习活动——在这些活动中不是将学习者置于消极被动地接受影响的地位,而是为培养主动的学习者、为促进其自我发展创造条件。当然在设计这些学习活动时必须以学生的发展需要、现有水平和潜力为基础。

3. 学习活动形成的基本条件

下面将要介绍的是活动理论的一种变式,从活动理论到该理论反映了从抽象到具体的变化。学习活动的形成条件是该理论关注的重点,下面就是该理论所强调的条件。

3.1 学习目标的确定

如果学习者能够理解学习要求,学习能力充分,在任务条件下,学习者不仅积极行动致力于解决问题,而且还积极行动起来分析学习要求与其能力的关系,在这种状态下,符合学生需要和动机的学习内容或任务自然就会衍生为具体的学习目标。通过评估和反馈学习要求与其自身能力的关系会使学习者明确“除了那些我想知道和能够做到的外,还有哪些是我不懂的或做不到的”。将不懂的方面用概括、综合的语言表述出来,这样,学习者的追求和努力就有了明确的方向。不论学习者所追求的学习目标是多是少,只要能够将这些学习目标进一步细分为若干子目标,就可以为学习者确定学习方向,计划、控制、评估学习过程提供依据。

3.2 学习行为的形成

当学习者还没有掌握实现学习目标所必需的行为时,或者当学习者的学习行为不能适应新的学习要求时,学习者就必须通过一系列的学习行为来实现学习目标(也就是说,当学习者无法一步到位直接实现学习目标时,只能采用分步走,逐步间接地实现学习目标——译者注)。为实施这一系列的学习行为,必须创设相应的条件并确定行为的程式。而且,学习者掌握这一系列学习行为的过程是逐步的,这个过程与学习能力的形成相似,就好像尚未熟练掌握的学习能力通常是由实际动作或物化的动作经言语化才逐渐转化成心理活动的(Galperin 1969)。在这个逐步掌握的过程中,复杂的学习行为首先要细化成若干子行为,以便逐个形成,然后再把这些行为整合成复杂的学习行为。

3.3 初步抽象和学习模式的形成

在学习过程中,学习者接触的是实物或具体情境,而学习的目的则是要揭示隐藏在现象和变化背后的本质特征及关系,为此,学习者需要按照一定方式来固化他们的发现。学习模式就是实现这一目标的最佳形式。所谓学习模式就是用最为简洁的图表、语言或其他方式表示出来的,包含在学习目标中的最本质的特征和最基本的关系。在这里,我们就看到了不同于具体现象的初步抽象,因为在学习模式中所包含的仅仅是最本质的构成要素。通过初步抽象所建立的学习模式乃是学习活动的一个重要成果,同时,它也是更深入的学习活动的起点和工具。在初步抽象过程中,分析具体现象的基本原则就是从一般到特殊。

3.4 具体化

通过初步抽象,我们就可以更好地把握特定学习领域中多样化的具体目标、过程和条件。而初步抽象则是在解决更加复杂的学习任务过程中完成的。一方面，我们可以用抽象的方法来分析具体现象，同时，抽象方法在与具体现象的相互作用中不断地得到丰富、深化。

4. 从理论到实践

活动理论只是简要地提及了影响学习活动形成的其他一些重要条件，如问题解决、合作、交往、反映和社会关系等。在不同学科领域（比如数学、自然和外国语言的学习、历史、地理、生物、物理等）和不同的教育阶段中（主要是在基础教育阶段，当然也包括学前教育和中等教育阶段，在职业教育和高等教育阶段虽然不多但也有一些）都有自己相对固定的一些学习活动和促成活动的方法。从相关研究文献中提供的数据来看，当这些学习活动和方法应用于教学实践时，在激发学生的学习动机、促进概念与策略的形成以及理论思考和特殊领域能力形成方面都有重要影响。

在教育中，培养学生成为主动的学习者和创设有利于主动学习的环境是至关重要的，在这方面组织学习活动的有效方法与学习得法和教学得法是同等重要的（Boekaerts 1992，De Corte 1990，Engeström 1991，Resnick 1989，Van Oers 1990）。我们必须把组织学习活动的方法、学习方法、教学法等加以综合运用，才能更好地理解学与教从而更好地进行教学实践。

J. 洛姆普斯彻（J. Lompscher） 著

刘金玲 陈 晶 译

附录

Boekaerts M 1992 The adaptable learning process：Initiating and maintaining behavioural change. *Applied Psychology：An International Review* 41（4）：375—397

Davydov V V 1988a Problems of developmental teaching：The experience of theoretical and experimental psychological research. *Soviet Educ.* 30（8）：15—97；30（9）：3—83；30（10）：3—77

Davydov V V 1988b Learning activity：The main problems needing further research. *Multidisciplinary Newsletter for Activity Theory* 1：29—36

De Corte E 1990 Acquiring and teaching cognitive skills：A state-of-the-art of theory and research. In：Drenth P J D，Sergeant J A，Takens R J（eds.）1990 *European Perspectives in Psychology*；Vol. 1. Wiley，London

Engeström Y 1991 Non scholae sed vitae discimus：Toward overcoming the encapsulation of school learning. *Learning and Instruction* 1（3）：243—259

Gal'perin P Y 1969 Stages in the development of mental acts. In：Cole M，Maltzman I（eds.）1969 *A Handbook of Contemporary Soviet Psychology.* Basic Books，New York

Lompscher J 1989 Formation of learning activity in pupils. In：Mandl H，De Corte E，Bennett N，Friedrich H F（eds.）1989 *Learning and Instruction：European Research in an International Context Vol. 2. 2：Analysis of Complex Skills and Complex Knowledge Domains.* Pergamon Press，Oxford

Resnick L B（ed.）1989 *Knowing，learning，and instruction：Essays in honor of Robert Glaser.* Erlbaum，Hillsdale，New Jersey

Van Oers B 1990 The development of mathematical thinking in school：A comparison of the action-psychological and information-processing approaches. *Int. J. Educ. Res.* 14（1）：51—66

其他参考文献

Bol E，Haenen J P P，Wolters M A（eds.）1985 *Education for Cognitive Development：Proceedings of the Third International Symposium on Activity Theory.* Stichting voor Onderzoek van het Onderwijs（SVO），The Hague

Glaser R 1991 The maturing of the relationship between the science of learning and cognition and educational practice. *Learning and Instruction* 1（2）：129—144

Hedegaard M，Hakkarainen P，Engeström Y（eds.）1984 *Learning and Teaching on a Scientific Basis：Methodological and Epistemological Aspects of the Ac-*

tivity Theory of Learning and Teaching. Psykologisk Institut, Aarhus University, Aarhus

学习理论：历史回顾与展望 (Learning Theories: Historical Overview and Trends)

20世纪60年代以来，学习理论发生了剧烈的变化。传统理论(大部分建立在行为主义刺激—反应观点的基础上)被基于认知心理学和关注社会、文化、发展因素的新型理论代替。传统上，学习是指由经验、练习引起的个体在行为、能力方面的变化。虽然新型理论对变化的关注仍然显著，但是关注的重点却从行为的变化转移到知识的重组和智力的变化方面。问题解决代替死记硬背成为流行的说法。

近些年，尽管出现了理论综合的趋势，但是关于学习在理论和哲学观点层面上仍然存在着很多的分歧。本词条将讨论学习理论及其研究的演变，尤其是教育环境中相关学习理论和研究的演变。对于学习的理解有如下几个明显的转变。首先是在20世纪60年代以前占据优势地位的行为主义学习理论，不过当时“认知革命”已经开始影响人们对人类行为的认识。尽管学习并不是认知心理学关注的重点，但是认知心理学却影响了心理学家对知识获得问题的认识(Shuell 1986)。20世纪80年代，认知心理学的研究局限(例如，使用的是实验室而不是真实的任务环境，没有考虑非认知因素——动机、兴趣、情感的作用)引发了某些新的理论观点，其中有些观点如情境性认知、认知见习等还颇有争议。下面我们将对上面提到的几个主要转变时期分别加以介绍。

1. 有关学习的早期研究

20世纪前期是学习研究的鼎盛时期，尤以当时深受占心理学界绝对优势的行为主义的开创者桑代克、斯金纳等人研究影响的美国为代表。学习被视为是外部环境转换为个体知识的过程，即：环境刺激作用于个体，然后个体做出反应，反应的结果(也就是强化)决定了遇到相同或相似的情况时出现这种反应的可能性。当时，在美国的研究大部分是实验室研究(通常是拿动物做实验)，用非常简化的实验室研究方法来探索学习的一般规律。

与美国研究中的机能主义倾向不同，欧洲这一时期的研究更多关注的是心理机能的结构特征。这类研究主要的目标是了解思维及其他心理活动的内部过程，这一研究兴趣在格式塔心理学家的知觉研究和皮亚杰学派的认知发展研究中都是很明显的。这些研究从哲学角度来理解人的心理，这跟美国学者把兴趣放在确认引起教育变化的因素上不一样，欧洲的学者很少去关注、研究心理活动过程在教育干预下会发生怎样的变化(Resnick 1987)。尽管维果茨基的活动心理学出现在这一时期，但直到几十年后维果茨基的理论才对美国和欧洲的学习理论产生巨大影响。

欧洲心理学家认为美国研究对学习的行为主义解释过于机械化；而美国心理学家则对欧洲学者的研究方法提出了批判，认为欧洲的研究忽视了美国人认为应该处于学习活动中心地位的“变化”，而且在研究方法上不够严密。然而，接下来在第一次世界大战期间，随着技术的进步，社会和哲学也发生了很多变化，这为人类智力新概念的出现奠定了关键性的一步。信息加工理论的发展和计算机的出现开始影响美国心理学的发展，同时有关人在社会中的角色和责任的观念也发生了变化。到20世纪60年代，平等主义哲学开始对美国的心理学和社会变革产生巨大影响，突出地反映了这一时代的灵魂——重视个体影响历史事件和个人发展进程的能力。这些因素使调和存在差异的美国研究和欧洲研究成为可能。

受德国格式塔心理学和欧洲维茨堡学派的影响，认知心理学家开始把学习者与计算机类比，将学习者看成是积极的信息加工者，并且提出了认知心理学角度的学习概念。在早期，认知心理学家与欧洲的研究者一样，对心理活动过程感兴趣，关注的重点是发生在刺激源和学习者反应之间的内部调适，例如，在做出反应之前个体对刺激的解释及其过程。对个体内部主动加工过程的关注引发了与学习相关的一些新概念的出现。不过值得注意的是，尽管主流理论所关注的基本上都是复杂的、有意义的学习，但是这并不意味着除此之外就没有其他学习类型存在。比如，不管认知心理学家是否愿意承认，事实上，学生有时还是通过操作性条件反射和经典条件反射学到知识。多年来，加涅(Gagné 1985)令人信服地证明了有多种不同类型的学习存在，并指出必须综合行为主义和认知理论才能够全面地认识学习。不过后来的争论主要集中在有意义学习方面，因为有意义学习通常被认为是教育的基本目标，对有意义学习的争论很好地体现了20世纪90年代早期人们对学习的思考。

2. 认知学派的有意义学习

对复杂材料的有意义学习是主动的、建构性的、连续的、自我调节和目标定向的过程(Shuell 1986,1992)。学习者会对学习任务以及从任务中获得的信息(例如读一本书、听解说、分析插图、写评论文)做出自己的解释，并且会根据对学习任务与材料的知觉和已有的相关知识建构起相应的心理表征。由于本质的信息总是游离在物质刺激物之外，所以学习者必须增添一些信息才能够明白情境的含义。因此，学习者对情境的表征都是独特的，既可能跟其他人(例如老师)的理解类似、一致，也可能跟其他人的理解不一致。事实上，决定着学习者学什么的最重要因素就是学习者对教育环境的感知以及学习者在教育环境中心理加工过程的类型。尽管老师或教学媒介(比如书、计算机等)也发挥了重要作用，他们确保学习者正确地学习教学材料，但是实际上决定学习什么内容的还是学生自己。在更深入地探讨前，先考虑一下有意义学习的本质及其与其他简单学习形式的区别是有益的。

2.1　有意义学习的本质

尽管很难准确定义有意义学习的本质，但是“有意义学习”这种说法却是很常见的。有意义认知学习与那些简单学习形式的主要区别是：前者总是关注理解，然而后者总是关注行为的改变。当然，要准确定义“理解”也很难，但是，至少我们知道这个概念的一些重要特征。为了使知识有意义，能够被理解，就必须对这些知识进行建构和组织。例如，大多数人都承认学习、知道或记忆一个电话号码是可能的事情，但是很少有人认为理解一个电话号码是可能的事情。因为对知识的理解意味着要在概念和知识所包含的事实之间建立起关系，我们可以通过要求学习者释义、总结、回答与材料有关的问题或者是做一项需要应用所学知识的工作等方式来评价学习者对所学知识的理解(Shuell 1992)。

另一个区别是，有意义学习意味着掌握复杂的综合知识，而简单学习形式的成果通常只是获得了一堆孤立、零散的事实。相比而言，有意义学习更可能吸引学习者坚持更长时间，它也不像其他简单学习形式那样一蹴而就，它可能被分成若干学习阶段(Shuell 1990)。例如，在学习的起始阶段，学习者首先会掌握一些零散的事实以便在此基础上黏合出概念的初步结构；然后，在后续的学习中，再运用必要的组织策略整合这些事实以达到更高水平的理解。

尽管认知心理学家对学习的界定与一些传统的学习概念有相似之处(Shuell 1986)，但实际上认知学家所说的学习与传统意义上的学习有很大差别，正如布朗(Brown 1990 P. 268)所说，“与其说学习仅仅是一个获取知识的过程，不如说学习是个体掌握意义、获得体验的发展过程”。

在教育中，我们必须始终牢记学习材料的意义并不包含在学生所学习的材料中，而取决于我们用何种方式向学生展示学习材料。尽管学习材料中隐含着丰富的意义，但是只有在学生用有意义的方式去加工这些材料时，这些意义才能显现出来。所以，老师只是向学生解释、描述各种概念和事实间的联系是不够的，因为在这些活动中学生可能并没有产生有意义的学习。前面我们已经提到可以通过有意义学习的特征来更好地理解“有意义学习”这个概念，下面所提供的就是有意义学习的五个特征。

(a)主动性——学习者必须对所学知识进行各种认知加工，因为知识的获取是通过有意义的学习方式实现的。当然，学习中的重点是心理活动而不是体力活动。

(b)建构性——知识不能原封不动地从一个

人(老师或书等)传递到另外一个人(学生)。每个学习者都以自己独特的方式(取决于诸如已有知识、兴趣、动机、自信等因素)感受、解释新知识,然后再把新知识与已有知识或学习材料的其他方面联系起来从而加深对新知识的理解。所以,不会出现两个学生对概念和事实的学习、理解完全一样的情况。

(c)连续性——个体已有的知识和思维方式是其学习新知识的基础,但是,已有知识既可以促进新知识学习,也可能起阻碍作用。有关前概念的大量研究,以及克服错误概念的困难都表明已有知识对新知识的学习有重要影响。

(d)自我调节性——学习过程中,学习者必须做出下一步做什么的决定(例如,复述知识的一个片断,寻求头脑中闪现出来的答案,寻找各种信息的相似之处)。高效率学习者还能监控自己的学习过程,定期检查自己对新知识的理解情况。学习过程中的自我调节包括元认知、自我效能感、研究等很多因素。

(e)目标中心——如果学习者对学习要追求的目标至少有一个大致的想法,而且对实现目标有一个合理的预期,那么有意义学习会更容易成功。尽管许多教育环境更适合学生独立地确立自己的学习目标,但是通过提供教学目标来帮助学生确定目标也是一种可行的方法。但是,我们必须认识到,在任何时候学生自己的目标都是至关重要的。教师仅仅描述一下目标是不够的,还必须使教师提出的目标转化成学生自己的目标,因为真正影响学生学习过程的还是学生自己的目标。

2.2 学习的内部机制

前面的讨论虽然描述了有意义学习的本质,但是对真实的学习究竟是如何发生的却几乎没有提及。谢尔(Shuell 1992)参照大量研究和理论,概括了有关学习的各种心理学规则(如表1所示)。尽管表中所列的这些学习机制对于不同类型学习的适用性有所不同,同时还受到学习条件的影响,但是这些学习机制与各种类型的学习都有关系。学习过程发生在个体身上,其中每个环节的实现方式都是多种多样的,也就是说这些方法尽管形式各异,但是却具有相同的功效,都能在学习者身上诱发出相应的认知加工。

通过了解学习的机制再加上前面列出的有意义学习的特征,我们对于认知学派的学习概念就能够有一个大体的认识。在20世纪90年代早期,个体是积极的信息加工者的假设主导了大多数的学习研究,并且在很大程度上调和了早期不同认知学习理论的一些分歧。不过,认知心理学在解释某些研究方面的局限性又促进了新的研究问题和新观点的出现。

3. 超越认知学派:来自教育实践的新学习观

尽管认知心理学和信息加工模式仍然主导着学习研究,但是也有批评说它过分关注认知过程以至于忽略了其他一些需要考虑的重要因素。这些需要考虑的因素包括:(a)学习的社会/文化背景;(b)现实世界中真实而非人为编造的任务;(c)动机、兴趣、情感的作用;(d)不同学习领域的学习本质。而且,由于教学心理学所关注的是为帮助学生获得某些专长提供必需的教育干预,它关注的重点是要描述专长的本质而不在于阐明这些专长是怎样获取的,因此,认知心理学对于教学心理学的理论是没有多大帮助的。对于学习过程中认知以外因素的关注代表了认知学习理论研究的新领域及范围,反映出认识有意义学习方面的发展变迁。

3.1 社会因素和环境因素

维果茨基在文化心理学方面的论著对于关注社会文化背景下的学习有很重要的影响作用,并且社会文化背景下的学习才被称作"真正的学习"(Brown et al. 1989)。认知心理学过分关注心理加工过程而忽视影响学习的社会、文化因素的现象受到了批评。

西方对学习和发展心理学的研究主要是探讨在学校环境中的学习和发展,而文化心理学却特意考察了在非西方的以及非学校主流的文化中的数学学习和其他日常生活技能的学习。后来,布朗等(1989)还进一步提出学习和认知是在特定的文化环境中(在这里的文化环境是指小群体的文化环境而不是大文化环境)发生的,知识也是在应用于真实活动的实践中发展的。对现实情境中真实学习的关注使我们看到学校学习与现实生活中的学

表 1	学习的 12 个内部加工机制
期待	当学生对于要从学习任务中学到什么至少有一个大致的想法时，有意义学习才可能有效。包括情感（情绪、自我效能感等）、认知目标在内的学习期待在学习过程中会发生变化。介绍总体情况或要求学生明确课文的意图都是激发学生产生学习期待的一种方式。
动机	在有意义学习过程中，学生必须能够坚持并付出努力。动机和期望是彼此相关的——例如，像自我效能感这类期待会影响个体的动机。
激活已有知识	认知和情感的激活是学生记忆中适当的知识结构和相关态度能够派上用场的前提条件。可以通过提醒学生回忆以前学过的必要信息或让学生问自己对于正在学习的课题已经知道了什么来激活其已有知识。
注意	学习材料总是包含着大量信息，学生必须把注意力集中在相关信息上，忽略（至少当时）材料中的无关信息。
编码	短时记忆中的信息必须经过编码才能得到进一步加工。虽然对于同样的信息，不同个体在不同条件下会以不同方式来编码，但无论用任何编码方式，学生都要对新的信息做出自己的理解，比如看到一刺激物并把它解释为小汽车。运用记忆术或图示法就是对信息进行编码的例证。
对比	大量具有潜在意义的知识包含着很多相互关联的概念和事实。为了以理解而不是死记硬背的方式来获取知识，学生必须通过对比这些概念和事实的相同点和差异，从而对其关系形成更高水平的理解。
提出假设	在主动的、建构性的有意义学习中，针对学习材料提出假设是必不可少的。可以通过鼓励学生改变思路或提出多种备选方案来推动学生提出假设。
练习	知识很少是一次就可学会的。虽然有意义学习中的练习与简单学习中的练习有本质的不同，但是，在有意义学习中练习仍然是必要的。在有意义学习中，学习者需要花时间多次复习学习材料，为发现新的联系创造机会。引发学生从多角度来看待事物，引导学生进行系统化的复习是两种常用的练习方式。
反馈	在学习过程中，对学生理解的准确性和全面性进行反馈是必要的。如果没有足够的指导性反馈，学生很可能会感到茫然或出现一些不当行为。
评估	反馈是必要的，但仅有反馈还不够，还需要学生对反馈进行解释和评估以确定反馈的可信性以及如何充分利用反馈。
监控	在学习中需要通过监控，尤其是学生自己的监控来确定学习的进程是否合理。如果学习中，学生对于自己的理解能够进行自我检验，就表明他已经在监控自己的学习了。
合并、综合、整合	随着学习的进展，各种分散的信息必然需要合并以使来自各方面的信息能够综合成一个整体。能够用表格、图示等方式来整理材料就是体现综合化的例子。

习之间有着巨大的差异。

按照情境化认知和真实学习的观点，“认知见习”也是一种学与教的模式（Brown et al. 1989）。这一模式为设置教育环境提供了理论参照，即在教学中为学生提供一系列的概念性支架，并且逐渐减少支架直到完全消失，以帮助学生学会特定的行为表现。

苏联心理学家加里培林提出的学习理论受到了欧洲学者的关注（De Corte 1977）。这一理论建立在维果茨基社会活动理论基础之上，认为从与外部世界的互动到发展出更高级的心理加工过程要经历三种不同水平的活动（物质、语言、精神）。

由于对社会文化影响因素的日益重视,大多数认知心理学的教育研究从早期受行为主义影响主要在严格的实验室环境开展转向在更加自然的课堂环境中开展,并深入到真实的生活实际中。对自然化环境的重视也推动了应用人种学和现象学的方法来研究学生在学习中的感受和活动。

3.2 动机和情感

学习研究历来都不重视学习中的动机和情感因素,其中尤以认知心理学的信息加工理论为甚。到了20世纪90年代早期,在探讨有意义学习的过程中,这些因素日益受到关注。在探讨教育环境中动机的研究里,皮特里奇和迪·格雷特(Pintrich and De Groot 1990)假定了动机影响学习的三种方式:(a)个体对自己是否有能力完成任务的信心,这是表1中所提到的期待机制的核心;(b)学生投入学习任务的理由或意图,相当于某些研究中所说的兴趣(Schiefele 1991);(c)学生对任务的情感反应(如焦虑、生气、自信、害羞、自责等)。动机研究首先关注的是对特定任务的动机,后来才开始研究动机的一般特点和间接影响,例如对成就动机的研究。

3.3 特定领域的学习

历来学习理论所关注的是适用于所有情境的一般规律,到20世纪70年代晚期开始关注新手和专家的差异并且导致了对能力本质的新认识。这些新认识连同对社会文化因素的关注导致了探讨特定领域学习的理论出现。尽管对于学习的特异性和一般性孰强孰弱的讨论仍有争论,但是跨领域的迁移却受到了质疑。

3.4 教育干预

学习和教学之间的关系并不总是像看起来那样明显。如何保持学生学习(研究、探索等)和传授式教学之间的恰当平衡被争论了几个世纪,而且历史上通常是把学与教独立开来研究而不是作为一个统一的过程来研究。直到对描述专长本质的关注超过了对专长获得途径的关注的状况出现多年之后,认知心理学才开始探讨教育干预问题(Glaser 1991;Shuell 1986,1992)。20世纪90年代早期,人们努力寻求推动学习的恰当方式,认知见习模式、互动式教学、合作学习(后两者来自人们对学习的社会性本质的关注)就是这方面的例证。在一定程度上,可以说有意义学习就是自我调节的探究过程,因此要理解教育场景中的学习就必须研究教学媒介(教师、书、计算机等)对有意义学习的影响(Shuell 1992)。纳托尔和奥尔顿-李(Nuthall and Alton-Lee 1990)在新西兰的一些研究对特殊学习经验和真实教室环境中各种教学活动的关系进行了很好的探讨。

4. 总结

学习不再被看作仅仅是行为和分散事实的获得过程。尽管还存在其他形式的学习,但是个人对已有知识的重新建构仍是现在公认的有意义学习的恰当方式。另外,学习和发展的关系,复杂学习中可能的阶段(Shuell 1990),案例学习都受到了更多的关注。这些新观点关注了以往研究所忽视的那些因素,从而拓展了我们对学习本质的理解。在今后的研究中,学习是如何发生的,学校学习的各种类型,教育影响学习的方式等问题将是探讨的重点问题。

T. J. 舒尔(T. J. Shull) 著
K. A. 莫兰(K. A. Moran)
刘金玲 陈 晶 译

附录

Brown J S 1990 Toward a new epistemology for learning In: Frasson C, Gauthier G (eds.) 1990 *Intelligent Tutoring Systems: At the Crossroads of Artificial Intelligence and Education.* Ablex, Norwood, New Jersey

Brown J S, Collins A, Duguid P 1989 Situated cognition and the culture of learning. *Educ. Researcher* 18 (1):32—42

De Corte E 1977 Some aspects of research on learning and cognitive development in Europe. *Educ. Psychol.* 12(2):197—206

Gagné R M 1985 *The Conditions of Learning and Theory of Instruction*, 4th edn. Harcourt, Brace, Jovanovich, New York

Glaser R 1991 The maturing of the relationship between the science of learning and cognition and educational practice. *Learning and Instruction* 1(2):129—144

Nuthall G, Alton-Lee A 1990 Research on teaching and learning: Thirty years of change. *Elem. Sch. J.* 90(5):547—570

Pintrich P R, De Groot E V 1990 Motivational and self-regulated learning components of classroom academic performance. *J. Educ. Psychol.* 82(1):33—40

Resnick L B 1987 Instruction and the cultivation of thinking. In: De Corte E, Lodewijks H, Parmentier R, Span P (eds.) 1987 *Learning and Instruction: European Research in an International Context*, Vol. 1. Pergamon Press, Oxford

Schiefele U 1991 Interest, learning, and motivation. *Educ. Psychol.* 26(3—4):299—323

Shuell T J 1986 Cognitive conceptions of learning. *Rev. Educ. Res.* 56(14):411—436

Shuell TJ 1990 Phases of meaningful learning. *Rev. Educ. Res.* 60(4):531—547

Shuell T J 1992 Designing instructional computing systems for meaningful learning. In: Jones M, Winne P H (ed†s.) 1992 *Adaptive Learning Environments*: Foundations and Frontiers. Springer-Verlag, New York

其他参考文献

Bandura A 1986 *The Social Foundations of Thought and Action: A Social Cognitive theory.* Prentice-Hall, Englewood Cliffs, New Jersey

De Corte E et al. (eds.) 1987 *Learning and Instruction: European Research in an International Context*, 2 Vols. Pergamon Press, Oxford

Resnick L B (ed.) 1989 *Knowing, Learning, and Instruction: Essays in Honor of Robert Glaser.* Erlbaum, Hillsdale, New Jersey

Riesbeck C, Schank R 1989 *Inside Case-Based Reasoning.* Lawrence Erlbaum, Hillsdale, New Jersey

Zimmerman B J, Schunk D H (eds.) 1989 *Self-Regulated Learning and Academic Achievement: Theory, Research, and Practice.* Springer-Verlag, New York

学习模型(Models of Learning)

模型通过展示复杂现象中几个重要变量之间的一组关系来简化地表征复杂现象,因此模型对理论研究者思考问题具有启发和引导作用。学习模型中包括学习者变量和教学变量,它们是影响学校教育的最重要因素。本词条将讨论学习模型及相关概念,并介绍历史上存在的五种重要的学习模型。

1. 学习模型

学习模型的发展是教育心理学的发展成果之一。通常,学习模型是由一些在理论上或经验上与学生学习相关的学习者变量和教学变量组成的理论体系。这种学习模型常常是用图示的方式来表现学习者因素和教学因素的相互关系以及它们与学生学习的某种因果联系。之所以采用"模型"这种说法而不用"理论"这种称谓,在一定程度上就是源于这种图画式的表现方法。

虽然学习模型就其本质来说仍是一种理论性的概括,但是学习模型的内容却与真实的教学实践血脉相通。由于学习模型所关注的是那些影响学生在校学习情况的重要教育条件,这种内容上的特点使学习模型对学校的课程设计和教学设计具有直接的启示作用,某些学习模型甚至导致了特定教学模型在学校教育中的实施。

既然学习模型兼具理论性和实用性的双重功效,因此理论上的有效性和实践上的适用性就成为评价学习模型的两个基本标准。理论的有效性既反映出客观研究证据支持该学习模型所揭示的变量关系的程度,也反映出该学习模型能够激发有关学校学习的新想法的可能性。实践上的适用性所反映的则是学习模型激发指导课堂教学的观念和原则的能力。

1.1 学习模型和学习理论

学习模型和学习理论有明显的不同。学习理论所描述的是在一定情境下学习者由于经验而发生的行为和认知过程的变化。过去,实验心理学极大地丰富了学习理论的发展，现在，有关这些学习理论的心理学实验研究仍在继续。如果将学习视为一个信息加工过程，那么尽管有时学习理论家会对学习的过程提出不同的构想，但是，不同学习理论都会把学习概括为由一系列调节和修正信息流动与组织的认知结构组成。通常这些理论都只是描述个体内在的学习过程，一般不会关注可以优化学习过程的外部环境。而后者正是学习模型所要关注的内容。

学习模型至少在两个方面不同于学习理论。第一，学习模型涉及的是学校学习。学生在学校里的学习是一种群体化的长时间的集中学习，因此，有时，班级中学生资质的差异是非常值得关注的问题。例如，一个班级中学生能力水平的分布范围对于理解全班的课堂学习状况，从短时记忆到学生在复杂认知任务中的表现都是至关重要的。第二，学习模型和学习理论所涉及的时间维度是不同的。学习模型所反映的学习可能持续数周、数月甚至多个学年；而学习理论所反映的学习过程则通常是需要用分、秒来度量的。因此，学习模型通常是宏观而非微观的，而且往往是组合式的，一方面既包含了学习者方面的动机、已有知识等因素，另一方面又包含了教学方面的教学质量、课程结构等因素。而在学习理论中常见的则是像编码、短时记忆、注意、检索等反映更微观学习过程的变量。

而且，由于学习模型涉及更大的时间跨度，这提示我们至少需要注意被传统学习理论忽略的如下两个问题：

(a)究竟该用怎样的课程单元或教学单元把学生在学校的一长段学习时间划分成符合学生心理规律的若干部分？通常我们是按照学习任务和学习单元来划分的，但是如何组织一学期或一学年的学习任务(或学习单元)又必然会引发出课程的序列结构、教学设计和学习的连续性等一系列问题。

(b)学习者的特点和学习的长远结果之间究竟存在何种关系？目前的学习模型主要涉及的是能力和学业成就方面的问题，与其他领域的学习一样，先前学习经验对新学习的影响，以及如何概括出学习者特点与学习的长远结果的模型化关系都是值得关注的重要问题。

学习模型，宏观的组合式结构使其可以预测班级里的学生群体较长期的学习成果。相反，学习理论所描述的则是学习者个体在较短时期内发生的一些相对微观的学习过程。不过，就此将学习模型和学习理论对立起来，这种绝对化的认识也是不对的。

认知科学的研究既详细描述了学生胜任学校学习任务的具体表现，同时也说明了要使学习者从一个新手转变成处理相应任务的专家所必需的教育条件，从而弥合了学习模型和学习理论的差别。与过去强调描述学习过程的学习理论相反，认知科学更关注学习结果以及支持和培养专家型表现所必需的教育条件(Glaser and Bassok 1989)，从而将学习理论和学习模型紧密地联系起来。

1.2　相关概念

“教学理论”、“教学模型”、“教育理论”、“教育模型”等都是与学习模型接近的相关术语。从文字含义上看，这些术语都是相近的，可以互相替代应用，究竟采用哪种表述取决于作者的文化背景和写作目的。

这些术语的重叠是20世纪60年代中期以后才开始出现的。那时，人们开始关注在课堂教学设计时用得上的学习理论。希尔加德(Hilgard)在1964发表的一篇论文中提到，加涅(Gagné)和布鲁纳(Bruner)都曾提出要使学习理论有利于教育实践，学习理论就必须转化成教学理论或教育理论。从此以后，有关教学理论、教学模型、教育理论、教育模型的研究文献急剧增加，在界定和划分这些术语内涵上的混乱也就随之出现了。即使在20世纪70年代诞生的教学心理学也未能有助于该问题的澄清，即使我们把心理学年鉴中有关教学心理学的八大章内容都读得透熟，恐怕也仍然弄不清楚这些术语究竟有何区别。

“模型”这个概念在含义上的多样性也使其难以被明确界定。在教学心理学和教育心理学中所提到的模型通常是指对若干变量关系的形式化的符号性表征，这与本词条在前面对学习模型的定义相仿。当然，也有人对模型有不同的看法。比如纳托尔和斯努克(Nuthall and Snook 1973)就不接受上述看法，他们认为所谓模型就是能够主导研究的一种已经发展成熟的视角。再如在乔伊斯和韦尔

(Joyce and Weil 1992)提到“教学模型”时,其中“模型”一词,他们使用了它原本的语言学含义,意指可以模仿、仿效的榜样或典型。

1.3 学习模型和教育实践

学习模型、学习理论必然会跟教育、教学模型和教育、教学理论联系在一起,实际上,只要我们一思考如何解决教育教学中的问题就必定能够从某种学习模型或学习理论中找到支持相应教育教学模型或理论的例证。

当我们在思考与学习理论相关的教育教学问题时,我们通常会这么问自己:如果我们这样描述学习,那么,我们该用怎样的教学观念和教学原则来支撑这种学习的过程? 各种教学设计模型和教学理论正是这个问题的答案,而且由于所依照的学习理论的不同,这些教学设计模型和教学理论的表述也就呈现出不同的语言风格(Gagné and Dick 1983)。针对学习模型的问题,我们则会采用略微不同的形式问自己:如果我们按照这种方式来预测学习的情况,那么,哪些结构和变量能够确保最佳的学习结果? 对这个问题的回答通常会导致与该学习模型相对应的特定教学模型的出现,而且这种教学模型通常都是来自实际的教学实践(Wang and Walberg 1985)。

不过,从学习模型、学习理论向教学实践转换,并不像从地图上的一个区域到另一个区域那么简单。我们要将学习理论或学习模型转化到教学实践中,除了掌握学习理论或学习模型本身之外,通常还需要掌握一些进行实际教学所必需的实践性知识,因为要使理论或模型能够在真实课堂教学情境中发挥作用,这些知识都是必不可少的。由此可见,学习模型与课堂教学实际之间还有很大的差别,教师、学校在实施过程中的变形程度或者说保真程度就是非常值得关注的问题。

当然,学习理论和学习模型并不是教育教学理论和教育教学模型的唯一来源。教育教学理论或模型也可能是在分析某种哲学观点(Lamm 1976),或者是在一种教育观念(Klauer 1985)、某些实际的教育教学经验(Anderson et al. 1989)的基础上产生的。所以,用下面这种方式来描述从学习理论(模型)向教育教学理论(模型)的转化过程可能更好,即:学习理论(模型)和有关课堂教学的知识共同为构建具有实践性的教育教学理论(模型)提供了相关的概念、原则、结构、因素。

1.4 总结

图1对上面所提到的学习理论与学习模型的差异,它们与教育教学理论(模型)的差异进行了概括和总结。图1左侧所代表的是学习理论和学习模型。尽管学习理论和学习模型都是经验主义的,但学习理论是对学习过程的描述,而学习模型所关注的是对学生在学校学习的结果有直接影响的因素。

当涉及教育教学实际的应用性问题时,就会引发相应的教育教学理论(模型),如图1右侧的四个方框所示。教育理论的核心是解释教师和学生之间的相互作用,而教育模型则主要是为了指导实践。教学理论一般是概括化的,对来自学习理论的原则和观念进行了整合。而教学模型通常是个别化的,是对特定学习理论(模型)的例示。

2. 学习模型的几个范例

在这一部分,我们将要介绍起源于20世纪六七十年代的五种学习模型,以及它们与近期兴起的学习理论之间的关系。

2.1 卡洛尔(Carroll)的学校学习模型

卡洛尔(1963)提出的学校学习模型可能是最著名的一个。卡洛尔模型的基本观点是,学习程度是学生用于某一学习任务上的时间量与掌握该学习所需的时间量的函数,可以用学生学习的时间(分子)与学习所需的时间(分母)的比值来表示。如果二者相等,那么学习任务就能够完成;如果分子比分母小,那么学习任务就完成不了。卡洛尔认为学生学习的时间(分子)取决于三个变量,而且这三个变量之间复杂的相互作用又决定着学习所需的时间量(分母)。首先就分子而言,卡洛尔用以下三个时间变量中时间最短的一个来代表学习的时间:毅力(学生愿意在学习任务上所花费的时间,基本上就是动机的代名词)、学习机会(特定教学环境中允许学生学习的时间)、需要的时间量(即公式中的分母)。需要的时间量又是由如下三个变量所决定的:一个变量是能力(在理想的教学

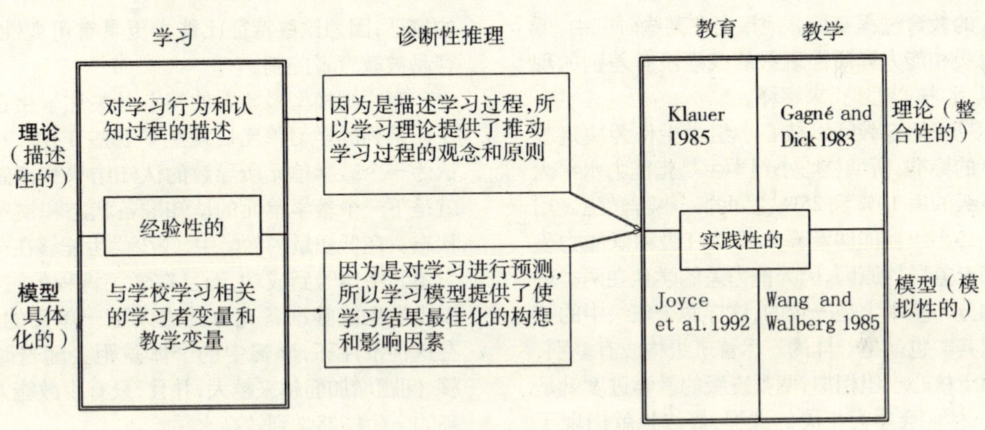

图 1　学习理论、学习模型与教育、教学理论和模型 T

条件下学习者掌握该任务所需要的时间），另外两个变量分别是学生理解教学的能力和教学质量，它们通过潜在的相互作用可能使需要的学习时间超出能力变量所确定的范围。

学生理解教学的能力包含一般能力和言语能力。在要求学生自己推论和解决学习任务时，发挥作用的是一般能力；而当教学中的语言超出了学生的言语能力水平，起决定作用的就是言语能力。卡洛尔认为教学质量不是绝对的，它的高低与学生理解教学的能力有关：当学生在学习时只需要投入按其能力水平应当投入的时间，不需要再额外多花时间，这就说明教学是高质量的。如果在教学中，学生更多要依赖自己在界定概念或言语方面的能力，那么这就表明教学质量降低了，此时学生除了按其能力水平投入相应的时间之外，还会因为受低质量教学的牵连而花费更多的学习时间。当然，同样是低质量的教学，它对每一个学生的影响却不尽相同。一般智力、言语能力或两者都很好的学生能够弥补教学中的缺陷，他们除了投入按其能力水平应当投入的时间，不需要再额外多花时间。相对来说，一般智力或言语能力差的学生在教学质量下降时则会遇到更多困难，除了投入按其能力水平应当投入的时间之外，他们还需要花费更多额外的时间。而最糟的一种情况是，当需要额外投入的学习时间超过了他们愿意投入学习的时间或超出了教学环境允许的学习时间限度，他们根本就无法学习。

卡洛尔的模型之所以影响深远，可能有多方面的原因。首先，该模型引发了各式各样的大量理论和经验总结的出现（Carroll 1989）。其次，在该模型中简洁明了地聚集了几个最重要的学校学习变量：能力、智力、言语能力、已有知识、动机、学习机会、教学质量和学习任务。再次，根据所需学习时间量的个体差异来定义能力的做法，使我们摆脱了把学习中的能力视为固定不变的认识局限性，推动我们进一步思考：应当如何设置教学环境以适应学生不同的学习能力。最后，卡洛尔在该模型中以时间作为一个度量标准，能够引发我们对时间作为学习和教学变量的许多思考。例如，用时间来界定学生的特征（如很多个性化教学观点会涉及的学习速度，再有新教师评价研究中教师走向成熟时主动学习和实际用于学习的时间）（Fisher et al. 1980）。当然比这更重要的是，时间被看作是连接学生变量和教学变量的桥梁。比如，贝内特（Bennett 1978）的研究、威利和哈尼什菲戈（Wiley and Harnischfeger 1974）的研究都是既分析了总的教学时间，同时在分析学生以外的其他时间参数时又考虑了学生实际参与和主动学习时间等学生变量。

2.2　达勒夫（Dahllöf）的核心小组模型

达勒夫（1971）提出的班级成绩模型跟卡洛尔的模型有些许相似。达勒夫注意到，在探讨“能力分组影响学生成绩”的已有研究中并没有考虑其他相关的教育过程变量。他指出在某些研究中,低能力班级和能力异质性班级的成绩没有差别的现象可以用"核心理论"来解释。

达勒夫假定教师以核心小组学生作为决定教学速度的标准,所谓核心小组学生是指能力水平大约在班级的后10%到25%之间的一小群学生。用这个核心小组就能够解释异质性班级和低能力班级成绩无差异的原因,因为能力差的学生在两类班级中的分布基本上是一致的,这样两个班级中的核心小组其实也就是一样的。尽管班级构成有差别,但是由于核心小组相似,两类班级的教学进度就是一致的,他们会学习相同的课程,最终也就出现了学习成绩相似的情况。

尽管达勒夫模型也关注学习时间、课程难度、教学模型等因素,但是他认为最关键的因素还是核心小组。核心小组直接影响到教师的教学进度,进而会影响课程的覆盖面,并最终影响学生的学习成绩。指导学生分班的管理政策,即达勒夫所说的"结构因素"会间接地影响到核心小组。结构因素的广泛应用限制或妨碍了教师在教学过程进行选择的可能。

隆格伦(Lundgren 1972)对达勒夫模型及其发展进行了论述,认为该模型明确地指出了学校学习的群体性特征,这正是它与本词条所讨论的其他模型之间的明显区别。重视群体的模型通常从更为社会性的角度来看待教学,巴尔等(Barr et al. 1983)提出的模型也是这样。虽然核心小组假设并没有引发更多研究也没有产生任何教育模型,但是,它所揭示的学生的群体构成对学习模型的影响却具有深远的理论意义,是值得我们研究的。

2.3 布卢姆(Bloom)的学校学习模型

尽管布卢姆(1976)的学校学习模型仅包含了影响学生学习的三个变量——认知准备状态、情感准备状态、教学质量,但是这一模型却揭示出了教学过程的特点。布卢姆模型中的三个变量是围绕着"学习单元"来组织的,而所谓学习单元是指几周的课程安排。该模型的一个显著特点就是没有把能力纳入到学生变量的范畴,这正是布卢姆常常被人们看作是极端环境论者的一个原因。虽然不关注能力,布卢姆却重视学习者与特定任务相关联的特征,因为这些特征比能力更具有可变性,也更容易被教育者控制。

布卢姆模型最显著的特点是关注学生在经历了一系列的学习单元后发生了哪些变化。布卢姆认为一个教学单元所导致的认知结果和情感结果就是下一个教学单元的认知准备状态和情感准备状态。在低质量的教学中,较少学生能够在一个学习单元中体验到成功,而且在学习课程的过程中,很少学生能够准备充分地进入下一单元的学习。在这种条件下,学习中的个体差距会随着时间推移、问题增加而越来越大,并且,只有少数能力水平高的学生能够学到较高水平。

高质量的教学能够使大多数学生在学习新单元之前的单元学习中达到较高水平,从而使较多学生在做好了必要的学习准备后才开始进入后续的学习单元。这一模型假定:在一连串的学习单元中,学习的成功感是环环相扣的(按照布卢姆的模型,学生在某个单元的学习是否成功取决于他在前一个学习单元的学习是否成功,同时,此单元学习的成功与否又决定了他在后一个学习单元的学习能否取得成功,即每一个学习单元的成功是互相依赖、环环相扣的——译者注)。如果有更多学生在开始学习每个新单元之前都已做好准备,学习上的个体差异就会减小。他还进一步指出,如果学生的成功能够激发更为积极的情感准备状态,学生将会以更大的信心和更强的动机去面对新学习任务。布卢姆估计在这种条件下,他的模型中的三个变量可以解释成绩差异的90%。

布卢姆模型引出了两个重要的教育问题。第一,布卢姆用高质量教学代替了学生的能力,而他所谓的高质量的教学就类似于辅导。当然,用教学质量来替换学生的能力就需要某些学生在每一单元学习中花费额外的学习时间。在一般的班级教学条件下,额外的学习时间会引发两个问题:学得快的学生必须停下来等待那些学得慢的同学吗?他们能够学习同样多的课程吗?布卢姆模型的支持者宣称可以为学得快的学生安排有价值的学习体验,也不能因为学得慢的学生需要额外的学习时间而缩减他们的课程,因为当学习变得更有效率时,在早期阶段额外消耗的教学时间在后来是可以弥补的。这一模型的批评者却认为,学得快的学生在等待学习慢的同学时没有获得有意义的学习体验,同时批评者还对在高质量教学中学习会变得更有效率提出质疑。

布卢姆学校学习模型引发的另一个问题涉及个体差异的本质。布卢姆认为学生之间的个体差异在高质量教学中可能会最终消失。这一观点受到很多人的怀疑。布卢姆区分了学生之间的个体差异和学习中的个别差异,指出要解释后者常常需要援引前者。由于认为可以用高质量教学代替学生的能力,所以布卢姆模型提出:学生之间的个体差异完全可以不引发学习中的个别差异。他的模型也试图说明,学校学习中存在个体差异乃是一种不足而不是必然的现象。

尽管布卢姆的学校学习模型和教学中的掌握学习方法非常相似,但是它们并不完全相同。布卢姆模型试图从理论上解释学校学习中的个体差异,而掌握学习则是一种教学模型,包括详细地规定学习的结果,把课程规划为一连串的学习单元,定期提供反馈,同时,在全班进入新学习单元之前,为使大多数学生在本单元的学习达到高水平提供额外的学习时间。当然,无论是在图 1 的经验主义层面,还是实用主义层面上,布卢姆模型和掌握学习都算得上是最好的学习或教学模型之一。

而且,可以把掌握学习看作是布卢姆模型中高质量教学的一个特例,有关掌握学习有效性的实证数据则为支持或反对布卢姆理论的有效性提供了证据。尽管有关掌握学习的证据通常都反映出积极的效果,但是,即使在这样的情况下,布卢姆的理论仍然是有争议的。

2.4 布鲁纳的教学理论

布鲁纳(1966)的教学理论同前面提到的几种模型在形式上有三方面的不同。首先,布鲁纳把他的模型称作“教学理论”而不是学习模型。布鲁纳这样做就突出了描述性的学习理论和教学实践之间的差别,他认为教学理论应当明确那些能够改善学习、甚至优化学习结果的条件。其次,布鲁纳模型虽然也承认个体差异,但并不以此为重点。最后,布鲁纳的理论并没有相应的反映变量之间精确关系的示意图,相反,他却强调了在对教学设计和教育进行诊断性决策时需要考虑教学的四个特点,它们分别是:

(a)学生的准备状态,即影响学生学习欲望的动机性因素,例如,“对各种可能的探究”。

(b)知识结构,包括学习者如何表征学过的知识,能够提供多少信息,这个知识结构与其他知识之间能否形成联系,形成的联系有多大用处。

(c)序列,即展现给学生的课程顺序。

(d)强化的时间安排和强化的性质——就学习的进展情况提供修改信息。

尽管有很多差异,但是布鲁纳的教育理论仍然符合我们在本词条前面提到的教学模型的定义。他确定了有利于学习最优化的几组学习者变量和教学变量。而且,这些变量都是相互依存的,在教学过程中会对学习产生长期的影响。

布鲁纳理论对学生内部动机的描述以及对知识结构的阐述对“发现学习”模型的发展和更近期的认知教学法具有重要的影响。下面,我们将就这两方面作简要的介绍。

在布鲁纳看来,自我激励、自我维持是人类学习的固有特性。他描述了大量重要的内部动机,包括好奇心、竞争欲望、仿效他人并与之认同的渴望,以及他称作“互惠”的跟他人合作的承诺。布鲁纳认为大多数学校学习脱离了真实的活动和相关社会活动,因此没能够把这些动机的内部力量调动起来。挑战性的、有意义的活动,以身垂范的教师,合作性的群体活动都有利于激发内部动机的力量。

布鲁纳也注意到了知识结构问题,即知识是如何呈现给学生的,学生认知表征知识的方式。知识的表征方式有三种:用达到一定目的所必需的行为来表征(即动作表征);用虽不能完全界定概念但却可以描述概念的简约形象来表征(即形象表征);用一系列有序规则支配的命题来表征(即符号表征)。任何一种表征,无论是动作的、形象的还是符号的,都反映出知识的两个特性:经济性和生成性。其中经济性是指在记忆中可以存贮多少信息,而生成性则反映了知识与其他知识的关联性。布鲁纳赞成课程和教育的多样性和“机会主义”,也就是说为了帮助学生发展更好的理解力和对知识、技能的整合,必须让学生通过各种不同的方式去处理材料，调动多感官的参与。

新近涌现的"认知见习"和"情境化学习"等教学方法(Collins et al. 1989)和布鲁纳的研究有很多相似之处。这些新的教学方法以重视自然环境中学习的社会性、情境性的学习模型为基础，力图使学生参与"真实"的活动，并与教师进行类似于学徒与熟练专家之间的社会互动。这些教学方法所使用的其他教学技术还包括，由教师提供所期望的目标行为的外显的、可见的示范，利用小组活动为不熟练学生提供支持性的学习环境并在组内分工合作，当学生意识到自己对学习负有更多责任时再逐渐减少外部的支持。例如，布朗和帕林卡斯卡(Brown and Palincsar 1989)提出的互教模型就是在小规模的学生小组中通过提供示范、训练和认知支架来帮助学生发展自我监控的阅读理解技能。

2.5 加里培林(Gal'perin)的程序教学理论

与其说加里培林(1969)的心理活动分阶段形成理论是一种学习模型，还不如说它是一种学习理论。学习的五阶段是他的理论的核心，为设计实际的教学提供了示范，下面将对这五个阶段加以详细说明。

活动是加里培林理论的中心。学习与起源于外部的、作用于客观事物或象征物的手工活动向内在的心理活动的转化相关。这个转化过程是以认知活动中的一系列质变为特征的，正是这些质变才最终导致了新的知识和能力的内化。学习的五个阶段分别是：(a)定向阶段，学习者开始熟悉所要学习的全部内容和活动，但是还未能付诸实施；(b)物质化阶段，学习者以实物为对象开始实施活动；(c)外部表达阶段，用口头语言或书面语言来描述活动；(d)无声的外部表达阶段，用不出声的外部语言来表达活动；(e)内化阶段，活动完全转化为心理活动。每一阶段的活动都可以用形成、概括、减缩、掌握四个参数来描画，而这些参数在每个活动阶段的发展就构成了这个理论的主体。

塔雷辛那(Talyzina 1981)从加里培林理论中提炼出了一组教学设计原则，并假定对学习活动的任务分析为发展帮助学习者逐一通过五个学习阶段的教学计划奠定了基础。在她的教学计划中有一些类似于掌握学习的特点，如检查性测验、系统的反馈、对学习的严密监控、吸引学习者的注意并示范整个操作活动。

3. 结论

由于学习模型力图预测或解释学校学习中的个体差异，所以它们与教学要适应学生多样性的尝试联系在一起就不足为奇了。卡洛尔模型和达勒夫模型暗示着教学方法在教学速度上的多样化，而布卢姆、布鲁纳和加里培林模型则暗示着教学方法的多样化。由于学生的多样性是普遍存在的，所以我们有理由相信，未来各式各样的学习模型和教学方法仍然会既关注教学的数量特征(教学速度)，也关注其质量特征(教学质量)。

R. B. 伯恩斯(R. B. Burns)

刘金玲　陈　晶　译

附录

Anderson L, Ryan D, Shapiro B 1989 *The IEA Classroom Environment Study.* Pergamon Press, Oxford

Barr R, Dreeben R, Wiratchai N 1983 *How Schools Work.* University of Chicago Press, Chicago, Illinois

Bennett N 1978 Recent research on teaching: A dream, a belief and a model. *Brit. J. Educ. Psychol.* 48(2):127—147

Bloom B 1976 *Human Characteristics and School Learning.* McGraw-Hill, New York

Brown A, Palincsar A 1989 Guided, cooperative learning and individual knowledge acquisition. In: Resnick L (ed.) 1989 *Knowing, Learning, and Instruction.* Erlbaum, Hillsdale, New Jersey

Bruner J 1966 *Toward a Theory of Instruction.* Harvard University Press, Cambridge, Massachusetts

Carroll J 1963 A model of school learning. *Teach. Col. Rec.* 64:723—733

Carroll J 1989 The Carroll model: A 25-year retrospective and prospective view. *Educ. Res.* 18(1): 26—31

Collins A, Brown J, Newman S 1989 Cognitive apprenticeship: Teaching the crafts of reading, writing, and mathematics. In: Resnick L (ed.) 1989 *Know-*

ing, *Learning*, *and Instruction.* Erlbaum, Hillsdale, New Jersey

Dahllöf U 1971 *Ability Grouping*, *Content Validity*, *and Curriculum Process Analysis.* Teachers College Press, New York

Fisher C et al. 1980 Teacher behaviors, academic learning time, and student achievement: An overview. In: Denham C, Lieberman A (eds.) 1980 *Time To Learn*: *A Review of the Beginning Teacher Evaluation Study.* National Institute of Education, Washington, DC

Gagné R, Dick W 1983 Instructional psychology. *Annu. Rev. Psychol.* 34:261—295

Gal'perin P Y 1969 Stages in the development of mental acts. In: Cole M, Maltzman I (eds.) 1969 *A Handbook of Contemporary Soviet Psychology.* Basic Books, New York

Glaser R, Bassok M 1989 Learning theory and the study of instruction. *Annu. Rev. Psychol.* 40:631—666

Joyce B, Weil M 1992 *Models of Teaching*, 46h edn. Allyn and Bacon, Boston, Massachusetts

Hilgard E (ed.) 1964 *Theories of Learning and Instruction.* University of Chicago Press, Chicago, Illinois

Klauer K 1985 Framework for a theory of teaching. *Teaching and Teacher Education* 1(1):5—17

Lamm Z 1976 *Conflicting Theories of Instruction*: *Conceptual Dimensions.* McCutchan, Berkeley, California

Lundgren U 1972 *Frame Factors and the Teaching Process*: *A Contribution to Curriculum Theory and Theory on Teaching.* Coronet Books, New York

Nuthall G, Snook I 1973 Contemporary models of teaching. In: Travers R (ed.) 1973 *Second Handbook of Research on Teaching.* Rand McNally, Chicago, Illinois

Talyzina N 1981 *The Psychology of Learning*: *Theories of Learning and Programmed Instruction.* Progress, Moscow

Wang M, Walberg H (eds.) 1985 *Adapting Instruction to Individual Differences.* McCutchan, Berkeley, California

Wiley D, Harnischfeger A 1974 Explosion of a myth: Quantity of schooling and exposure to instruction, major educational vehicles. *Educ. Res.* 3(4):7—11

其他参考文献

Harnischfeger A, Wiley D 1978 Conceptual issues in models of school learning. *J. Curric. St.* 10:215—231

Talyzina N 1973 Psychological bases of programmed instruction. *Instr. Sci.* 2(3):243—280

ing, Learning and Instruction. Erlbaum, Hillsdale, New Jersey

Dahllöf U 1971 *Ability Grouping, Content Validity, and Curriculum Process Analysis.* Teachers College Press, New York

Fisher C et al. 1980 Teacher behaviors, academic learning time, and student achievement: An overview. In: Denham C, Lieberman A (eds.) 1980 *Time To Learn: A Review of the Beginning Teacher Evaluation Study.* National Institute of Education, Washington, DC

Gagné R, Dick W 1983 Instructional psychology. *Annu. Rev. Psychol.* 34:261—295

Galperin P Y 1969 Stages in the development of mental acts. In: Cole M, Maltzman I (eds.) 1969 *A Handbook of Contemporary Soviet Psychology.* Basic Books, New York

Glaser R, Bassok M 1989 Learning theory and the study of instruction. *Annu. Rev. Psychol.* 40:631—666

Joyce B, Weil M 1992 *Models of Teaching*, 4th edn. Allyn and Bacon, Boston, Massachusetts

Hilgard E (ed.) 1964 *Theories of Learning and Instruction.* University of Chicago Press, Chicago, Illinois

Klauer K 1985 Framework for a theory of teaching. *Teaching and Teacher Education* 1(1):5—17

Lamm Z 1976 *Conflicting Theories of Instruction: Conceptual Dimensions.* McCutchan, Berkeley, California

Lundgren U 1972 *Frame Factors and the Teaching Process: A Contribution to Curriculum Theory and Theory on Teaching.* Conrad Books, New York

Nuthall G, Snook I 1973 Contemporary models of teaching. In: Travers R (ed.) 1973 *Second Handbook of Research on Teaching.* Rand McNally, Chicago, Illinois

Talyzina N 1981 *The Psychology of Learning: Theories of Learning and Programmed Instruction.* Progress, Moscow

Wang M, Walberg H (eds.) 1985 *Adapting Instruction to Individual Differences.* McCutchan, Berkeley, California

Wiley D, Harnischfeger A 1974 Explosion of a myth: Quantity of schooling and exposure to instruction, major educational vehicles. *Educ. Res.* 3(4):7—12

其他参考文献

Harnischfeger A, Wiley D 1978 Conceptual issues in models of school learning. *J. Curric. Stud.* 10:215—231

Talyzina N 1973 Psychological bases of programmed instruction. *Instr. Sci.* 2(3):243—280

《教育大百科全书》专题名录及英文版主编

专题		
教育管理	主编	美国宾夕法尼亚大学教育学院　W. L. 博伊德(W L Boyd)教授
教育政策与规划	主编	加拿大安大略教育研究院国际教育和发展教育中心主任 J. P. 法雷利(J P Farrell)教授
教育评价	主编	美国伊利诺伊大学　H. J. 沃尔博格(H J Walberg)教授
教育人类学	主编	美国加利福尼亚大学伯克利分校　J. U. 奥布(J U Ogbu)教授
教育哲学	主编	美国斯坦福大学　D. C. 菲利普斯(D C Phillips)教授
教育社会学	主编	澳大利亚国立大学　L. J. 萨哈(L J Saha)教授
女性与教育	主编	澳大利亚墨尔本大学教育研究院 G. 拉可姆斯基(G Lakomski)教授
教育史	主编	瑞典斯德哥尔摩大学国际教育研究所 S. 马克隆德(S Marklund)教授
教育心理学	主编	比利时卢汶大学教育心理学和教育技术中心 E. 德・科尔特(E De Corte)教授
人的发展	主编	德国马克斯・普朗克心理学研究所主任 F. E. 韦纳特(F E Weinert)教授
特殊需要儿童教育	主编	美国坦普尔大学教育研究中心　M. C. 王(M C Wang)教授
学前教育	主编	美国伊利诺伊大学初级教育和儿童早期教育中心主任 L. G. 卡茨(L G Katz)教授
成人教育(上、下)	主编	荷兰图文特大学　A. 图季曼(A Tuijnman)教授
职业技术教育	主编	英国爱丁堡大学　K. 金(K King)教授
各国(地区)教育制度(上、下)	主编	德国汉堡大学　T. N. 波斯尔斯韦特(T N Postlethwaite)教授
比较教育与国际教育	主编	美国匹兹堡大学教育学院　D. 亚当斯(D Adams)教授
课程	主编	以色列特拉维夫大学　A. 莱维(A Lewy)教授
教育技术	主编	荷兰图文特大学　T. 普洛波(T Plomp)教授 美国锡拉丘兹大学教育学院　D. P. 埃利(D P Ely)教授
教学	主编	美国南加州大学　L. W. 安德森(L W Anderson)教授
教师教育	主编	美国南加州大学　L. W. 安德森(L W Anderson)教授
教育研究方法(上、下)	主编	澳大利亚富林德斯大学　J. P. 基夫斯(J P Keeves)教授
教育经济学	主编	美国斯坦福大学　M. 卡诺伊(M Carnoy)教授 美国斯坦福大学　H. M. 莱文(H M Levin)教授

《教育大百科全书》
《教育心理学》翻译、译审及编辑工作人员

翻译及译审人员

曾 琦 伊 凡 朱 瑾 刘金玲 伍新春 陈 晶 杜 蕾

曾 知 管 琳

编辑人员

卢 旭 任志林 任建成 刘 平 刘江华 刘春卉 吴兆理

宋建勋 宋艳先 张红芳 张金花 张渝佳 李 红 李 玲

李远毅 李智勇 周安平 杨 萍 杨光明 郑持军 秦 路

黄 璜 曾 艳 程 晋 程 鹏 蓝 菊 满福玺 廖 伟

熊远梅